高等院校经济管理类规划教材

投资学

第3版

Investment

主　编◎李纪明

副主编◎谢文武　边迪秋　罗思远

ZHEJIANG UNIVERSITY PRESS
浙江大学出版社

图书在版编目(CIP)数据

投资学／李纪明主编. —3 版. —杭州：浙江大学出版社，2014.7(2016.7 重印)

ISBN 978-7-308-13490-3

Ⅰ.①投… Ⅱ.①李… Ⅲ.①投资经济学 Ⅳ.①F830.59

中国版本图书馆 CIP 数据核字（2014）第 149382 号

本书提供教材课件、习题库、案例等相关材料，订购本书的教师可联系浙江大学出版社，0571－88273329。

投资学(第三版)

主　编　李纪明

副主编　谢文武　边迪秋　罗思远

策划组稿　朱　玲

责任编辑　朱　玲

封面设计　续设计

出版发行　浙江大学出版社

（杭州天目山路 148 号　邮政编码 310007）

（网址：http://www.zjupress.com）

排　　版　杭州中大图文设计有限公司

印　　刷　富阳市育才印刷有限公司

开　　本　787mm×1092mm　1/16

印　　张　23.5

字　　数　586 千

版 印 次　2014 年 7 月第 3 版　2016 年 7 月第 7 次印刷

书　　号　ISBN 978-7-308-13490-3

定　　价　49.00 元

浙江大学出版社发行中心联系方式：0571－88925591；http://zjdxcbs.tmall.com

前 言

许多投资者都发现投资是一件极富吸引力的事，因为他们可以积极参与投资过程，并能看到自己的决策所产生的结果。当然，并非所有的投资都能盈利，因为你不可能总是做出正确的决策。事实上所有的投资都有一个共性：具有潜在的收效和必须承担的风险，未来是不确定的，高收益往往伴随着高风险，因此，你必须决定愿意为收益承担的风险是多少。

也许你认为投资学令人生畏，要学习这些枯燥的理论，推演这些复杂的模型，这些东西对今后从事的工作有什么用？但这些枯燥的理论恰恰是过去50多年金融学领域一批才华横溢的天才所留下的为数不多的财富。哈里·马科维茨、威廉·夏普、费希尔·布莱克、迈伦·斯科尔斯、罗伯特·默顿、尤金·法玛、彼得·汉森、罗伯特·希勒等，这一个个星光闪耀的名字，他们给金融领域的不仅是学术的革命和思想的冲击，还有金融产业翻天覆地的变化。诺贝尔奖委员会不止一次地奖励金融经济领域的研究，其重要的原因在于这些研究的结果对金融市场产生的巨大影响。马科维茨的投资组合理论造就了一大批风格迥异的投资基金，夏普的资本资产定价模型依然是实业界重要的投资工具，布莱克等人的期权定价模型理论极大地推动了衍生品证券市场的发展，甚至修行了一类全新的职业——金融工程分析师。

中国投资学领域的理论和实践在快速地变化着，教学必须与之保持同步发展，自2008年第二版出版以来，投资学主题已经有了很大的发展，例如创业板、私募基金、股指期货、期权、国债期货、优先股等。投资环境的复杂化增加了投资学教材的编写难度。所有传统的和新的证券都值得一写，这对我们无疑是个巨大的挑战，我们必须以简明扼要的语言，理论结合实际地描述这些证券。然而，由于中国投资业正发生着飞速的变革，因此，我们还必须介绍新的投资管理技术。基于这一考虑，同时听取本书策划者和责任编辑朱玲女士的修订建议，完成本书第三版的编写工作。

本书的结构和内容

一位治学严谨的经济管理专业学生应该具有全面的知识体系，既掌握理论知识，又懂得实践操作。诚然，只想了解投资操作一些皮毛知识的人可以凑合着就只学一点点理论知识，然后学习一些基本惯例和个人金融应用。但是，这种方法不能使学生体会到专业投资者每天碰到的许多细致、重要的问题。我们以为投资学初学者提供基本的现代投资思想为指导原则来编排本书，全书共分六篇：

第一篇，投资环境（第1～2章）。重点介绍投资学的研究对象、研究内容、证券市场、证券交易程序和方法，以及证券市场监管。

第二篇，收益和风险（第3～4章）。重点介绍投资的收益和收益率衡量，风险和风险的类型，风险的衡量，以及风险与收益之间的关系。这一部分内容是学习第三部分的基础。

第三篇，现代投资组合理论（第5～9章），这是本书的重点之一。重点探讨在均值—方差模型框架中推导风险资产的价格，包括资本资产定价模型、因素模型和套利定价理论及有效市场假说（EMH）等理论。在深入探讨资本资产定价模型及其在风险资产收益分析中的应用基础上，介绍了该理论在我国的实证研究成果，并介绍了行为金融学对有效市场理论的挑战和该领域的最新进展。

第四篇，普通股（第10～13章），这是本书的重点之二。这部分重点介绍了普通股的特征，探讨使用贴现现金流进行普通股估价的方法，以及在普通股分析中常用的经济分析、行业分析、公司财务报表和盈利分析等分析手段，此外还介绍了证券投资组合管理的过程、方式、类型及组合业绩的评估。

第五篇，固定收益证券（第14～16章），这是本书的重点之三。这部分重点介绍了固定收益证券的特征、分类，债券收益率计算，债券价值分析理论和方法，以及债券投资的风险管理方法、风险防范与投资策略选择。

第六篇，其他投资工具（第17～19章）。重点介绍证券投资基金、金融衍生产品包括期货和期权，以及国际直接投资等其他投资工具的概念、理论和实际应用。

基础分析和技术分析很适合当前我国经验型投资管理的需要，是当前国内投资管理的主要工具，尤其是基础分析，即使是在量化管理中也是必要的，所以，在我国现阶段的投资学中应当涉及，但不应成为主要部分。这是因为，首先，西方投资管理发展的历史已经说明了这两种方法的局限性并已经产生了更科学的管理理论和方法；其次，基础分析所要做的是宏观和微观经济分析，内容庞杂；技术分析则是仁者见仁，智者见智。两者无论是知识还是技能，都来自不止一门学科，全面的介绍等于是各门课的汇总，而且具体做法受个人素质、信息来源和技术条件影响较大，因此，不如直言其基本内涵精神，由投资人自己去选择、创新。

第三版新增及修改的内容

新版得益于校内外同行富有建设性的反馈意见和建议。结合近几年来国内外投资学最新发展动态和国内资本市场的最新进展，在第二版的基础上，对大纲进行了重新梳理和修订，在此过程中，充分吸收了一些在教学一线教师的意见，并邀请了几位在投资学教学多年、经验丰富的教师加入到编写队伍中，重点对一些章节进行了修订、补充，更新了一些最新的投资学案例，具体主要在以下几个方面：

(1)在第一篇中，增加了“投资学领域的诺贝尔经济学奖”，在市场主体金融机构中增加了对冲基金、私募基金、养老基金、社保基金的内容，以及增加了新股发行制度改革和金融职业道德规范和准则两个专栏。

(2)在第二篇中系统风险的衡量部分，增加了近年来金融风险管理领域的一些新成果，它们是风险度量的下半方差法和风险价值法，由于该部分内容较难，仅供教师授课和学生学习时做扩展选读。

(3)第五篇固定收益证券，是投资学重点研究的内容之一。第三版在原有的基础上，对这部分内容的结构进行了调整和完善。最近几年，可转换债券越来越多地成为国内上市企业的一种融资手段，而凸性是债券组合管理中需要主要考虑的一种特性，因此此次修订过程中，增加了可转换债券在不同市场情况下的定价和凸性及影响债券价格要素之间的关系的内容。

(4)第六篇中重新对证券投资基金进行了修订，以适应近年来证券投资基金无论在规模、品种还是投资方式方面的最新发展成果，对于金融衍生品部分大幅度地增加了股票指数期货内容和专栏。

(5)更新专栏、案例和资料。对书中的相关资料、数据进行了更新，力求反映最新的中国投资市场的状况。对几乎所有章节的案例都进行了重新筛选、增补和更新，尤其是第四篇和第二篇。

本书的特色

目前，国内投资学教材已经很多，既包括引进国外的投资学教材，也有国内学者编写的教材。但是国外的教材侧重于 MBA 层次或 CFA 应试层次，针对投资理论基础学习和应用性训练的偏少。在编写组各位教师多年的投资学教学中，我们逐渐认识到教材建设首先应符合中国资本市场的现状，并应着眼于国内金融市场的迅速发展和学生毕业后的发展潜力，加强国内学生的基础理论课程的应用实践性，培养学生解决实际问题的能力；同时还应在教学中加强案例教学内容，以及对国内外投资领域的最新实践和理论研究成果的介绍，增加例题和习题，这对培养应用型、复合型金融人才来说是至关重要的。正是基于上述考虑，我们在本书的设计和编写中，在充分借鉴、吸收中外理论研究和已有教材建设成果的基础上，力图达到以下三方面的特色：

第一，本书内容坚持紧跟社会发展要求，合乎我国资本市场迅猛发展的实际需要（例如股指期货、优先股、国债期货等）。内容较为全面地反映了20世纪90年代以来投资学国际前沿理论（例如，风险衡量新标准，行为金融学，股指期货，各类投资基金，国际投资等），又结合了投资实务（例如，投资组合经风险调整后的业绩评估方法等），使得本书内容面目一新。

第二，本书结构完整，内容丰富，突出应用型本科教育的特点。力图在“授人以鱼”的同时“授人以渔”。本书注重基础教育与综合素质教育相结合，在介绍投资学理论与方法的同时，同时也希望能够表现出这些理论与方法背后所体现的理念和思路，从而使学生能够在掌握知识的过程中也磨砺思维，最终达到不仅使学生掌握投资的基本理论，而且还能达到训练学生自学能力、综合分析能力的目的。

第三，各章互相独立，自成体系，便于教师教学使用。本书的体系设计有助于教学，各章节相对独立，自成体系，便于教师安排授课内容。同时，各章节中穿插案例和图表说明，并以“专栏”的形式将理论与实际相结合，便于学生掌握本书内容，有助于教师讲授和学生自学。

本书可作为大学本科生金融专业、财务管理专业和资产评估专业学生选用，也可作为从事理论研究和投资实务部门工作者的参考书。

本书是由多位具有丰富教学及实践经验的教师结合最新的投资学发展情况，通力合作、认真编写而成。本次修订由浙江大学出版社策划，由李纪明担任主编，制定大纲并审定全稿。谢文武、边迪秋和罗思远为副主编。第三版具体分工如下：第1、2、3、5、6、7、8、9章由李纪明（浙江大学城市学院）编著、修订，第10、11、12章由罗思远（浙江大学城市学院）编著、修订，第14、15、16章由边迪秋（浙江大学城市学院）编著、修订，第17、18、19章由谢文武（浙江大学城市学院）编著、修订。

在此谨向第一版和第二版的参与者王晓义、吴婵君、朱爱华、谢子远、王兆华表示感谢！

本书在编著过程中，参考了大量的杰出教材、著作、文献及资料，借鉴和吸收了国内外很多专家学者们的最新研究成果，在此一并表示诚挚的谢意！

由于水平和时间所限，书中内容的组织和表述仍有很多不尽如人意的地方，缺点和错误也在所难免，敬请同行、专家及读者一如既往地海涵并不吝赐教。

编　者

2014年6月

目 录

第1篇 投资环境

第2篇 收益和风险

第3篇　现代投资组合理论

第4篇 普通股

第5篇 固定收益证券

第 6 篇　其他投资工具

Section 1

投资环境

投 资 环 境

第1章 导 论

【学习要点】

1. 掌握金融资产的特点及其与实物资产的联系和区别；
2. 了解投资学课程的研究内容和发展历程；
3. 掌握影响投资环境的各种因素；
4. 了解投资环境变动的发展趋势及其他对投资活动的影响。

1.1 投资学概述

1.1.1 金融资产与实物资产的联系与区别

资产是国家、企业、机构和个人拥有的具有货币价值的经济资源。资产按其性质不同可以分为实物资产和金融资产。实物资产是有形资产，包括土地、建筑物、机械设备，等等。社会的物质财富最终取决于社会经济的生产能力，而这种生产能力是实物资产的函数。经济学中很重要的一个问题就是研究实物资产投资与经济增长的关系。

金融资产并不是社会财富的代表，对社会经济的生产能力只有间接的作用。但是，由于金融资产对实物资产所创造的利润或收入有要求权，因此，金融资产的持有者可以凭借它获得财富。

我们可以从微观的角度来考察金融资产与实物资产之间的联系。现代经济中最典型的企业组织形态是股份有限公司。股份有限公司把资产分为等额股份，股份的持有者为股东。股东将其资金或其他经济资源投入公司，获得股票这一金融资产作为公司所有权凭证。公司还可以发行其他金融资产（如债券等）获得资金。公司将通过发行股票、债券等形式获得的资金购买实物资产投入项目，项目运转获得收益，然后公司将获得的收益分配给金融资产所有者。由此可见，金融资产的价值依赖于相关的实物资产的价值。在传统经济中，只有实物资产才在经济中占有重要地位，因此，在经济学教材中，关于投资的绝大部分篇幅是研究实物资产投资的；而在现代经济中，金融资产也占有重要的地位。

金融资产与实物资产的区别是显而易见的，主要包括以下几点。

（一）可分性

金融资产具有可分性，而大多数实物资产的可分性很差。比如，公司的厂房、机器设备等实物资产都不可分，而代表对公司所有权的股份却是可分的。大多数实物资产细分后无法运转而失去了其存在的价值，而与这些实物资产相对应的金融资产细分后同样具有价值。投资者可以通过买入公司普通股而获得公司的一小部分所有权，也可通过购入公司债券而获得对公司的一部分债权。正是金融资产的可分性使其在现代经济社会中具有重要地位。

现代大型企业不可能靠一两个人组建起来并依靠一两个人独立完成实物资产投资,金融资产的可分性使绝大多数投资者也能间接参与现代企业的实物资产投资,从而获得收益。从投资分析的角度来看,金融资产的可分性也具有重要意义。实际上,在本书后面章节所学习的证券组合理论和资本资产定价模型等理论中,都假设金融资产是完全可分的,任何投资者都可按照其偏好以及支付能力进行或多或少的投资。学过《技术经济》、《财务管理》等课程的同学都知道,这一假设可以使用收益率作为衡量投资效果的尺度。

(二)流动性

流动性是指资产交易的难易程度,如果资产能很容易、快速地达成交易而不致引起价格大幅波动,则称该资产具有很好的流动性。实物资产的流动性一般很差,所以在进行产业结构调整时,存量资本的调整就非常难,多余的机器设备往往很难销售。实物资产的专用性是制约其流动性的重要因素之一。相对而言,金融资产的流动性比实物资产要好得多,其原因是某一类证券往往具有同质性。这构成了流动性的基础。如"长江电力"在证券市场发行的普通股的每一股对每一位投资者都是一样的,同股同利,因而转让起来非常方便。根据流动性的不同,还可以将金融资产进一步细分为有价证券和非有价证券两类。具有流动性的金融资产称为有价证券,如股票和债券等;没有流动性的金融资产称为非有价证券,如不可转让的存单和收据等。一般来说,交易越活跃的金融资产,其流动性越好,越能吸引投资者。

(三)持有期

实物资产的投资回收期一般较长。如建设一个工厂要经历长时间的建设后才进入投产期,投产若干年后才能产生较好的效益,所以,实物资产投资者一旦进行投资,一般不会中途转让资产。相反,金融资产的交易费用一般较低,而其价格更易于波动,不少投资者习惯于频繁地贱买贵卖,以赚取金融资产的差价,所以金融资产的持有期要短得多。

(四)信息的可获得性

实物资产由于其用途的多样化,很难建立一个信息透明度高的公开交易市场,有关价格信息往往难以获得,有时交易信息还会被当作商业机密保护起来。而金融资产往往在信息透明的公开市场进行交易,投资者信息搜寻成本低,许多国家为保护投资者的利益,以法律形式规定了必须披露的信息内容。随着现代信息技术的发展,投资者不但可以方便地获取过去的交易信息,也很容易获取即时交易信息。

专栏1-1

投资学领域的诺贝尔经济学奖

1990年,诺贝尔经济学奖被授予三位学者——哈里·马柯维茨(H. Markowitz,1927—)、默顿·米勒(Merton Miller,1923—)和威廉·夏普(W. Sharp,1934—),以表彰他们在金融经济学中所做出的先驱性工作。他们的主要贡献是阐述了金融市场上公司证券如何定价和在某种证券投资上风险和收益如何平衡的问题,解释了对风险和收益的评估以及税收变化或公司倒闭是怎样影响和决定证券价格的。由于现代经济活动中各部门的储蓄主要是通过金融市场转向公司投资的,因此,他们的理论在今天具有重要的意义和广泛的用途。

哈里·马柯维茨是现代资产组合管理之父,他的贡献主要在于开创了在不确定性条件下理性投资者进行资产组合投资的理论和方法，发展了一个严格陈述的可操作的在不确定性条件下选择资产的理论。这个理论已演变成进一步研究金融经济学的基础。诺贝尔经济学奖基金会对他的工作评语是，他发展了一个严格陈述的可操作的在不确定性条件下选择资产的理论。这个理论已演变成进一步研究金融经济学的基础。

威廉·夏普在马柯维茨工作的基础上，进一步发展出资本资产定价模型(CAPM)。CAPM 的进步在于，夏普不是用证券收益率的方差作为对资产的风险度量，而是以证券收益率与全市场证券组合的收益率的协方差作为资产风险的度量，具体来说就是，以现在股票市场上人们熟悉的β系数作为度量资产风险的指标。这不仅大大简化了马克维茨模型中关于风险值的计算工作，而且可以对过去难以估价的证券资产的风险价格进行定价。所以，诺贝尔经济学奖基金会对他的工作评价为：CAPM 走出了从微观分析到金融资产价格形成的市场分析的关键一步。

如果说马克维茨和夏普的工作是集中于对金融市场供给一方即投资者行为的分析，那么，默顿·米勒工作则是由于对金融市场需求方即企业的融资行为及其与企业市场价值的关系做出了开创性贡献，而与他们一道分享该年度的诺贝尔经济学奖。具体来说就是，他(和 1985 年获诺贝尔经济学奖的莫迪尼亚利一道)提出了所谓的 MM 定理。该定理的核心命题是说，企业的融资结构与企业的市场价值无关。由于这一命题在逻辑上是无懈可击的，而现实大量的事实则表明，每一个企业无不在为自己的资本结构及融资政策做出不同的选择，以使企业的市场价值最大化。正是这一理论与实践的悖论，促使众多的经济学家对企业的融资行为和资本结构进行大量的研究，从而产生了丰富的理论成果。瑞典皇家科学院的评价是：MM 定理已成为企业融资理论和经验分析的自然基础。

1997 年，诺贝尔经济学奖授予罗柏特·默顿(Robert Merton)和迈伦·斯科尔斯(Myron Scholes)，以表彰他们及已故的费雪·布莱克(Fischer Black)在期权定价理论和金融市场风险管理研究中所作出的杰出贡献。布莱克—斯科尔斯期权定价模型(B-S 模型)已成为金融机构涉及金融新产品的思想方法。期权定价理论和公式，可以说是最近二十几年来金融经济学领域中最为重大的突破和最卓越的贡献，它不仅为金融衍生市场 10 多年的迅猛发展奠定了可靠的理论基础，也已成为金融机构涉及金融新产品的思想方法；罗伯特—默顿对布莱克—斯科尔斯公式所依赖的假设条件做了进一步减弱，在许多方面对其做了推广。

2002 年，诺贝尔经济学奖授予了行为金融学家——丹尼尔·卡恩曼(Daniel Kahneman)和维农·史密斯(Vernon L. Smith)，以表彰他们结合经济学和心理学理论来研究人们的决策行为方面所作出的贡献。卡纳曼对经济学的贡献在于"将心理学的前沿研究成果引入经济学研究中，特别侧重于研究人在不确定情况下进行判断和决策的过程"。而史密斯则奠定了实验经济学的基础，为经济学家们提供了在实验室条件下观察人类行为倾向的有效途径，特别是对选择性市场机制的研究。

2013 年诺贝尔经济学奖被授予尤金·法马(Eugene F. Fama)、拉尔斯·彼得·汉森(Lars Peter Hansen)和罗伯特·席勒(Robert J. Shiller)，他们因对资产价格的实证分析取得显著成就而获此殊荣。获奖者的研究成果奠定了人们目前对资产价格理解的基础，资产价格一方面依赖波动风险和风险态度，另一方面也与行为偏差和市场摩擦相关。这些成果有两种解释：一种是理性投资者对资产价格的不确定性，因为资产价格风险越大，回报率越高；另一种解释侧重于理性投资者行为的偏离，因为行为金融学需要考虑制度的限制，比如限制聪明的投资者就错误的定价进行市场交易。

1.1.2 关于《投资学》课程

（一）《投资学》课程的地位

投资学是系统地研究金融资产的投资过程和投资行为的应用学科，它在现代金融学中占有重要地位。金融学是从经济学中分离出来的一门年轻学科。一般认为，马柯维茨（Markowitz）1952 年建立现代资产组合理论，把数理工具用于金融研究，是金融学的开始；也有人认为，莫迪格里亚尼（F. Modigiani）和米勒（M. Miller）1958 年研究企业资本结构和企业价值关系（即 MM 理论）时，最先采用“无套利”分析方法，才真正地使金融学有了自己的分析方法。上述两项成果成为金融学的奠基石，并先后获得诺贝尔经济学奖。其中前者——现代资产组合理论已成为目前《投资学》的基本理论之一，而 MM 理论是目前《公司财务》课程的基础理论之一。在西方发达国家，金融学特别强调财务决策和金融市场的实际运作，其课程内容主要包括《公司财务》和《投资学》。《公司财务》和《投资学》所研究的内容是相互紧密联系的，因为金融系统和金融市场只有通过企业的财务活动才能真正地与实物经济发生联系，而企业的价值也只有经过资本市场的交易才能得到正确评估。《公司财务》主要涉及三方面的内容：投资决策、筹资决策和运营决策。其中筹资决策主要是决定企业的资本结构及企业如何获得资金。在筹资决策中，企业主要是和金融资产投资者以及金融中介打交道；投资决策决定企业投资于哪些资产（对于一般企业主要是实物资产投资），而进行实物项目投资决策时，必须要知道资本市场上金融资产投资者所要求的必要收益率。因此，《公司财务》中关于筹资决策和投资决策方面的内容就与《投资学》紧密联系在一起。两者所不同的是，《公司财务》重点考察公司和金融市场及投资者的关系，而《投资学》考察的是投资者和金融市场的关系；《公司财务》的投资决策主要是关于实物资产投资的科学决策，而《投资学》则是关于金融资产（证券）投资的科学。

（二）《投资学》课程内容的发展

《投资学》的研究内容是随着金融市场的发展和投资管理的需要而不断完善的。几十年来，金融市场发生了巨大的变化，投资管理的需要也日益多样化。如在美国，20 世纪 30 年代以前，金融市场处于起步阶段，整个金融市场非常不规范，操纵价格的行为时有发生，市场有效性差，投资者的投资技巧主要是靠经验和观察得来的，因此出现了研究市场交易规律的技术分析方法，并逐渐流行。以 1933 年《证券法》和 1934 年《证券交易法》为标志，美国证券投资进入了规范化阶段。随着资本市场的不断发展，投资规模不断扩大，此时，投资者认为对宏观经济环境和公司的经营和财务状况进行分析对投资非常有帮助，于是基本分析方法出现并逐渐系统化，成为当时主要的市场分析方法。20 世纪 50 年代后，美国的投资者结构逐步发生变化，共同基金、养老基金等机构投资者在市场上的地位和所占的比例迅速上升。对于这些机构投资者来说，仅用技术分析和基本分析已不能满足其庞大资产的需要。1952 年，马柯维茨建立的现代资产组合理论应运而生，在实践中被机构投资者广泛应用。在市场不断规范、发展的过程中，证券的估值也是投资者一直关注的问题。从 20 世纪 60 年代开始，金融经济学家们就致力于研究基于马柯维茨投资组合理论的证券估值，这一研究导致了资本资产定价模型及其各种扩展模型的诞生，这些模型最终被实务界广泛应用。同时基于不同假设的另一证券定价模型——套利定价理论也形成并产生了广泛的影响。在金融市场上影响很大的理论还包括有效市场理论。20世纪70年代初由法玛(Fama)归纳总结的这一理论表明，如果金融市场达到了弱式有效，仅凭技术分析并不能帮助投资者获取超额收益；而当市场达到了半强式有效时，只进行技术分析和基本分析的投资者也不能获取超额收益。而当越来越多的研究表明市场已达到某种形式的有效时，投资者和金融经济学家也注意到了一些市场异常现象，投资者可以利用这些市场异常制定投资策略获利，而这些现象并不能被传统的金融学所解释。于是，20世纪80年代中期以后，把投资者行为和心理研究引入投资学的行为金融理论得以产生，而且在实践中出现了相当多的以该理论为指导的投资基金。

随着西方金融市场和投资研究的发展，其《投资学》教材的内容和重点也在不断变化。美国20世纪六七十年代的教材，在介绍投资法规和投资过程的基础上，重点讲述基本分析法和技术分析法；20世纪七八十年代，随着投资组合理论、资本资产定价模型、套利定价理论和有效市场理论等现代投资理论形成体系并被广泛应用，这些理论进入了教材，但一般被放在最后，传统的技术分析和基本分析方法的地位并未受影响。20世纪90年代以后，由于投资者在实践中认识到了资产选择和确定最佳投资组合才是投资工作的重点，所以，现代投资理论取代了传统的投资分析方法，在教材中处于首要地位，而投资管理的内容也相应作了调整，传统的技术分析和基本分析法在教材中不再是必需的内容。

在中国，随着金融市场的发展，投资管理在实践中的要求也不断变化；相应的，投资学教材内容与体系也在逐渐演变。作为证券市场实务操作的课程，《证券投资》基本上沿袭了投资学的框架，但是在早期，由于证券市场还在起步阶段，所以教材基本上只是对于证券市场和交易过程的介绍，现代投资理论被作为高深理论未被涉及。相比早期，目前大学使用的证券投资教材在内容和体系上已有很大变化，现代投资理论已被纳入内容体系，但只作为介绍性的内容占了较小的篇幅，未对其实际应用进行阐述，技术分析和基本分析仍是教材的重点。在证券品种上，仅包括资本市场证券，没有包括货币市场证券，且对衍生证券阐述不充分。这是由当时我国投资实践的状况所决定的。中国金融服务市场作为新兴市场，发展非常迅速，尤其是近年来，货币市场与资本市场都发生了巨大变化，随着证券投资基金等机构投资者的大量出现及其可投资范围的扩展，现代投资理论实际上已被广泛用于投资管理实践中。作为高等院校经济管理类专业课，本书在充分借鉴、吸收中外理论研究和教材建设的成果上，在内容上力求反映投资学领域实践和理论研究的最新成果，以适应迅猛发展的中国资本市场的需要。

(三)学习《投资学》课程的职业机会

学习《投资学》课程不但有助于个人掌握理财技巧，创造更多的财富，还有助于获得报酬优厚的工作机会。在中国，一些关于职业情况的调查显示，金融投资一直是令人羡慕的高薪行业。表1-1列示的是学习《投资学》课程后可能获得的一些职业机会。

表 1-1　学习《投资学》课程后可能获得的职业机会

职业机会	供职的典型公司和机构	主要工作内容
经纪人	证券公司、信托公司、投资银行	为投资者进行证券交易服务
证券分析师	证券公司、信托公司、投资银行、基金管理公司、投资咨询公司	进行投资分析
投资银行业务人员	综合类证券公司、信托公司、投资银行	推荐并辅导企业上市
证券承销人员	证券公司、信托公司、商业银行	进行证券承销
证券组合管理者	基金管理公司、保险公司、社会保障基金	进行资产配置和证券投资
资产/债务管理者	保险公司	进行资产配置和证券投资
财务计划工作者	所有公司，会计师事务所	提供投资融资建议
投资理财业务工作者	商业银行、证券公司、信托公司、投资银行	提供投资理财服务
证券监管人员	证监会、证券业协会、交易所	监督和维持市场活动
证券管理人员	证券交易所	监督和维持市场活动

1.2　投资环境

投资环境是对投资产生影响的各种因素相互作用构成的系统。投资环境总是处在不断变化之中，把握投资环境的变化趋势，对于投资活动具有重要意义。一般认为，近年来投资环境中变化较大，并产生重要影响的是金融全球化、金融创新、金融混业趋势和信息技术的发展等几个因素。

1.2.1　金融全球化

自 20 世纪 90 年代以来，随着现代科技的进步和国际贸易及国际金融的发展，经济金融的全球化过程以前所未有的广度、深度和速度展开。金融全球化是指金融主体所从事的金融活动在全球范围内不断扩展和深化的过程。在这一过程中，金融机构的兼并促使巨型跨国金融机构不断涌现，金融市场的兼并和现代信息技术的广泛应用使得全球金融市场日益融为一个整体。在金融全球化的过程中，发达国家凭借其雄厚的金融资本和成熟的金融体系处于主导地位，而以发达国家为基地的跨国金融机构规模庞大，对全球金融经济产生了重要影响。作为一种趋势，金融全球化在对各国经济和金融的影响中，同时具有正、负两种效应。对于发展中国家而言，金融全球化的正效应体现为：金融全球化有利于发展中国家学习发达国家金融运作的先进经验，提高自身的金融效率。金融全球化的负效应体现为：金融全球化提高了国内外金融业的竞争程度，使处于弱势的发展中国家金融业的生存面临巨大压力。同时，金融全球化意味着金融资本在全球范围内自由流动与获利，由于现代金融交易工具发展迅速，极短时间内即可完成巨额资金的交易与转移，这给发展中国家金融监管和调控带来了严峻的挑战。中国作为发展中国家，金融业正处于重要的转型时期，必须利用金融全球化的机遇，积极、稳妥地推进金融改革，促进金融业的发展，才有能力应对来自全球的竞争。

中国经济金融正在逐步融入全球一体化。从1991年中信泰富在香港借壳上市开始，中国企业开始了海外上市融资的历程。十几年来，中国国有大中型企业和民营企业以直接上市和间接上市的方式，在中国香港地区以及美国、新加坡、加拿大、英国、日本、澳大利亚等地发行股票、存托凭证、可转换债券，筹集了大量资金。1992年，以启动的B股市场供外资参与投资为起点，中国证券市场也开始了对外开放。1995年，摩根士丹利成为首家入股中国内地合资投资银行的跨国银行，其与中国建设银行和其他几家国内外实体联合组成的中国国际金融有限公司参与了多个大型国企公司化，并在证券交易所挂牌上市的重大发行项目。随着中国成功加入WTO，国外的大型金融机构正以更大的规模和更快的速度进入银行业、证券业、保险业和信托业，中国融入全球金融一体化浪潮的步伐加快。以证券市场为例，中国证券业对WTO的承诺主要包括：外国证券机构可以直接从事B股交易；外国证券机构驻华代表处可以成为所有证券交易所的特别会员；允许外国机构设立合营公司，从事国内证券投资基金管理业务，外资比例不超过33%，入世后三年内外资比例不超过49%；入世后三年内，允许外国证券公司设立合营公司，外资比例不超过1/3。合营公司可以从事A股的承销，B股和H股、政府和公司债券的承销和交易，以及发起设立基金。2002年11月5日，《合格境外机构投资者境内证券投资管理暂行办法》正式出台；2003年5月，瑞士银行有限公司、野村证券株式会社成为首批取得证券投资业务许可证的合格境外机构投资者(Qualified Foreign Institutional Investors，QFII)，按规定，QFII可以在一定规定和限制下汇入一定额度的外汇资金，并转换为人民币，通过严格监管的专门账户投资中国证券市场，其资本利得、股息等经审核后转为外汇汇出。这是一种有限度的引进外资、开放资本市场的过渡性制度。QFII制度的实施，表明中国正向资本市场国际化迈进。

1.2.2 金融创新

从20世纪六七十年代开始，在发达国家率先出现金融创新活动。金融创新包括金融工具、金融机构、金融市场以及金融制度的创新，其中金融工具创新是金融创新活动的核心。据统计，20世纪60年代以来，作为大类的金融新品种200余种，其亚类则难以计数。这些产品还在不断地排列，几乎每天都在创造新的金融品种。从欧洲美元、全球债券和国际股票，到各种货币衍生品、利率衍生品和股票衍生品，无不是金融创新的产物。金融创新的根本动力在于满足人们对金融产品的多方面需求，其经济制度因素则有两种。在金融受严格管制的情况下，金融创新是规避既有的管治法规的结果。金融中介为了生存和获利的需要，针对管治的空白点开发出吸引投资者的金融工具。随着金融全球化和金融私有化的进程加深，金融创新达到空前的高度。金融自由化在发达国家主要表现为金融管制的不断放松，在发展中国家则表现为金融深化的努力。金融自由化为金融创新提供了广阔的发展空间。在金融创新的推动下，一方面融资证券化趋势大大加强，另一方面，也带来了新的金融风险和不确定性。

在中国，改革开放以来，金融创新逐步展开。创新的工具有国库券、商业票据、回购协议、大额可转让定期存单及金融债券、股票、股权证、基金证券等。在金融机构创新方面，中国目前已形成了以商业银行为中心，以证券公司、信托投资公司、企业集团财务公司、金融租赁公司、保险公司为补充的金融机构体系；在金融市场创新方面，中国目前已经建立了以同业拆借、商业票据和短期的政府债券为主的货币市场，建立了以长期债券、股票为主的资本市场，建立了以商品期货为主的衍生证券市场，还建立了各种类型的外汇零售、批发市场；在金融制度创新方面，中央银行自身金融管理方法由原来纯粹的计划管制转变为宏观调控，并且在调控手段上逐步启用三大货币政策工具。可以预见，随着中国金融改革的不断深入，金融创新的速度将加快，对投资领域会产生深远影响。

1.2.3 金融混业趋势

随着经济金融全球化和金融自由化，全球金融出现了混业趋势。狭义的金融混业仅指银行业和证券业之间的经营关系，银行机构与证券机构可以进入对方并与之进行业务交叉经营；广义的金融混业是指所有金融行业之间的经营关系，其银行、保险、证券，信托机构等金融机构都可以进入上述任意业务领域，进行业务多元化经营。其中，英国在 1986 年通过被称为“大爆炸”的《金融服务法》，日本于 1998 年 4 月开始实施“金融体系改革一揽子法”，美国在 1959 年 11 月通过了划时代的新法案——《金融服务现代化法案》，正式废除了《克拉斯—斯蒂格尔法》，允许银行、保险公司和证券公司业务互相渗透，公平竞争。这些发达国家的金融机构在摆脱原有的分业经营和监管的束缚后，向全能化银行、超级金融百货公司转变。主要发达国家之所以纷纷放弃奉行了 70 多年的银行分业经营和监管的政策，其主要目的是为了消除金融机构之间竞争环境的不平等，增强本国金融业在国际上的竞争力。金融混业经营与分业经营相比，优势在于：金融机构能够降低成本，分散业务风险，产生规模效应，同时可以向客户提供一站式服务，产生协同效应。

在中国，1993 年以前实行的是混业经营，如商业银行基本上是中国证券市场创立的初始参与者。但是，在 1992 年中国出现了房地产和证券投资热后，由于银行大量信贷资金通过同业拆借进入证券市场，金融市场秩序十分混乱。金融业分业经营的原则就在整顿秩序过程中得到确立。此后出台的《商业银行法》、《保险法》和《证券法》也都贯彻了银行、证券和保险分业经营的原则。随着中国人民银行、中国证监会和中国保监会组织体系的构建，分业经营的监管框架也得到进一步的确立。至此，中国金融业进入了严格的全面分业经营阶段。中国的金融业分业监管模式如表 1-2 所示。

表 1-2 中国金融监管体制分业监管模式

行业	年份	监管机构	职能
证券	1992	国务院证券委员会、中国证券监督管理委员会	对全国证券、期货行业进行集中统一监管
	1998	中国证券监督管理委员会	
银行	1995	中国人民银行	对银行业进行监督
	2003	中国银行监督管理委员会	
保险	1998	中国保险监督管理委员会	对保险业进行监督

但是，近几年来，随着中国经济国际化程度的加深以及中国加入 WTO，加之全球金融混业大潮的冲击，中国金融分业管制也出现放松的倾向，目前中国金融业在现行分业经营的

制度框架内，银行、证券、保险、信托各个行业间已建构起多种形式的业务合作关系，初步形成了金融混业经营的态势，表现在以下方面。

（一）银证合作

目前，中国银行和证券之间的业务合作已粗具规模。目前的银证合作业务主要包括：一是中国证券经营机构和银行机构，均可以进入全国银行同业拆借市场与国债回购市场，通过参与拆入拆出资金活动，借以解决短期资金余缺的调剂问题；二是证券抵押融资，即符合既定条件的证券公司，可以将自营的股票及证券投资基金做质押物，按照一定比例向商业银行质押借款；三是证券商存款业务，即券商将自有资金及客户保证金存放在银行；四是银证转账业务和银证通业务；五是投资银行业务合作，银行为券商的投资业务提供贷款，银行代销券商承销的企业债券等。

（二）银保合作

目前，中国银行业和保险业的合作，总体上以销售协议为主。从银保双方签订的协议看，合作的主要内容包括：银行利用其网络和柜台向客户代理销售保险产品；银行为保险公司代理收取保险费或支付保险金；保险公司通过银行实现资金汇划和网络结算；银行开展保单质押贷款业务；银行与保险的客户资源信息共享；等等。

（三）金融控股集团

金融控股集团是指在金融控股公司的统一控制下，通过内部组织与股权合作，形成商业银行、证券公司、保险公司等金融机构各自分业经营，但又互相协作配合的混业经营格局。目前，中国金融控股集团已崭露头角。如中信控股、中国光大集团、中国平安保险公司等都相继成立了金融控股集团；以产业资本为主体的金融控股公司也不断涌现，如上海国际集团、上实集团等。金融控股集团的出现，是中国金融业参与国际竞争的必然结果，也是当今分业体制下，我国银行、证券、保险、信托等行业合作、混业经营的最高形式。

尽管中国实行分业经营的模式，但是事实上的混业经营削弱了分业监管的业务基础，使中国分业监管模式受到了挑战。现行分业监管过程中，既可能导致监管重复，也可能出现监管缺位，不利于金融创新。

1.2.4 信息技术的发展

20世纪90年代以来，现代信息技术飞速发展，并在投资领域得到广泛应用，计算机和通信技术支持下的互联网正向证券发行、交易、清算和组织等各个领域进行强有力的渗透。信息技术的突出影响表现在以下方面：

(1)证券交易和自动化的程度不断提高，出现了新的“虚拟化”的电子化交易网络，对传统交易市场的组织模式和投资交易模式形成了挑战，迫使其向电子化方向发展。

(2)证券中介机构的业务和服务方式不断创新，网上交易逐步扩展，投资银行和其他中介机构通过互联网提供交易服务和投资信息，并尝试在网上进行证券发行，同时，相当比例的投资者通过互联网进行交易。据美国国际证券业信息中心调查显示，自1995年美国客户首次通过互联网完成交易委托后，网上交易迅速发展，目前工业化国家至少已有500家证券经营机构推出网上证券交易业务，入网交易的投资者达2000万户，账面资金达5000亿美元。2002年实现网上交易的机构达3000家以上，拥有投资者1亿户，账面资金高达2万亿美元。

(3)为应对竞争，传统证券交易所与衍生证券交易所出现了合并态势，这促进了国内交易市场和全球市场的一体化进程。

(4)网上信息服务的蓬勃发展，实现了证券市场信息传播的即时化和全球化，同时，运用电子文本披露信息正广泛地为证券市场所采用。信息技术的广泛应用降低了证券市场的运行成本，提高了运作效率，增进了市场流动性，拓展了市场覆盖面，推动了证券市场的一体化和国际化，增强了市场透明度，大大提高了市场的有效性。

中国证券市场信息技术起点较高，证券交易所和期货交易所早就采用了电子化的交易方式和结算方式。近年来，网上交易和电话委托等非现场交易在中国发展迅速，几乎占到交易总数的90%以上。中国的网上证券交易始于1997年，最早的网上交易系统由华融信托和闽发证券推出。2000年4月，证监会颁布实施了《网上证券委托暂行管理办法》，加强了网上证券交易的规范性，提高了投资者的信心，也增强了社会各界对网上证券交易的认识和理解，对网上交易的发展具有划时代的重要意义。据统计，在《网上证券委托暂行管理办法》颁布前的1999年年底，仅有25万证券投资者使用互联网进行交易，网上交易量占市场总量的1%。《网上证券委托暂行管理办法》发布后，网上证券交易在我国进入了快速发展的时期，我国网上证券交易量成倍增长，占沪、深两市总成交量的比重也是逐年增长。到2012年，我国证券公司网上委托交易量就已突破30万亿元，占沪、深证券交易所全年股票(A、B股)、基金总交易量的96%；网上委托的客户开户数达1355.77万户，10多年间复合增长率达到13.6%。具体情况见表1-3。除了网上交易，中国证券业还广泛地运用互联网进行信息披露，从1999年开始，中国证监会就要求上市公司作网上信息披露，内容包括年报、中报、季报及临时重要公告等。2001年开始，要求新股发行和有条件的公司都在网上进行信息披露。这一方面使上市公司的披露成本大幅降低，另一方面，投资者也可以在网上查询上市公司的所有信息。

表1-3 近年中国网上证券交易情况

年份	网上交易量(亿元)	沪深总交易量(亿元)	网上交易量所占比重(%)	网上交易开户数(万户)
2001	3578	81715	4.38	332
2002	5230	58191	8.99	508.1
2003	9947	66755	14.90	527.84
2004	15874	85629	18.54	549.2
2005	12661	64873	19.52	—
2009	38万	546236.33	70.00	—
2012	30万	31722.87	96.00	1355.77

注：表中"沪深总交易量"是指沪、深交易所年度股票(A、B股)，基金总交易量(双边计算)。
资料来源：中国证监会网站。

专栏1-2

投资大师巴菲特如何看投资与投机①

投资与投机是个永恒的命题。关于"投资与投机"的争论由来已久，也永远不会停息。

① 根据赵正达.投资与投机——拉近巴菲特与索罗斯.成都：四川人民出版社，1993整理。

投资和投机之间存在着巨大区别，这几乎是一个不争的事实，但投资和投机的区别到底是什么，估计没人能说得清，甚至连经济学家、金融大师和投资大师们也众说纷纭，莫衷一是。

于是这样的解释成为经典："投资是一次成功的投机，而投机是一次失败的投资。"更有金融学家通俗地告诉我们："买债券是投资，买股票是投机。"

区别投资与投机的唯一标准

有观点认为，短线操作就是投机，不可能是投资；也有观点认为阶段性投资也与投机在本质上是一致的。与此相对应的，认为长期持有就一定是投资。巴菲特不完全同意上述观点，他认为投资与投机的区别不在于时间长短。

巴菲特是公认的价值投资者，以成功实践本杰明·格雷厄姆的"安全边际"概念而著名。巴菲特频繁使用过的"套利"操作其实是一种短期行为，但确实是根据标的内在价值而进行的短期操作，应该属于投资行为。巴菲特的成功实践可以轻易驳倒那种认为短线操作就一定是投机行为的观点。

巴菲特认为区分投资与投机的唯一标准在于是否基于标的内在价值的偏离。如果是以低于标的内在价值而买进、高于标的内在价值而卖出就是投资行为；反之，如果操作行为与标的内在价值没有任何关系，就应该是投机行为。而标的内在价值的衡量，可以根据价值投资（基本分析）来作判断。

【本章小结】

金融资产对实物资产所创造的利润或收入有要求权，其持有者可以凭借它获得财富。

金融资产与实物资产的区别主要包括可分性、流动性、持有期和信息的可获得性四点。

投资学是系统地研究金融资产的投资过程和投资行为的应用学科。

学习投资学课程不但有助于个人掌握理财技巧，创造更多的财富，还能获得各种工作机会。

金融全球化、金融创新、金融混业趋势和信息技术的发展是投资环境中变化较大，并产生重要影响的几个因素。

第2章 证券市场和投资监管

【学习要点】

1. 了解证券投资主体及证券市场的构成；
2. 掌握金融资产的投资过程；
3. 了解证券交易的程序和方法；
4. 了解证券投资的监管体系和监管实践。

2.1 投资主体和证券市场

所谓投资，即通过资产形态的转换，以实现资产的保值增值。总体来说，投资对象有两种：一是实物资产，二是金融资产。两者具有不同的性质：实物资产本身即具有相应的价值，如厂房、设备、珠宝、油画等；金融资产本身没有价值，但由于它代表了对实物资产的请求权，是分配实物资产的依据，因此也具有价值并成为交易对象。比如股票，在早期，它是纸质印刷品，作为一张纸，它本身没有什么价值，但由于拥有了股票就可以成为发行该股票的公司的股东，因此就对公司享有剩余索取权，因此拥有股票者就可能获得相应的利益，于是股票就具有了价值。随着交易技术和手段的不断发展，现在，无纸化股票成为主流，仅通过记账的方式表明人们对股票的所有权，于是，股票的符号意义或者象征意义就体现得更为明显。其他的金融资产有很多，如国债、公司债券、基金、期货、期权等。由于实物资产的投资与金融资产的投资具有很大的不同，本书仅涉及金融资产投资而不考虑实物资产投资。按照惯例，我们以“证券投资”指代金融资产投资。

2.1.1 证券投资主体

证券投资主体是指进入证券市场进行证券买卖的各类投资者，包括个人、政府、企事业单位和金融机构四大类。

个人投资者是以个人名义，将自己的合法财产投资于证券的投资者。其投资目的往往有多种，如保障本金安全、谋求额外收入、追求资本增值等。不同的投资品种具有不同的风险性和收益性，个人投资者要根据自己的具体投资目的进行选择。

政府参与证券投资的目的主要有如下几个方面：一是调剂资金的余缺，即在财政资金短缺时发行债券资金，在财政资金出现盈余时则购买一定的证券；二是进行公开市场业务操作，即通过对国债或者中央银行票据的吞吐，既达到调剂货币供应量的目的，又可以进行一定的资产投资；三是实现国有资产的保值增值。从总体上说，政府或政府部门进行证券投资的主要目的不是为了追求额外收益，而是为了实现宏观调控，因此对所投资证券的安全性有较高要求。

企业进行证券投资的主要目的往往在于通过持有一定数量的股票，达到对其他企业的参股或者控股，因此其投资具有长期性，追求的是长期收益。事业单位也可以用可支配的自有资金进行一定的证券投资。

金融机构往往是证券投资的主角，包括三大类：一是证券经营机构；二是商业银行、保险公司、信用合作社等其他金融机构；三是各类基金性质的金融机构，如证券投资基金、对冲基金、私募基金、养老基金、社保基金及各类社会公益基金等。

证券经营机构除了进行证券的自营买卖以外，更重要的一个任务是接受客户的委托并帮助其完成交易。因此，证券经营机构往往掌握着庞大的资金，其证券交易行为对证券市场具有重大影响，是保障证券市场稳定的一个重要砝码。我国的证券法规定，证券经营机构在自营买卖与客户委托交易之间，应该遵循客户优先的原则。

商业银行的主要业务是存贷款业务，其主要的资金来源是储户的存款，这既是银行可以支配的资产，同时由于需要还本付息，它又构成了商业银行的负债。商业银行的收益主要来源于发放贷款获得的利息。但是，由于随时要满足储户的取款要求，商业银行的资产必须要保持一定的流动性。现金是流动性最强的流动资产，但持有现金没有任何的收益。因此，商业银行为了既保持一定的流动性，又能获得一定的收益，往往对流动性大的证券，如短期债券进行一定的投资。总体来说，由于商业银行是一个高负债的经营机构，因此其对投资的安全性有较高要求，为了维护金融秩序，各国政府对商业银行的投资也有较为严格的监管。

保险公司有寿险公司和财险公司之分，两者的特点不同，其投资行为也有差别。人寿保险的特点是保险公司向保单持有人的支付往往由合同规定，其数额和时间较为明确，同时保费交付和保险公司的支付之间有较长的时间间隔，因此人寿保险公司往往进行长期投资，比如购买长期债券。相比之下，财险公司所面对的不确定性较大，所承保的资产何时需要理赔，理赔的数额是多少，这都是难以控制的。因此，财险公司的投资对流动性会有更多的关注，同时其投资的种类也较为丰富，长短期投资、股票债券的投资都可能涉及。

基金性质的投资者包括证券投资基金和社会公益基金。证券投资基金的运作方式是：通过发行基金单位，集中投资人的资金，由基金托管人进行托管，由基金管理人进行具体运作，将集中的资金投资于股票、债券等证券品种，并将所获得的投资收益按照购买基金的比例分配给基金购买人。因此，证券投资基金是一种利益共享、风险共担的集合证券投资方式，原始出资人是基金购买者，证券投资基金是资金的使用和运作主体，获得的收益由原始出资人按照出资比例进行分享，如果出现投资损失亦由原始出资人按照出资比例共同分担。《证券投资基金管理暂行办法》规定，我国的证券投资基金可以投资于股票、债券，但对某个投资品种的投资比例有所限制。社会公益基金是指将收益用于指定的社会公益事业的基金，如福利基金、社会保障基金、教育发展基金、退休基金、养老基金等。社会公益基金投资的目的是实现基金的保值增值，维持基金的正常支付，因此对流动性和安全性有较高要求。我国有关法规规定，全国社会保障基金的投资范围为银行存款、国债和其他具有良好流动性的金融工具，包括上市流通的证券投资基金、股票、信用等级在投资级以上的企业债、基金债等有价证券。

对冲基金(hedge funds)，意指“风险对冲过的基金”。这种基金，最初来源于20世纪50年代初的美国市场。一般来看，对冲基金利用期货、期权等金融衍生产品以及对相关联的不同股票进行实买空卖、风险对冲的操作技巧，以达到在一定程度上规避和化解投资风险的目的。基本的对冲操作，主要表现为基金管理者在购入一种股票的同时，购入这种股票的一定价位和时效的看跌期权（put option）。这里看跌期权的作用相当于在股票价位跌破期权设定的价格时，卖方期权的持有者可将手中持有的股票以期权设定的价格卖出，从而使股票跌价的风险得到对冲。另一类对冲操作，主要表现为基金管理人首先选定某类行情看涨的行业，然后买进该行业几只优质的股票，与此同时，以一定比率卖出该行业中几只劣质的股票。这种组合的结果是，如果行业业绩良好，优质股票涨幅必然超过其他同行业的股票，买入优质股票的收益将大于导出劣质股票的损失；如果预期失误，此行业股票不涨反跌，那么较差公司的跌幅必大于优质股，则卖空盘口所获得的利润必高于买入优质股票下跌所造成的损失。因此，基于这种操作手段，早期的对冲基金可以说是一种基于避险保值的保守投资策略的基金管理形式。如今，对冲基金已失去其初始的风险对冲的内涵，对冲基金已成为一种新的投资模式，即基于最新的理论和复杂的金融市场操作技巧，充分利用各种金融衍生产品的杠杆效用，承担高风险、追求高收益的投资模式。

私募基金（private fund）是相对于公募而言的。私募与公募的差别在于证券发行方式上，即是否向社会不特定公众发行或公开发行证券。一般而言，金融市场上的私募基金，也称为地下基金，是指一种非公开宣传的、私下向特定投资人募集资金的集合投资。私募基金具有两种基本形式：一是基于签订委托投资合同的契约型集合投资基金；二是基于共同出资入股成立股份公司的公司型集合投资基金。这种基金的特点在于：首先，私募基金的资金筹集方式表现为通过非公开方式募集资金；其次，在资金募集对象上，私募保证金的对象只是少数特定的投资者；最后，与公募基金严格的信息披露要求不同，私募基金的要求低得多，加之政府监管也相应比较宽松，因此，私募基金的投资更具隐蔽性，运作也更灵活，相应获得高收益回报的机会也更大。

养老基金，是指通过各种契约形式，利用各种政策杠杆，把不同阶层人士、不同社会实体的养老金汇聚起来，投资于股票、债券、货币市场、投资基金以及房地产等方面，将获得的利息、红利、资本增值等收益作为养老金人的年金回报。

社保基金。在中国，社保基金是由全国社会保障基金理事会负责管理的、由“国有股减持”划入资金及股权资产、中央财政拨入资金、经国务院批准以其他方式筹集的资金，及其投资收益形成的、由中央政府集中的社会保障基金。目前，中国统称为“社保基金”的资金主要有以下三部分：一是作为基本保险的社会保险基金，包括职工养老、医疗、工伤、失业、生育五个方面的基金。例如，上海基本养老保险覆盖1200万人，基金收缴率为99.9%。二是由企业和人人缴费形成的企业年金、企业补充医疗保险等补充保障基金。三是商业保险、个人理财等资金。这是职工的自愿投资保障行为。

虽然投资主体的种类很多，但人们通常把投资主体分为个人投资者和机构投资者两大类，两者具有不同的特点。

与机构投资者相比，个人投资者的特点是数量多而分散，个体资金有限。个人投资者面临如下几个局限性：

（1）资金数量少，可选择的金融资产种类有限，因而风险较大。由于时间、精力的限制，加上有些金融资产的交易有一定的数量要求，个人有限的资金难以进行分散投资，而分散投资是化解投资风险的重要渠道。因而，个人投资者往往面临较大的投资风险。当然，风险与收益又是对称的，个人投资者也可能因为这种风险而获得额外的收益。比如把全部资金投资于某一股票，如果这只股票恰恰表现很好，则可以获得较大的收益。但如果相反，这只股票价格持续下跌，则个人投资者会损失严重。若后一种情况发生，则个人投资者就会损失严重。一般的个人投资者难以承受这样的风险。

(2)由于知识和能力的限制，投资较为盲目。精力和时间的有限性，加上能力和视野的局限性，个人很难对整个金融市场有一个较为翔实的了解，甚至对所投资的金融产品也知之甚少，因而投资具有很大的盲目性，有时投资就纯粹变成了“碰运气”。

正是由于个人投资者存在上述种种限制，因而催生了许多机构投资者，如银行、投资基金、保险公司等。这些机构投资者集合了众多个人投资者的大量资金，拥有强大的实力，可以通过组织形式进行专业性投资，因而克服了个人投资者的诸多弊端。这些机构可以聘用专业的证券分析师、市场分析人士等，对投资环境和投资品种进行分析，因此其投资的盲目性大大降低，投资效果会更好。同时，由于市场是不可完全预测的，投资风险总会存在，因此，通过多元化的投资分散投资风险，对于机构投资者也是必要的。而庞大的资金为这种多元化投资提供了便利。机构投资者可以把资金分散用于不同的投资品种，如股票、债券、基金等，从而分散风险，而且专家型的投资也为一些现代投资技术的应用提供了可能。机构投资者的这些特点，决定了他们往往可以以较低的风险代价获得较高的收益水平。个人投资者通过购买这些机构投资者发行的证券，也可以获得较为稳定的收益。机构投资者在存在上述优点的同时，也会给金融市场带来不利的影响，如价格操纵。机构投资者的投资规模庞大，其对某一金融产品的买卖会对该金融产品的供求关系产生巨大的影响，从而导致该产品价格的剧烈波动。机构投资者往往会利用这种影响获取不当利益，受损的则是广大的个人投资者。这是需要对证券市场进行监管的重要原因之一。

2.1.2 证券市场

投资过程实质上就是金融产品的交易过程，而交易则是在一定的市场上完成的。每种金融产品的交易关系均可以构成一个市场，如国债市场、股票市场、基金市场和期货市场等。根据交易对象的不同，证券市场可以分为一级市场和二级市场。

一级市场又称发行市场，证券的发行均是在该市场完成的。因此，在一级市场上完成的是证券的“从无到有”并发现其“第一所有人”的过程，比如我们俗称的“打新股”，就是对投资者申购新发行的股票这一投资行为的简称。“打新股”就是在一级市场上完成的。经过一级市场的证券发行，市场上的证券数量会增加。

比较之下，如果一只证券已经发行完结，那么接下来对该证券的交易则是在二级市场上进行的。因此，在二级市场上不进行证券的发行，仅进行证券的交易，完成的是证券所有权在投资者之间的转换，这种证券所有权的转换对市场上的证券存量(数量而不是价值)没有影响。

按照交易场所的不同，二级市场又分为两类：一是交易所市场，二是场外交易市场。

交易所是进行证券交易的专业性场所。世界上有许多知名的证券交易所，如纽约证券交易所、美国证券交易所、伦敦证券交易所、东京证券交易所等，我国则成立了上海证券交易所和深圳证券交易所。只有规模较大、业绩较为稳定的大型公司发行的证券才能在证券交易所上市并交易，因此在证券交易所进行的投资风险相对较小。证券交易所通过为经纪人和投资者提供完善的服务，促进证券交易的进行。在证券交易所以外进行的证券交易则称场外交易。比起证券交易所，场外交易的组织性差一些。场外交易的对象往往是那些因为种种原因没有资格在证券交易所上市的证券。比如在美国的纳斯达克市场上交易的多是高科技、成长型公司发行的证券，这些证券具有高风险、高收益的特征。因此，相比交易所交易，场外交易的风险较大，但收益也可能更高，较适合于长期投资者介入。

专栏2-1

新股发行的监管模式①

作为新股发行制度的三个核心问题之一，新股发行监管制度的完善程度对新股的发行起着至关重要的作用。新股发行监管制度最终是归结到股票发行决定权的问题，目前世界上主流的发行监管制度可以分为：审批制、核准制与注册制。

1. 审批制

股票的发行需要提交公司自身经营状况、财务数据、发行目的与筹资规模等相关信息到证监会审批，然后证监会根据监管条例进行审核，从额度管理上进行配售，从产业发展战略上进行企业的甄选，同时发行的规模按计划执行，发行方式以及定价方式采取显著的行政干预。故而，审批制下企业能否发行新股的关键在于证监会的审批是不是可以通过，这一方面取决于自身提供的申请材料，另一方面取决于证监会的主管审核与独立决策。

在资本市场发展初期，或者是欠发达的经济体，由于企业经营业绩不稳定，投资者技能与鉴别力不高，同时产业结构不够完善，这样的情形之下，审批制度便彰显了存在的价值。因为它可以帮助政府进行重点企业扶持与产业结构调整，同时也为投资者的利益保护增加了防护监控。

与此同时，这种制度本身也存在不少弊端，一方面因为政府介入的力度较大，比较容易滋生寻租行为，造成了监管层的腐败；还有因为审批额度的存在，这就影响了对供求双方的力量均衡，而供求失衡则是对股票顺利发行的极大考验。所以，审批制的实行也是一直备受争议的，尤其是面对不同发展程度的经济体时，改革的呼声就更加的强烈。

2. 核准制

核准制是发行人在进行股票发行时，不需要像审批制下一样向各级政府申请层层审批，但是在信息披露层面，发行人除了常规的信息，如公司资本机构、经营状况等财务报告或者公司规章制度、发展愿景等的披露之外，在我国，还需要监管部门按照《证券法》和《公司法》等相关法律法规的约束审核，只要跟这些法规相吻合，便可以进行新股的发行，否则将会遭到主管机关的发行否决。

核准制相对于审批制，能够一定程度地促进政府进行更好地引导与鼓励优质企业的发展，从而把那些资质相对较差的企业过滤掉，这个作用的发挥前提是审核机关能进行独立有效地进行审核工作。但这个过程之中也存在如下几个问题：

① 资料来源：卢文静. 我国新股发行制度改革的深层次思考. 复旦大学硕士学位论文，2012.

首先，审核机关对于市场的需求缺乏足够的了解，虽然他们能够对拟发行新股上市的公司本身资质进行考核把关，但是由于缺乏对整个市场的足够了解，就很容易导致片面的取舍，起不到很好的资源配置的作用。

其次，监管机关的审核也多是基于申请人所递交的书面申请材料，而很难做到对企业真实情况的实地考察，所以，这对发行人资质的认可也难保其实。基于这种机制本身的特点，审核制也多适用于不成熟的资本市场。

3. 注册制

注册制是现在美国等相对成熟的资本市场所采取的主流发行监管机制。注册制要求发行人对投资者进行证券投资分析、价值判断，选股时所需要的企业自身的信息进行完整、公开、透明、真实的披露。而监管部门所负责的是对这些披露材料进行形式审查确认。只要材料属实，发行与否以及认购与否就直接过渡到了筹资者与投资者双方，彼此进行独立的思考判断。

从制度上看，注册制最能充分发挥市场的调节性，促进资源的有效配置。因为它能调动双方的积极性与主动性，将关键性的选择决策交给市场，让市场优胜劣汰。

三种发行监管模式的比较如表2-1所示。

表2-1　三种发行监管模式的比较

监管制度	审批制	核准制	注册制
发行上市标准	有	有	无
发行数量指标	有	无	无
发行审核主体	监管机构	监管机构、中介机构	中介机构
市场化程度	低	两者的过渡	高
主要推荐人	政府主管部门	中介机构	中介机构

从表2-1中可以看出，三种监管制有着各自的特点。审批制下的审核角色是由监管机构承担的，这种由监管机构进行审核的立法与执法的双角色行为很容易导致各种腐败行为，从而引致市场有效性的丧失。注册制则能够比较有效地发挥市场的调节作用，而核准制是处于两者的过渡阶段。此外，审批制度下因为有发行额度的限制，这就从市场的供求层面进行了介入与干预，不利于市场均衡状态的形成。然而，注册制相对于另外两种监管制度而言，由于缺乏发行标准，发行主体享有很大的自主性，这就要求实行注册制的市场参与主体具有很强的自律性与鉴别力，同时也要求中介机构对发行人披露信息的真实性、完整性等进行审核时严格执行，这样才能使得市场的资源配置功能朝着良性方向发展。这几个方面的特质也就对应了三种监管制度下市场化程度的高低，从高到低依次为注册制、核准制和审批制。

世界上几个主要经济体发行监管制度的对比分析如表2-2所示。

表 2-2　世界上几个主要经济体发行监管制度的对比分析

国家/地区	主要监管机构	发行监管机制
美国	SEC	注册制——除了私募、小额、跨州和政府债以外，在境内销售的证券都需要向 SEC 进行注册登记
英国	贸工部、公司注册署	注册制——需要准备招股说明书等文件向公司注册署申请登记注册，程序类同公司注册登记
日本	财务省	注册制——发行公司需将申请文件报送至财务省财务大臣，如果受理之日起 30 日内没有提出异议，报送申请将自动生效
法国	证券交易委员会	核准制——证券交易委员会对发行公司提供的申请材料进行实质审核，以决定批准股票发行与否，其中需要递交的材料主要包含：发行说明书、公司章程和附则、近五年的年度报告等详细资料
德国	联邦证券交易管理局和证券交易所	注册制与核准制——对于拟发行股票而不需要在交易所上市的公司，采取注册制，向联邦证券交易管理局申请，进行形式审核；对于拟发行股票并要在交易所上市的公司采取核准制，向证券交易所提交申请，然后进行实质审核
新加坡	财政部会计与管制局	注册制——发行公司应当提供完整的招股说明书，在获取财政部会计与管制局的注册登记后方可进行股票的发行
中国香港	证监会	注册制——香港证监会企业融资部审核拟上市公司的要约广告与招股章程，然后发行公司到公司注册处进行注册登记

由此可见，各国或地区发行制度之间存在很大的差异性，这与各国或地区经济体的发展程度与资本市场的成熟度息息相关。所以，每个经济体具体的发行监管体制的选择应当结合自身发展程度进行相机抉择，在特定的时期选择与市场成熟度相吻合的发行监管体制，这样才能促使资本市场更好地为经济建设提供有效的投融资平台，不断为经济发展带来新的增长点。如表 2-2 所示，美国、英国、日本、德国、新加坡和中国香港等国家和地区市场成熟度较高，大多采取了注册制进行新股发行。

2.2　证券交易程序和方法

由于中国的证券交易主要集中在交易所交易，因此这里以交易所交易为例，说明证券交易的程序和方法。在证券交易所进行证券交易，要经过如下几个步骤：开户—委托—成交—清算和交割—过户。

2.2.1　开　户

要进行证券投资，首先要选择一家可靠的证券经纪公司办理开户手续，包括两个步骤：订立开户合同和开立账户。开户合同包括如下内容：委托人的基本信息，包括真实姓名、住址、年龄、职业和身份证号码等；明确双方（委托人与证券公司）间的权利和义务，其中认可证券交易所营业细则和相关规定以及经纪商公布的规章等是开户合同的必要组成部分；确立开户合同的有效期限以及履行合同的条件和程序。在订立开户合同之后，委托人即可以在证券公司开立账户，包括现金账户和证券账户。现金账户用于买进证券时支付证券价款以及卖出证券时的收款，证券账户则是用于证券的交割，相当于投资者的证券存折，用于记录投资者所持有的证券种类和数量。由于投资者既要买进证券又要卖出证券，因此现金账户与证券账户缺一不可。投资者如果同时投资于在上海和深圳上市的证券，还需要分别开立上海证券交易所和深圳证券交易所的证券账户。上海证券交易所规定，投资者开立现金账户时，其中的资金要首先交存证券商，再由证券商转存银行，利息收入自动转入该账户；投资者开立的证券账户由证券商免费代为保管。以股票投资为例，开户所需要的证件是，个人开户(A股)只需持公安机关颁发的有效居民身份证(未满18岁者不能开立个人账户)。法人开户(A股)需提供的材料包括有效法人证明文件及复印件、法人代表证明书及其居民身份证。个人若要开设B股账户，须向代理B股股票开户资格的证券商提供外籍身份证、定居证、护照或同类有效证件及复印件一式两份。法人若要开设B股账户，须向证券商提供合资或独资企业营业执照证件及其复印件一式两份。

2.2.2 委　托

投资者在证券公司开立账户之后，所有的交易都要委托证券公司来进行。可以说，证券公司就是投资者的代理人，投资者的所有证券买卖行为都要通过证券公司完成。当投资者决定买卖证券时，就可以通过当面委托或者电话委托的方式向证券公司发出委托指令，证券公司根据委托指令，填写“委托单”，将投资证券的种类、数量、价格、开户类型、交割方式等一一载明，并及时将“委托单”送达证券公司在交易所中的驻场人员，由驻场人员负责执行委托。委托的方式有多种，按照不同的标准进行分类，可以有买进委托和卖出委托，当日委托和多日委托，随行就市委托和限价委托，止损委托和授权委托、止损限价委托，立即撤销委托和撤销委托，整数委托和零数委托等类型。

2.2.3 成　交

证券公司在接到投资客户的委托书后，就要由其驻场售货员在交易所内迅速执行委托，从而促使该证券交易的成交，也就是要促使买卖双方在价格和数量上达成一致。成交要遵循一定的原则，即竞争原则，其主要内容是“三先”，即价格优先、时间优先和客户委托优先。价格优先就是证券公司按照最有利于委托人的利益的价格买进或卖出证券；时间优先即在委托价格相同时，应该与最早提出该价格的一方成交；客户委托优先要求证券公司在自营买卖和代理买卖之间，应首先进行代理买卖。证券交易所的交易价格按竞价的方式进行，竞价方式包括口头唱报、板牌报价以及计算机终端申报竞价三种。

2.2.4 清算和交割

证券交易成交后的券款交付称为证券的清算和交割。其中清算是同一证券公司在同一交割日对同一种证券的买和卖相互抵消，确定出应当交割的证券数量和应当交割的价款数额这一过程。一般在交易所当日闭市时，其清算机构便依据当日“场内成交单”所记载的各证券商的买进和卖出某种证券的数量和价格，计算出各证券商应收应付价款相抵后的总金额以及各种证券相抵后的净额，编制成当日的“清算交割表”，各证券商核对后再编制其当日的“交割清单”，并在规定的交割日办理交割手续，即将证券由卖方交给买方，将价款由买方交给卖方。在证券交易所交易的证券，按照交割日的不同，可分为当日交割、普通日交割和约定日交割三种。如上海证券交易所规定，当日交割是在买卖成交当天办理券款交割手续；普通日交割是在买卖成交后的第四个营业日办理券款交割手续；约定日交割是买卖成交后的15日内，由买卖双方约定在某一特定日期进行券款交割。

2.2.5 过户

过户是在证券的交割手续完成后，将证券的所有权从一个所有者名下转移到另一个所有者名下的过程。其基本程序是：

(1)证券原所有人在完成清算交割后，领取并填写过户通知书，加盖印章后随同证券一起送到证券公司的过户机构。

(2)证券新的所有人在完成清算交割后，向证券公司索取印章卡，加盖印章后送到证券公司的过户机构。

(3)证券公司的过户机构收到过户通知书、证券及印章后进行审查，若手续齐备，则注销原证券持有者证券账户上相应数量的该种证券，同时在其现金账户上增加与该笔交易价款相等的金额。对债券的买方，则是相反的操作，即在其现金账户上减少价款，同时在其证券账户上增加证券的数量。

2.3 投资监管

由于证券投资业本身所具有的特点，它往往受到各国政府的严格监管。证券投资监管是监督与控制证券市场参与者市场行为的一个完整的系统。在该系统中，监管主体主要包括国家立法、司法和行政部门以及行业自律机构，监管对象包括证券业务本身以及与证券业相关的其他利益组织或个人。证券投资监管的目的在于提高效率、维护公平和保持稳定，以防止市场失灵现象发生，保护投资者利益。需要对证券投资业进行监管的原因是：

(1)营造公平的竞争环境，防止市场操纵行为的发生。证券的价格取决于供求关系，如果某一投资者掌握的证券数量较多，则其交易行为就可能对该证券的供求关系产生较大的影响，从而导致证券价格的大幅波动。某些投资者尤其是投资机构就是利用这一点而对证券价格进行操纵，获取不正当的利益，利益受到损害的则是广大的中小投资者。证券监管的一个目的就是为了防止这种现象的发生。如有关法规规定证券投资基金持有一个公司股票的比例不能超过10%；再如，期货市场对投资者规定最大持仓限额，其目的就是防止市场操纵行为的发生。

(2)降低信息的不对称程度。只有当交易者所掌握的信息同样充分时，证券的均衡价格才是经过充分竞争的价格，资源配置才是高效的。但现实中交易者掌握的信息往往存在差别，即存在信息不对称的现象，而证券监管可以在一定程度上降低信息的不对称程度。比如，对证券交易所和上市公司所披露的信息的内容和频率都有明确的规定。

(3)抑制和消除虚假信息。由于信息不对称现象的客观存在，某些公司或个人为了达到获利的目的，故意制造虚假信息，误导投资者。比如有些上市公司为了达到融资目的，对会计报表进行粉饰，这种现象严重扰乱了证券市场的秩序，证券市场监管的一个重要目的就是要杜绝这种现象的发生。

证券投资监管应该遵循公开、公平、公正的原则。所谓公开，就是实现交易信息的透明化，消除信息的不对称现象，防止舞弊情况的发生；所谓公平，即所有市场参与者的权益都应该根据统一的市场规则受到平等保护，任何一方不能享有特权；所谓公正，即所有的监管行为都应该根据公开透明的法律法规进行，不允许有暗箱操作行为。

2.3.1 投资监管的三种模式

相对于发展中国家来说，发达国家的证券市场监管较为成熟，其基本特点是集中监管与分散监管相结合。从全球范围来看，由于各国证券市场的发展历史和发育程度各不相同，形成了三种具有代表性的监管模式。

第一种是以美国为代表的法定机构监管模式，即根据国家立法设立直接隶属于立法机关的国家证券监管机构，对证券市场进行集中监管，各种自律性组织，如证券交易所、行业协会等起协助作用。美国的证券交易管理委员会(SEC)为全国统一管理证券经营活动的最高监管机构，它独立于政府，直接隶属于国会，对证券发行、证券交易等活动及证券商、投资公司等依法实施全面监管。相关的法律较为健全，如1933年的《证券法》、1934年的《证券交易法》、1940年的《投资公司法》以及1970年的《证券投资保护法》等。同时，证券交易所和全国证券交易商协会分别对证券场内交易与场外证券市场进行监管，形成了以集中统一管理为主、市场自律为辅的较为完善的证券市场监管体系。

第二种是以日本为代表的政府监管模式，即在政府内阁中设立专门的证券监管机构对证券市场实行集中统一监管，各种自律组织起协助作用。日本的证券主管机关是大藏省，具体由大藏省下设的证券局、证券交易监视委员会和金融检查部门行使职能，负责监管全国证券市场，同时证券业协会、公司债券承兑协会、证券投资信托协会以及证券情报中心等团体的自律管理起辅助作用。日本的证券法规也较为健全，如《商典法》、《公司法》、《证券交易法》、《证券投资信托法》、《担保债券信托法》等，但与美国证券管理模式相比，日本证券管理模式更多地依赖于政府行政指导和直接干预，管理更集中、更严格。

第三种是以欧洲国家和部分亚洲国家为代表的自律模式，以自律管理为主，政府有关职能部门的监督管理起辅助作用。与前两种模式相比，其具有两个特点：一是通常没有制定直接的证券市场管理法规，而是通过一些间接的法规来制约证券市场的活动；二是不设立全国性的证券管理机构，而是依赖于证券市场参与者的自律监管。以英国为例，它没有专门的证券法律法规，相关条款分散于其他相关法律中，如1958年的《反欺诈(投资)法》、1948年和1967年的《公司法》、1973年的《公平交易法》和1988年的《财务法案》等。英国虽然设立了专门的证券监管机构，称为证券投资委员会(SIB)，并且依照法律它享有很大的监管权力，但它既不隶属于立法机关，也不隶属于政府内阁，其主要的职能是负责注册以及管理证券公司。英国证券市场的实际监管工作主要是通过以英国证券业理事会和证券交易所协会为核心的非政府机构进行自我监管，其中，证券交易所协会是英国证券市场自律管理系统的最高管理机构。1998年以来，英国正在改革这种监管模式，以加强政府的监管力量。

集中监管与自律监管各有一定的优缺点。集中监管体制具有统一的证券法规，使证券行为有法可依，提高了证券市场监管的权威性，监管者地位超脱，更注重保护投资者的利益，能公平、公正、高效、严格地发挥其监管作用，并能协调全国各证券市场，防止出现过度投机的混乱局面。但也可能使监管工作脱离实际，对证券市场发生的意外情况反应较慢，效率较低。自律体制允许证券商参与制定证券市场监管规则，从而使市场监管更切合实际，制定的监管法规具有更大的灵活性，效率较高，能充分发挥市场的创新和竞争意识，有利于活跃市场，同时对市场发生的违规行为做出迅速而有效的反应。但由于没有立法作后盾，监管手段较软弱，且没有统一的监管机构，难以实现全国证券市场的协调发展，容易造成混乱。从全球范围来看，各国监管机制有趋于集中化的趋势。如1996年，英国政府宣布，要彻底改变证券市场的传统监管方式，加强政府监管力量。其他一些实行自律模式的国家，如德国、意大利、泰国、约旦等，也开始走向集中监管模式。

2.3.2 投资监管的内容

投资监管包括对证券发行市场的监管、对证券流通市场的监管、对上市公司的监管、对证券中介机构的监管、对证券从业人员的监管以及对投资者的监管等内容。

（一）对证券发行市场的监管

证券发行市场监管是对新证券发行的审查、控制和监督，其核心内容是对证券发行资格的审查，即确定拟发行证券的主体是否具备证券发行条件。世界各国对证券发行审核的方式主要有两种：一是以美国为代表的注册制；二是以欧洲各国为代表的核准制。

证券发行的注册制强调的是发行信息的充分披露，即发行人必须把证券发行相关信息进行客观、充分的披露，以帮助投资者充分了解证券的相关信息并进行正确决策。只要发行人充分披露了信息并在申请注册期间内没有被相关部门明确否决，就可以进行证券发行。因此，在这种制度下，证券发行能否成功主要取决于信息的披露情况（关系到能否通过监管机构的审核）以及投资者对该种证券的态度（能否被市场接纳）。在证券发行的核准制下，证券发行主体的资格、发行条件、信息披露等均有明确的法律法规的规定，只有全部满足了相关法律法规的要求，发行者才能发行证券。因此，在这种制度下，监管机构对证券质量有一种预先把关作用，以防止质量差的证券进入市场，维持证券市场的秩序并保护投资者的利益。相比之下，注册制对发行者的要求较为宽松，有利于企业的筹资，但一般投资者可能由于缺乏鉴别能力而遭受投资损失；而核准制对发行者的要求较为严格，有利于保护投资者的利益，但企业的筹资门槛相应提高。因此，两种制度的融合是大势所趋。中国的股票发行实行核准制并配之以发行审核制度和保荐人制度。发行审核制度规定证券发行审核委员会依法独立地审核股票发行申请，中国证监会根据发行审核委员会的审核意见依法做出核准或不予核准的决定，目的是保证核准制的公平公正。保荐人制度明确了保荐机构和保荐代表人的责任，并建立了责任追究机制，目的则是确保信息披露的客观性和完整性。

（二）对证券流通市场的监管

证券流通市场的监管，主要内容是对证券上市资格的监管，即该证券是否可以在证券交易所公开买卖。证券发行后能否上市，取决于该证券是否符合证券监管机构和证券交易所制定的有关上市规则。公司债券或股票如欲上市，必须提出申请，证券交易所通过审核认为满足了上市条件即可批准该证券上市。证券获准上市后，上市公司要与证券交易所签订契约，以明确双方的权利和义务。根据契约，上市公司承诺接受证券交易所的管理，并按照相关要求披露信息，同时其证券可以在证券交易所内挂牌上市，可以享受证券交易所提供的服务。已经上市的证券如果不再满足上市条件或者遇到特殊情况可以按照有关规定终止或暂停上市。

(三)对上市公司的监管

对上市公司进行监管,最重要的是要求上市公司必须严格按照相关法律法规的要求对信息进行披露,目的是保证投资者的知情权,使投资者在投资过程中能够根据所披露的信息进行理性判断,避免盲目投资或者遭受欺诈。上市公司的信息披露包括证券发行时的信息披露和证券上市后的持续信息披露。证券发行时,公司要在招股说明书中详细披露公司的财务业绩、主营业务、证券发行规模及用途、主要管理人员及大股东的构成及背景等信息,以作为投资者购买新证券的依据。证券在上市交易过程中,由于公司处在动态变化之中,因此上市公司还要持续披露相关信息,如大股东持股情况的变化、主要管理人员的变动、收购兼并、经营业绩的变动等。这种持续的信息披露可以分为定期报告和临时报告两种。定期报告如年度报告、中期报告和季度报告,主要披露期内公司的经营情况和财务资料。临时报告主要披露可能对股票价格产生重大影响的事件,如收购合并公告、股东持股变更公告等。上市公司的信息披露文件是向证券监管机构或机构投资者提交的法律文件,上市公司本身以及制作、鉴证信息披露文件的机构和个人必须对文件内容的真实性和完整性负法律责任。

(四)对证券中介机构的监管

对证券中介机构的监管包括对证券经营机构的监管和对证券服务机构的监管。

对证券经营机构的监管包括设立监管和行为监管两个方面。

从世界范围来看,证券经营机构的设立监管有两种具有代表性的制度,即特许制和注册制。特许制以日本为代表。日本的证券经营机构在开展业务之前,必须先向财务省提出申请,财务省根据不同的经营业务种类授予不同的特许。证券商申请特许,必须具备一定的条件,如拥有足够的资本、具有相关知识和经验、信誉良好等。注册制以美国为代表。美国的证券交易法规定,所有经营全国性证券业务的投资银行(包括证券承销商、经纪商、自营商等)都必须向证券交易所登记注册,并向证券交易所申请会员注册。只有同时取得证券交易委员会的注册批准和证券交易所会员资格的投资银行才能经营证券业务。我国对证券经营机构的管理实行审批制,设立证券公司必须经国务院证券监督管理机构审查批准。国家把证券公司分为综合类证券公司和经纪类证券公司两种,实行分类管理,由国务院证券监督管理机构按其业务类型颁发业务许可证。

对证券经营机构的行为监管包括对证券承销商、经纪商、自营商的资格确认和监督检查制度,对承销商、经纪商和自营商的行为规范与行为禁止制度,证券经营机构的定期报告制度和财务保证制度等。

证券服务机构虽然不直接经营证券,但在证券市场上扮演重要的角色,如会计师事务所、律师事务所、资产评估机构、证券市场信息传播机构等,对证券服务机构的监管包括设立监管和业务监管。我国对证券服务机构的设立监管主要实行许可证制度,并由国务院证券监管管理机构和有关主管部门对其日常业务加以监督管理。

(五)对证券从业人员的监管

证券从业人员是指证券中介机构(包括证券公司、证券清算登记机构、证券投资咨询机构等)中一些特定岗位的人员,包括管理人员和专业人员两类。对证券从业人员的监管主要有证券从业人员资格考证和注册认证制度,并制定有相关行为规范。

（六）对投资者的监管

对投资者的监管主要是监督证券市场的投资者依照法规和市场规则进行投资活动，禁止内幕交易、操纵市场等欺诈活动，维护市场的正常交易秩序，保护全体投资者的利益。

从历史发展来看，我国证券监管体制经历了一个从地方监管到中央监管，由分散监管到集中监管的过程，目前我国对证券市场实行集中统一监管为主、自律为辅的监管体制。

从 1992 年开始，我国在全国范围内进行股票发行和上市的试点，证券市场开始成为全国性市场。同年 10 月，成立了国务院证券委员会（简称国务院证券委）和中国证券监督管理委员会（简称中国证监会），负责对全国证券市场进行统一监管，这标志着中国证券市场统一监管体制开始形成。1998 年，原国务院证券委员会和原中国证监会合并为新的中国证监会，并决定中国证监会对地方证券监管部门实行垂直领导，从而形成了集中统一的监管体系。证监会、证券交易所、中国证券业协会和省、直辖市、自治区的主管部门都有一定的监管职能，相应的法律法规，如《证券法》、《公司法》、《股票发行与交易管理暂行条例》以及对上市公司、交易所、证券经营机构和中介机构等进行规范的法规也已陆续出台并正在不断完善之中。如图 2-1 所示。

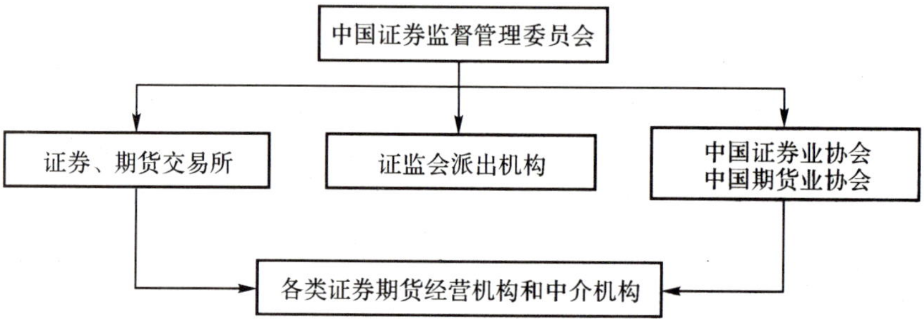

图 2-1　中国证券监督架构

专栏2-2

金融分析联盟与特许金融分析师职业道德规范和准则[1]

准则 1　基本责任

对于所有适用的现存法律、规则、制度，包括投资管理与研究协会的道德规范和职业准则，成员应该熟悉其内容，并严格遵循。

准则 2　职业责任

- 失误行为。在职业操作中，成员不得有任何不诚实、虚假、欺诈或谎报信息的行为。
- 禁止任何剽窃行为。

准则 3

- 有告知雇主道德规范与职业准则的义务。成员必须告知雇主他们须遵守这些规范及准则。

① 资料来源：Abridge from the Standards of Professional Conduct of the AIMR.

● 额外补偿安排的披露。成员必须公开他们从雇主那里获得的补偿之外的其他所有收入。

准则4 对客户和潜在委托人的责任

● 投资过程及研究报告。成员在提出投资建议时，必须勤勉及尽力……在研究报告中区分事实与个人意见……以理性的思考保证客观性。

● 与客户及潜在客户之间的相互作用。成员必须将客户利益置于个人利益之上。

● 投资组合建议。在做出合适的投资建议之前，成员应该对客户的财务状况、投资经验和投资目标进行深入的调查。

● 交易优先。客户和雇主的交易优先于成员自身的营利性交易。

● 向客户和潜在客户披露问题。成员应该向其客户或潜在客户披露一切事宜，包括证券或其他投资品的所有权，这些事宜可能会影响成员做出客观的投资建议的能力。

准则5 对公众的责任

● 禁止使用内幕信息。掌握与证券价值相关的内幕信息的成员不得参与该证券的交易。

● 业绩陈述报告。成员不得做出任何关于他们已取得或预计极有希望取得的投资业绩的不正确陈述。

【本章小结】

证券投资主体是指进入证券市场进行证券买卖的各类投资者，包括个人、政府、企事业单位和金融机构四大类。

证券市场包括一级市场和二级市场，其中二级市场又包括交易所的场内市场和场外交易市场。

证券交易一般要经过开户—委托—成交—清算和交割—过户五个步骤。

证券投资监管是监督与控制证券市场参与者市场行为的一个完整的系统。监管主体主要包括国家立法、司法和行政部门以及行业自律机构，监管对象包括证券业务本身以及与证券业相关的其他利益组织或个人。

Section 2

收益和风险

收益和风险

第3章　投资收益及测量

【学习要点】

1. 了解收益和收益率的概念；
2. 掌握总收益率和平均收益率的计算；
3. 掌握投资组合收益率的计算；
4. 了解必要收益率、无风险收益率与风险收益率。

3.1　收益与收益率

收益是投资者通过资本市场或其他市场，借助特定投资工具进行投资得到的资产回报。虽然目标各异，但投资者总是希望在自己可以承受的风险范围之内获取尽可能大的收益。投资者的收益通常可以分为两部分：资本增值(capital gain)及收到的现金收入(cash flow)。资本增值是该项资产价格变动带来的原始资本的增加或减少。现金收入则表明持有资产获取的股权分红、债权利息或者房租收入，等等。

收益率则衡量了投资者进行投资所带来的财富增长程度。收益率中最重要的概念是总收益率。它衡量投资者在某项资产的持有期限内的总的投资回报。这个收益率也可以称为持有期收益率。

收益率有不同的分类，具体如下：

按照投资期限划分。由于资产价格在每年都可能出现变化，投资者可以考察单期收益率和多期平均收益率。多期平均收益率可以采用算术平均法或者几何平均法求得。期限是个相对概念，可以是一周，一个月，一年，或者更长时间。

按照是否存在融资行为。收益率可分为自有资产收益率和杠杆收益率。

按照投资资产否为单一资产。资产收益率可分为单项资产收益率与资产组合收益率。

按照投资业绩评估还是投资决策预测。收益率可分为历史收益率和预期收益率。投资者可以在一段时间后，对已有的投资进行业绩评估；也可以在进行一项投资前，考虑资产本身内在价值的变化，预测一下资产的预期收益率。预期收益率的作用在于：如果理性投资者认为该项资产的预期收益达不到自己的投资目标，就不会进行投资。

另外，考虑到收益与风险的关系，收益率还有以下几种分类：必要收益率，无风险收益率与风险收益率。

必要收益率也称最低必要报酬率或最低要求的收益率，表示投资者对某资产合理要求的最低收益率。这里所说的投资者可以是每个个体，但如果不特殊说明的话，通常指全体投资者。每个人对某特定资产都会要求不同的收益率，如果某股票的预期收益率超过大多数人对该股票要求的至少应得到的收益率时，实际的投资行为就会发生。也就是说，只有他们认为至少能够获得他们所要求的必要收益率时，他们才会购买该股票。

必要收益率与认识到的风险有关，人们对资产的安全性有不同的看法，如果某公司陷入财务困难的可能性很大，也就是说投资该公司的股票产生损失的可能性很大，那么，投资于该公司的股票将会要求一个较高的收益率，所以该股票的必要收益率就会较高；相反，如果某项资产的风险较小，那么，对这项资产要求的必要收益率也就较小。

无风险收益率也称无风险利率，它是指可以确定可知的无风险资产的收益率，它的大小由纯粹利率（资金的时间价值）和通货膨胀补贴两部分组成。无风险资产一般满足两个条件：一是不存在违约风险，二是不存在再投资收益率的不确定性。实际上，满足这两个条件的资产，就是与所分析的资产的现金流量期限相同的国债。因此，无风险利率就是国债的利率，该国债应该与所分析的资产的现金流量有相同的期限。一般情况下，为了方便起见，通常用短期国库券的利率近似地代替无风险收益率。

风险收益率是指某资产持有者因承担该资产的风险而要求的超过无风险利率的额外收益，它等于必要收益率与无风险收益率之差。风险收益率衡量了投资者将资金从无风险资产转移到风险资产而要求得到的"额外补偿"，它的大小取决于以下两个因素：一是风险的大小；二是投资者对风险的偏好。

不同的收益率可以让投资者对自己的已有投资进行评估，也可以对未来购买某项资产提供一定的参考作用。

3.2 单项资产收益率的测量

3.2.1 总收益率

总收益率衡量投资者在某项资产的持有期限内的总的投资回报。这个收益率也可以称为持有期收益率。其公式为：

$$R=\frac{P_t-P_{t-1}+CF}{P_{t-1}} \tag{3.2.1}$$

其中，资产价格的变动部分 P_t-P_{t-1} 为购买该项资产带来的资本增值收益；CF 为持有该项资产期间获取的现金流入。该公式为衡量收益率的最基本的公式。投资者可以用它来衡量过去一段时间的收益情况（即历史收益率），对自己投资业绩做一个简单的评估。

【例 3-1】 投资者甲有以下几种资产。2009 年 1 月 1 日到 2009 年 1 月 31 日的资产价格变动与现金流收入见表 3-1。

表 3-1 投资者资产价格及现金流入分析 （单位：万元）

资　产	期初价格	期末价格	现金流入	投资收益
商铺一处	100	130	10	40
国库券	50	49.5	2.5	52
股票	200	300	2	302
累计	350	479.5	14.5	394

如果投资者没有出售资产，那么他的投资收益可能体现为资产账面价值的变动。在上表中，我们根据公式(3.2.1)可以计算出其任何一种资产的持有期投资收益率，也可以计算出全部资产的投资收益率。该投资者的三项资产收益率及投入资金的总收益率如下：

商铺收益率：

$$R=\frac{P_t-P_{t-1}+CF}{P_{t-1}}=\frac{130-100+10}{100}=40\%$$

国库券收益率：

$$R=\frac{P_t-P_{t-1}+CF}{P_{t-1}}=\frac{49.5-50+2.5}{50}=4\%$$

股票收益率：

$$R=\frac{P_t-P_{t-1}+CF}{P_{t-1}}=\frac{300-200+2}{200}=51\%$$

投入资金总收益率：

$$R=\frac{P_t-P_{t-1}+CF}{P_{t-1}}=\frac{479.5-350+14.5}{350}=41.14\%$$

投资者在进行一项投资前，可以用总收益率的公式来预算某项资产是否值得投资。

【例3-2】 某投资者年化收益目标为30%，在考察了宏观经济环境跟行业发展状况后，他对A、B、C、D四只股票所在公司的公开资料及现在市场价格进行对比研究。对价格变化及公司未来派发股利的预测如表3-2所示。

表3-2 投资者对各资产的预期收益 （单位：万元）

		股票A	股票B	股票C	股票D
P_0	目前价格	10.00	25.00	5.50	30.00
P_1	预计一年后价格	12.00	28.00	7.50	40.00
CF	预计股息流入	1.00	4.00	0.50	2.50

利用公式(3.2.1)可以计算出A、B、C、D四只股票的预期收益率分别为：30%、28%、63.6%和41.6%。对该投资者来讲，其中的三只股票A、C、D都有可能实现他的投资目标，可以综合行业偏好进行集中投资其中一支或者做组合投资。

3.2.2 杠杆收益率

2010年3月31日，我国对投资者推出了融资融券业务，如果投资者可以融资买入证券，或者融券卖出，需要开立保证金账户。在融资情况下，保证金账户允许投资者以自有资金部分作为保证金并按照一定比例从证券公司借入资金购买证券。收益率的测算可以参照总收益的计算公式，并除以保证金杠杆比率。

$$R=\frac{P_t-P_{t-1}+CF}{P_{t-1}}\times\frac{1}{MGFR} \tag{3.2.2}$$

其中，$MGFR$为保证金杠杆比率。

$MGFR$＝保证金÷(保证金＋可以融入的资金)

$$\text{融资保证金比例}=\frac{\text{保证金}}{\text{融资买入证券数量}\times\text{买入价}}\times100\%$$

$$融券保证金比例=\frac{保证金}{融券卖出证券数量\times卖出价}\times100\%$$

融资买入证券数量×买入价，融券卖出证券数量×卖出价，都属于可以融入的资金总额。

【例 3-3】 假设保证金比例为 70%，投资者自有资金 100 万元作为保证金，则他可以借入 142.85 万元购买股票。这样他用于购买股票的资金总额为 242.85 万元。假设他全部用来购买 A 股票，投资收益率为 30%。那么他的杠杆收益率（自有资金收益率）为多少？

$MGFR=100\div242.85=0.41$

$$R=\frac{P_t-P_{t-1}+CF}{P_{t-1}}\times\frac{1}{MGFR}=30\%\times\frac{1}{0.41}=73.17\%$$

专栏3-1

"曲线"参与融资融券 杠杆基金成本更低①

日前，融资融券业务试点正式启动，不过，较高的资金门槛以及高达 7.86% 的融资利率和 9.86% 的融券费率使得中小投资者难以参与。

不过，具有杠杆投资特征的分级基金，成了中小投资者"曲线"分享融资融券业务的途径之一。相对于试点券商 50 万元以上的资金门槛，杠杆类基金最低 1000 元的认购下限显然更为适合。而据记者了解，于今日起正式发行的银华深证 100 指数分级基金，正是目前现有分级基金中初始杠杆比例最高的一只。

据了解，杠杆类的收益分配模式是分级基金最大的优势之一，但目前各只分级基金杠杆比例不尽相同。以银华深证 100 指数分级基金为例，在二级市场上，母基金份额将按照 1∶1 的比例拆分为银华稳进与银华锐进。银河证券王群航认为，这种比例设计使得银华锐进份额的杠杆水平保持在较高的水平，对于高风险偏好的投资者具有较大吸引力。经测算，按照 1∶1 的比例实行份额分离，在基金取得正收益的情况下，最大可为银华锐进份额提供 2 倍的初始杠杆水平，是目前分级基金中初始杠杆比例最大的一只。

这种类"杠杆收益"的特征来源于分级基金独有的收益分配机制。通俗地来说，银华深证 100 指数分级基金以 1∶1 的比例拆分为银华稳进与银华锐进。其中，银华稳进为类固定收益产品，每年享有约 5.25% 的优先分配权；而银华锐进份额，则相当于以年 5.25% 左右的成本，向银华稳进份额融资，进行杠杆操作，并享有 5.25% 以上的全部收益。因此，对于银华锐进份额持有人来说，5.25% 左右的"融资成本"显然低于融资融券业务成本。

同时，银华稳进和银华锐进两类份额可以在二级市场上进行交易。对于低风险投资者来说，可以在基金上市交易后将银华锐进份额卖出，仅保留银华稳进，保证投资低风险特征；而对于偏好高风险高收益的投资者来说，则可以卖掉银华稳进份额，并且买入银华锐进份额，提高自身的杠杆比例，追求更高的收益预期。

① 李娜."曲线"参与融资融券，杠杆基金成本更低.中国证券报，2010-04-01.

3.2.3 多期平均收益率

投资者进行长期投资，受资产价格变动的影响，单期收益率可能变动比较明显，平均收益率可以让投资者观察到长期投资的单期平均值，最常见的单期收益率是年化收益率。

例如投资者持有某项资产三个月即售出，持有期总收益率为10%。则该资产的年化收益率为：10%×(12/3)=40%

通常情况下，投资者投资期限往往很长，可能数年甚至几十年，那么在这么长的创建周期内，考虑每年的平均收益情况会很重要。平均收益率计算通常有两种方法：算术平均收益率与几何平均收益率。

算术平均收益率公式：

$$AR = \frac{1}{N}\sum_{t=1}^{n} R_t \tag{3.2.3}$$

几何平均收益率公式：

$$GR = \sqrt[n]{\prod_{t=1}^{n}(1+R_t)} - 1 \tag{3.2.4}$$

以上两个公式中，R_t 表示每期投资收益。

【例3-4】 某投资者持有的一只股票5年来未收到任何股利，其年终收盘价格变动如表3-3所示。

表3-3 持有期资产价格变动情况

年　份	2004	2005	2006	2007	2008	2009
价　格	6	5	6	7	8	10
每年收益		−16.67%	20%	16.67%	14.29%	25%

那么，该投资累计5年的算术平均收益率为：

$$AR = \frac{1}{N}\sum_{t=1}^{n} R_t = (-16.67\% + 20\% + 16.67\% + 14.29\% + 25\%) \div 5$$
$$= 9.86\%$$

几何平均收益率为：

$$GR = \sqrt[n]{\prod_{t=1}^{n}(1+R_t)} - 1 = \sqrt[5]{\prod_{t=1}^{5}(1+R_t)} - 1 = 1.107572 - 1 = 10.76\%$$

算术平均收益率很难测算资产收益序列的波动程度，即使算术平均值相同，每期收益波动程度也可能存在很大差异。资产每期收益波动程度越小，计算的几何平均收益率会越大。

【例3-5】 进入21世纪后，全球主要股票市场都有比较大波动，2000年到2009年各主要股票市场年收益率也有较大差异。请计算它们的十年算术平均年收益率(见表3-4)。

表3-4 全球主要股票市场算术平均年收益率 (单位：%)

国家/地区	2000年	2001年	2002年	2003年	2004年	2005年	2006年	2007年	2008年	2009年	平均年收益
加拿大	6	−14	−14	23	14	35	15	25	−35	37	9.2
澳大利亚	−8	5	−4	18	21	24	28	28	−41	46	11.7

续表

国家/地区	2000年	2001年	2002年	2003年	2004年	2005年	2006年	2007年	2008年	2009年	平均年收益
法国	−4	−22	−24	16	12	11	31	27	−42	41	4.6
德国	−10	−20	−36	36	12	14	36	31	−31	28	6
意大利	0	−26	−14	12	20	9	31	32	−45	32	5.1
日本	−32	−29	−11	11	6	22	6	40	−41	22	−0.6
瑞典	−16	−24	−31	27	22	21	39	41	−39	34	7.4
瑞士	10	−19	−15	9	9	16	25	43	−37	33	7.4
英国	−14	−13	−20	7	10	7	26	29	−43	37	2.6
美国	−8	−7	−26	4	4	2	14	27	−37	47	2
中国香港	−9	−20	−18	10	7	2	34	57	−55	88	9.6

专栏3-2

算术平均收益预计和平均收益比较

算术平均收益率与几何平均收益率计算出来的收益会有很大不同。每期收益率值越接近，计算出来的几何收益率会越大。换句话说，即使算术平均收益率相同的情况下，每期收益的波动越小（资产的方差越小），几何平均收益率越大（见表3-5与图3-1）。

表3-5　算术平均收益与几何平均收益比较　（单位：%）

收益系列	数　值	算术平均收益	几何平均收益
A	5,3,5,4,3,3,2,4,3,5	3.70	3.56
B	4,4,2,4,4,4,4,,3,4,4	3.70	3.63
C	8,7,9,1,1,1,1,3,4,3	3.70	2.59

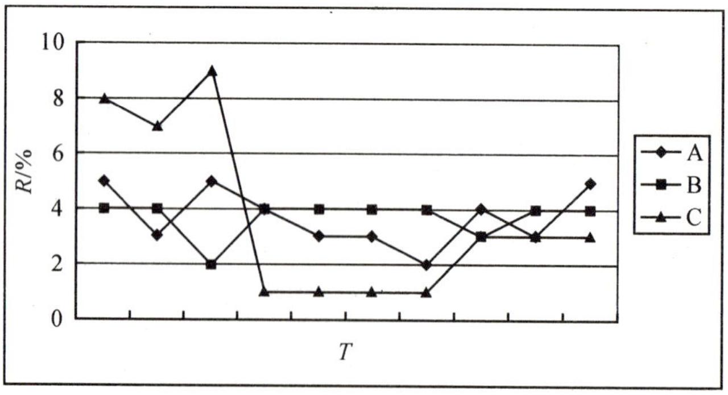

图3-1　算术平均收益率相同的情况下，不同资产每期收益系列分布差异

3.2.4　预期收益率

投资者做出投资决策前可能会综合考察未来经济走势、行业周期、公司发展等诸多因素。因为这些因素都会影响到投资收益的实现。

预期收益率也称为期望收益率，是指在不确定的条件下，预测的某资产未来可能实现的收益率。对期望收益率的直接估算，可参考以下两种方法：

第一种方法是：首先描述影响收益率的各种可能情况，然后预测各种可能情况发生的概率以及在各种可能情况下收益率的大小，那么预期收益率就是各种情况下收益率的加权平均，权数是各种可能情况发生的概率。计算公式为：

$$E(r)=\sum_{i=1}^{n}P_iR_i \tag{3.2.5}$$

其中，未来各种收益状况出现的概率是 P_i；R_i 是相应的收益率。

【例 3-6】 某投资者半年前以5000元购买某股票，一直持有至今尚未卖出，持有期曾获红利50元。预计未来半年内不会再发放红利，且未来半年后市值达到5900元的可能性为50%，市价达到6000元的可能性也是50%。那么预期收益率是多少？

$$E(r)=\sum_{i=1}^{n}P_iR_i=[50\%\times(5900-5000)+50\%\times(6000-5000)+50]\div 5000$$
$$=20\%$$

所以，一年的预期收益率是20%。

第二种计算预期收益率的方法是：首先收集事后收益率（即历史数据），将这些历史数据按照不同的经济状况分类，并计算发生在各类经济状况下的收益率观测值的百分比，将所得百分比作为各类经济情况可能出现的概率，然后计算各类经济情况下所有收益率观测值的平均值作为该类情况下的收益率，最后按照公式(3.2.4)计算各类情况下收益率的加权平均就得到预期收益率。

【例 3-7】 假定收集了历史上的100个收益率的观测值，在这100个历史数据中，发生在“经济良好”情况下的有30个，发生在“一般”和“经济较差”情况下的各有50个和20个，那么可估计经济情况出现良好、一般和较差的概率分别为30%、50%和20%。然后，将经济良好情况下所有30个收益率观测值的平均值作为经济良好情况下的收益率，同样，计算其他两类经济情况下观测值的平均值。数据资料见表3-6。

表 3-6　经济预测样本概率

经济情况	历史统计	概率	收益率
良好	30	0.3	10%
一般	50	0.4	8%
较差	20	0.3	5%

$$E(r)=\sum_{i=1}^{n}P_iR_i=30\%\times10\%+50\%\times8\%+20\%\times5\%=8\%。$$

3.3　资产组合收益率的测量

在上一节中我们主要考察了单项资产的收益率情况，现代投资理论与实践证明，投资组合更容易让投资者实现投资目标，分散风险。

资产组合的收益率就是组成资产组合的各种资产的收益率的加权平均数，其权数等于各种资产在组合中所占的价值比例。即

$$E(R_p)=\sum_{i=1}^{n}W_i\times E(R_i) \tag{3.3.1}$$

该公式可以衡量某个资产组合的历史收益率，也可以衡量其预期收益率。式中，$E(R_p)$表示资产组合的收益率；$E(R_i)$表示第i项资产的收益率；W_i表示第i项资产在整个组合中所占的价值比例。

【例 3-8】 借用例 3-1 的数据，投资者甲有以下几种资产。2009 年 1 月 1 日到 2009 年 1 月 31 日的资产价格变动与现金流收入如表 3-7 所示。

表 3-7 投资者投资组合内收益状况

资　产	期初价格	权重	期末价格	现金流入	投资收益
商铺一处	100 万元	28.57%	130 万元	10 万元	40 万元
国库券	50 万元	14.29%	49.5 万元	2.5 万元	52 万元
股票	200 万元	57.14%	300 万元	2 万元	302 万元
总额	350 万元	1	479.5 万元	14.5 万元	394 万元

请计算该资产组合的收益率：

$$E(R_p)=\sum_{i=1}^{n}W_i\times E(R_i)=28.57\%\times 40\%+14.29\%\times 4\%+57.14\%\times 51\%$$
$$=41.14\%$$

这个结果跟我们例 3-1 中计算的总资金收益率是一致的。只是计算的方法不同而已。

【本章小结】

收益是投资者通过资本市场或其他市场借助特定投资工具进行投资得到的资产回报。收益率则衡量了投资者进行投资所带来的财富增长程度。收益率中最重要的概念是总收益率。按照不同的划分方式，收益率可分为单期收益率，持有期总收益率；历史收益率和预期收益率；自有资产收益率和杠杆收益率，等等。考虑到收益与风险的关系，还可分为必要收益率、无风险收益率与风险收益率。

不同收益率都有具体的计算公式，处于核心地位的是总收益率的计算公式：

$$R=\frac{P_t-P_{t-1}+CF}{P_{t-1}}$$

在存在保证金账户的情况下，融资融券杠杆效应使得投资收益率成倍放大。当然，也会同比例放大风险。

多期平均收益率的计算方法主要有两种：算术平均法和几何平均法。算术平均收益很难测算资产收益序列的波动程度，即使算术平均值相同，每期收益波动程度也可能存在很大差异。资产每期收益波动程度越小，计算的几何平均收益会越大。

预期收益率考虑了未来经济发展的不确定性，并将各种不确定情形赋予一定概率，是一种加权平均的计算方法。

组合收益率考虑了不同权重资产下各收益率的加权平均。

第 4 章　投资风险

【学习要点】

1. 理解风险的概念、分类及各种不同的风险；
2. 掌握单项金融资产风险的计算；
3. 掌握系统风险和投资组合风险的衡量；
4. 了解风险度量的下半方差法和风险价值法。

4.1　风险及其分类

风险，简单地说，就是投资收益的不确定性。商务印书馆《英汉证券投资词典》把投资风险解释为：投资过程中可能出现的收益落空或本金损失。主要来自投资、技术、财务、利息、政治、汇率等诸多因素。

风险划分的种类很多，最常见的有两种划分方法，即风险的来源和风险是否可被抵消掉。

按照风险的来源划分，主要有如下几种：

市场风险：总的市场风险指因股市价格、利率、汇率等的变动而导致价值未预料到的潜在损失的风险。因此，市场风险包括权益风险、汇率风险、利率风险等。在股票市场上，我们把受制于经济周期波动，来自于牛熊市场的转换给投资带来的不确定性称之为市场风险。而把汇率风险、利率风险等单独列出。

利率风险：由于货币政策的放松或者收紧带来投资资产价格的变动。相对于股票来讲，债券更直接受到利率变动的影响。

购买力风险：由于通货膨胀或紧缩抵消或者相对增加投资收益，从收益损失的角度来讲，通常指通货膨胀带来的相对收益减少，所以购买力风险又称通货膨胀风险。

流动性风险：是指经济主体由于金融资产的流动性的不确定性变动而遭受经济损失的可能性。对投资者来讲，则是指投资者不能按照需要及时变现的风险。

信用风险：简单地说就是由于投资资产的发行主体不能或者不愿意履约而带来的收益损失，所以又称称违约风险。交易对手未能履行约定契约中的义务而给投资者造成经济损失，即受信人不能履行还本付息的责任而使授信人的预期收益与实际收益发生偏离的可能性，它是金融风险的主要类型。

经营风险：公司管理层经营不善给投资者带来的收益损失的可能性。公司的决策人员和管理人员在经营管理中出现失误而导致公司盈利水平变化从而产生投资者预期收益下降的风险。

财务风险:公司资本结构不合理可能导致经营不能持续带来的风险。财务风险是企业在财务管理过程中必须面对的一个现实问题,财务风险是客观存在的,企业管理者对财务风险只有采取有效措施来降低风险,而不可能完全消除风险。

赎回风险:债券发行者提前赎回债券给投资者带来的收益的不确定性。

可转换风险:投资者如果持有公司债券或者优先股,可能被动转化为普通股的风险。

保证金风险:通过使用借入资本,投资者收益不确定性由于杠杆效应被放大的风险。

汇率风险:投资者购买国际资产,汇率波动带来的资产收益的不确定性。汇率风险主要有:交易汇率风险、折算汇率风险和经济汇率风险。交易汇率风险,运用外币进行计价收付的交易中,经济主体因外汇汇率的变动而蒙受损失的可能性。折算汇率风险,又称会计风险,是指经济主体对资产负债表的会计处理中,将功能货币转换成记账货币时,因汇率变动而导致帐面损失的可能性。经济汇率风险,又称经营风险,指意料之外的汇率变动通过影响企业的生产销售数量、价格、成本,引起企业未来一定期间内收益或现金流量减少的一种潜在损失。对投资而言,主要是指结算风险。

国家风险:投资者购买国际资产可能受到资产所在国对非居民资产的没收、征用,或者税收变动带来的风险。

按照风险是否可以通过构建资产组合被分散划分,可以分为系统风险和非系统风险。现代投资学认为并已经证明,风险资产存在相互联系、相互制约,存在某种程度的相关性。构建投资组合可以减少收益的波动性。但是,即使是完美的投资组合也不可能把风险降至零。经济周期轮换,国家政策调整,宏观经济数据发布可能使得资本市场呈现整体性波动。这种风险是不可能通过构建投资组合来消除或者降低的,它们被称为系统风险(systematic risk)或不可分散风险(non-diversifiable risk)。当市场处于熊市的时候,大部分股票都会下跌,这种系统风险是投资组合不能克服的,只能通过衍生金融工具去套期保值。

还有一种类型的风险,它们受制于行业变动或者公司本身经营状况的变动,这种风险是可以通过构建资产组合分散掉的,被称为非系统风险(unsystematic risk)或者可分散风险(diversifiable risk)。例如,当国际市场原油价格不断上涨的时候,石油开采公司的股票通常会受益,而石化公司、航空或者海运行业则由于成本上升影响收益。

专栏4-1

较为次要的风险[①]

有很多风险较为次要,但实际上会影响投资决策,美恩公共雇员退休基金计划的管理人将这些风险作为投资时的参考因素(见表 4-1)。

表 4-1 美恩公共雇员退休金计划认定的次要风险

阿尔法风险	积极投资策略管理人投资业绩低于评估基准(如沪深 300 指数)
精算融资比率风险	精算资产与精算负债的比值不能增长甚至下降的风险

① 资料来源:Maine Public Employees Retirement System.

续表

资产负债不匹配风险	基金投资计划中负债的增长超过资产的增长
坏运气风险	投资程序适宜,结果糟糕。投资者决策正确,业绩不好
错误投资策略风险	投资策略不能达到投资目标
基准风险	业绩评估依赖的基准表现不好
控制风险	对投资管理失去控制后难以再次获得控制
短视风险	短期损失打扰了长期投资策略
正相关风险	资产价格变动一致导致组合收益失败
受托人风险	社保基金的受托人不能履行义务,导致投资计划失败
法律风险	投资计划违背了法律对投资工具的限制
套期保值风险	错误的保值头寸超过组合收益
公关风险	投资计划中的资产投入方式冒犯投资计划发起人、受益人或纳税人
目标低于预期风险	资产投资收益低于进核算假设

4.2 单项资产风险的衡量

4.2.1 预期收益率风险的测量

资产的风险是资产收益率的不确定性,其大小可用资产收益率的离散程度来衡量。离散程度是指资产收益率的各种可能结果与预期收益率的偏差。

衡量风险的指标主要有收益率的方差、标准差和标准离差率等。

(一)收益率的方差(σ^2)

收益率方差是用来表示某资产收益率的各种可能结果与其期望值之间的离散程度的一个指标,其计算公式为:

$$\sigma^2 = \sum_{i=1}^{n}[R_i - E(r)]^2 \times P_i \tag{4.2.1}$$

这里 $E(r)$ 表示资产的预期收益率,可用公式(3.2.5)$E(r) = \sum_{i=1}^{n} P_i R_i$ 来计算;P_i 是第 i 种可能情况发生的概率;R_i 是第 i 种可能情况下该资产的收益率。

(二)收益率的标准差(σ)

收益率标准差是反映某资产收益率的各种可能结果对其期望值的偏离程度的一个指标。它等于方差的开方。

其计算公式为:

$$\sigma = \sqrt{\sum_{i=1}^{n}[R_i - E(r)]^2 \times P_i} \tag{4.2.2}$$

标准差和方差都是以绝对数衡量某资产的全部风险,在预期收益率(即收益率的期望值)相同的情况下,标准差或者方差越大,风险越大;相反,在预期收益率相同的情况下标准差或方差越小，风险也越小。由于标准差或方差指标衡量的是风险的绝对大小，因而不适用于比较具有不同的预期收益率的资产的风险。

（三）收益率的标准离差率(V)

标准离差率是收益率的标准差与期望值之比，也可称为变异系数。其计算公式为：

$$V = \frac{\sigma}{E(r)} \tag{4.2.3}$$

标准离差率以相对数衡量资产的全部风险的大小，它表示每单位预期收益所包含的风险，即每一元预期收益所承担的风险的大小。一般情况下，标准离差率越大，资产的相对风险越大；相反，标准离差率越小，相对风险越小。标准离差率可以用来比较具有不同预期收益率的资产的风险。

【例 4-1】 某投资者考虑购买周期性、防御性及成长性股票各一只，分别为 A、B、C，预测的未来可能的收益率情况如表 4-2 所示。

表 4-2　经济形势变化影响资产预期收益率

经济形势	概率	股票 A 收益率	股票 B 收益率	股票 C 收益率
很不好	0.1	−22.0%	−10.0%	−100%
不太好	0.2	−2.0%	0.0%	−10%
正常	0.4	20.0%	7.0%	10%
比较好	0.2	35.0%	30.0%	40%
很好	0.1	50.0%	45.0%	120%

试计算股票 A、B、C 预期收益、标准差和标准离差率，并比较投资这三只股票的风险大小。

【解答】 首先计算每只股票的预期收益率，即概率分布的期望值如下：

$$E(r_A) = (-22\%) \times 0.1 + (-2\%) \times 0.2 + 20\% \times 0.4 + 35\% \times 0.2 + 50\% \times 0.1 = 17.4\%$$

$$E(r_B) = (-10\%) \times 0.1 + 0 \times 0.2 + 7\% \times 0.4 + 30\% \times 0.2 + 45\% \times 0.1 = 12.3\%$$

$$E(r_C) = (-100\%) \times 0.1 + (-10\%) \times 0.2 + 10\% \times 0.4 + 40\% \times 0.2 + 120\% \times 0.1 = 12\%$$

根据上述三只股票收益率的分布，从直观上，我们很容易看出，股票 B 的收益率比股票 C 的收益率偏离程度小。图 4-1 表现了股票 A、股票 B 和股票 C 的收益率分布。股票 B 可能发生的收益率相对集中；而股票 C 可能发生的收益率则相对分散。然而这两个股票的预期收益率却相差无几，因此，可以很快判断出：两个股票有几乎同样的平均收益率，而股票 B 的风险却比股票 C 的风险小很多。

但是对于股票 A 和股票 B 风险大小的比较，却不是那么简单了。需要计算它们的标准差和标准离差率。下面根据公式(4.2.2)和公式(4.2.3)，计算各股票收益率的标准差和标准离差率：

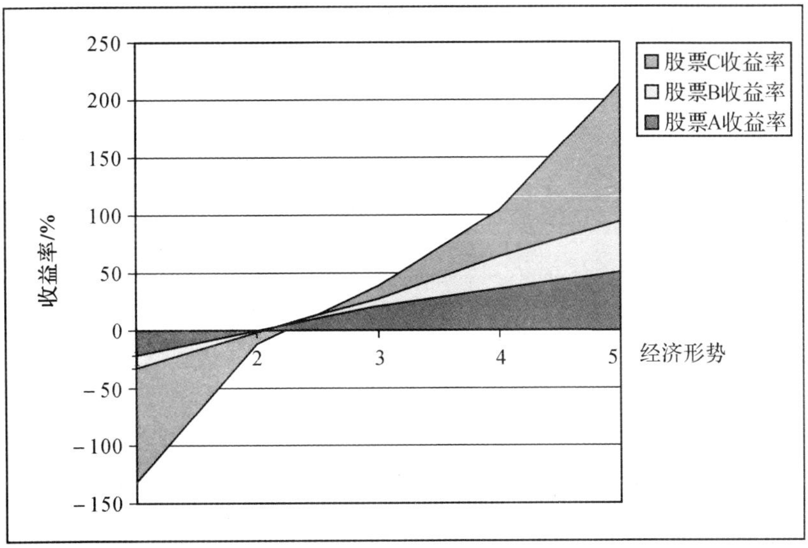

图 4-1　股票收益率分布

股票A的标准差：

$$\sigma_A = \sqrt{\sum_{i=1}^{5}[R_i - E(r)]^2 \times P_i} = 20.03\%$$

股票B的标准差：

$$\sigma_B = \sqrt{\sum_{i=1}^{5}[R_i - E(r)]^2 \times P_i} = 16.15\%$$

股票A的标准离差率：

$$V_A = \frac{\sigma_A}{E(r_A)} = \frac{20.03\%}{17.4\%} = 1.15$$

股票B的标准离差率：

$$V_B = \frac{\sigma_B}{E(r_B)} = \frac{16.15\%}{12.3\%} = 1.31$$

从标准差的计算可以看出，股票A的标准差20.03%大于股票B的标准差16.15%，似乎股票A的风险比股票B的风险大，然而从标准离差率的计算来看，由于股票A的预期收益率17.4%大于股票B的预期收益率12.3%，使得股票A的标准离差率1.15小于股票B的标准离差率1.31。这样一来，股票A的相对风险(即每单位收益所承担的风险)小于股票B。

上例中，三个表述资产风险的指标：收益率的方差σ^2、标准差σ和标准离差率V，都是利用未来收益率发生的概率以及未来收益率的可能值来计算的，这些数据的获得带有较强的主观推测。

4.2.2　历史收益率风险的测量

当不知道或者很难估计未来收益率发生的概率以及未来收益率的可能值时，可以利用收益率的历史数据去近似地估算预期收益率及其标准差。方差、标准差可以利用下列统计中的公式进行估算：

$$\sigma^2 = \frac{1}{n-1}\sum_{i=1}^{n}(R_i - \bar{R})^2 \tag{4.2.4}$$

$$\sigma = \sqrt{\frac{1}{n-1}\sum_{i=1}^{n}(R_i - \bar{R})^2} \tag{4.2.5}$$

公式(4.2.4)和公式(4.2.5)中，R_i表示数据样本中各期的收益率的历史数据；$\bar{R}$ 是各历史数据的算术平均值，在做投资决策时，可以用来估计预期收益率；n 表示样本中历史数据的个数。

【例 4-2】 为了比较两只股票的风险与收益状况，某投资者发现股票 A、B 的历史收益率数据如表 4-3 所示。

表 4-3 利用历史收益率计算股票风险

年 份	股票 A	股票 B
2005	−10%	15%
2006	5%	10%
2007	10%	0%
2008	15%	−10%
2009	20%	30%

请回答下列三个问题：

(1)估算下这两只股票的预期收益率；

(2)估算两只股票的标准差；

(3)计算两只股票的标准离差率。

【解答】

(1)A 股票的预期收益率=(−10%+5%+10%+15%+20%)÷5=8%

B 股票的预期收益率=(15%+10%+0−10%+30%)÷5=9%

(2)A 股票的标准差：

$$\sigma_A = \sqrt{\frac{1}{n=1}\sum_{i=1}^{n}(R_i - \overline{R_A})^2} = 11.5\%$$

B 股票的标准差：

$$\sigma_B = \sqrt{\frac{1}{n=1}\sum_{i=1}^{n}(R_i - \overline{R_B})^2} = 15.2\%$$

(3)股票 A 的标准离差率：

$$V_A = \frac{\sigma_A}{E(r_A)} = \frac{11.5\%}{8\%} = 1.44$$

股票 B 的标准离差率：

$$V_B = \frac{\sigma_B}{E(r_B)} = \frac{15.2\%}{9\%} = 1.69$$

4.3 资产组合风险的衡量

4.3.1 两项资产组合的风险

两项资产组合的收益率的方差满足以下关系式：

$$\sigma_P^2 = W_1^2\sigma_1^2 + W_2^2\sigma_2^2 + 2W_1W_2\rho_{1,2}\sigma_1\sigma_2 \quad (4.3.1)$$

其中，σ_p 表示资产组合的标准差，它衡量的是组合的风险；σ_1 和 σ_2 分别表示组合中两项资产的标准差；W_1 和 W_2 分别表示组合中两项资产所占的价值比例；$\rho_{1,2}$ 反映两项资产收益率的相关程度，称为相关系数。其计算公式为：

$$\rho_{1,2} = \frac{\sigma_{1,2}}{\sigma_1\sigma_2} \quad (4.3.2)$$

相关系数介于区间[−1,1]内。

当 $\rho_{1,2}=1$ 时，表明两项资产的收益率具有完全正相关的关系，即它们的收益率变化方向和变化幅度完全相同，这时，$\sigma_P^2=(W_1\sigma_1+W_2\sigma_2)^2$，即 σ_P^2 达到最大。由此表明，组合的风险等于组合中各项资产风险的加权平均值。换句话说，当两项资产的收益率完全正相关时，两项资产的风险完全不能互相抵销，所以这样的组合不能降低任何风险。

当 $\rho_{1,2}=-1$ 时，表明两项资产的收益率具有完全负相关的关系，即它们的收益率变化方向和变化幅度完全相反。这时，$\sigma_P^2=(W_1\sigma_1-W_2\sigma_2)^2$，即 σ_P^2 达到最小，甚至可能是零。因此，当两项资产的收益率具有完全负相关关系时，两者之间的风险完全抵消。因而，由这样的资产组成的组合就可以最大限度地抵消风险。

任何两项资产的收益率具有完全正相关和完全负相关的情况几乎是不可能的。绝大多数资产两两之间都具有不完全的相关关系，即相关系数小于1且大于−1（多数情况下大于零）。因此，会有 $0<\sigma_P<(W_1\sigma_1+W_2\sigma_2)$，即资产组合的标准差小于组合中各资产标准差的加权平均，也即资产组合的风险小于组合中各资产风险之加权平均值，因此，资产组合才可以分散风险，但不能完全消除风险。

【例4-3】 某投资者有两种资产A、B，资产A为房地产信托，资产B为沪深300指数基金。表4-4为相关统计数据。

表4-4 两种资产的数据统计

	权 重	方 差	标准差	相关系数
A	40%	9%	30%	0.4
B	60%	25%	50%	

请计算该投资者的风险情况。

解答：根据公式(4.3.1)，可以算出

$$\begin{aligned}\sigma_P^2 &= W_1^2\sigma_1^2 + W_2^2\sigma_2^2 + 2W_1W_2\rho_{1,2}\sigma_1\sigma_2 \\ &=(40\%)^2\times 9\%+(60\%)^2\times 25\%+2\times 40\%\times 60\%\times 30\%\times 50\%\times 0.4 \\ &=0.0144+0.09+0.0288=0.1332\end{aligned}$$

该投资者这两种资产组合的总风险为0.1332。

4.3.2 多项资产组合的风险

考虑到多项资产中任何两项资产的相互影响，我们可以借用数学中的矩阵来描述这种关系。

$$\sigma_P^2 = \sum_{i=1}^{n}\sum_{j=1}^{n} W_i W_j \sigma_{i,j} \tag{4.3.3}$$

这个公式又称为组合风险测算的协方差矩阵。

一般来讲，随着资产组合中资产个数的增加，资产组合的风险会逐渐降低，当资产的个数增加到一定程度时，资产组合的风险程度将趋于平稳，这时组合风险的降低将非常缓慢直到不再降低。

随着资产组合中资产数目的增加，由方差表示的各资产本身的风险状况对组合风险的影响逐渐减小，乃至最终消失。但由协方差表示的各资产收益率之间相互作用、共同运动所产生的风险并不能随着组合中资产个数的增大而消失，它是始终存在的。

那些只反映资产本身特性，可通过增加组合中资产的数目而最终消除的风险被称为非系统风险；那些反映资产之间相互关系，共同运动，无法最终消除的风险被称为系统风险。所以对于系统风险的衡量也是非常重要的。

4.4 系统风险的衡量

4.4.1 单项资产的系统风险系数(**β** 系数)

单项资产的 β 系数是指可以反映单项资产收益率与市场平均收益率之间变动关系的一个量化指标，它表示单项资产收益率的变动受市场平均收益率变动的影响程度。换句话说，相对于市场组合的平均风险而言，单项资产所含的系统风险的大小。

系统风险系数或 β 系数的定义式如下：

$$\beta_i = \frac{\mathrm{Cov}(R_i, R_m)}{\sigma_m^2} = \frac{\rho_{i,m}\sigma_i\sigma_m}{\sigma_m^2} \tag{4.4.1}$$

其中，$\rho_{i,m}$ 表示第 i 项资产的收益率与市场组合收益率的相关系数；σ_i 是该项资产收益率的标准差，表示该资产的风险大小；σ_m 是市场组合收益率的标准差，表示市场组合的风险。三个指标的乘积表示该项资产收益率市场组合收益率的协方差。

4.4.2 资产组合的系统风险系数($\boldsymbol{\beta_p}$)

对于资产组合来说，其所含的系统风险的大小可以用 β_p 系数来衡量。资产组合中的 β_p 系数是所有单项资产 β 系数的加权平均数，权数为各种资产在资产组合中所占的价值比例。计算公式为：

$$\beta_P = \sum_{i=1} W_i \times \beta_i \tag{4.4.2}$$

其中，β_P 是资产组合的系统风险系数；W_i 为第 i 项资产在组合中所占的价值比重；β_i 表示第

i 项资产的 β 系数。

由于单项资产的 β 系数不尽相同，因此通过替换资产组合中的资产或改变不同资产在组合中的价值比例，可以改变资产组合的风险特性。

【例 4-4】 某资产组合中有三只股票，有关的信息如表 4-5 所示，计算资产组合的 β 系数。

表 4-5 资产组合的系统风险系数的计算

股票	β 系数	每股市价	股票的数量
A	0.7	4.00	2000
B	1.1	2.00	1000
C	1.7	10.00	1000

首先计算每只股票的权重：

A 股票权重：$(4\times2000)\div(4\times2000+2\times1000+10\times1000)=40\%$

B 股票权重：$(2\times2000)\div(4\times2000+2\times1000+10\times1000)=10\%$

C 股票权重：$(10\times1000)\div(4\times2000+2\times1000+10\times1000)=50\%$

然后，计算加权平均 β 系数：

$$\beta_P=\sum_{i=1}W_i\times\beta_i=40\%\times0.7+10\%\times1.1+50\%\times1.7=1.24$$

4.5 风险度量的下半方差法和风险价值法

4.5.1 风险度量的下半方差法

方差具有良好的数学特性，在用方差度量证券投资组合时，组合的方差可以分解为组合中单个资产收益的方差和各个资产收益之间的协方差，这是马柯维茨资产组合理论在技术上可行的基础。但从诞生以来，以方差来度量风险的方法就伴随着众多的批评。综合来看，主要有以下三方面的缺陷：

第一，方差是用来衡量股票收益率偏离平均收益率的程度，但是，在现实中，平均收益率对于大多数投资者来讲没有实际的意义。因为人们通常认为风险是未达到某个特定的收益指标的程度，而不是与平均收益率的偏离程度。因此，方差法有悖于人们对风险的客观感受。

第二，Teversky 和 Daniel Kahneman 等对风险心理学的研究则表明损失和盈利对风险确定的贡献程度有所不同，即风险的方差度量对正离差和负离差的平等处理有违投资者对风险的真实心理感受。① 方差方法将投资风险与总体波动性两个概念混淆起来。这意味着高于平均收益率的收益和低于平均收益率的收益有相同的风险程度。也就是说，高于平均收益增大了投资组合的整体风险。显然，这也有悖于人们对风险的客观感受，因为任何投资

① Daniel Kahneman 因此获得 2002 年度诺贝尔经济学奖。

者都不会把高收益看作风险。

第三，方差法假定收益率是正态分布，但是 Fama 等对美国证券市场投资收益率分布状况的研究以及 Clark 对含期权投资组合的收益率分布的研究，基本都否定了方差度量方法的理论前提——投资收益的正态分布假设。事实上，如果收益率的分布是正偏的，方差法会高估风险程度，因为高于平均收益率的收益要比低于平均收益率的收益要多；而如果收益率的分布是负偏的，方差法则会低估风险程度。

鉴于以上缺陷，利用方差法来度量风险时，可能会导致错误的结论。马柯维茨也承认：除了方差之外，也存在着多种风险度量方法的替代，其中，理论上最完美的度量方法属于半方差方法。

在越来越受到风险管理实践者喜爱的半方差风险度量方法的历史中，Roy 的"安全第一"法则建议利用投资价值低于某个预定的风险水平的概率水平去调整投资风险最为著名。马柯维茨在 1959 年意识到 Roy 的思想的重要性，便阐述了均值—方差分析的局限性：作为一处风险度量方法，方差法可能会与投资者的偏好结构以及证券和投资组合的回报率分布状况发生脱节，使得均值—方差所带来的信息无法充分区分不同的收益分布状况。对于非正态分布，下半方差对风险的度量更能使投资者做出正确的决定。事实上，当收益是正态分布时，下半方差风险度量与方差风险度量的结果是相同的。

因此，马柯维茨提出两个思路来度量半方差：利用平均收益为基准来度量的半方差和利用目标收益为基准来衡量的半方差。这两种方法仅仅计算低于平均收益或低于目标收益的收益率的方差。由于只有收益分布的一半被使用来计算方差，因此，马柯维茨称这种计算风险的方法为部分方差或半方差。

在提出半方差方法来度量风险的方法之后，马柯维茨仍然坚持利用方差的方法，但其中主要原因是因为后者在计算上的便得性。半方差方法利用的是半协方差矩阵（或协半方差矩阵），与协方差矩阵相比，这需要输入两倍的数据。在 20 世纪 80 年代计算机诞生之前，对于协方差矩阵的计算是非常复杂的事情。

4.5.2 风险价值

前述我们利用方差、标准差、β 系数和下半方差来描述和衡量风险，但是这引起风险参数无法衡量一个公司资产的总体风险。风险价值（Value at Risk，VaR）就是为了解决这个难题，由 J. P. 摩根银行于 1994 年首次提出。VaR 方法已经成为金融风险管理与控制的新标准，其最大优点是可以通过一个简单易懂的数字表明一个机构在市场上所面临的风险。

风险价值也称在险价值，是指在正常的市场环境下，给定一定的置信水平 α，一项金融资产或证券组合在未来的 T 天内，预期的最大损失金融。VaR 是一个总结性的度量值，其刻画了资产组合价值下降的风险及潜在的损失。当计算 VaR 时，我们首先要确定两个重要参数 α 和 T。不同的投资主体可以根据其需要选取不同的值。例如，巴塞尔委员会的内部模型选择时间间隔为 10 天，置信水平为 99%。《巴塞尔协议》要求银行持有的最低资本等于 VaR 乘以一个安全因子 K（$K \geqslant 3.0$）。而 J. P. 摩根银行选择时间间隔为 1 天，置信水平为 95%。如果在置信水平相同的情况下，N(天)VaR＝1(天)VaR$\times\sqrt{N}$。

设定 $\alpha=95\%$，$T=1$ 天，当通过一些方法估算出某个资产组合的 VaR，则表明有 95% 的把握，资产组合未来一个交易日的平均最大损失金额不会超过 VaR。

虽然 VaR 的概念简单易懂，但是如何度量 VaR 却存在着各种不同的观点和方法。度量 VaR 的关键在于描述资产组合在考察期间收益的概率分布。经过学术界和实务界人士的不断研究和探索，现在形成协方差矩阵法、历史模拟法和蒙特卡罗模拟法三种主流的方法。

总之，VaR 是指在正常的市场环境下，给定一定的置信水平 α，一项金融资产或证券组合在未来的 T 天内，预期的最大损失金额。VaR 已成为当前风险管理的一种标准工具。必须注意，VaR 仅为风险管理提供了一个参考，我们不能完全迷信于 VaR。在衡量风险及风险管理时，应该同时考虑其他的风险参数，如期望损失或条件风险价值。

4.6 风险管理

投资风险是不确定因素共同作用的结果。由于这些不确定因素是客观存在的，因此投资风险不以人们的主观愿望而消失。以资本市场为例，宏观经济形势的变化永远是影响股市的基本因素之一，但这种因素具有高度不确定性，是投资者不能控制的。但是，投资者可以通过资产管理工具进行管理，以求将风险降到最低水平。

4.6.1 投资风险管理的目标

所有的投资过程都可以归结为收益与风险的权衡过程。投资者的风险管理的目标应该服从于收益目标。通常情况下，风险与收益成正比关系，也就是说，如果投资者希望获取较高的收益，就必须承担较高的风险。因此，对投资者而言，基本的风险管理首先是要选择合适的并可以承受的风险收益比。投资者的风险偏好不同，这个风险收益比也必然会有较大差异。所以，合理确定适当的投资目标和期望投资报酬率，本身就是选择了合理的风险承受范围和程度。

对所有投资者而言，投资风险管理的基本目标都是一样的，既要保证资产安全又要最大限度地实现投资收益。投资市场价格时刻变化，账面亏损时即为常见的事情，确保资产安全指的是将可能的损失控制在自己所承受的范围之内，这就是投资风险管理的基本目标。

4.6.2 投资风险管理的基本原则

投资者进行投资风险管理时应遵循两个原则：一是全局原则，即整体考虑投资风险；二是要对投资风险进行全程管理。

(一)整体风险概念原则

该原则要求投资决策者要具有全局观，从投资整体上综合考虑各项风险因素。投资者在进行投资决策时，要对投资所涉及的全部内容有充分的了解和把握，深入分析影响整体投资的各项风险因素及其相互关系。特别是要对其选择的特定投资品种风险的特殊性有全面的了解，全面预测投资期间这些风险因素的变化可能造成的损失，充分考虑自己的最高风险承受能力，选择合适的投资对象，并采取适合的管理策略。

同时，整体风险概念原则对投资者的投资决策和投资的风险管理提出了较高的要求，不能局限于一时一事的风险，即只看投资的某一部分或者投资的某一段时期，而应该从投资的内容及时间总和把握风险因素及其变化。从整体角度看，部分的和暂时的风险并不一定是全部的永久性的风险，整体的投资目标和整体的风险承受能力在投资风险管理中具有重要的指导性作用。

（二）全过程风险管理原则

投资的不同阶段，具体的风险因素是不同的。风险管理的另一个原则要求投资者必须时刻关注风险，针对不同的风险因素采用不同的风险管理方法。投资风险管理可以分为三个阶段：第一阶段确定初始投资目标。目标确定实际就是风险承受力和范围的确定。例如，投资者选择了低收益目标，就应该选择债券等较低收益的投资瓶中，风险也随之确定。第二阶段是确定相对应的投资策略，选择投资时机，资金投入比例，投资先后顺序等。投资策略的每一步都与风险管理有关。例如，选择投资时机时要宏观、微观兼顾。宏观经济因素的变动会影响资本市场的周期性波动，整体市场环境好的时候，资本市场会给大多数投资者带来收益。如果整体宏观层面不好，投资者应该谨慎投资高风险市场。第三阶段是操作过程中的风险管理。此时，投资者需要对具体的投资策略作调整。一般情况下，投资目标一旦确定，不应该随时改变。但是，如果投资过程中，原来的投资环境发生了较大的变化，投资者可适当调整投资目标、投资时机、投资比例及投资品种。

4.6.3 投资风险管理的基本策略

有效地风险管理策略可使投资者达到主动管理风险的目的，做到防患于未然，一旦实际风险出现，便能将损失降低到最低限度。风险管理的策略一般有如下几种：

(1)避免风险。投资者如果没有充分把握或者投资的项目不熟悉，不能贸然投入资金。著名价值投资者巴菲特曾公开声明自己从不投资互联网股票，因为不熟悉这个行业。对于预计有投资风险的，应该减少投资额或者降低投资比例。甚至将资金投资于低风险收入稳定的资产。

(2)固定风险。即通过某种方式将风险控制在一定范围之内。例如，一个投资者持有沪深 300 指数基金。当市场处在下降通道时，该投资者可以卖空其基金总值的一定比例的沪深 300 指数期货，以期货的盈利弥补基金损失的一部分或者全部。

(3)转移风险。投资者转嫁风险的主要途径是：当市场很难获利时，投资者会认为市场风险在逐渐加大并超过其承受能力。此时，他可以将所有资产处理掉，这就是一种转移风险的方法。

(4)分散风险。分散风险指的是利用不同投资资产相关性进行资产组合配置。由于金融市场上各类风险因素对不同资产的影响大小不同，甚至方向相反。进行资产配置会抵消部分资产的特定风险。分散风险的基本原理：资金分散投资于不同的投资品种以及不同的市场，可以避免全部资金由于某一风险因素带来的损失，同时各类风险因素的不同影响程度可能会相互抵消风险。分散风险的方法主要有投资资产分散与投资时间分散两个方面。

第一，资产分散。将资金投到不同的资产或者市场。例如，将 1/3 资金投资商铺；1/3 资金投资于股票；1/3 资金投资于国债。该投资组合中包含了三类不同风险—收益特征的资产。投资者可以避免由于某一风险因素带来的过多的损失。例如，股票市场处于下降通道时，可以将大部分资金投资于债券市场，由于后者收益相对稳定，可以让投资者减少全部资金投入股票市场带来的损失。

第二，时间分散。由于市场某个时期常存在一些影响整个市场的风险因素，而各个时期这些因素又不尽相同，因此不同的投资时间组合可以帮助投资者降低或者抵消某一时期风险的影响。如长短期结合，定期投资等。例如，在股市周期性底部进行长期投资，当上涨到较高位置，可以抛售其中一部分仓位，短线相时而动。另一部分则继续做长线投资。这样既不影响投资的长期性，又有助于关注市场，也增强了资金的安全性。

专栏4-2

股票投资风险控制方法①

投资者衡量风险的目的在于了解风险的严重程度，以便有效管理风险，并将其控制在自己可以忍受的范围之内。如果不能有效地控制风险，投资者将会遭受损失。而良好的风险控制则是确保投资者获利的基本保证。下文介绍几种在长期投资实践中，人们总结出来的控制股票投资风险方法。

1.趋势投资法

趋势投资法认为股市存在某种趋势，投资者通过对股市长期运行态势的把握，顺应趋势，寻找合适的投资机会。在顺势操作的情况下，投资者面临的风险较小。趋势投资本质上是技术分析的一种方法，其理论基础是道氏理论。趋势分析需要结合量、价、时、空综合分析，然后顺应趋势方向进行操作。道氏理论认为趋势可以分为三种：第一种是长期趋势，这种趋势又被称之为主趋势。持续时间通常大于一年。在成交量、价格、调整周期跟调整空间共振形成的技术底部投资者应该果敢买入，长期持股，除非主趋势改变，否则不轻易改变自己的仓位。这样可以获取尽可能大的收益，同时风险相对较小。第二种趋势称为次级趋势。次级趋势是对主趋势的修正。次级趋势修正的力度通常取决于宏观经济的微调与投资者的心理。通常情况下，对主要趋势的修正不会超过主趋势延伸幅度的2/3。在时间周期上，逆主要趋势三周以上但一般不超过半年的趋势都被认为是次级趋势。如果调整时间过长，则要警惕主趋势是否发生改变。次级趋势调整的时间与空间如果比较大，投资者应注意仓位的控制，规避系统性风险。第三种为日内波动。本身意义不大，但日内趋势积累成的次级趋势、主趋势，对投资者决策有重要影响。

趋势投资的优点在于有利于投资者进行风险控制，但实际操作并不容易，主要因为是趋势的底部或顶部区域对一般投资者来说难以判断。趋势投资法中有一种百分之十投资法，又称哈奇计划，以发明人哈奇的名字命名。哈奇在1882年至1936年的54年间利用百分之十投资计划将资产从10万美元增值19440万美元，被称为“投资奇才”，但其他投资者用同一方法却没有这么成功。

2.定式投资计划选择法

定式投资计划选择法是一种按照定式进行操作的方法。其优点是为投资者消除了投资的心理与时间因素的影响，一定程度上降低了投资的主观风险。这一方法来自于一种简单的思想，即证券价格过度上涨则会回落；证券价格过分下跌则会反弹。根据这

① 张鸣.投资管理.大连：东北财经大学出版社，2001：317—323.

一思想，投资者不管市场行情如何，都可以采取“人弃我取，人取我予”的投资交易策略，获得超过市场平均水平的投资收益。运用较多的定式投资计划选择是固定金额投资法。这一方法将股票的投资金额固定在一定数量上，当投资对象升值后，卖出部分恢复原有数量；当投资对象市值降低时，买进部分恢复原有数量。例如：投资者初始投资金额为 50000 元，购入每股市价为 20 元的股票 2500 股。当股价涨到 22 元时，股票总市值为 55000 元，投资者卖出 227 股，获利 4996 元，持有股票数量 2273 股，市值为 50004 元。当市价降为 20 元时，持股观望。当股价下跌至 18 元，买进 278 股，股票总市值还是 50000 元(见表 4-6)。

表 4-6　固定金额投资法

市价(元)	股　数	市值(元)	操　作
20	2500	50000	初期投资
22	2500	55000	售出 227 股，获利 4996 元，账面值 50004 元
20	2273	45460	观望
18	2273	40914	买入 505 股，亏损 4090 元，账面值 50004 元
19	2778	52763	观望
21	2778	58338	卖出 397 股，获利 8337 元，账面 50001 元

这一方法采用低价买进，高价卖出，在风险控制方面简单有效。但是这一方法在运用上不能过于死板的“高抛低吸”。在具体操作时要谨慎，特别是低价补进时，应对市场大势有个理性的分析。

3. 止损法

确定投资止损点是投资者控制主管风险的最直接、最有效的措施，能保证投资者在可以容忍的损失范围内退出市场。大多数投资者，面对亏损常常难以割舍，不肯平仓，截断损失。投资者应该事先按照自己的风险承受能力制定一个止损价位，当市场运行到该价位时候，立即平仓，避免由于这一心态带来的更多的损失。

【本章小结】

风险，简单地说，就是投资收益的不确定性。风险划分的种类很多，最常见的有两种划分方法，即风险的来源和风险是否可被抵消掉。前者主要有利率风险、市场风险、汇率风险、财务风险、政治风险，等等。后者则表现为系统风险与非系统风险，其中非系统风险是构建投资组合的必要条件。系统风险只能通过套期保值来防御。

单项资产风险的衡量要考虑资产收益的变动和资产平均收益的离散程度。常用方差、标准差，贝塔系数等来表示。

组合资产风险的衡量不是各种资产自身风险的累加。这是因为构建投资组合的目的在于利用不同资产的相互影响。所以组合资产风险的测量必须要考虑各种资产之间的相互关联性。协方差矩阵 $\sigma_P^2=\sum_{i=1}^{n}\sum_{j=1}^{n}W_iW_j\sigma_{i,j}$ 计算资产组合风险是一种很好的方法，但其工作量较大。

贝塔系数用来衡量某项资产或者某个资产组合相对于市场的波动程度，是衡量系统风险的一种简易方法。贝塔系数可以用公式 $\beta_i = \frac{\mathrm{Cov}(R_i, R_m)}{\sigma_m^2} = \frac{\rho_{i,m}\sigma_i\sigma_m}{\sigma_m^2}$ 计算，也可以采用各种经验或者数据统计法进行估计。

组合的贝塔系数是组合中各种资产贝塔系数的加权平均值。

由于用方差来度量风险的方法存在三个方面的主要缺陷，风险管理实践中相继引入了下半方差法和风险价值法。

风险管理是投资者投资时遇到的最大难题。风险管理的基本目标应结合投资者收益目标进行。风险管理的基本方法是在风险—收益权衡的基础上结合各种风险的特性来考虑，做到尽可能达到目标的基础上，把风险降到最低。通常的风险管理策略包括避免风险、转移风险、固定风险和分散风险，等等。

Section 3

现代投资组合理论

现代投资组合理论

第5章　投资组合分析和无风险借贷

【学习要点】

1. 了解资产组合的可行集；
2. 掌握资产组合的有效集定理；
3. 掌握各种情况下有效边界的含义及其推导；
4. 掌握在引入无风险借贷的情形下的投资组合选择。

5.1　有效集定理

5.1.1　概　述

投资者如何来选择投资组合呢？对特定的投资者而言，最优组合的选择必须按照均值—方差原则进行，最大的收益函数并不代表可行的资产组合，而最小的风险约束同样也不一定是最大的预期收益，因此必须将风险和收益这两个约束条件结合起来进行资产组合选择，才能挑出符合一定风险收益关系特征的特定投资者的最优组合。在有效集定理(efficient set theorem)中，投资者仅仅需要考虑那些可行组合的一个子集即可，因为投资者按照以下的原则选择最优组合：

(1)对每一风险水平，提供最大预期收益率；

(2)对每一预期收益率水平提供最小的风险。

满足这两个条件的组合集被称为有效集(efficient set)或有效前沿。

5.1.2　可行集

可行集(feasible set)又称为机会集，由它可以确定有效集。可行集代表一组N种证券所形成的所有组合，也就是说所有可能的组合位于可行集的边界上或者内部。一般而言，这一组合呈现伞形，具体形状依赖于所包含的特定证券，它可能更左或更右、更高或更低、更胖或更瘦。除非出现反常情况，可行集形状看起来如图5-1所示。

5.1.3　将有效集定理应用于可行集

将有效集定理应用于可行集可以对有效集进行定位，从而对最佳资产组合进行选择。首先，满足有效集定理第一个条件的组合集必须确定。如图5-2所示，没有哪一个组合提供比B点更小的风险，这是因为在可行集中没有任何其他点位于B点左边。同时也没有任何一个点能提供比D点更大的风险。由此随着风险水平的变化，提供最大预期收益率的组合集是可行集介于B点和D点之间的上方边界的组合集。其次考虑有效集第二个条件，没

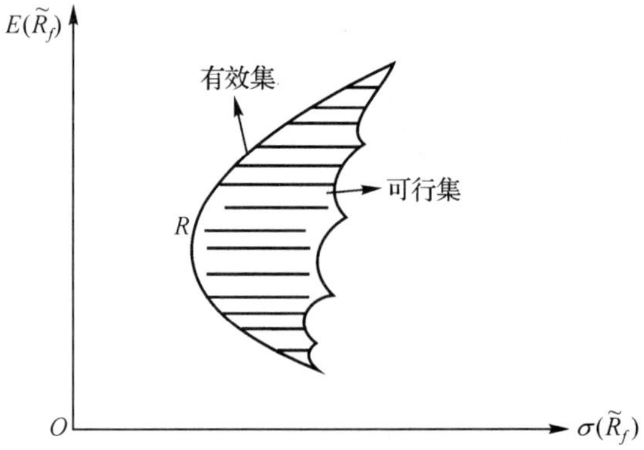

图 5-1　可行集

有哪个组合集能提供比组合 C 更高的预期收益率，因为没有一个可行集的点位于 C 点上方。同样，在可行集中没有任何一个点位于 A 点的下方。由此，随着预期收益率水平的变化，提供最小风险组合集是可行集介于 A 点和 C 点间的左方边界上的组合集。

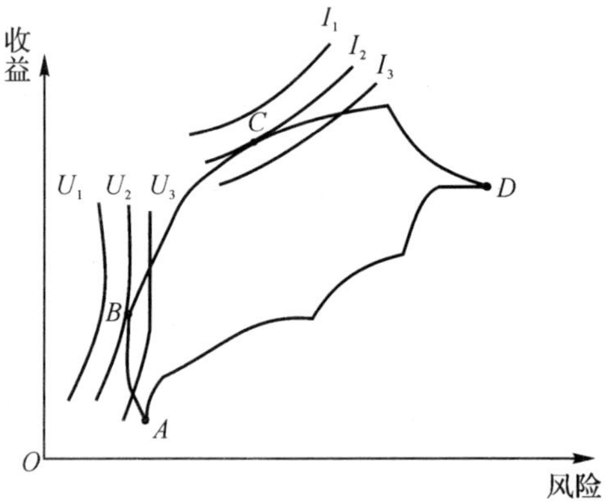

图 5-2　有效集

为了确定有效集，上述两个条件必须同时满足。从上面的分析中我们可以看到，只有位于 B 点和 C 点之间左上方边界上的组合才能同时符合有效集的两个条件，这些组合形成的有效集是有效组合(efficient portfolio)。因此，在这些组合形成的有效组合中，投资者可以进行最佳组合选择。与此相对应，可行集中的其他组合就成为无效组合(inefficient portfolio)，忽略它应该是没有关系的。

5.2　有效前沿——最优风险资产组合

5.2.1　有效前沿的产生

假设图 5-3 中的每一点代表一种证券，如点 A 表示预期收益率为 8%、标准差为 15% 的证券。这些单个证券可以构成组合，如证券 A 和证券 B 之间可以构成虚线上任何点的组合。通过持有这些证券的某些证券的多头和另一些证券的空头，可以在图上找到不同的点来代表不同的组合，这些所有可能的组合就构成了投资者拥有的投资机会。当然，这些组合具有不同的风险收益关系，面对这些不同的资产组合，投资者会更愿意选择其中的某些组合。例如，按照均值—方差原则，在一定的风险水平下选择收益率更高的组合；或在一定的收益率水平下选择风险更低的组合。在任何情况下，已知道可投资的所有证券的特征，在投资可行集上存在一条边界（即在可行集的左边界上），在图中以子弹形式的曲线表示，我们称这一边界为最小方差集（minimum-variance set），因为在可行集左边界的点都是在任意的均值水平下方差（标准差）最小的点，如图5-3所示。最小方差集上的每一点都表示一个投资组合，区别只是组合中每个证券的权重不同。这些组合遵循一个共同原则：在一定的预期收益率水平下，最小方差集上的组合的风险（标准差）在可投资的所有证券中是最低的。

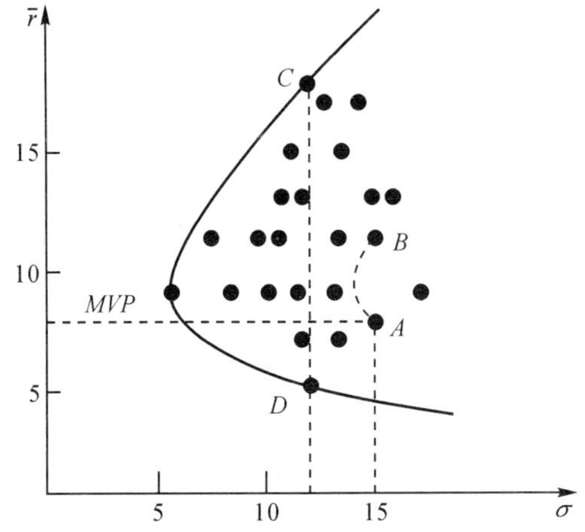

图5-3　最小方差集

在最小方差曲线上有一个特殊的点，这一点具有最小的方差，被称为最小方差组合（minimum-variance portfolio，MVP）。由于在曲线上这一点形状如同子弹的顶部，因此我们称最小方差组合为弹头（bullet）。由于方差最小的组合等于标准差最小的组合，因此最小方差集和最小标准差集可以互换。

最小方差集满足了投资者风险最小的约束条件，它是否符合均值—方差原则而成为有效集呢？答案是否定的。例如尽管$\bar{r}-\sigma$平面上的C、D两个组合均满足最小方差集的要求（在一定的预期收益率标准差最低），但却只有组合C才能够满足有效集的要求（在一定标准差下预期收益率最高），而组合D在一定标准差下预期收益率最低。

为此，我们必须按照有效集定理的两个约束条件，即风险最小与预期收益最大的角度从$\bar{r}-\sigma$平面寻求有效集。假定投资者被限定在$\bar{r}-\sigma$平面上的一条水平线上进行投资选择，在这条线上的任意投资组合都有相同的期望收益率，但是标准差却是不同的，理性的投资者一定选择在此线上最左边的点进行投资，即在给定均值下标准差最小的点，这一选择符合理性投资者的风险厌恶特征。为进一步分析，我们将视角旋转90°，考虑在对应于垂直直线上的点的所有投资组合，即标准差相同而均值不同的投资组合，理性投资者会倾向选择这条线上的最高点进行投资。换句话说，在给定标准差时他们会选择均值最大的投资组合，投资者的这种性质被称为非满足性（nonsatiation），即给定其他条件相同，投资者希望得到更多的收益。这样，同时考虑投资者的风险厌恶和非满足性行为特征，投资者只会对最小方差集上半部分感兴趣，即同时符合最大预期回报率或最小风险两个条件的组合集，这一部分被称为有效边界或有效前沿(efficient frontier)。

有效前沿产生，是对均值—方差求解。对于每一个给定的期望收益$\bar{r}$，可以解出相应的标准差σ，每一对$(\bar{r},\sigma)$构成了标准差预期收益图上的一个坐标点，这些点就连成曲线。同样在数学上可以证明，这一曲线是一条双曲线，即最小方差曲线(minimum-variance curve)。

5.2.2 两种风险资产的组合

(一)资产组合的期望收益率、方差与投资比重

下面我们讨论如何利用两种风险资产构建资产组合的问题。两种资产形成的组合相对易于分析，其组合的方法与思路可以运用于多种资产形成的资产组合。

【例 5-1】 假设有一个伞形基金(投资组合 r_P)包含两种基金，其中一个是专门投资于长期债券的债券基金 B，另一个是股票基金 S，两种基金的收益率与方差如表 5-1 所示。

表 5-1 债券基金与股票基金的收益率与方差

	债券	股票
期望收益 $E(r)$(%)	6	10
标准差	10	12
相关系数	0.5	

设投资于债券基金、股票基金的比例分别为 W_B、W_S，有 $W_B+W_S=1$。现在的问题是：如何分配 W_B 和 W_S，得到较优的风险资产组合？我们可以得出组合的期望收益 $E(r_P)$和方差 σ_P^2，分别如下：

$$E(r_P)=W_BE(r_B)+W_SE(r_S)=0.06W_B+0.1W_S=0.04W_S+0.06 \tag{5.2.1}$$

$$\begin{aligned}\sigma_P^2&=W_B^2\sigma_B^2+W_S\sigma_S^2+2W_BW_S\rho\sigma_B\sigma_S=0.01W_B^2+0.0144W_S^2+0.012W_BW_S\\&=0.01(1-W_S)^2+0.0144W_S^2+0.012W_S(1-W_S)\end{aligned} \tag{5.2.2}$$

由公式(5.2.1)可知，资产组合的期望收益率是投资比重的线性函数，见图 5-4。

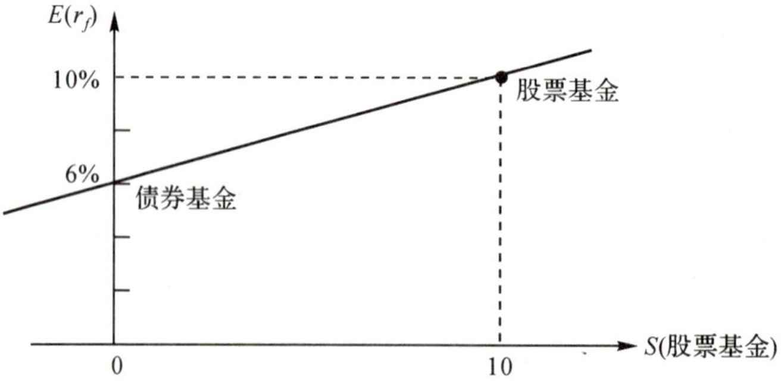

图 5-4 资产组合期望收益率是投资比重的函数

又由公式(5.2.2)可知，资产组合的方差或标准差也是投资比重的函数，只不过该函数是非线性的，图 5-5 显示了标准差与投资比重的关系。

实际上，可以对公式(5.2.2)的右边求导，令导数为零，即可求出方差最小时的投资比重，为 $W_S\approx0.3226$。进一步可求出最小方差及相应的收益率，分别为 $\sigma_P^2=74.608$，$E(r_P)=7.3\%$。

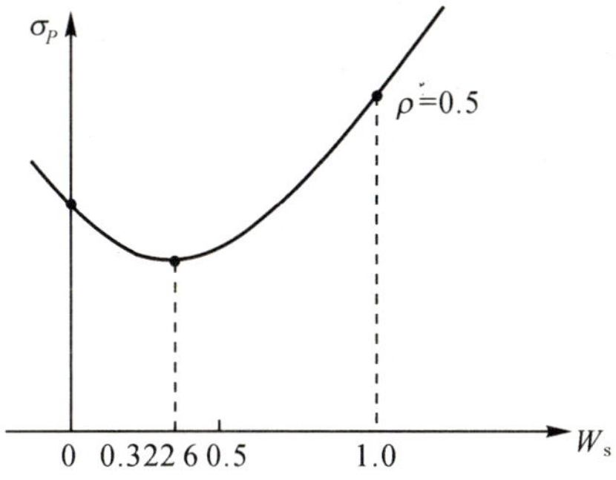

图 5-5　资产组合标准差是投资比重的函数

由此确定的资产组合称为最小方差证券组合。最小方差证券组合也就是风险最小的证券组合。

(二)两种资产组合的有效界面和无效界面

由以上分析可知，对于选定的两种资产，我们可以通过改变其投资比重，从而得到期望收益和方差不同的资产组合。在各种可能的投资策略中，给定收益率的情况下，方差最小的投资策略称为收益方差界面(mean-variance frontier)。根据均值—方差原则，我们可以分析得出，这些策略中有些对于投资者是有效的，另一些是无效的。其结果如表 5-2 所示。

表 5-2　两种资产进行组合形成的有效投资策略与无效投资策略

W_B	W_S	$E(r_p)$(%)	σ_P(%)	σ_P^2	策略是否有效
1.0	0.0	6.0	10	100.00	无效
0.9	0.1	6.4		93.24	无效
0.8	0.2	6.8		88.96	无效
0.7	0.3	7.2		87.16	无效
0.68	0.32	7.3		74.61	*MVP*
0.6	0.4	7.6		87.84	有效
0.5	0.5	8.0		91.00	有效
0.4	0.6	8.4		96.64	有效
0.3	0.7	8.8		104.76	有效
0.2	0.8	9.2		115.36	有效
0.1	0.9	9.6		128.44	有效
0	1.0	10	12	144.00	有效

由表 5-2 可以看出，随着股票基金的投资比重(W_S)升高，组合的收益率也增加。但是，组合的方差的变化却不一样。随着 W_B 的减少，W_S 的增加，组合的方差先是呈减少趋势，当 $W_B=0.68$ 时，组合的方差达到最小，此时对应的证券组合为 *MVP*。随后，随着 W_B 的减少，组合的方差反而呈上升趋势。

将表 5-2 所得各种策略画在以标准差为横轴、期望收益率为纵轴的坐标图上，可以更清楚地看出有效策略和无效策略，见图 5-6。

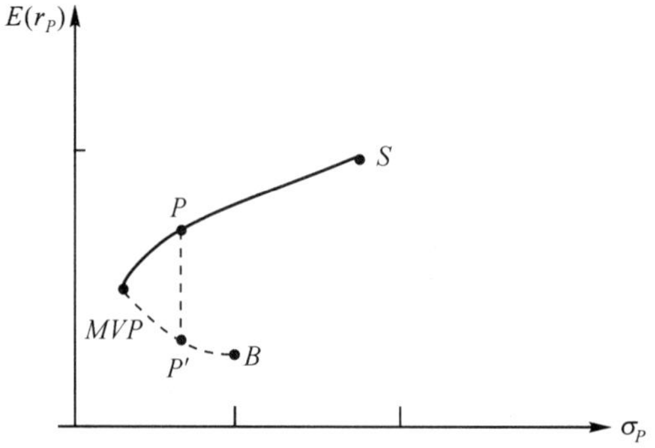

图 5-6　两种资产组合的有效界面和无效界面

从图 5-6 可以看出,从 S 到 B 的曲线是收益—方差界面。其中 S 点是仅投资于股票基金的风险和收益,B 点是仅投资于债券基金的风险和收益,MVP 为最小方差证券组合。以 MVP 为界,可以将收益—方差界面分为有效界面(实线部分)和无效界面(虚线部分)。考虑图中高于 MVP 点的实线部分的投资组合 P 和低于 MVP 的虚线部分的投资组合 P' 两者标准差(风险)相同,但 P 点组合却能产生更大的收益,因而 P 组合是有效策略,P' 组合是无效策略。而高于 MVP 部分的各投资组合却不存在一个比另一个优的情况,投资者可根据自己的偏好进行选择。

(三)相关程度对收益—方差界面的影响

前文中我们讨论了 $\rho=0.5$ 时,不同投资比重策略对投资组合的影响,如果相关系数 ρ 发生变化,收益—方差界面会有什么变化呢?我们分别取 $\rho=-1$,$\rho=-0.5$,$\rho=0$,$\rho=1$ 进行计算,结果可以画出如图 5-7 的示意图。

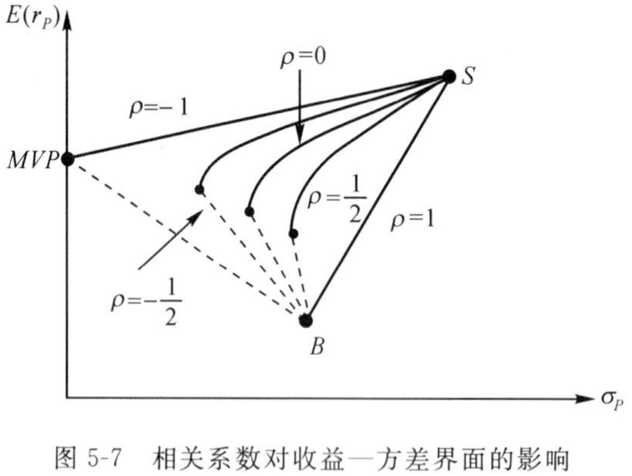

图 5-7　相关系数对收益—方差界面的影响

由图 5-7 可看出,给定资产 B、S 的情形下,由 B 和 S 所构造的投资组合的收益—方差界面受到相关系数的影响。$-1<\rho<1$ 时,收益—方差界面形状与 $\rho=0.5$ 时类似,且相关系数越小,曲线越向左凸,表明风险减少的幅度越大,风险分散的效果越好。$\rho=1$ 时,所有的投资策略都是有效的,收益—方差界面是一条直线,但其风险分散的效果也最差;$\rho=-1$ 时,MVP 处方差(风险)为零,此时的折线在所有曲线的最左边,这表明风险分散的效果最佳。

5.2.3 多种证券组合的有效界面和无效界面

我们已经讨论了两种资产构造的投资组合。现在我们把问题扩展到多种证券组合的情况，图 5-8 中标有 A、B、C、D、E 5 种证券。投资者可以选择其中 2 种、3 种、4 种或者 5 种证券构造投资组合。图中曲线右侧标明的数值“2”、“3”、“4”、“5”分别表示 2、3、4、5 种证券构成的投资组合的收益—方差界面。

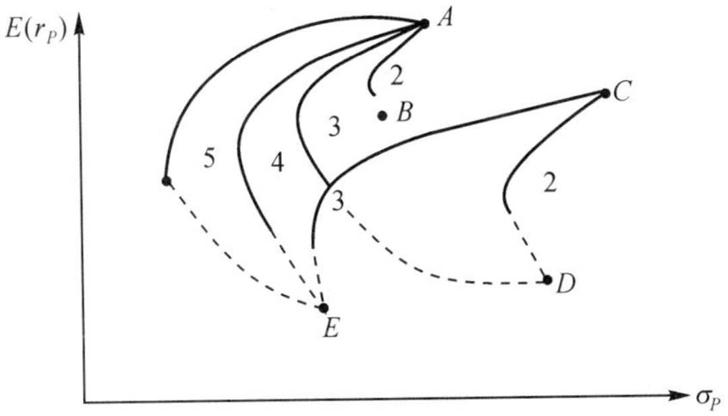

图 5-8　多种证券组合的有效界面和无效界面

从图 5-8 可以看出，由多种证券构造投资组合时，单个证券和有的投资组合不一定会落在收益—方差界面上，而是处于其内部(界面的右边)，如图中的 B、C、D 及曲线 2、3、4。从理论上分析，投资组合中包含的证券数量越多，收益—方差界面就越向左移，这意味着，组合中的证券数量越多，风险分散化的效果越好。

专栏5-1

证券投资优化组合的中国证券市场实证

马柯维茨根据证券投资组合的有效边界和无差异曲线的基本特性，提出了选择最优证券投资组合的分析方法。以下是对中国上证 30 指数的指标股进行的实证研究，其结果可以为证券投资实践提供某种程度的科学依据。

实证分析研究时段为 2000 年 1 月 7 日至 2000 年 12 月 29 日，共计 48 个交易周的收盘价。首先计算股票的周收益率及其方差，期间凡有送股、配股和派发现金股利的股票，均根据其配送方案分别进行复权，以保持数据的完整性和一致性。然后构建组合投资的决策模型及确定投资组合的有效边界，最终给出指标股的投资方案并进行必要的结果分析。

借助于 Lingo 软件平台，通过编程计算，确定证券投资的有效组合。实际运算结果表明，上证 30 指数指标股的有效投资组合一共有 14 组，每一投资组合中各样本股都占有一定的投资。

由计算数据表明，随着组合投资方案中证券数目的增加，用方差代表的投资风险在迅速降低，最终稳定在某一固有的风险水平上。该风险水平在某种意义上可视为投资环境的系统风险，必须由投资者个人承担，而无法通过投资组合的方式来化解。

投资者在上证 30 指数指标股投资组合中可以实现的最高周收益率为 1.4721%，

折算成年收益率为75.71%，同时需要承担方差为45.08%的投资风险。其具体投资方案为将全部资金投资于龙腾科技，属于单一证券的投资选择模式，是高收益、高风险的集中体现。

另一方面，如果将资金按一定比例分投于所选择的9只股票，则投资风险降到最低程度($\sigma^2=5.2\%$)，同时可实现0.249%的周平均收益率，对应年收益率为12.78%。显然，该证券组合投资的收益率仍然远高于银行同期年利率2.25%的水平。

5.3 有效集的凹面

为了看出为什么有效集是下凹的，可考虑以下两种证券的例子。证券1：海尔公司，预期收益率为5%，标准差为20%；证券2：联想集团，预期收益率为15%，标准差为40%。在图5-9中它们相应的位置由A和G表示。

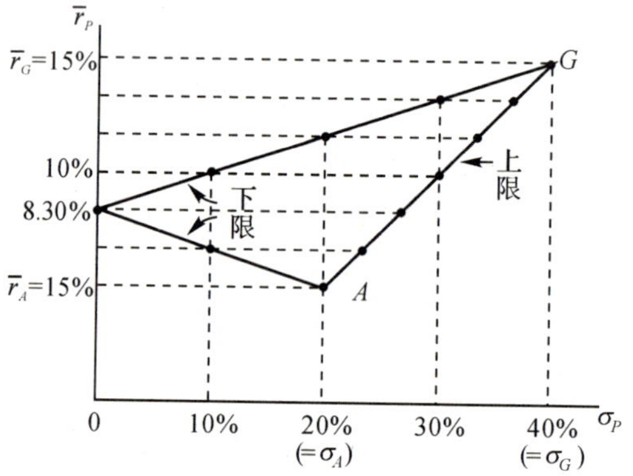

图5-9　证券组合的上限和下限

5.3.1 组合的边界

现在考虑投资者所能购买这两种证券的所有可能组合。设X_1为投资于海尔公司的比例，$X_2(=1-X_1)$为投资于联想集团的比例。于是，如果投资者仅仅购买海尔公司，则$X_1=1, X_2=0$。另一方面，如果投资者仅仅购买联想集团，则$X_1=0, X_2=1$。一个0.17的海尔证券和0.83的联想证券的组合也是可能的。同样，0.33及0.67，0.50及0.50等组合也是可能的，还有其他很多可能的组合，仅仅考虑下列7种组合，如表5-3所示。

表5-3　7种可能的投资组合

组合	A	B	C	D	E	F	G
X_1	1.00	0.83	0.67	0.50	0.33	0.17	0.00
X_2	0.00	0.17	0.33	0.50	0.67	0.83	1.00

为了考虑这7种可能的投资组合，必须计算出它们的预期收益率和标准差。计算这些组合预期收益率的必要信息已经具备，因为式(5.3.1)所需要的变量已经提供：

$$\bar{r}_p = \sum_{i=1}^{n} X_i \bar{r}_i = \sum_{i=1}^{2} X_i \bar{r}_i = X_1 \bar{r}_i = X_1 \bar{r}_1 + X_2 \bar{r}_2$$
$$= (X_1 \times 5\%) + (X_2 \times 15\%) \tag{5.3.1}$$

对于组合 A 和 G，这个计算是简单的，因为投资者仅购买一家公司的股票，从而它们的预期收益率分别为 5%和 15%。对于组合 B,C,D,E 和 F，相应的预期收益率分别为：

$\bar{r}_B=(0.83\times5\%)+(0.17\times15\%)=6.70\%$

$\bar{r}_C=(0.67\times5\%)+(0.33\times15\%)=8.30\%$

$\bar{r}_D=(0.50\times5\%)+(0.50\times15\%)=10\%$

$\bar{r}_E=(0.17\times5\%)+(0.83\times15\%)=13.30\%$

$\bar{r}_F=(0.17\times5\%)+(0.83\times15\%)=13.30\%$

为计算这 7 种组合的标准差，必须利用式(5.3.2)：

$$\sigma_F = \left(\sum_{i=1}^{N}\sum_{j=1}^{N} X_i X_j \sigma_{ij}\right)^{1/2} \tag{5.3.2}$$
$$= \left(\sum_{i=1}^{2}\sum_{j=1}^{2} X_i X_j \sigma_{ij}\right)^{1/2}$$
$$= (X_1 X_1 \sigma 11 + X_1 X_2 \sigma_{12} + X_2 X_1 \sigma_{21} + X_2 X_2 \sigma_{22})^{1/2}$$
$$= (X_1^2 \sigma_1^2 + X_2^2 \sigma_2^2 + 2X_1 X_2 \sigma_{12})^{1/2}$$
$$= (X_1^2 \times 20\%^2 + X_2^2 \times 40\%^2 + 2X_1 X_2 \sigma_{12})^{1/2}$$

对于组合 A 和 G，这个计算是最简单的，投资者仅购买一家公司的股票，其标准差分别为 20%和 40%。

对于组合 B,C,D,E 和 F，式(5.3.2)的应用表明，组合的标准差依赖于两种证券间的协方差的大小。如式(5.3.3)所示，这个协方差等于两种证券间的相关系数和它们的标准差的乘积：

$$\sigma_{ij}=\rho_{ij}\times\sigma_i\times\sigma_j \tag{5.3.3}$$

这里 $i-1,\ j-2$，

$\sigma_{12}=\rho_{12}\times\sigma_1\times\sigma_2=\rho_{12}\times20\%\times40\%$

这意味着，由海尔和联想组成的任何组合的标准差可表示为：

$$\sigma_p=(X_1^2\times20\%^2+X_2^2\times40\%^2+2X_1X_2\times800\%^2\rho_{12})^{1/2}$$
$$=(400\%X_1^2+1600\%X_2^2+1600\%X_1X_2\rho_{12})^{1/2} \tag{5.3.4}$$

首先考虑组合 D，这个组合的标准差将处于 10%～30%之间，其精确值依赖于相关系数的大小。这个 10%和 30%的界限是如何确定的呢？首先注意到，对于组合 D，式(5.3.4)导出：

$$\sigma_D=[(400\%\times0.25)+1600\%\times0.25+(1600\%\times0.5\times0.5\rho_{12})]^{1/2}$$
$$=[(500\%+400\%\rho_{12})]^{1/2} \tag{5.3.5}$$

对式(5.3.5)的考察表明 σ_D 将在相关系数 ρ_{12} 最小时取得最小值。现在回忆起任何相关系数的最小值为－1，从而可看出 σ_D 的下限为：

$\sigma_D=[500\%+400\%\times(-1)]^{1/2}=10\%$

同样，对式(5.3.5)的考察表明 σ_D 将在相关系数最大(＋1)时取得最大值，从而 σ_D 的上限为：

$\sigma_D=(500\%+400\%\times1)^{1/2}=30\%$

一般地，从式(5.3.4)可以看出，上限和下限将分别出现在两种证券的相关系数为+1和-1的时候。进一步对其他组合进行同样的分析，可得它们的下限和上限，如表5-4所示。

表5-4　组合标准差的上限与下限

组合	组合标准差的下限(%)	组合标准差的上限(%)
A	20.00	20.00
B	10.00	23.33
C	0.00	26.67
D	10.00	30.00
E	20.00	33.33
F	30.00	36.67
G	40.00	40.00

有趣的是，所有这些上限都位于图5-9中连接A和G的直线上。这意味着这两种证券的任意组合的标准差不会位于连接这两种证券的直线的右边。换言之，标准差必然位于这条直线上或其左边。这一事实表明了分散化组合的一个动机。我们把它表述为：分散化一般导致风险减少。因为一个组合的标准差将小于投资组合中的证券的标准差的加权平均。

同样有趣的是，所有下限均位于图5-9中从A到纵轴上的8.30%的点再到G的两条线段上。这意味着这两种证券的任意组合不会有位于这两条线段左边的标准差。例如，B位于过纵轴上的6.70%的水平线上，但标准差的值介于10%和23.33%之间。

综上所述，这两种证券的任何组合将位于图5-9的三角形的边界或内部，其实际位置依赖于这两种证券间的相关系数的大小。

5.3.2　组合的实际位置

如果相关系数为0，那又会怎样呢？式(5.3.4)导致：

$$\sigma_p=[(400\%X_1^2)+(1600\%X_2^2)+(1600\%X_1X_2\times0)]^{1/2}$$
$$=[(400\%X_1^2)+(1600\%X_2^2)]^{1/2}$$

应用于相应的权数X_1和X_2，组合B,C,D,E和F因此计算如下：

$$\sigma_B=[(400\%\times0.83^2)+(1600\%\times0.17)^2]^{1/2}=17.94\%$$
$$\sigma_C=[(400\%\times0.67^2)+(1600\%\times0.33)^2]^{1/2}=18.81\%$$
$$\sigma_D=[(400\%\times0.50^2)+(1600\%\times0.50)^2]^{1/2}=22.36\%$$
$$\sigma_E=[(400\%\times0.33^2)+(1600\%\times0.67)^2]^{1/2}=27.60\%$$
$$\sigma_F=[(400\%\times0.17^2)+(1600\%\times0.83)^2]^{1/2}=33.37\%$$

图5-10是在图5-9的上限和下限的基础上标出了这些组合的位置。正如所看到的，这些组合连同海尔证券和联想证券的其他组合都处于一条向左弯曲的曲线上。还有一点未在这里显示出来：如果相关系数小于零，曲线将更加向左弯曲；如果相关系数大于零，向左弯曲程度减弱。这个图形所表示的十分重要的一点是，相应于一个小于+1大于-1的相关系数，表示两种证券的一切重要的组合集的曲线将一定程度地向左弯曲。进而，其"北部"将是

下凹的。

类似的分析也适用于多于两种证券的情形。与两种证券的例子一样，对应于大于－1小于＋1的相关系数，“北部”将是下凹的。从而可以得出，一般的有效集是下凹形的。

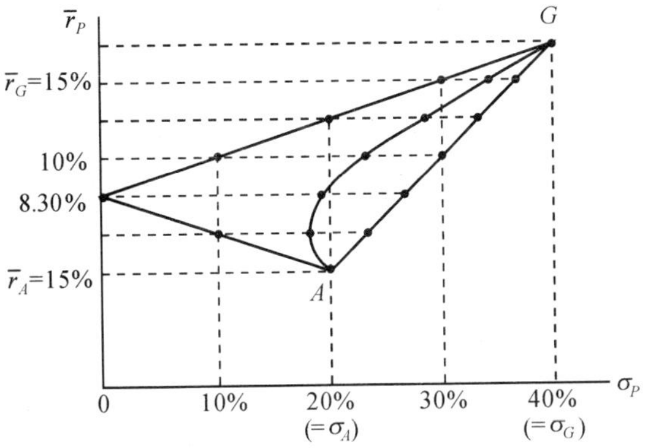

图 5-10　证券 A 和 G 形成的组合

5.4　无风险借贷情形下的投资组合

5.4.1　无风险资产的定义

在马柯维茨的方法中，无风险资产(riskfree asset)确切的含义是什么？因为这一方法仅涉及投资于单一持有期，这意味着无风险资产的收益率是确定的，如果投资者在期初购买了一种无风险资产，那么他将准确地知道在持有期期末这笔资产的准确价值。由于无风险资产的最终价值没有任何不确定性，无风险资产的标准差，根据定义，应为零。

反过来，这意味着无风险资产的收益率与风险资产的收益率之间的协方差也是零。这一点，通过回忆前面的式(5.3.3)即可得知。任何两种资产 i 和 j 之间的协方差等于这两种资产之间的相关系数和两种资产的标准差这三个数的乘积；$\sigma_{ij}=\rho_{ij}\sigma_i\sigma_j$，如果 i 为无风险资产，则 $\sigma_i=0$，$\sigma_j=0$。

因为无风险资产有固定收益，并且没有任何可能违约的证券。从原则上讲，所有的公司证券都存在着违约的可能性，因而无风险资产不可能由公司来发行，必须是由联邦政府发行的证券。但是必须注意，并不是任何一种财政部发行的证券都是无风险证券。

假设某一投资者拥有持有期为3个月的资产，他购买了20年到期的国库券，这样的一种证券是有风险的，因为投资者不知道在他在投资期末时这笔证券将值多少钱。由于在投资者持有期内利率极有可能以不可预料的方式变化，证券的市场价值也将同样以不可预料的方式变化，利率风险(interest-rate risk)(也被称为价格风险)的存在使得国库券的价值不确定，所以它不能被视为是无风险资产。实际上，任何一种到期日超过投资者持有期的证券将不能作为无风险资产看待。

接着，再考虑一种国库券，它在投资者的持有期结束之前到期，比如一个30天到期的国库券，而此时投资者的资产持有期却为3个月。在这种情况下，投资者在持有期期初时不知道在30天后利率会是什么样子。这意味着投资者将不知道30天以后的利率，而这个利率正是投资者将其30天到期国库券的收益在剩下持有期内进行再投资的基础。所有到期日少于投资期的国库券都存在这种“再投资利率风险”(reinvestment-rate risk)，这种风险的存在意味着这样一些证券也不能视为无风险资产。

这样，就只留下一种类型的国库券可以作为无风险资产——到期日与投资期长度相匹配的国库券。例如：持有期为3个月的投资者将发现3个月到期的国库券具有确定的收益率。因为这种证券的到期日与投资者投资期限相同，而且在投资期满时它将给投资者带来一笔资金，而这笔资金的数量早在投资者做出投资决策时就已确切地知道。对无风险资产的投资常被称为“无风险贷出”(riskfree lending)。

5.4.2 允许无风险贷出

在介绍了无风险资产后，投资者现在可以将他的资金的一部分投资于这种无风险资产，并把剩余的部分投资于包含在马柯维茨的可行集中的任一投资组合。增加这种新的投资机会明显地会扩展可行集，并且更重要的是，它极大地改变了马柯维茨有效集的位置。既然投资者所关心的是从有效集中选取某个投资组合，就有必要对有效集位置的变化情况进行分析。首先，我们将考虑如何测定一个投资组合的预期收益率和标准差，所考察的这个投资组合将只包括对无风险资产的投资和对单个风险证券投资两部分。

(一)投资于一个无风险资产和一个风险资产

假定A、B、C三个公司具有如下向量和矩阵所表示的预期收益率、方差和协方差：

$$ER=\begin{bmatrix}16.2\\24.6\\22.8\end{bmatrix},\quad VC=\begin{pmatrix}146 & 187 & 145\\187 & 854 & 104\\145 & 104 & 289\end{pmatrix}$$

设无风险资产为第4个证券，考虑所有只包含A公司普通股和无风险资产的投资组合，用X_1表示投资于A公司股票的资金比例，于是$X_4=1-X_1$，表示投资于风险资产的资金比例。如果投资者将其全部资金投资于无风险资产，就有$X_1=0$和$X_4=1$。相反，投资者也可以将其全部资金只投资于A公司和0.75的比例投资于无风险资产，甚至0.5对0.5的组合或者0.75对0.25的组合也都是可能的。虽然存在其他的组合可能，但在此处仅分析以下5种组合，如表5-5所示。

表5-5　5种可能的投资组合

	组合 A	组合 B	组合 C	组合 D	组合 E
X_1	0.00	0.25	0.5	0.75	1.00
X_2	1.00	0.75	0.5	0.25	0.00

假设无风险资产的收益率(通常用r_f表示)为4%，计算这5个组合的预期收益率和标准差所需必要的信息都具备了，可以用式(5.4.1)来计算这些组合的预期收益率。计算如下：

$$\bar{r}_p=\sum_{i=1}^{N}X_i\bar{r}_i=\sum_{i=1}^{4}X_i\bar{r}_i \tag{5.4.1}$$

组合 B,C,D 和 E 都不包含第 2 或第 3 种证券(即 B 公司 X_2 和 C 公司 X_3),因而对于这些组合来说有 $X_2=0$ 和 $X_3=0$。于是,前面的公式可以简化为:

$$\bar{r}_p=X_1\bar{r}_1+X_4\bar{r}_4=(X_1\times16.2\%)+(X_4\times4\%)$$

在这里,无风险收益率用 $\bar{r}_4$ 表示。

对于组合 A 和组合 E 来说,这一计算显然是多余的,因为投资者把所有资金都投向了某一单个证券,从而很容易就能得知其预期收益率分别为 4% 和 16.2%。对于组合 B,C 和 D 而言,它们的预期收益率分别是:

$$\bar{r}_B=(0.25\times16.2\%)+(0.75\times4\%)=7.05\%$$

$$\bar{r}_C=(0.50\times16.2\%)+(0.50\times4\%)=10.10\%$$

$$\bar{r}_D=(0.75\times16.2\%)+(0.25\times4\%)=13.15\%$$

组合 A 和 E 的标准差就是无风险资产的标准差和 A 公司股票的标准差,从而有 $\sigma_A=0\%$,$\sigma_E=12.08\%$。为了计算组合 B,C 和 D 的标准差,我们必须利用式(5.4.2):

$$\sigma_P=\left(\sum_{i=1}^{N}\sum_{j=1}^{N}X_iX_j\sigma_{ij}\right)^{1/2} \tag{5.4.2}$$

$$=\left(\sum_{i=1}^{4}\sum_{j=1}^{4}X_iX_j\sigma_{ij}\right)^{1/2}$$

由于对于这些组合来说有 $X_2=0$,$X_3=0$,因此这个公式可简化为:

$$\sigma_P=(X_1X_1\sigma_{11}+X_1X_4\sigma_{14}+X_4X_1\sigma_{41}+X_4X_4\sigma_{44})^{1/2}$$

$$=(X_1^2\sigma_1^2+X_4^2\sigma_4^2+2X_1X_4\sigma_{14})^{1/2}$$

如果注意到第 4 种证券为无风险证券,根据定义,有 $\sigma_4=0$,$\sigma_{14}=0$,那么这个公式还可以作进一步简化。相应地有:

$$\sigma_P=(X_1^2\sigma_1^2)^{1/2}$$

$$=(X_1^2\times14\%)^{1/2}$$

$$=X_1\times12.08\%$$

从而组合 B,C 和 D 的标准差为:

$$\sigma_B=0.25\times12.08\%=3.02\%$$

$$\sigma_C=0.50\times12.08\%=6.04\%$$

$$\sigma_D=0.75\times12.08\%=9.06\%$$

综上所述,这 5 种组合的预期收益率和标准差如表 5-6 所示。

表 5-6　5 种组合的预期收益率和标准差

组合	X_1	X_2	预期收益率(%)	标准差(%)
A	0.00	1.00	4.00	0.00
B	0.25	0.75	7.05	0.00
C	0.50	0.50	10.10	6.04
D	0.75	0.25	13.15	9.06
E	1.00	0.00	16.20	12.08

图 5-11 显示了这些组合的相应位置。从图中可以看出,这些点都位于连接代表无风险资产和 Z 公司股票的两个点的直线上。尽管这里仅对 5 个特定的无风险资产与 Z 公司的组

合进行了分析，但可以证明：由无风险资产和 Z 公司股票构成的任何一种组合都将落在连接它们的直线上。其在直线上的确切位置将取决于投资于这两种资产的相对比例。不仅如此，这一结论还可以被推广到任意无风险资产与风险资产的组合上。这意味着，对于任意一个由无风险资产和风险资产所构成的组合，其相应的预期收益率和标准差都落在连接无风险资产和风险资产的直线上。

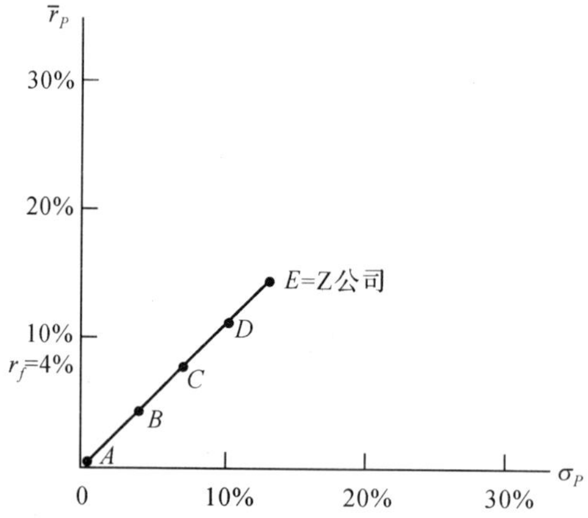

图 5-11　无风险贷出和风险资产投资的组合

（二）投资于无风险资产和风险资产组合

接下来考虑当一个组合中除了无风险资产外，还包括一个以上的风险资产时的情况。例如，考虑这样一个风险组合 PAC，该组合由 0.8 的 A 公司股票和 0.2 的 C 公司股票构成，这个组合的预期收益率（用表示$\bar{r}_{PAC}$）和标准差（用 σ_{PAC} 表示）为：

$$\bar{r}_{PAC}=0.80\times16.2\%+0.20\times22.8\%=17.52\%$$

$$\bar{\sigma}_{PAC}=(0.80\times0.80\times146+0.20\times0.20\times289+2\times0.80\times0.20\times145)^{1/2}$$
$$=12.30\%$$

任何一个由 PAC 和无风险资产所构成的新的投资组合的预期收益率和标准差都可以按照前面的计算无风险资产和单个风险资产组合那样计算出来。如果一个投资组合有 X_{PAC} 比例投资于组合 PAC，有 $X_4=1-X_{PAC}$ 比例投资于无风险资产，那么该投资组合的预期收益率和标准差分别为：

$$\bar{r}_{PAC}=(X_{PAC}\times17.52\%)+(X_4\times4\%)$$

$$\sigma_{PAC}=X_{PAC}\times12.30\%$$

例如，考虑一个由 0.25 的 PAC 和 0.75 的无风险资产所构成的投资组合。这个投资组合的预期收益率为：

$$\bar{r}_{PAC}=(0.25\times17.52\%)+(0.75\times4\%)=7.38\%$$

标准差为：

$$\bar{\sigma}_{PAC}=0.25\times12.30\%=3.08\%$$

从图 5-12 可看出这个投资组合位于连接无风险资产和 PAC 的直线上，在这条直线上，P 点代表了该投资组合。其他由 PAC 和无风险资产构成的各种投资组合也将落在这条直线上，它们在直线上的具体位置将由对 PAC 和无风险资产这两者的投资比例来决定。例如，一个将 0.5 的比例投向于 PAC，0.5 的比例投向于无风险资产的投资组合将恰好落在这条线段的中点上。

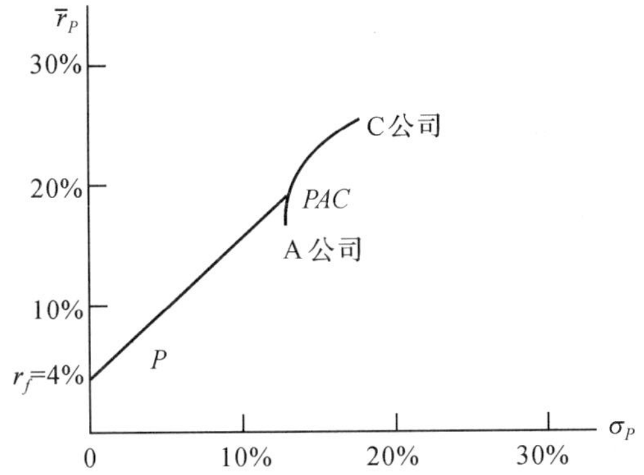

图 5-12　无风险贷出与风险资产组合投资的联合

总而言之，在无风险资产与风险资产组合的投资组合及无风险资产和某个单一风险证券的投资组合之间可以认为没有区别。在这两种情况下，最终投资组合的预期收益率和标准差都将落在如图 5-12 所示的连接两个端点的直线上。

(三)无风险贷出对有效集的影响

如前所述，随着无风险贷出的引进，可行集将会有明显的改变。图 5-13 显示了它是如

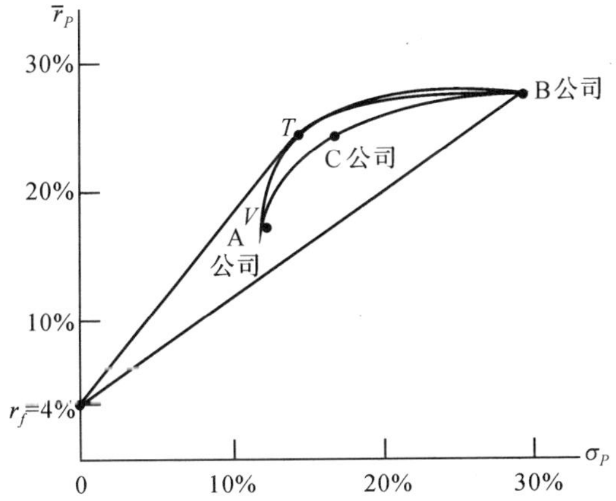

图 5-13　引入风险贷出时的可行集和有效集

何改变例子中的有效集的。在这里，所有的风险资产和组合，不仅仅只是 A 公司股票和 *PAC* 都能以各种可能的方式与无风险资产相结合。特别地，注意到有两条直线型边界，这两条直线都是从无风险资产发出的。底部那条直线连接无风险资产和 B 公司股票。正是它代表了由 B 公司股票和无风险资产所构成的所有投资组合。

另一条从无风险资产发出的直线则代表了无风险资产与马柯维茨模型中有效集上某一特殊组合的结合。这条直线与有效集相切，切点命名为 T。这一切都代表着分别由 0.12 的 A 公司股票、0.19 的 B 公司股票和 0.69 的 C 公司股票所组成的投资组合。将这些比例值代入式(5.4.1)和式(5.4.2)，可得出 T 点的预期收益率和标准差分别为 22.4%和 15.2%。

尽管马柯维茨模型中其他有效风险组合也能与无风险资产相结合，但是为什么只对 T 点给予特别的注意呢？这是因为对于所有由风险资产构成的组合来说，没有哪个点与无风

险资产相连形成的直线会落在 T 点与无风险资产的连线的西北方。换句话说，在所有从无风险资产出发到风险资产或是风险资产组合的连线中，没有哪一条线能比到 T 点的线更陡。

由于马柯维茨有效集的一部分是由这条线所控制，因而这条线就显得很重要。特别是当投资者可投资于无风险资产时，马氏模型有效集中从最小风险组合到 T 点的那部分组合将不再有效，新的有效集将由一条直线和一条曲线段构成，这条直线段从无风险资产到 T 点，它代表无风险资产和 T 的以各种比例结合形成的一些组合。而这条曲线段所代表的组合就是马氏模型有效集中那些位于 T 点的东北方向的组合。

（四）无风险贷出对组合选择的影响

图 5-14 显示了当投资者在除了有风险资产可供选择外，还有无风险资产时，他是如何选择一个最佳有效组合的。如果投资者的无差异曲线像图5-14(a)所显示的那样，那么投资者的最佳投资组合O^*将包括两部分投资：一部分是对无风险资产的投资，剩下的部分是对 T 的投资。这是由于投资者的无差异曲线在无风险资产和 T 点之间与有效集相切。另外还有一种情况，如果投资者更倾向于冒险，具有像图 5-14(b)所显示的无差异曲线，那么投资者的最佳投资组合 O^* 中将不包括任何无风险贷出。这是因为投资者的无差异曲线与有效集的曲线段部分相切，而这部分曲线段位于 T 点东北方向。

5.4.3 允许无风险借入

如果我们允许投资者借入资金，我们可以进一步扩展前一节的分析。这意味着，当投资者在决定将多少资金投资于风险资产时，他将不再受初始财富的限制。当然，当投资者借入资金时，他也必须为这笔贷款付出利息。由于利率是已知的，而且偿还贷款也没有任何不确定性，投资者的这种行为常常被称为“无风险借入”(riskfree borrowing)。我们假定，为贷款而支付的利率与投资于无风险资产而获得的利率相等。仍用前面的例子，现在，投资者不仅有机会投资于无风险资产而获得 4%的收益率，而且还可以以 4%的利率借入资金进行投资。

在前面的例子中，我们用 X_4 表示投资于无风险资产的比例，而且 X_4 限定为从 0 到 1 之间的非负值。现在，由于投资者有机会以相同的利率借入贷款，X_4 便失去了这个限制。在前面的例子中，投资者初始财富为 17200 美元，如果投资者借入了资金，那么他将有多于

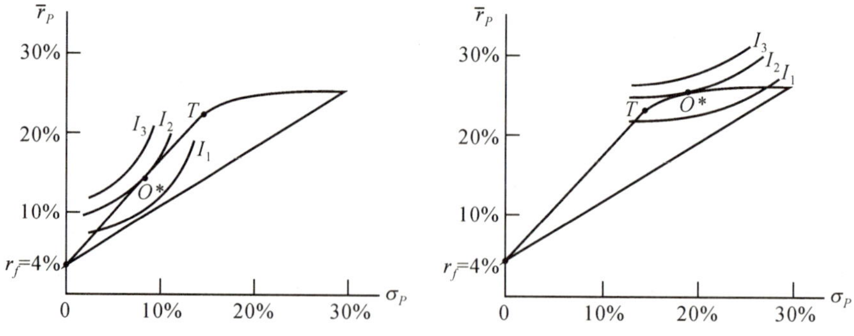

(a) 包括无风险贷出的一个最佳组合　　(b) 包括风险资产的一个最佳组合

图 5-14　允许无风险贷出时的组合选择

17200 美元的资金来投资于 A 公司、B 公司和 C 公司股票。例如，如果投资者借入 4300 美元，那么他将有共计 21500 美元(17200 美元＋4300 美元)可以投资于这些证券。在这种情况下，X_4 可以被看作等于－0.25(－4300 美元/17200 美元)。然而，比例的总和仍应等于 1。这意味着，如果投资者借入了资金，那么投资于风险资产各部分的比例总和将大于 1。例如，借入 4300 美元并且将全部 21500 美元投资于 A 公司股票意味着 A 公司股票的比例为 $X_1=1.25$(21500 美元/17200 美元)。注意到在这个例子里 $X_1+X_4=1.25+(-0.25)=1$。

(一)借入资金并投资于风险资产

为了估计引入“无风险借入”对有效集的影响，可将上一节所讲的例子作进一步扩充。特别地，考察组合 F、G、H 和 I，投资者将把他借来的资金连同他自有的资金全部投资于 A 公司股票，形成这些组合。这些组合的比例列于表 5-7。

表 5-7　投资组合比例

	组合 F	组合 G	组合 H	组合 I
X_1	1.25	1.50	1.75	2.00
X_2	－0.25	－0.50	－0.75	－1.00

这些组合的预期收益率可以用和上一节相同的方式计算出来。仍使用式(5.4.1)，可得：

$$\begin{aligned}\bar{r}_P &= \sum_{i=1}^{N} X_i \bar{r}_i \\ &= \sum_{i=1}^{4} X_i \bar{r}_i \\ &= X_1 \bar{r}_1 + X_4 \bar{r}_4 \\ &= (X_1 \times 16.2\%) + (X_4 \times 4\%)\end{aligned}$$

因而组合 F、G、H 和 I 具有如下预期收益率：

$$\bar{r}_F - (1.25\times16.2\%) \mid (\ \ 0.25\times4\%) = 19.25\%$$

$$\bar{r}_G = (1.50\times16.2\%) + (-0.50\times4\%) = 22.30\%$$

$$\bar{r}_H = (1.75\times16.2\%) + (-0.75\times4\%) = 25.35\%$$

$$\bar{r}_I = (2.00\times16.2\%) + (-1.00\times4\%) = 28.40\%$$

同样地，用式(5.4.2)并利用和上一节同样的方法即可计算这些组合的标准差：

$$\begin{aligned}\sigma_P &= \left(\sum_{i=1}^{N}\sum_{j=1}^{N} X_i X_j \sigma_{ij}\right)^{1/2} \\ &= \left(\sum_{i=1}^{4}\sum_{j=1}^{4} X_i X_j \sigma_{ij}\right)^{1/2}\end{aligned}$$

简化为：

$$\sigma_P = X_1 \times 12.08\%$$

于是这 4 种组合的标准差为：

$$\sigma_P = 1.25\times12.08\% = 15.10\%$$

$$\sigma_G = 1.50\times12.08\% = 18.12\%$$

$$\sigma_H = 1.75\times12.08\% = 21.14\%$$

$\sigma_I=2.00\times12.08\%=24.16\%$

总而言之，这 4 种组合以及上一节中的 5 种包含无风险贷出的组合，具有如下的预期收益率和标准差，见表 5-8。

表 5-8　预期收益率和标准差

组合	X_1	X_4	预期收益率(%)	标准差(%)
A	0.00	1.00	4.00	0.00
B	0.25	0.75	7.05	3.02
C	0.50	0.50	10.10	6.04
D	0.75	0.25	13.15	9.06
E	1.00	0.00	16.20	12.08
F	1.25	−0.25	19.25	15.10
G	1.50	−0.50	22.30	18.12
H	1.75	−0.75	25.35	21.14
I	2.00	−1.00	28.40	24.16

从图 5-15 中，我们可以看出，4 种包含无风险借入的组合和 5 种包含无风险贷出的组合是在同一条直线上。不仅如此，还可以看出，借入的资金越多，这个组合在直线上的位置就越靠外；相应的，X_4 值越小，组合的位置也就越靠外。

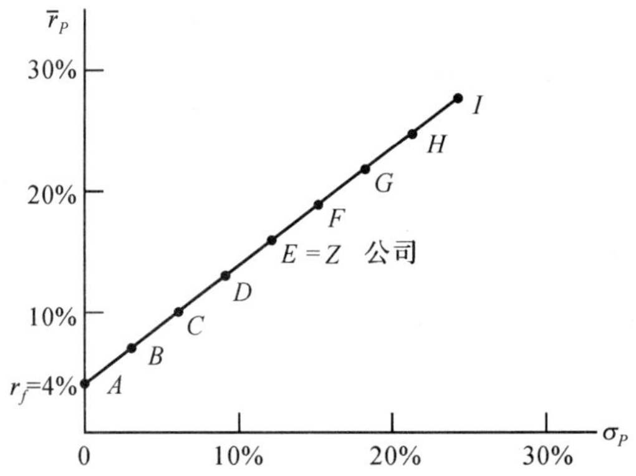

图 5-15　无风险贷出或借入和风险资产投资的组合

尽管这里只考察了 4 种特殊的组合，这些组合都包含着借入资金并全部投资于 A 公司，但可以证明：任何类似的组合，即借入资金并全部投资于 A 公司股票的组合，都将落在这条线的某一点上，具体位置则取决于投资者借入资金的多少。更进一步地说，这一结论可推广到任意一个组合，即一个由无风险借入和对任一单个风险资产投资的组合。这意味着，投资者以无风险利率借入资产，所形成的组合的预期收益率和标准差正好能使该组合位于图 5-15 中连接无风险资产和风险资产的线段的延长线上。

(二)借入资金并投资于风险组合

接下来，考虑当投资者用借入资金和自有资金买一个组合或多个风险资产时，将会发生什么情况。前面已经说明，一个分别由 0.80 的 A 公司股票和 0.20 的 C 公司股票所构成的投资组合的预期收益率为 17.52%，标准差为 12.3%，这个组合在前面被记为 *PAC*。任意一组合，只要其中包括了以无风险利率借入资金，再和投资者自有资金一起投资于 *PAC*，那么，这个组合的预期收益率和标准差也可以用前面同样的方法求出来，就像借入资金并投资于A公司股票一样。一个组合，若包含以 X_4 比例借入资金并和自有资金一起全部投资于 PAC，它将分别具有如下的预期收益率和标准差：

$\bar{r}_{PAC}=(X_{PAC}\times 17.52\%)+(X_4\times 4\%)$

$\sigma_{PAC}=X_{PAC}\times 12.30\%$

例如，考虑借入一笔相当于投资者初始财富25%的资金，并且和投资者自有资金一起全部投资于 PAC。因而，$X_{PAC}=1-X_4=1-(-0.25)=1.25$。这个组合的预期收益率为：

$\bar{r}=(1.25\times 17.52\%)+[(-0.25)\times 4\%]=20.90\%$

标准差为：

$\sigma_P=1.25\times 12.30\%=15.38\%$

从图5-16可以看出，这个组合(P)位于连接无风险资产和 PAC 的连线的延长线上。其他由借入无风险资产和 PAC 一起构成的组合也将落在这条延长线的某个位置上，它们的确切位置将由借入无风险资产的数量来决定。因而，借入并购买一个风险组合和借入并购买单一风险资产是没有任何区别的。在这两种情况下，最终的风险组合都将在连接无风险资产和风险投资连线的延长线上。

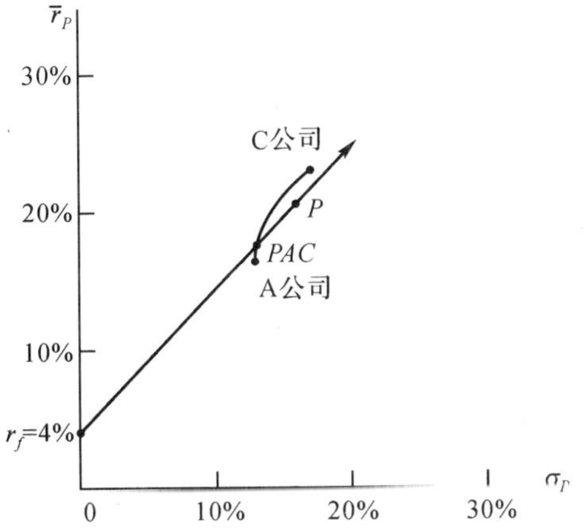

图5-16　引入无风险借入和贷出后的可行集和有效集

5.4.4　允许同时进行无风险借贷

(一)无风险借入和贷出对有效集的影响

图5-17显示了既允许无风险借入又允许无风险贷出(两者利率相等)时，可行集是如何变化的。在这里，不仅要考虑A公司股票和 PAC，而且要考虑所有的风险资产及其组合。可行集就是夹在两条射线中间的全部区域，这两条射线都是由无风险利率处发出，一条通过B公司股票，一条通过组合 T。如果假定投资者借入资金的数量没有限制，那么这两条射线可以无限地向右延伸。

通过组合 T 的直线特别重要，因为它代表着有效集。也就是说，这条直线代表着能提供最好机会的投资组合集，这是由于它是可行集中位于最西北方向的组合集。如前面所述，组合 T 分别由0.12的A公司股票0.19的B公司股票和0.69的C公司股票构成。

像前面一样，通过 T 点的线正好与马柯维茨模型有效集相切，在无风险借入和贷出后，

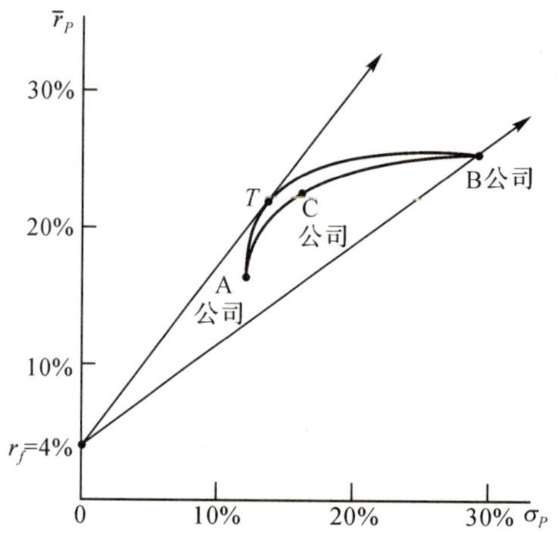

图 5-17　引入无风险借入和贷出后的可行集和有效集

除组合 T 之外，那些曾经是马氏有效集的组合将不再有效。这一点，在图上可以看得很清楚，在每一个组合(除 T 外)的上方都有一个同它具有一样标准差，但预期收益率要比它大的组合。

(二)无风险借入和贷出对投资组合选择的影响

假定投资者具有以无风险利率借入和贷出的机会，他将在这个图中画出他的无差异曲线，找出无差异曲线与有效集相切点，从而确定出投资者所需要的最佳投资组合。图 5-18 显示出两种不同情况。如果投资者的无差异曲线像图5-18(a)所呈现的那样，那么投资者的最佳组合 O^* 将由对无风险资产的投资和对 T 的投资构成。相反，如果投资者更偏好冒险，具有如图 5-18(b)所呈现的无差异曲线，那么投资者的最佳组合 O^* 将由无风险借入和对 T 的投资(包括借入资金和自有资金)构成。

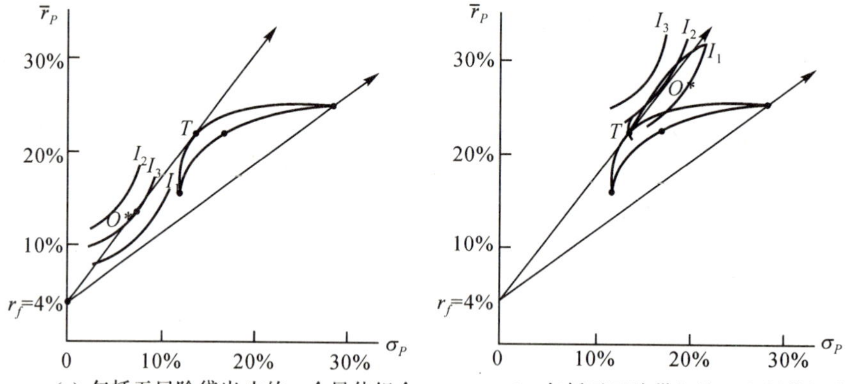

(a) 包括无风险贷出中的一个最佳组合　　(b) 包括无风险借入的一个最佳组合

图 5-18　无风险借入和贷出时的最佳组合

【本章小结】

有效集是由那些不同风险水平下提供最大预期收益率和不同期望收益水平下提供最小风险的投资组合组成的。

投资者被假定在位于有效集的组合中选择他们的最佳组合。

一个投资者的最佳组合由投资者的无差异曲线与有效集的切点来确定。

有效集是下凹的,这一命题缘于组合的标准差定义以及收益不完全正相关或不完全负相关的资产的存在性。

无风险资产的收益是确定的。无风险资产的标准差及其与其他资产的协方差均为零。

无风险资产是一种到期日与投资者投资期长度相匹配的国库券。

引入无风险贷出后,有效集将发生改变。新的有效集将由两部分构成:一部分是由无风险资产出发的一条直线,一直到与马柯维茨有效集相切为止;另一部分是马柯维茨有效集中于切点东北方向的部分。

随着无风险借入的引进,投资者可以使用杠杆手段。有效集变为一条直线,这条直接从无风险资产出发,与原马柯维茨有效集曲线相切。

相对于偏好冒险的投资者而言,风险厌恶型的投资者将更少地借入资金进行投资,或者更多地贷出资金。

第6章 资本资产定价模型

【学习要点】

1. 了解资本资产定价模型的假设条件；
2. 掌握资本市场线、证券市场线和资本资产定价模型；
3. 掌握证券市场风险结构与β系数的关系；
4. 了解对资本资产定价模型的实证检验。

6.1 CAPM的假设条件

为了弄清楚资本资产是如何定价的，需要建立一个模型即一种理论。为了使模型简单明了，模型建立者必须对非常复杂的形势进行提炼，从而将注意力集中于最主要的几个要素上。这可以通过对环境做出一定的假设来达到。

资本资产定价模型所包含的假设如下：

(1)投资者通过投资组合在某一段时期内的预期收益率和标准差(风险)来评价这个投资组合的优劣。

(2)投资者永不满足，因此，当面临其他条件相同的两种选择时，他们将选择具有较高预期收益率的那一种。

(3)投资者是厌恶风险的，因此，当面临其他条件相同的两种选择时，他们将选择具有较小标准差的那一种。

(4)每一个资产都是无限可分的，这意味着，如果投资者愿意的话，他可以购买一个股份的一部分。

(5)投资者能够以一个风险利率贷出(即投资)或借入资金。

(6)税收和交易成本均忽略不计。

(7)所有投资者都有相同的投资期限。

(8)对于所有投资者，无风险利率相同。

(9)对于所有投资者，信息是免费的并且是立即可获得的。

(10)投资者具有相同预期，即他们对预期收益率、标准差和证券之间的协方差具有相同的估计。

有了这些假定，CAPM就大大简化了问题。每一个投资者有同样的信息和对证券的未来前景看法一致，这使得我们把问题的焦点从人们应该如何投资转向如果每一个人以相同方式投资，证券价格会发生什么变化。这样，每一种证券收益与风险之间的最终均衡关系将会得到进一步发展。

6.2 资本市场线

资本市场线(Capital Market Line,CML)理论是资本资产定价模型的核心内容。资本资产定价模型的提出,标志着金融学走向成熟。这一模型在 1965 年由威廉·夏普(William Sharpe)、约翰·林特纳(John Lintner)和简·莫辛(Jan Mossin)分别独立地提出。从马柯维茨的开创性工作到提出资本资产定价模型,其间相隔长达 12 年,足见现代金融学发展道路的艰难与曲折。

6.2.1 投资者所面临的有效边界

根据上述假设条件,所有投资者对证券收益率、方差和协方差的看法一致,因此,每一个投资者将获得相同的切点证券组合。这意味着所有投资者面临同样的有效边界,该有效边界就是由无风险证券 R_f 出发与风险证券组合可行域的有效边界相切的射线 R_{fT},亦即图 6-1 中证券组合可行域的上边界线。

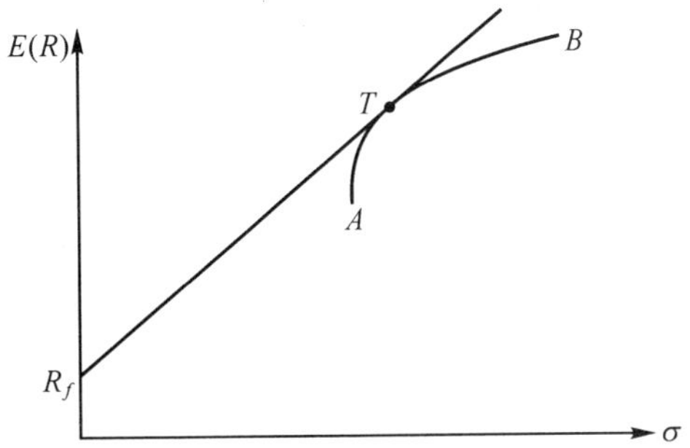

图 6-1 引入无风险借贷后的有效边界

由于每一个投资者将获得相同的切点证券组合,因此,对于一个投资者来说,在决定最优风险资产组合时,不需要考虑这个投资者对风险和收益的任何偏好。也就是说,最优风险资产组合的决定完全由市场确定,与投资者的偏好无关。

6.2.2 市场组合 *M*

所谓市场组合或市场证券组合;包含对所有证券投资的证券组合,其中每一种证券的投资比例等于它的相对市值。一种证券的相对市值,等于这种证券总的市场价值除以所有证券总的市场价值。

在资本资产定价模型中,市场证券组合起着核心作用。因为有效边界就是由市场证券组合加上适量的无风险借贷决定的。从理论上讲,市场组合 M 不仅包括普通股票,而且还包括其他种类的投资,如债券、优先股票和不动产等。但是实际上,许多人把 M 局限在普通股票的范围内。

我们有如下结论:当市场处于均衡状态时,最佳风险证券组合 T 等于市场组合 M。

首先,在均衡状态下,任何市场上存在的资产必须被包含在最优风险组合 T 里。不然的话,不被 T 所包含的资产就无人问津,其价格就会下跌,从而收益率会上升,直到进入 T 所代表的资产组合。其次,当市场均衡时,对任何一种资产都不会有过度的需求和供给,因为所有理性投资者所选择的有风险资产的比例,都应同市场组合 M 的投资比例相同。所以,在市场处于均衡时,各种有风险资产的市场价值在全部有风险资产的市场总价值中的比重，应当与在 M 所代表的资产组合里的比重相同。

总而言之，当所有证券价格调整结束时，市场已进入均衡状态。第一，每一个投资者都想要持有一定数量的每一种风险资产。第二，目前每一种证券的市场价值价格使得对证券的需求量等于已发行的数量。第三，无风险利率使借入货币量等于贷出货币量。因此，在均衡状态下，最优风险证券组合 T 就等于市场组合 M。

专栏6-1

市场证券组合

市场证券组合是由所有上市证券组成的证券组合。在这个证券组合中，投资在每种证券上的比例等于它的相对市场价值。每一种证券的相对市场价值等于这种证券的总市场价值除以所有证券的总市场价值。在 CAPM 理论中，之所以市场证券组合起着中心的作用，是因为当证券市场达到均衡时，市场证券组合即为切点证券组合，从而，每个投资者的有效集都是一样的：由通过无风险证券和市场证券组合的射线构成。一般而言，市场指数是现实市场的市场证券组合，下面对我国证券市场的主要市场指数进行简要介绍。

1. 我国证券市场上的主要市场指数

沪深 300 指数是由中证指数有限公司编制，沪深证券交易所于 2005 年 4 月 8 日联合发布的反映 A 股市场整体走势的指数。沪深 300 指数编制目标是反映中国证券市场股票价格变动的概貌和运行状况，能够作为投资业绩的评价标准，为指数化投资和指数衍生产品创新的基础条件。现为中国股指期货的标的物。

沪深 300 指数样本覆盖了沪深市场 70%左右的市值，以 2004 年 12 月 31 日为基期，基点为 1000 点，其计算是以调整股本为权重，采用派许加权综合价格指数公式进行计算。其中，调整股本根据分级靠档方法获得。分级靠档方法如表 6-1 所示。

表 6-1　分级靠档方法

流通比例(%)	≤10	(10,20)	(20,30)	(30,40)	(40,50)	(50,60)	(60,70)	(70,80)	>80
加权比例(%)	流通比例	20	30	40	50	60	70	80	100

上证 180 指数：1996 年 7 月 1 日的上证 30 指数的延续，基点为 2002 年 6 月 28 日上证 30 指数的首盘指数 3299.05 点，2002 年 7 月 1 日正式公布。

上证 50 指数：2003 年 12 月 31 日为基准点，基点为 1000 点，2004 年 1 月 2 日正式公布。

上证综合指数：1990 年 12 月 19 日为基日，以该日所有股票的市场价总值为基期，基点为 100 点，1991 年 7 月 15 日正式公布。

上证 A 股指数：1990 年 12 月 19 日为基日，以该日所有 A 股股票的市场价总值为基期，基点为 100 点，1992 年 2 月 21 日正式公布。

深圳综合指数：1991 年 4 月 3 日为基日，以该日所有股票的市场价总值为基期，基点为 100 点。

深圳成分指数：1994年7月20日为基日，以该日40家具有代表性的A、B股股票的市场价总值为基期，基点为1000点。

2. 指数计算公式

报告期指数＝报告期成分股的总市值/基期市场×基准指数，

其中，总市场值 $= \sum$(市场价×发行股数)

若成分股调整，则市场值相应调整。

$$I_t = \sum_{i=1}^{n} Q_{it} P_{it}$$

其中，I_t 表示 t 时点的证券指数；Q_{it} 表示在 t 时点用来计算指数的第 i 证券的数量；P_{it} 表示在 t 时点用来计算指数的第 i 证券的价格。

6.2.3 资本市场线方程

在资本资产定价模型假设下，当市场达到均衡时，市场组合 M 就成为一个有效组合，并且最优风险证券组合 T 就等于市场组合 M，因此，所有有效组合都可视为无风险证券 R_f 与市场组合 M 的再组合。而无风险证券 R_f 与市场组合 M 的再组合是一条连接 R_f 与 M 的射线，这条射线被称为资本市场线。如图6-2所示。

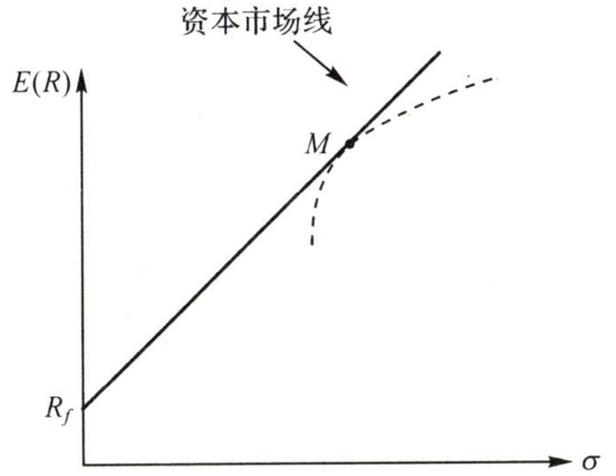

图6-2　资本市场线

资本市场线揭示了有效组合的收益和风险之间的均衡关系。由于 R_f 与 M 点的坐标分别为：$(0, R_f)$，$[\sigma_M, E(R_M)]$，因此，资本市场线的方程为：

$$E(R_p) = R_f + \left[\frac{E(R_M) - R_f}{\sigma_M}\right]\sigma_P \tag{6.2.1}$$

其中，$E(R_p)$ 和 σ_p 分别表示有效组合 P 的期望收益率和标准差，$E(R_M)$ 和 σ_m 分别表示市场组合 M 的期望收益率和标准差，R_f 表示无风险证券收益率。

处在均衡条件下的证券市场的两个关键特征是：第一，资本市场线方程(6.2.1)中的无风险利率 R_f 常常被视为时间等待的报酬；第二，资本市场线方程(6.2.1)中的斜率 $\left[\frac{E(R_M) - R_f}{\sigma_M}\right]$ 被认为是承受一个单位风险的报酬，通常称为风险的价格。

从本质上来讲，证券市场提供了一个时间与风险之间的交换场所，以及供给和需求的力量决定证券价格的场所。因此，资本市场线方程中的无风险利率和斜率分别代表时间和风险的价格。

6.2.4 两基金分离定理

由于最优风险证券组合 T 等于市场组合 M，这样就引出了被动但很有效的指数化投资策略。首先，按照市场的组合比例来构筑有风险资产的组合，这样也实现了风险的分散化；其次，按照投资者的风险偏好，将资金分别投到无风险证券和所构筑的有风险市场组合中去。在各个金融市场中，以能够反映市场总体价格水平的指数，如著名的标准普尔 500（Standard & Poor'500）指数、日经 225 指数、《金融时报》100（FTSE100）指数、恒生指数以及中国内地的上证指数、深证指数等为基础开发的指数产品，往往可以用来作为有风险市场组合的替代品。这种投资策略被称为指数化的投资策略，在西方国家被养老基金、共同基金等金融机构广泛采用，并被用作评估其他主动式的投资策略绩效的依据。这种投资策略的产生是市场整合的结果，虽然它有悖于人们的常识和感觉。

由市场组合（可以看作是一个基金）和无风险证券（可以看作是另一个基金）构成了新的两基金分离定理：所有合乎理性的投资组合都是市场组合和无风险证券的一个线性组合，而所有这样的线性组合构成了资本市场线。

6.3 证券市场线

6.3.1 证券市场线

资本市场线代表有效组合预期回报率和标准差之间的均衡关系，它说明了有效投资组合风险和回报率之间的关系及衡量其风险的适当方法，但没有说明对于无效投资组合及单个证券的相应情况。夏普（1964）在他的研究中指出，可以通过一种相关但不相同的方法得到扩展。大家熟悉的 β 系数概念可以用于衡量所有投资组合的风险，无论是有效投资组合还是无效投资组合。

为此，夏普提出了证券市场线，界定了风险与回报率之间的关系，适用于所有资产与证券，无论是有效的还是无效的。

$$E(R_i)-r_f=\frac{\sigma_{im}}{\sigma_m^2}[E(r_m)-r_f] \tag{6.3.1}$$

式（6.3.1）中，系数 $\frac{\sigma_{im}}{\sigma_m^2}$ 即为 β 值，则 β 值度量的是资产 i 与整个市场的共同走势。这样，CAPM 的主要成果被总结为 SML 线性关系，它描述的是单个资产和证券组合的风险—收益关系。用公式表达如下：

$$E(r_i)=r_f+\beta_i[E(r_m)-r_f] \tag{6.3.2}$$

这就是证券市场线的表达式。其中，$E(r_i)$ 为第 i 种资产的期望收益，$E(r_m)$ 为市场组合的期望收益；r_f 为无风险收益；β_i 为第 i 种资产的风险（或它的 β 系数）。

图 6-3 刻画的就是预期收益与 β 系数之间的关系，即证券市场线。SML 认为，资产 i 的期望收益等于无风险利率和风险报酬之和，即资产的预期收益率等于无风险利率（投资者推

迟消费的补偿)加上该项资产的风险溢价(承担投资风险的补偿)。风险报酬又可以分解为两个部分,即市场组合的风险报酬和特定资产的β系数。这样,风险报酬就等于市场风险报酬$E(r_m)-r_f$乘以这种资产的β系数。其中,$E(r_m)-r_f$是证券市场线的斜率。由于$E(r_m)-r_f$对所有的资产都是相同的,所以β系数是决定资产i的必要风险报酬大小的唯一因素。

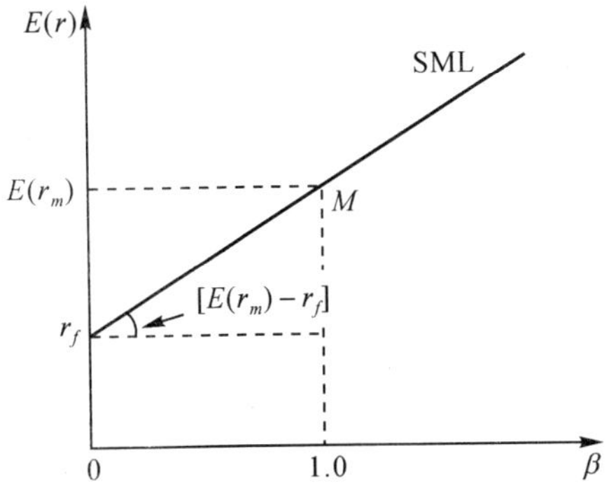

图 6-3 证券市场线

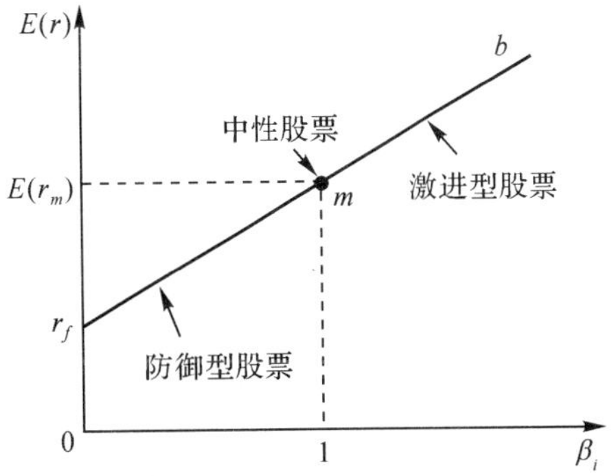

图 6-4 系数与投资风格

图 6-4 表示的是资产期望收益率与风险系数β之间的关系。首先,$\beta_i=0$,说明这种资产是无风险的,可用零代替公式(6.3.2)中的β即可得;其次,若$\beta_i=1$,说明这一资产与市场具有相同的风险,因而资产价格与市场同等变动。这一资产收益率就等于市场组合的收益率,即$E(r_i)=E(r_m)$;若$\beta_i<1$,则说明这一资产为防御型资产,其期望收益率将小于市场组合收益率,即$E(r_i)<E(r_m)$。如基础设施类、消费类股票就属此类资产。若$\beta_i>1$,说明这一资产为激进型的,其期望收益率将大于市场组合收益率,即$E(r_i)>E(r_m)$。如科技类等股票就属此类资产。

由上分析可见,β_i越高,风险越大,资产要求的风险报酬也就越高;对于较高的β_i而言,与之相应的期望报酬$E(r_i)$也将相对较大。

β系数的一个重要特征就是线性可加性。若一投资组合中各项资产比重为ω_i,则组合的β系数为:

$$\beta_p=\sum_{i}^{n}\omega_i\beta_i \tag{6.3.3}$$

投资组合的预期收益率可表达为:

$$E(r_p)=r_f+\beta_p[E(r_m)-r_f] \tag{6.3.4}$$

证券市场线说明,一项有价证券的风险补偿应当是它的β系数乘以风险资产的市场组合的风险补偿。

如果证券市场线的斜率变大,即CML绕着r_f点逆时针旋转,这说明整个市场对风险的厌恶程度提高,对同样的风险水平则要求更高的风险补偿。

6.3.2 CML与SML的关系

CAPM实际上体现的是证券资产的风险收益关系,证券市场线和资本资产定价模型在本质上是一样的,可以统称为资本资产定价模型。CML与SML之间的关系可以表达为如图 6-5 所示。

(1)资本市场线反映的是有效资产组合(市场资产组合与无风险资产构成的资产组合)的风险溢价,是该资产组合标准差的函数,标准差测度的是投资者总的资产组合的风险。

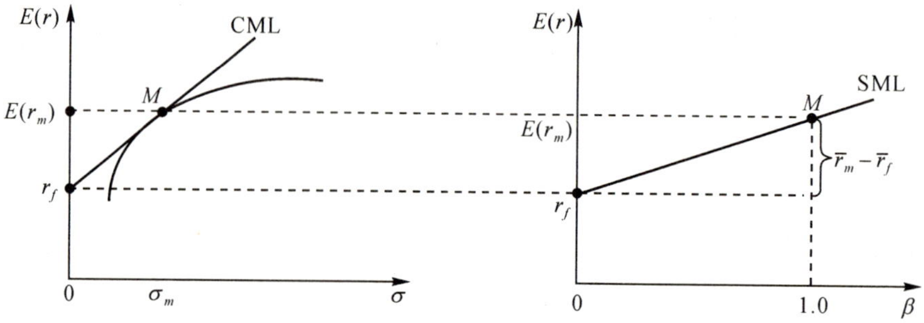

图 6-5　资本市场线和证券市场线之间的关系

(2)证券市场线反映单个资产的风险溢价是该资产风险的函数,测度单个资产风险的工具不再是该资产的方差或标准差,而是该资产对于资产组合方差的影响程度或贡献度,用 β 值来测度这一贡献度。在均衡市场中,所有的证券都将落在证券市场线上。CAPM 几何形式就是证券市场线。

(3)证券市场线实际上是资本市场线的一个特例。当单个资产或资产组合有效率时,该项资产与市场组合 M 的相关系数为 1,此时的证券市场线和资本市场线是相同的。

因为:

$$r_p = r_f + (r_m - r_f)\frac{\sigma_{pm}}{\sigma_m^2} = r_f + (r_m - r_f)\frac{\rho_{pm}\sigma_p\sigma_m}{\sigma_m^2}$$

$$= r_f + (r_m - r_f)\frac{\rho_{pm}\sigma_p}{\sigma_m} = r_f + (r_m - r_f)\frac{\sigma_p}{\sigma_m}$$

而公式 $r_p = r_f + (r_m - r_f)\frac{\sigma_p}{\sigma_m}$ 即为资本市场线。

6.3.3　举　例

已知市场组合的预期收益率为 12%,无风险利率为 7%,设证券 A 和证券 B 的 β 系数分别为 1.4 和 0.9。根据证券市场线方程,证券 A 和证券 B 的期望收益率分别为:

$E(r_A) = 7\% + (12\% - 7\%) \times 1.4 = 14\%$

$E(r_B) = 7\% + (12\% - 7\%) \times 0.9 = 11.5\%$

6.4　市场模型

前面介绍了市场模型,在该模型中,假定某一普通股的收益率与市场指数之间存在着如下的联系:

$r_i = \alpha_{iI} + \beta_{iI} r_I + \varepsilon_{iI}$

式中,r_i——某一给定时期证券 i 的收益率;

r_I——相同时期市场指数 I 的收益率；

α_{iI}——截距项；

β_{iI}——斜率项；

ε_{iI}——随机误差项。

自然地，我们会想到市场模型与资本资产定价模型之间的联系。毕竟，两个模型都有一个被称为“贝塔值”的斜率，并且这两个模型或多或少地包含了市场，然而它们之间却有明显的区别。

首先，市场模型是一个“因素模型”。或者更明确地说，它是一个单因素模型，在该模型中，因素就是市场指数，不像资本资产定价模型那样是一个“均衡模型”，描述证券的价格如何确定。

其次，市场模型采用一个市场指数，例如标准普尔 500 指数，而资本资产定价模型包含的却是市场组合。市场组合是市场中所有证券的集合，而市场指数实际上基于市场中的一个样本（例如，标准普尔 500 指数中只有 500 只股票）。因此，从概念上来说，基于市场模型的证券的贝塔值 β_{iI}，与资本资产定价模型中证券的贝塔值 β_{iM} 是不同的。这是因为前者是相对于市场指数来测定的，后者是相对市场组合来测定的。在实际操作中，由于我们不能确切知道市场组合的构成，所以使用市场指数。这样，尽管两个贝塔值在概念上不同，但是，将由市场指数确定出的贝塔值与用市场组合确定出的贝塔值一样对待。也就是说，我们用 β_{iI} 作为 β_{iM} 的一个估计值。

6.4.1 市场指数

一个著名的指数是标准普尔 500 股票价格指数（S&P500），它是 500 只大股票按市值的加权平均指数。NYSE 综合指数，则是指在纽约证券交易所上市的所有股票的平均指数，它考虑了更多的股票，所以比标准普尔 500 更广泛。美国证券交易所则为其上市股票设计了一个类似的指数。全国证券交易商协会则提出了一个在纳斯达克系统上交易的场外交易股票的指数。定期在美国出版的拉塞尔 3000 和威尔希尔 5000 股票指数，则是涵盖最为广泛的两个美国普通股价格指数。因为它们是由交易所交易的股票和场外交易的股票共同构成，比其他的指数更接近地代表了美国股票的总体表现。

毫无疑问，最为广泛引用的市场指数是道·琼斯工业平均指数（DJM），尽管它仅仅是基于 30 只股票的表现来计算的，并且使用的平均化方法并不十分令人满意，但它至少提供了一个清晰的思路，表明股票价格正在发生何种变化。表 6-2提供了道·琼斯工业平均指数中 30 只股票的名称。

表 6-2　道·琼斯工业平均指数中的股票

联合信号（Allied Signal Inc.）	国际商用机器（International Business Machines Corp.）
美国铝业（Alcoa，Inc.）	英特尔（Intel Corp.）
美国运通（American Express Co.）	国际造纸（International Paper Co.）
美国电话电报（AT&T Corp.）	J. P. 摩根（J. P. Morgan & Co.）
波音（Boeing Co.）	强生（Johnson & Johnson）
卡特彼勒（Caterpillar Inc.）	麦当劳（McDonald's Corp.）
花旗集团（Citigroup Inc.）	默克（Merck & Co.）

续表

可口可乐(Coca-Cola Co.)	微软(Microsoft Corp.)
杜邦(DuPont Co.)	明尼苏达矿业制造(Minnesota Mining and Manufacturing Co.)
柯达(Eastman Kodak Co.)	菲利普莫里斯(Philip Morris Cos.)
埃克森(Exxon Corp.)	宝洁(Procter & Gamble Co.)
通用电气(General Electric Corp.)	西南贝尔(SBC Communications Inc.)
通用汽车(General Motors Corp.)	联合技术(United Technologies Corp.)
家庭百货(Home Depot Inc.)	沃尔玛(Wal-Mart Stores Inc.)
惠普(Hewlett-Packard Co.)	迪士尼(Walt Disney Co.)

资料来源:http://averages.dowjones.com/djia_cos.html,November 14,1999.

6.4.2 市场风险与非市场风险

前面已经证明,一个证券的风险 σ_i^2 可以分解为下面两部分:

$$\sigma_i^2=\beta_{iI}^2\sigma_I^2+\sigma_{\varepsilon i}^2 \tag{6.4.1}$$

式中,$\beta_{iI}^2\sigma_I^2$——证券 i 的市场风险;

$\sigma_{\varepsilon_i}^2$——证券 i 的个别风险。

因为根据资本资产定价模型,贝塔值或协方差是一个证券风险的相对测度,揭示了该证券和证券总风险之间相应的关系,除了采用的是市场组合而不是市场指数外,这种关系与式(6.4.1)是完全相同的.

$$\sigma_i^2=\beta_{iM}^2\sigma_M^2+\sigma_{\varepsilon i}^2 \tag{6.4.2}$$

与市场模型一样,证券 i 的总风险由它的方差来计算并用 σ_i^2 表示,它的总风险由两部分组成。第一部分是与市场组合的变动相联系的部分,它等于贝塔值的平方与市场组合方差的乘积,它常常被称为证券的"市场风险"。第二部分是与市场组合的变动无关的部分,用 $\sigma_{\varepsilon i}^2$ 来表示,可以看作"非市场风险"。根据市场模型的假设条件,它是证券特有的风险,因而也称为"个别风险"。如果 β_{iI} 被当作 β_{iM} 的一个估计值的话,那么 σ_i^2 在方程式(6.4.1)和式(6.4.2)中的含义是相同的。

【例 6-1】 假定 A、B 和 C 三种股票的贝塔值分别等于 0.66、1.11 和 1.02。由于市场组合的标准差等于 15.2%,这说明这三种股票的市场风险分别等于:

$0.66^2\times15.2^2=100,1.11^2\times15.2^2=285,1.02^2\times15.2^2=240$

证券的非市场风险能够通过式(6.4.2)的变形来计算:

$$\sigma_{\varepsilon i}^2=\sigma_i^2-\beta_{iM}^2\sigma_m^2 \tag{6.4.3}$$

由式(6.4.3)可以计算 A、B 和 C 三种股票的非市场风险:

$\sigma_{\varepsilon 1}^2=146-100=46$

$\sigma_{\varepsilon 2}^2=854-285=569$

$\sigma_{\varepsilon 3}^2=289-240=49$

非市场风险有时以标准差的形式表示,只要求 $\sigma_{\varepsilon i}^2$ 的平方根即可。计算结果是:A 为 $\sqrt{46}\%=6.8\%$,B 为 $\sqrt{569}\%=23.9\%$,C 为 $\sqrt{49}\%=7\%$。

6.4.3 风险分解的原因

也许有人会奇怪:为什么要将全部的风险分解为两部分?对于投资者而言,似乎风险就是风险，而不必管它是从哪里来。问题的答案在于预期收益率的归属。市场组合的风险和所考虑的证券的贝塔值影响该证券的市场风险。那些具有较大贝塔值的证券具有较高的市场风险。在资本资产定价模型中，具有较大贝塔值的证券将具有较高的预期收益率，把这两个关系结合起来则说明：具有较高市场风险的证券应该具有较高的预期收益率。

非市场风险与贝塔值没有关系，也就是说具有较高非市场风险的证券没有理由应该获得较高的预期收益率。因而，根据资本定价模型，投资者会因为承担了市场风险而获得报酬，但不会因为承担非市场风险而获得报酬。

6.5 证券市场风险结构与 β 系数

在证券市场上，投资者进行证券投资所面临的收益或损失的不确定性，即所谓证券市场投资风险。证券市场投资风险可用标准差（或方差）和风险系数 β 值两个指标进行估量。虽然标准差（或方差）和 β 系数都是度量风险的指标，但是两者的性质却存在很大差异。标准差风险度量方法是以马柯维茨均值方差理论为基础，它度量证券本身在某一时期收益变动的程度，即证券实际收益与期望收益的偏离程度，其比较的基准是证券本身的不同时期数学期望的均值。β 系数计量方法以 CAPM 模型为理论基础，是以证券收益率与全市场证券组合的收益率的协方差作为资产风险的度量，它是度量某种证券（或一组证券）在某一时期的收益相对于同一时段内市场适宜的平均波动。尽管标准差衡量风险能够较好地刻画证券的风险收益特征，但并不能对证券的风险构成进行分析。因此，在分析证券市场风险结构的过程中，主要应用 β 系数对投资风险的结构进行度量，以此对过去难以估计的证券资产风险价格进行定价。

6.5.1 β 系数——投资风险的衡量指标

由于 β 系数刻画的是资产与整个市场组合之间的趋势关系，如果某一时期内某一资产与市场指数的回报率之间相关联，即如果市场行情上涨则该证券价格可能会上升，若行情下降则该证券价格可能会下跌。

根据这种证券（或某一证券组合）与市场组合之间的关联性，可以构建一个回归方程来刻画两者之间的这种线性关系：

$$r_{it}=\alpha_i+\beta_i r_{mt}+\varepsilon_{it} \tag{6.5.1}$$

其中，r_{it} 是 t 期证券 i 的实际收益率；r_{mt} 是 t 期市场指数的收益率；α_i 为线性方程的截距项；β_i 为线性方程的斜率；ε_{it} 为误差项，表示证券 i 的实际收益率与回归线的偏离程度。误差项不能直接观测到，但可以通过公式(6.5.1)计算出来，因为 r_{it}、r_{mt} 是直接观测到的，α_i 和 β_i 也是可以估计的。描述 r_i 和 r_m 之间关系的回归线被称为特征线。这条回归线的斜率等于 β_i，它度量的是资产 i 对市场波动的敏感性。例如，当 $\beta_i=1.5$ 时，表明当市场指数上涨 1%，这种资产的收益率将上升 1.5%；当市场指数下跌 1%，这种资产的收益率也将下降 1.5%，这说明该资产对市场波动的敏感性更强，风险也更高一些。同样，若 $\beta_i=0.5$，那么这种资产的波动性是市场波动性的一半，可以认为它的风险性并不是很大，这种股票也被称为防御型股票。最后，若 $\beta_i=1$，则说明这种股票同市场一起波动，这种股票也被称为中性股票。

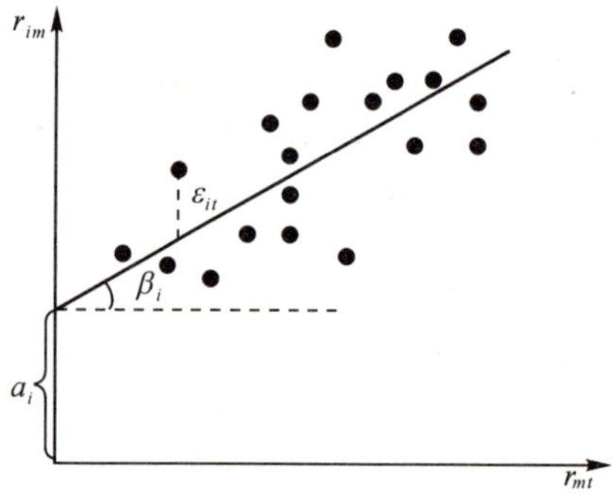

图 6-6　证券 i 与市场组合的回归

市场组合的 β 系数是多少呢？根据资产组合理论，某种资产同自身的协方差就是它的方差，因此，对于市场组合而言，其 β 系数就等于 1。因为：

$$\beta_m=\frac{\mathrm{Cov}(r_m,r_m)}{\sigma_m^2}=\frac{\sigma_m^2}{\sigma_m^2}=1$$

图 6-6 列出了证券 i 的收益率和市场组合的收益率，同时对这种证券与市场组合之间的关联性进行了回归，这条回归线即为相应的特征线。这条线的截距为 α_i，斜率为 β_i，证券 i 的实际收益率与回归线的垂直离差即为误差项 ε_{it}，$E(\varepsilon_{it})=0$。误差项越小，表明拟合效果越好。

6.5.2　风险结构：系统风险与非系统风险

根据证券市场线的特性，β_i 是决定资产 i 必要风险报酬的唯一因素，这样，证券 i 本身的方差对风险报酬的确定就十分有限。为了说明这一点，在此根据公式(6.5.1)对 r_i 的方差求解：

$$\sigma_i^2=\beta_i^2\sigma_m^2+\sigma_{\varepsilon i}^2 \tag{6.5.2}$$

可见，任意证券或证券组合的风险，即方差 σ_i^2 可以分解为两部分，其中第一部分 $\beta_i^2\sigma_m^2$ 称为证券 i 的系统风险(systematic risk)，这部分风险是由于整个市场的波动引起的；第二部分 $\sigma_{\varepsilon i}^2$ 称为非系统风险(unsystematic risk)，这部分风险与整个市场波动无关，它是与公司的特质相联系的。$\sigma_{\varepsilon i}^2$ 大小表明资产收益在回归线周围的分散程度。如果所有的点都落在回归线上，则 $\sigma_{\varepsilon i}^2=0$；点距回归线越远，则 $\sigma_{\varepsilon i}^2$ 值越大。

在证券或证券组合的风险结构中，影响整个市场波动的系统性风险因素，主要是宏观经济、政治以及整个社会环境等因素的变化所造成的，主要包括经济周期波动风险、市场风险、利率风险、通货膨胀风险以及政策风险等。对投资者而言，这部分风险是不可避免的，因为不管投资者如何分散他们的投资组合，市场的总体风险都是无法消除的。与系统性风险相对应，非系统性风险则是由公司的特质所引起的，公司的经营状况或财务状况直接决定了非系统性风险的高低(见图 6-7)。

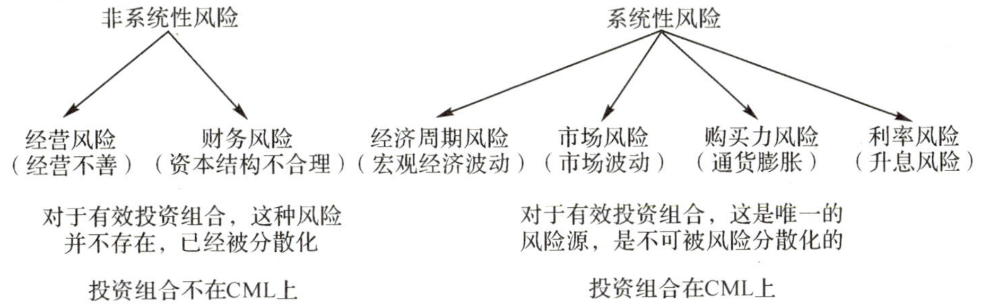

图 6-7　系统性风险与非系统性风险

针对系统性风险和非系统性风险的不同特点，投资者可以建立一个分散化的投资组合，来消除总风险中的部分风险，即可分散化的风险或非系统性风险。图 6-8 说明了组合投资对于分散投资风险的效果。

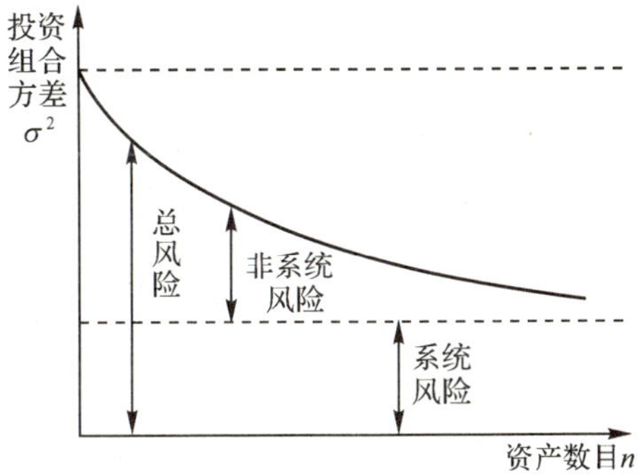

图 6-8　组合投资与风险分散

既然组合投资能够分散风险，那么消除大部分或者所有的非系统性风险需要多少种证券呢？一般认为，投资者选择 10～15 种证券进行组合投资，就基本上可以消除非系统性风险。当然，分散化降低风险的效果与总风险中非系统性风险所占的比重有关，非系统性风险所占的比重越大，组合投资分散风险的效果就越显著。为举例说明多元投资的风险对冲效果，假定组合中各种证券的标准差都为 40%。表 6-3 说明了当投资组合中证券都是零相关时，增加一个证券对投资组合风险（标准差）的影响。当证券数达到 16 种时，组合风险降至 10% 以下，当证券数达到 510 种时，组合风险降到 2% 以下。

表 6-3　投资组合风险与组合证券数目之间的关系

证券数目	投资组合的标准差（%）	证券数目	投资组合的标准差（%）
1	40.0	32	7.1
2	28.3	128	3.5
8	14.1	510	1.8
16	10.0		

由于在现实的证券市场上，投资组合中证券零相关的假设并不存在。这样，多元化投资将导致投资组合方差在一定范围内减少，但却不能完全消除。Fisher和 James（1970）的实证检验证明了这一点。他们随机抽取 1 只股票到全部上市股票，投资组合内股票都是等同加权的。实证结果显示，随着投资组合中数目的增多，组合的非系统风险迅速降低。实证结果同时显示，伴随投资证券的增多和风险降低的过程中，投资回报率始终保持不变（9%），这说明通过多样化投资可以使投资回报保持常数而使风险减少。单一股票投资组合的标准差为 40%，而 128 只股票的投资组合的标准差仅为 22.8%（见表 6-4）。

表 6-4 投资组合证券数目与风险、回报率

证券数目	平均回报率(%)	标准差(%)	可消除的风险份额(%)	与市场相关的风险份额(%)
1	9	40.0	45	55
2	9	32.4	38	62
8	9	25.6	20	80
16	9	24.0	12	88
32	9	23.6	8	92
128	9	22.8	2	98
指数基金	9	22.0	0	100

资料来源:Fisher Lawrence and James H. Lorie. Some Studies of Variability of Returns on Investment in Common Stocks. *Journal of Business*, Apr. 1970: 99-134.

6.5.3 β 系数的应用

β 系数被作为度量某种投资风险的指标,表示证券或证券组合的收益随市场收益率变动而变动的程度。作为风险衡量指标,证券或证券组合的 β 系数越大,系统性风险越大。

在证券投资管理中,β 系数被广泛应用于证券分析和投资决策。β 系数的应用主要表现在以下 5 个方面。

(一)证券类型的划分

根据 β 值的大小可以将证券或证券组合分为以下几种类型:当 $\beta>0$ 时,说明证券或证券组合的收益率与市场组合收益率呈同方向运动特征,即普涨共跌;当 $\beta<0$ 时,说明证券或证券组合的收益率与市场组合收益率呈反方向运动特征,即逆市运行;当 $\beta<1$ 时,说明证券或证券组合的收益率比市场组合收益率波动水平低,当市场收益率下降时,它的下降幅度也小,这是一种防御型的证券或策略组合,如公用事业、食品工业的股票;当 $\beta=1$ 时,说明证券或证券组合的收益率与市场组合收益率波动水平完全同步,这是一种典型的中性投资策略;当 $1<\beta<1.5$ 时,说明证券或证券组合的收益率比市场组合收益率波动水平高,这是一种激进型或攻击型的证券或资产组合,如高科技行业等;当 $\beta>1.5$ 时,说明证券或证券组合的收益率比市场组合收益率波动水平高很多,这是一种高风险的投资策略选择,如高科技行业、网络行业、传媒行业等。

(二)测度风险报酬与证券估值

β 系数测度的风险是能够带来收益补偿的系统风险,这部分风险并不能通过证券组合进行消除。β 系数越大,这一证券或证券组合要求的风险报酬就越高;反之亦然。如果证券收益超过风险报酬,则这一证券或证券组合被市场高估;同样,如果证券收益低于风险报酬,则这一证券或证券组合被市场低估。如果某种资产的回报与其承担的风险不匹配,如图 6-9中的 A 或 B 资产的情形,就意味着资产被高估或低估。首先考虑资产 A,由于 A 和 A′的 β 系数相同,即两资产的风险相等,但是前者比后者具有更高的预期收益,因此投资者愿意买入 A 而卖出 A′,这样 A 的价格上升,A′(包含市场组合)的价格下降,直到重建均衡位置。可见,证券 A 位于证券市场线的上方,它的价值被低估了,这是因为在系统性风险水平给定的条件下,它提供的预期回报率比投资者所要求的更高。相反,证券 B 则位于证券

市场线的下方，这意味着它们的价值被高估。

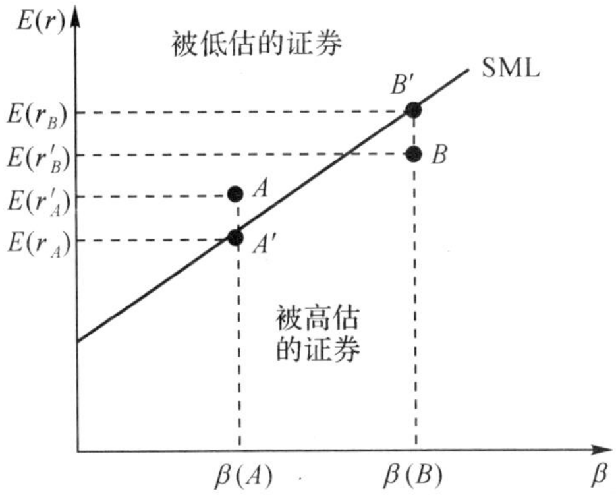

图 6-9　β 系数在风险报酬测度中的应用

(三)作为证券投资组合的重要参数

在进行投资组合的选择时，如果根据马柯维茨的现代资产配置理论，直接用证券间的协方差作为输入参数，计算量大且复杂，会给计算带来困难。而在夏普提出的市场模型中，协方差用 β 系数替代，大大简化了计算过程，并得到广泛应用，从而使 β 系数成为投资组合决策的重要参数。

(四)衡量证券投资组合的特性

不同的证券投资基金，由于风险收益偏好不同，从而构建不同投资风格的证券组合，如激进型(对冲基金)、稳健型(货币市场基金、保本基金、指数基金、公用事业基金)等投资风格。不同投资风格的基金，证券组合的 β 系数差异很大，这为投资策略选择和策略调整提供了依据。这样，对于中小投资者而言，可以根据自身的风险承受程度，选择不同投资风格和风险水平的共同基金进行投资选择；对于基金经理而言，可以根据投资组合的 β 系数，调整组合结构(从股票池中调整投资品种)。

(五)根据市场走势，选择不同 β 系数的证券或证券组合可获得超额收益

由于 β 系数是证券或证券组合与市场组合的敏感性指标，这样投资者可以根据不同的市场走势选择不同 β 系数的证券或证券组合。具体而言，在牛市时期，投资者选择高 β 值证券，从而成倍放大市场收益率，取得高额收益；而在熊市时期，投资者则选择低 β 值(甚至负 β 值)证券，从而抵御市场下跌风险。这样，通过这种操作，投资者所选择的证券就比市场组合表现更好，即能达到投资业绩“战胜市场”的效果。

6.6 CAPM 的实证检验

6.6.1 资本资产定价模型的早期检验

早期 CAPM 的检验，并不是直接检验 CAPM 的假设，而是给定市场组合的有效性，以检验证券市场线的性质为主，即检验证券或证券组合的 β 因子是否与预期收益率之间存在正相关关系。在对理论进行检验时，早期的检验采取了两步回归法。第一步应用时间序列

回归估计出证券或组合的 β 因子。每一期观察值的最优拟合线就是该证券的特征线，特征线也就是该证券的 β 因子的估计值。第二步应用横截面数据将 β 因子对平均收益率进行回归，观察值的最优拟合线为证券市场线。研究者试图辨别该估计的特征与 CAPM 的预测是否一致。

(一)布莱克、詹森和舒尔斯检验

布莱克、詹森和舒尔斯(Black-Jenen-Schols，BJS)以 1926—1965 年 NYSE 交易的所有股票为样本，对证券市场线的性质进行检验。在实践检验过程中，布莱克、詹森和舒尔斯采取分段的两部回归，从 1926 年开始每五年构建一个子区间，然后根据 β 因子对股票进行排序，构建 10 个组合。依此类推，一直到 1965 年，不断构造 10 个组合，计算 10 个组合的一系列月收益率。布莱克、詹森和舒尔斯试图通过从收益率中取出样本来估计每一个组合的预期收益率和 β 因子。

预计值的样本估计值是收益率的算术平均值。在每一个月初，这是预期收益率的无偏估计。布莱克、詹森和舒尔斯通过组合收益率对市场指数进行回归得到每一个组合的 β 因子。图 6-10 所示的是布莱克、詹森和舒尔斯检验的 β 因子和平均收益率之间的关系。该图与横截面关系拟合效果很好，可以解释为对整个区间证券市场线的估计。

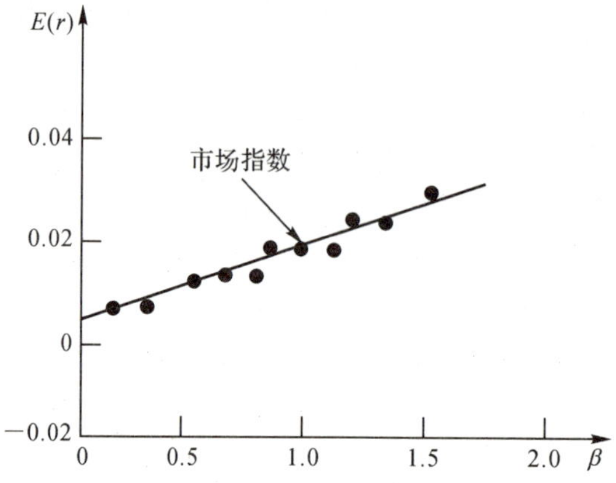

图 6-10 对证券市场线的估计

布莱克、詹森和舒尔斯的检验结果，看来为 CAPM 提供了强有力的经验支持。在他们估计的证券市场线中几乎不存在非线性，斜率显著为正。此外，几乎 100％组合平均收益的横截差异都可以用 β 系数的差异来解释。至少从检验结果看，几乎不存在解释预期收益率差异的其他变量。在 CAPM 模型中，β 因子是预期收益率差异的唯一决定因素。

(二)法玛—麦克贝斯检验

法玛—麦克贝斯(Fama-MacBeth，FM)研究了证券市场线的性质。与 BJS 不同，法玛—麦克贝斯试图根据前期估计的风险变量来预测组合的未来收益率。

法玛—麦克贝斯所用的数据和布莱克、詹森和舒尔斯一样，同样用纽约证券交易所 NYSE 作为市场组合。对于每一个月，法玛—麦克贝斯将组合的月收益率对 β 因子进行回归分析得到证券市场线的月估计值。图 6-11 是 1935 年 1 月(J35)的证券市场线，图中的每一个观察值表示 20 个组合之一。根据这些观察值组成的证券市场线，组合收益率的公式可表示为：

$$r_{P,J35}=a_0+a_1\hat{\beta}_P+\varepsilon_{P,J35} \tag{6.6.1}$$

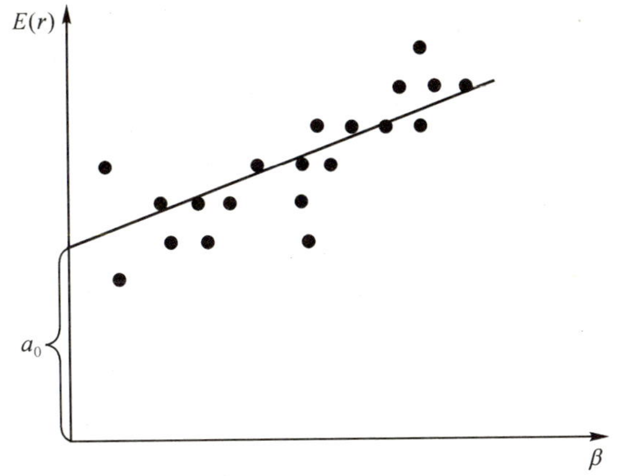

图 6-11　β 因子和预期收益率的关系

在等式中，左边表示组合 P 在 1935 年 1 月的收益率，β_P 表示 1930 至 1934 年组合 β 因子的估计值，$\varepsilon_{P,J35}$ 为该月与每一个组合相关的误差项。

为检验证券市场线是否存在非线性，法玛—麦克贝斯在公式(6.6.1)中加入一项 β 因子的平方。这样，在 20 个观察值的最优拟合线的组合收益等式为：

$$r_{P,J35}=a_0+a_1\hat{\beta}_P+a_2\hat{\beta}_P^2+\varepsilon_{P,J35} \tag{6.6.2}$$

检验表明系数 a_2 并不显著异于零，并且加入 β^2 平方后该式并不能更好地解释组合收益率的变动。为进一步检验残差方差是否影响股票价格及其所构成的组合的预期收益率，法玛—麦克贝斯在关系式中又加入一项每一个组合中股票的平均残差方差项。该变量通过下式计算：

$$RV_P=\frac{\sum_{J=1}^{M}\sigma^2(\varepsilon_J)}{M}$$

式中，M——组合中股票的数量；

$\sigma^2(\varepsilon_J)$——股票间的残差方差。

这样，用三个变量解释这 20 个组合月收益率的差异，关系式为：

$$r_{P,J35}=a_0+a_1\hat{\beta}_P+a_2\hat{\beta}_P+a_3RV_p+\varepsilon_{P,J35} \tag{6.6.3}$$

根据(6.6.1)、(6.6.2)和(6.6.3)三个方程对区间内的 a_0、a_1、a_2 和 a_3 进行估计。法玛—麦克贝斯的检验结果与理论的假设高度一致，它表明当我们用高于平均的 β 因子进行预测，在下期将得到高于平均的收益率。β 因子和收益率之间几乎不存在非线性。此外，不可能根据组合中股票的残差方差来预测未来收益。这些检验结论对 CAPM 都是有力的支持。

6.6.2　罗尔对资本资产定价模型检验的批评

罗尔(Roll)的名字是同市场资本资产定价模型的建立和发展联系在一起的。CAPM 模型提出后引起不计其数的实践检验。这些检验的通常做法是选取某一市场指数，比如所有股票的价值加权平均的市场组合，然后对一些样本的公司进行检验，用时间序列和横切面分析来看它的超额回报能否被相对于该指数的β所解释，也就是说证券市场线 SML 是否被拒绝。罗尔(Roll,1977、1978)对不加选择的检验提出了批评，认为进行 CAPM 模型检验必须认真考虑究竟检验什么。

罗尔对 CAPM 的批评可以分为两部分内容：首先，他认为理解布莱克、詹森和舒尔斯以及法玛—麦克贝斯的结果是同义反复。即不管现实世界中的股票是如何通过风险进行定价，我们都可以得到上述结果。如果这是真的，这意味着 CAPM 并没有被真正检验。其次，他认 CAPM 中唯一真正的假设是市场组合有效，而该假设才是应被检验的，但是现实世界的市场组合不可能判别是否有效，相应的资本资产定价模型也就无法被检验。

从第一个问题看，罗尔认为前述检验是同义反复的。诸如此类的结果可以跟 CAPM 拟合得很好，不管市场上实际的定价结构如何。这意味着即使充当市场组合的组合是无效的，预期证券收益率和最小方差投资组合的β因子之间仍存在着线性关系。问题在于布莱克、詹森和舒尔斯以及法玛—麦克贝斯并没有直接检验 CAPM 假设：市场组合落在有效集上。相反，他们考察的是根据一个简单加权组合构建的证券市场线的性质。如果该市场组合是有效的，那么β因子和预期收益之间将存在正相关的线性关系。但不幸的是，当我们发现组合的β因子和预期收益之间将存在着完全线性关系，并不意味着市场组合具有效的。

从第二个问题看，罗尔对资本资产定价模型是否可以被检验提出质疑，认为 CAPM 模型本质上不是一个可检验的理论。假设你面临一个资产总体，相对于该子集的最小方差集，这些资产的市场组合式有效。如果你现在只有这些资产的一个集，相对于该子集的最小方差集，该子集的一个市值加权组合不大可能是有效的。所以，即使真实的最小方差集是有效的，相对于根据 NYSE 的股票构建的最小方差集，NYSE 指数也不大可能是有效的。要想拒绝 CAPM，你必须拒绝市场组合的有效性。这不仅是不可能的，也将是非常困难的。根据这种观点，许多人认为没有一个人曾经构造出与资本资产定价模型有效的检验。因此，CAPM 是无法检验的。

罗尔的质疑对于此后 CAPM 模型的发展具有重大的影响。其主要结论如下：

(1)对 CAPM 模型唯一合理的检验是保留市场组合(包括“所有”的资产)是否具有均值—方差效率。

(2)假如回报率相对于“事后”有效的指数来衡量，从有效集合的数学推导中可以得出任何证券都没有非正常回报的结论，这种非正常回报可以用证券市场线的偏离来衡量。

(3)假如回报率相对于“事后”无效的指数来衡量，选择的非有效指标不同，组合回报率的评价也可能不同。

罗尔的质疑并不意味着 CAPM 模型整体是无效的，只是强调 CAPM 模型的检验是与市场有效性的关联检验，在使用时必须谨慎。

6.6.3 资本资产定价模型的近期检验

20 世纪 90 年代以来，法玛—弗伦奇(Fama & French,FF)进一步拓展了法玛—麦克贝斯的研究，对 CAPM 的未来收益的预测能力进行检验。他们发现在过去 40 年中，对于市场价为权重的 NYSE 指数的波动率贡献较大的股票并没有获得较高的预期收益率。他们按照公司规模进行分组，通过控制公司规模与平均收益率和β因子进行相关性检验，结果发行平均收益率和β因子之间的关系为负相关，并且这些结果并没有证明系统性风险（对NYSE指数的波动率的贡献）最大的股票可以使投资者获得高于平均的收益率。

法玛—弗伦奇发现，每股收益除以股价的比率或每股账面价值除以股票价格的比率比较低的股票收益率要高。他们认为，尽管这与CAPM不一致（CAPM假设β因子的差异是未来收益率的唯一决定因素），这些衡量价值低估的方式也许可以作为衡量风险的其他方式。也就是说，他们相信低估股票的高收益率是投资者所预期的，因为这些低估股票可能无收益率或处于财务困境，他们相信投资者要求且最终将在低估股票上实现高收益。

法玛—弗伦奇的实证研究，是用许多反映公司特征的因素成功地预测了股票的未来收益率。而对风险的衡量，包括β因子，则是对未来收益的预测能力最差的因素。相反的，价值低估因素的衡量，比如每股收益除以股票价格，则是预测能力最强的。这些研究结论沉重地打击了资本资产定价模型。法玛—弗伦奇研究表明，一旦投资者了解公司的主要特征，如公司规模、市场价值与账面价值的比率等重要指标，该公司的β系数就没有多大意义了。这无疑对传统的资本资产定价模型提出了严峻的挑战。

专栏6-2

有关β系数的种种争论①

资本资产定价模型认为收益能反映风险。该模型将β系数作为某种资产与整个市场之间进行风险比较的工具，并用不同的β值来衡量资产风险的大小。然而，β系数能否预测收益却是经济学家长期以来争论的主要问题之一。

β系数的争论实质上是关于资本资产定价模型真实世界的探讨。芝加哥学派法玛—弗伦奇(1992)提出"评估风险与收益的资本资产定价模型并不能有效解释股票收益之间的差异"。实证研究表明，市场规模、市盈率(P/E)、杠杆比率、账面价值/市场价值能够预测股票收益。与此相对应，β系数在预测收益方面却并不十分理想，尤其是按照公司市场规模和β系数两个指标对股票进行组合时，就会发现β系数难以说明问题。

那么，资本资产定价模型的β系数对于收益率的解释能力有限，是否意味着我们应该放弃这一理论模型？其实问题并不这样简单。虽然法玛—弗伦奇的研究结论十分新颖，但是他们缺乏解释这一结论的理论基础。他们希望公司规模和账面价值/市场价值可以取代一切指标。例如，当账面价值/市场价值较高则说明公司经营状况不佳，收益对于经济环境的反应十分敏感，因此，这一公司的股票必须提供比β系数所预测的收益率更高的收益率。

资本资产定价模型的支持者，尤其是诺贝尔奖获得者夏普(W. Sharp)、准诺贝尔奖获得者布莱克(F. Black)（不幸在1995年去世）等人，认为新的研究成果并不能说明CAPM模型失效。投资者可能没有理由地支持大公司，或没有更多的资金购买更多的股份，从而使得风险—收益关系的规律在市场上没有得到完全体现。一些经济学家曾试图寻找能够取代资本资产定价模型的理论，包括曾经一度流行的套利定价理论(APT)，都没有表现出比CAPM模型更明显的优势。这就使得投资者处于一种两难的

① 张宗新.投资学.上海：复旦大学出版社，2006：121—122.

境地：要么相信法玛—弗伦奇的没有理论支持的结论，用规模与账面价值/市场价值比率来说明收益；要么坚持被证明存在种种缺陷的资本资产定价模型。

针对这种投资实践的困境，后来的经济学家对资产收益率的归因进行了大量研究。后续的研究表明，尽管 β 系数没有失效，但 β 系数并不能反映风险的全部。除了衡量市场敏感度的 β 系数以外，还存在影响风险的其他因素，于是发展了以多元风险为基础的风险溢价理论，这就是本书后续两个章节的主要内容。

6.6.4 β系数计量及其相关问题

(一)β 系数测量方法

通常，我们在预测证券的收益时，需要估计 β 系数。计算单一资产或资产组合的 β 值，可以根据 CAPM 模型对历史收益率数据进行测量。在此，表 6-5 列举了 3 只股票和市场指数的历史收益率，对这 3 只股票的 β 系数进行计量。

表 6-5　β系数的测算

年　份	股票的收益率			市场指数的收益率
	证券 A	证券 B	证券 C	
1993	10%	11%	−6%	11%
1994	8%	4%	18%	7%
1995	−4%	−3%	4%	−2%
1996	22%	−2%	−5%	8%
1997	8%	14%	32%	9%
1998	−11%	−9%	−7%	−5%
1999	14%	15%	24%	12%
2000	12%	13%	−17%	11%
2001	−9%	−3%	2%	3%
2002	12%	4%	27%	10%
$\bar{r}_i$	6.2%	4.4%	7.2%	6.4%
σ_i^2	0.01144	0.007249	0.0028373	0.003427
σ_i	10.7%	8.51%	16.84%	5.85%
Cov_{im}	0.005258	0.004209	0.002791	0.003427
β_{im}	1.53	1.24	0.81	1.00

利用协方差的计算公式，表 6-5 中证券 A 的协方差为：

$$
\begin{aligned}
\text{Cov}_{im} &= \frac{1}{n-1}\sum_{t=1}^{n}(r_{it}-\bar{r}_i)(r_m-\bar{r}_m) \\
&= \frac{1}{9}[(10\%-6.2\%)(11\%-6.4\%)+(8\%-6.2\%)(7\%-6.4\%)+\cdots \\
&\quad +(12\%-6.2\%)(10\%-6.4\%)] \\
&= \frac{1}{9}\times 0.047322 = 0.005258
\end{aligned}
$$

利用 CAPM 模型中协方差和 β 系数的关系，证券 A 的 β 系数为：

$$\beta_A=\frac{\mathrm{Cov}_{im}}{\sigma_m^2}=\frac{0.005258}{0.003427}=1.53$$

利用同样方法，可以求出证券 B 和 C 的 β 系数。

在此需要注意的是，我们根据历史收益率数据计算出的 β 系数，并不能预示 β 未来的变动趋势。根据经验，β 系数有向均值 1.0“回归”的统计特征，这说明 β 值在一段时间内较高 ($\beta>1$)，在另一段时间 β 值可能较低($\beta<1$)。正是这个原因，我们在运用 β 系数时，往往需要对其进行调整。

(二)β 系数的稳定性

根据历史数据估计出的 β 系数只是过去的 β 值，过去的 β 值要能用来反映资产价格现在或未来波动特征的基本前提，就是 β 值必须具有稳定性。

关于 β 系数的稳定性问题，国外学者列维(Levy，1971)认为，计算 β 值时的时间窗的长短选择和投资组合的规模，是导致 β 值产生偏差的重要原因。由于 CAPM 是单期模型，即所有的投资者都有相同的投资期，在实证过程中使用的时间窗与理论上的投资期不一致，于是实证得到的 β 值就有一定偏差。同时，单一股票的 β 系数不稳定，则组合的 β 系数稳定性会显著提高，并且组合规模越大，估计时间越长，β 系数的稳定性就越高。布鲁姆 (Blume，1975)以相关分析法为基础，利用纽约证券交易所 1926—1968 年的股票数据对 β 系数的稳定性进行检验，研究表明在一个时期里估计出来的股价波动的风险系数(β 系数)可能只是其未来的有偏估计。

国内学者沈艺峰、洪锡熙(1999)运用“CHOU 检验法”对股票 β 系数的稳定性进行了研究。通过对深交所 1996 年度上市股票的分析检验表明，无论单个股票还是股票组合，β 系数都是不稳定的。衡量市场系统风险的 β 系数的不稳定说明我国股票市场价格波动的系统风险变化是不稳定的，以过去期间的数据估计出来的 β 系数无法代表未来的 β 系数。

(三)β 系数的时变性

前面提到，根据回归方程计算的 β 值存在“均值回归”特征，这说明同一证券或证券组合的 β 值存在波动性，在一段时间内可能变大，在另一段时间内可能变小，即具有时变性特征。

尤其是单只股票的收益率数据波动较大，根据历史数据准确地预测 β 值将是一件十分困难的工作。也就是说，由于公司面临特定事件的影响，其中存在的“统计噪音”现象将十分明显。由于多样化投资能够降低公司的特质风险，因此高度多元化投资组合中不会存在这种情况。自回归条件异方差模型(Auto Regressive Conditional Heteroscedasticity，ARCH)应用能够解决这一问题。实践证明，ARCH 类模型对检验事件冲击波动性的时变性、聚类性、序列相关性具有良好效果。

广义 ARCH 模型，即 GARCH(p,q)模型：

$$\sigma^2=c+\sum_{i=1}^{q}a_i\varepsilon_{t-i}^2+\sum_{i=1}^{p}\beta_i\delta_{t-i}^2=c+a(L)\varepsilon_t^2+\beta(L)\sigma_t^2 \tag{6.6.4}$$

GARCH(1,1)是一种最简单、最有效的 GARCH 模型，能够很好地描述金融变量的厚尾特征。公式表达为：

$$\sigma_t^2=c+a\varepsilon_{t-1}^2+\beta\sigma_{t-1}^2 \tag{6.6.5}$$

其中，$c>0$，$a\geqslant0$ 且 $\beta\geqslant0$。

图 6-12 是应用 GARCH(1,1)描述的我国证券市场上证指数的条件波动性。其中,横轴表示的是交易日,纵轴表示的是时变方差。

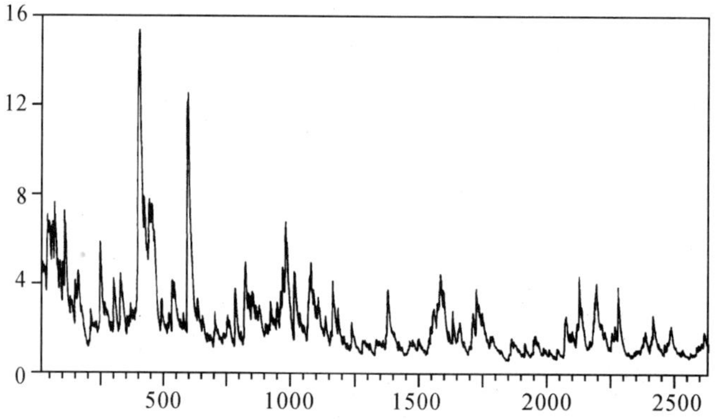

图 6-12 1993—2003 年上证指数的条件波动性

【本章小结】

资本资产定价模型(CAPM)是建立在一组关于投资者行为的特殊假设和存在完全证券市场的假定的基础上的。

资本资产定价模型中的线性有效集即为资本市场线(CML)。资本市场线代表有效组合的预期收益与标准差之间的均衡关系。

在均衡状态下,所有的证券(或证券组合)都位于证券市场线上。资产风险越高,证券收益越高。

在 CAPM 中,为对风险进行衡量而引入了 β 系数,并对资产组合的风险结构进行分解,将证券组合风险分为系统性风险和非系统性风险两部分。其中,系统性风险由整个市场的波动所引起,而非系统风险仅仅与公司的特质相关。

通过组合投资,可以进行风险分散化处理,消除非系统风险,但是这并不能消除系统风险。当然这一理论也存在一定缺陷。

第7章　因素模型

【学习要点】

1. 了解因素模型的建立、特征和估计方法；
2. 掌握在因素模型下单个证券及证券组合的预期收益和风险；
3. 掌握因素模型的分析技术和计算方法；
4. 了解利用因素模型对我国证券市场进行经验研究的结果。

7.1　因素模型和回报率生成过程

7.1.1　因素模型的产生

(一)资本资产定价模型应用中的两大问题

资本资产定价模型非常直观地表达了投资风险收益的特征关系，对投资策略的选择具有重要意义。但是，资本资产定价模型在实际应用过程中会存在以下问题：

(1)要计算风险市场组合，计算量非常巨大。根据资产组合理论，对某一种组合的风险收益需要求解组合中的 n 种证券的期望收益、n 个的标准差，$n(n-1)/2$ 个相关系数。一般投资机构需要动态跟踪上千种证券的行情，也就是说，n 数目达到上千。若假定 $n=1000$，则投资分析和需要收集与计算的数据就达到 501500 个，这显然给证券分析与管理带来了极大的困难。

(2)证券市场线实际上只考虑了风险市场组合的预期回报率对证券或证券组合的期望收益率的影响，即把市场风险(系统风险)全部集中地表现在一个因素中，这样的分析显然过于笼统，并没有将影响证券收益的宏观经济变量(如国民收入、利率、通货膨胀率、能源价格等)考虑在内。

为解决资本资产定价模型应用中存在的问题，在这里我们引进了因素模型(facto model)，又称指数模型，它是建立在证券收益率对各种因素或指数变动的敏感度这一个假设之上的：市场模型是一个因素模型，其中只含有一个因素——市场指数的收益率。

(二)因素模型的提出

1963 年，夏普提出单因素模型，旨在简化资产组合理论应用于大规模市场而面临的复杂计算问题。单因素模型是描述证券收益生成过程的一种模型，建立在证券相关性的基础上。它认为证券间的关联性是由于某种共同的因素造成的，不同的证券对这些共同的因素有不同的敏感度。这些影响所有证券的共同因素就是系统性风险。因素模型正是抓住了对这些系统影响证券收益率的因素，并用一种线性关系来表达这种共同因素与证券收益率之间的关系。这些共同因素常以指数形式(如 GDP 指数、股价指数、物价指数等)出现，因此将这种证券收益与共同因素间的线性关系称为因素模型。

夏普在构建单因素模型时，其实包含两个重要的基本假设：

(1)证券的风险分为系统性风险和非系统性风险，因素对非系统性风险不产生影响。

(2)一个证券的非系统性风险对其他证券的非系统性风险不产生影响，两种证券的回报率仅仅通过因素的共同反应而相关联。

以上分析可见，因素模型是一种假设证券的回报率只与不同的因素或者指数的运行有关的经济模型。因素模型对组合管理而言是一个强有力的工具。它能提供计算每一种证券的预期收益率、方差和协方差所需要的信息，而预期收益率、方差和协方差又是确定弯曲的马氏有效集的必要条件，它同时也可用来刻画一个组合对于因素变动的敏感性。

7.1.2 因素模型的应用

在实践中，不论投资者是否意识到，他们都可能在使用因素模型。要单独考虑每一种证券和其他证券的相互关系几乎是不可能的，因为随着所分析的证券数目的增多，需要计算证券间的协方差数目会呈指数上升。

当证券数目仅仅增加那么几个时，需要计算的证券的方差和协方差就犹如一张缠绕的网一样使我们发怵，更不用说要计算成百上千种证券的方差与协方差了。这时即便一台具有巨大的数据处理能力的高速计算机，当用于从大量证券中构造有效集时，也会觉得力不能及。

因此，简化对于确定弯曲的马氏有效集就变得十分重要。因素模型为投资经理们提供了一个确定经济和市场中的重要因素的框架，并进而评估不同证券或组合对这些因素的敏感程度，以此使确定弯曲马氏有效集的任务得到相当程度的简化。

假设有一个或多个因素影响证券的收益率，那么，证券分析的一个首要目标是确定这些因素以及证券收益率对这些因素的敏感性，反映这种关系的是所谓的证券收益率的因素模型。我们从最简单的形式——单因素模型开始讨论。

7.2 单因素模型

7.2.1 单因素模型概述

如果我们把所有经济因素组成一个宏观经济变量，假定这个宏观经济变量能够完全解释市场整体层面的非预期变动，并且假定除了这个公共因素以外，证券收益率非预期变动的剩余部分是公司特有的事件，包括所有的只影响单一企业而不能影响整个经济的事件，因此导致证券之间相关性的因素只有宏观经济变量。在这些假设下，个别证券的收益率生成模型可以写成以下形式：

$$r_i = E(r_i) + m_i + e_i \tag{7.2.1}$$

其中，$E(r_i)$表示证券的期望收益率；m_i 表示未预期到的宏观经济事件对证券收益率的影响，是系统性风险的来源；e_i 表示未预期到的公司特有事件的影响；m_i 和 e_i 都表示具有零期望值的。

如果我们进一步假定不同公司对未预期到的宏观经济事件有着不同的敏感度，并把宏观因素的非预期成分记为 $F-E(F)$，证券 i 对宏观经济事件的敏感度为 β_i，则证券 i 的宏观成分为 $m_i=\beta_i[F-E(F)]$，式(7.2.1)变成：

$$r_i=E(r_i)+\beta_i[F-E(F)]+e_i \tag{7.2.2}$$

式(7.2.2)被称为证券收益的单因素模型(Single Factor Model，SFM)。事实上，现实中影响证券收益率的因素不可能只有一个，由于单因素模型没有给出具体影响证券收益率的现实因素含义，因此其用途有限。一个比较普遍的方法是，认为主要证券指数收益率是一般宏观因素的有效代理变量，比如上证综合指数。

依照与式(7.2.2)相似的原理，如果我们可以把某个特定时期 t 的实际证券收益率区分成宏观(系统)与微观(公司特有)两部分，即把每个证券的收益率写成三个部分的和(如表 7-1所示)。

表 7-1　证券收益率的分解

项　　目	记　　号
如果市场是中性的，即市场超额收益率 r_m-r_f 为零时的股票预期收益率；	a_i
随着整个市场运动的收益率成分，β_i 是证券对市场运动的敏感度；	$\beta_i(r_m-r_f)$
由于公司特有事件导致的非预期成分。	e_i

则股票超额收益率可以写成：

$$r_i-r_f=a_i+\beta_i(r_m-r_f)+e_i \tag{7.2.3}$$

显然，如果证券收益率满足了式(7.2.3)，则其也满足式(7.2.2)。这种方法引出与单因素模型类似的等式，我们把式(7.2.3)称为证券收益率的单指数模型(Single Index Model，SIM)，因为它利用市场指数来代表一般的或者说系统的因素。如果用大写的 R 代表超过无风险收益率的超额收益率，这个等式可以改写成：

$$r_i=a_i+\beta_iR_m+e_i \tag{7.2.4}$$

并且我们还要求有这些假设：①各个证券的公司特有部分非预期收益率的期望值为零，即 $E(e_i)=0$；②任何两只证券的公司特有部分非预期收益率互不相关，即 $\mathrm{Cov}(e_i,e_j)=E(e_i,e_j)=0,i\neq j$；③各个证券的公司特有部分非预期收益率和市场运动之间不相关，即 $\mathrm{Cov}(e_i,R_m)=0$。

由于股票市场收益率水平在它超过或者低于无风险短期国债收益率的意义上，它仅仅代表了宏观经济状态，所以我们把指数模型写成超过 r_f 的超额收益率的形式，而不是写成总收益的形式。例如，在 20 世纪 50 年代，当时美国的短期国库券收益率仅为 1%或者 2%，所以股票市场上 8%或者 9%的收益率会被认为是利好消息。相比而言，在 20 世纪 80 年代初，国库券收益率超过了 10%，则 8%或者 9%的股票收益率就被认为是宏观经济萧条的标志。

从统计上看，在式(7.2.4)中的是由 $r_i=a_i+\beta_iR_m$ 给出的直线的随机偏离量是在不同时期而有所不同的，并且因为它既可以位于直线之上(正)，也可以位于直线之下(负)，所以它的平均值为零。图 7-1 中直线截距为 a_i，斜率为 β_i，如果所有的点 R 都恰好落在这条直线上，那么所有的偏离度 e_i 都为零。然而，一般的，某些点会落在直线上方，某些点又会落在直线下方，因此，偏离度既可能为正值，也可能为负值。

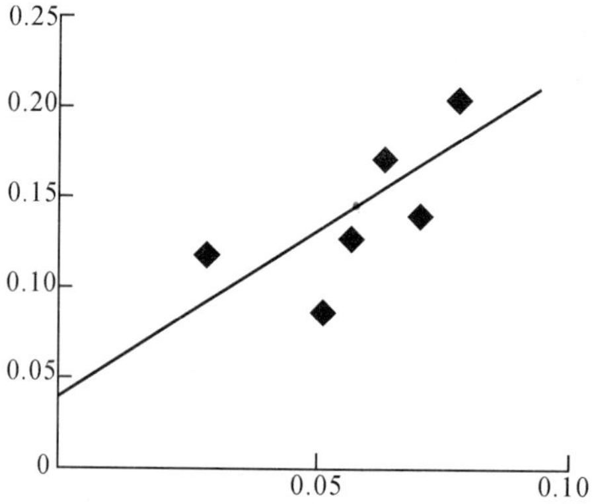

图 7-1 单因素模型示例

另一方面，我们还可以认为不同时期的 e_i 之间没有相关性，并且有相同的方差。如果记 t 期的偏离度为 e_{it}，则：① 同方差假设，$VaR(e_{it})=E(e_{it}^2)=\sigma^2$；② 序列不相关假设，$Cov[e_{it}, e_{i(t+1)}]=0$，即两个相邻时期公司特有部分非预期收益率之间没有相关性。

可以看出，市场指数超额收益率 R_m 及因素敏感性 β_i 决定了资产 i 的平均收益率。例如，如果所有股票的 β 系数均为正值，我们就可以据此观测：当指数 R_m 上升时，所有股票的收益率平均也上升。注意，我们只是说平均而言收益率将上升或下降，这并不等同于任何一种股票的实际收益率都将上升或者下降。在确定实际收益率时，我们把公司特有事件 e_i 考虑进去。指数的收益率有可能会上升，但如果某公司特有事件使 e_i，为负值，那么实际收益率也可能会下降。

下面我们看一个具体例子。假设某公司股票超额收益率与市场指数超额收益率之间满足单因素模型：$R_t=8+1.6R_{m,t}+e_t$。这表明，每一时期与市场指数超额收益率无关的因素的作用为 2%。如果预期市场指数超额收益率等于零，这个因素的作用就是该公司的预期超额收益率。该公司对预期市场指数超额收益率的敏感性为 $\beta=1.6$，这一数值表明，一般情况下较高的预期市场指数超额收益率联系着较高的该公司股票的收益率。

在本例中，预期市场指数超额收益率在第 4 年为 5.5%，该公司的实际收益率为 14%，因此，该公司第 4 年的个别收益率 e_t 为 −2.8%。这是通过将该公司的实际收益率(14%)与其预期收益率相减得出的。给定预期市场指数超额收益率为 5.5%，可算得该公司的预期收益率为[8%+(1.6×5.5%)]=16.8%，因而个别收益率为 14%−16.8%=−2.8%。表 7-2 给出了进一步的数据，包括各年度的个别收益率 e_t。

表 7-2 单因素模型示例

年度	股票超额收益率	预期市场指数超额收益率	α	$\beta R_{M,t}$	e_t
1	9	5	8	8	−7
2	15	7	8	11.2	−4.2
3	13	3	8	4.8	0.2
4	14	5.5	8	8.8	−2.8
5	19	6.5	8	10.4	0.6
6	23	8	8	12.8	2.2

7.2.2 单因素模型的基本特征及其不足

式(7.2.4)表明，每种证券有两种风险来源：市场的风险或者系统的风险。它们的区别源于它们对宏观经济因素的敏感性，这个差异反映在 β_i 上；对公司特有风险的敏感性，这个差异反映在 e_i 上。如果我们记市场超额收益率 R_m 的方差为 σ_m^2，因为 $\mathrm{Cov}(e_i, R_m)=0, \forall i$，则我们可以把每只股票收益率的方差拆分为两部分，具体如表 7-3 所示。

表 7-3　证券收益率方差的分解

项　　目	记　　号
源于一般宏观经济因素的不确定性的方差	$\beta_i^2\sigma_m^2$
源于公司特有不确定性的方差	$\sigma^2(e_i)$

R_m 和 e_i 的协方差为零，因为 e_i 定义为公司特有的，即独立于市场的运动，因此证券 i 的收益率的方差为：

$$\sigma_i^2=\beta_i^2\sigma_m^2+\sigma^2(e_i)$$

两只股票超额收益率的协方差，比如 r_i 与 R_j 的协方差，仅仅来自一般因素 R_m，因为 e_i 和 e_j 都是每个公司特有的，它们显然不相关，所以两个股票收益率的协方差为：

$$\mathrm{Cov}(r_i, R_j)=\mathrm{Cov}(\beta_i R_m, \beta_j R_m)=\beta_i\beta_j\sigma_m^2 \tag{7.2.5}$$

单因素模型对于证券分析具有重要意义。例如，一个团队分析计算机行业，另一个则分析汽车行业，那么哪一个团队能够具有估计 IBM 与 GM 之间协方差的能力呢？任一个专职于某个行业分析的团队都不具有对其他行业深入分析的能力，以至于不能形成对两个公司之间互动信息的分析。如果对每一对证券，我们都不得不直接计算其协方差，那么证券分析就不能为实际所采用，但是单因素模型提出了一种简单方式计算协方差。证券间的协方差可以由单个一般因素的影响生成，这个因素由市场指数来代表，即用式(7.2.5)来估计。

但是这种简化来自单因素的假定。这种假定对资产收益率不确定性结构有所限制，即把不确定性分成简单的两部分——单一的宏观风险和微观风险。这一分类把真实世界的不确定性来源过于简单化了，并且忽视了一些股票收益的重要来源。比如，这种分类规则把行业事件排除在外，而这些事件可能影响行业中的许多公司，但却不影响整个宏观经济。

统计分析表明，相对于单指数，一些公司的特有成分是与行业内的其他公司相关的。比如，在同一行业股票(比如计算机类股票或者汽车类股票)当中的非市场成分。同时，统计上有意义并不总是与经济上的重要性相吻合。从经济上来讲，与单因素模型假设更为相关的问题是，用基于单因素模型假定估计的方差与用直接来自个别股票之间估计的方差有较大的差异，前者的有效性一般更差一些。

7.3 多因素模型

7.3.1 多因素模型概述

单因素模型假定不同股票的收益率共同波动的原因在于市场的共同变化，但实证研究发现，存在于市场因素之外的其他因素也会引起股票收益率的共同波动，比如行业效应。多因素模型(multi-factor model)就是为解释非市场因素对证券收益率的影响而提出的。这些因素包括经济周期的不确定性、利率和通货膨胀等。多因素更加清晰明确地解释了系统风险，从而可以展示不同股票对不同因素有不同的敏感性。

为了说明多因素模型的分析方法，我们从一个双因素模型开始研究。假设两个最重要的宏观经济风险来源是经济周期的不确定性和利率。我们用国内生产总值 GDP 来度量不确定性，用 IR 来表示利率。任何股票的收益率都与这两个宏观风险因素以及它们自己公司的特有风险相关。因此我们可以把单因素模型扩展成一个双因素模型，从而描述在某时期 t 股票的超额收益率。模型如下：

$$R_{it}=\alpha_i+\beta_{i,GDP}GDP_t+\beta_{i,IR}IR_t+e_{it} \tag{7.3.1}$$

等式右边的两个宏观因素包含了经济中的系统因素，因此它们充当了类似单指数模型中市场指数的作用。e_{it} 反映了公司特有的影响。

现在考虑两个公司，一个是公用事业企业，另一个是航空公司。由于公用事业企业的未来收益一般由政府部门控制，因此对 GDP 的敏感性较低，但是对利率的敏感性较高；相反的，航空公司的业绩对经济活动非常敏感，但对利率却不那么敏感。如果某一天的新闻节目暗示经济将发生扩张，GDP 期望上升并且利率也会上升，那么这个新闻对于公用事业企业来说是个坏消息，因为公用事业企业对利率敏感；但是对航空公司而言，因为更关注 GDP，因此这是一个好消息。很明显，一个单因素模型或者单指数模型是难以把握公司对不同的宏观经济因素不确定性的反应的。

当然，与公司对这些因素的平均敏感性一样，市场收益率反映了宏观因素。因此，当我们做单指数回归时，我们应该清楚，有一个不正确但是又必须接受的假定，即每只股票对每个风险因素具有相同的相对敏感性。如果股票实际上相对于不同的宏观经济因素有不同的敏感性，那么把所有系统风险的来源汇集成一个变量，将忽略掉对个体股票收益率之间细微差异的解释。

既然一个双因素模型可以更好地解释股票收益率的原因，那么很容易理解为什么推广到带有更多因素的模型可以给出对收益率更好的描述。多因素模型可以提高收益率解释能力的另一个原因是，β 似乎在经济周期的不同阶段有着不同的值。实际上，某些常用于预测 β 值的变量与经济周期相关(比如收益的增长)，因此根据直觉，我们可以通过把那些与经济周期有关的变量包括进来，以改进单指数模型。

Chen, Roll 和 Ross (1956)给出了一个常用的五因素模型，表示为：

$$R_{it}+\alpha_i+\beta_{i,IP}IP_t+\beta_{i,EI}IT_t+\beta_{i,UI}UI_t+\beta_{i,CG}CG_t+\beta_{i,GB}GB_t+e_{it} \tag{7.3.2}$$

其中，IP 表示行业生产的变动百分比，IT 表示预期通货膨胀的变动百分比，UI 表示非预期通货膨胀的变动百分比，CG 表示长期公司债券对长期政府债券的超额收益率，GB 表示长期政府债券对短期国债的超额收益率。

式(7.3.2)是一个带有五因素的多元证券特征线。为了估计给定股票的 β 值，我们可以运用多元回归分析。然而在这里由于超过了一个因素，所以我们需要就这 5 个宏观经济因素在每一时期的超额收益率对股票的超额收益率做多元回归，以回归的残值方差估计公司的特有风险。

7.3.2 多因素模型的一般形式与标准形式

如果我们把影响证券收益率的各种因素都引入收益率生成函数，就可以得到多因素模型的一般形式：

$$R_{it}=\alpha_i+\beta_{i,1}F_{1,t}+\beta_{i,2}F_{2,t}+\cdots+\beta_{i,L}F_{L,t}+e_{it} \qquad (7.3.3)$$

其中，$F_{j,t}$是影响证券收益率的因素 j 的值，$\beta_{i,j}$是证券 i 的收益率对因素 j 的敏感性。

一般的，$F_{j,t}$与 $F_{k,t}(j\neq k)$之间可能相关，为了便于用多元回归分析方法估计参数，先把 $F_{1,t},\cdots,F_{L,t}$作某种变换，可使之不相关。变换后的模型为：

$$R_{it}=\overline{\alpha_i}+\overline{\beta_{i,1}F_{2,t}}+\cdots+\overline{\beta_{i,2}F_{2,t}}+\overline{e_{it}} \qquad (7.3.4)$$

其中：

$$\mathrm{Cov}(\overline{F_{j,t}},\overline{F_{k,t}})=0,j\neq k;\mathrm{Cov}(\overline{F_{j,k}},\overline{e_{it}})=0$$

$$E(\overline{e_{it}},\overline{e_{lt}})=0,i\neq l;E(\overline{e_{it}})=0$$

这就是多因素模型的标准形式。正交化过程可以参考一些线性代数的教材。

在该形式中，我们假定 $E(\overline{e_{it}},\overline{e_{lt}})=0,i\neq l$，其含义是：不同股票之间收益率共同变动的原因仅仅在于纳入模型中的因素的共同变动，除此之外没有其他原因能够说明任意两种股票之间的一致变化。与单因素模型一样，这也是对现实世界的一种近似的描述，模型的有效性取决于所选因素真正反映股票收益率共同变动的程度。

在多因素模型的标准形式下，任一证券 i 的收益率方差可用以下公式计算：

$$\sigma_i^2=\overline{\beta_i^2}\sigma_{F1}^2+\overline{\beta_{i,2}^2}\sigma_{F2}^2+\cdots+\overline{\beta_{i,L}^2}\sigma_{FL}^2+\sigma_{ei}^2 \qquad (7.3.5)$$

任意两种证券 i 和 j 的收益率之间的协方差为：

$$\sigma_{ij}+\overline{\beta_{i,1}\beta_{j,1}}\sigma_{F1}^2+\overline{\beta_{i,2}\beta_{j,2}}\sigma_{F2}^2+\cdots+\overline{\beta_{i,L}\beta_{j,L}}\sigma_{Fl}^2+\sigma_{ei}^2 \qquad (7.3.6)$$

7.3.3 行业多因素模型与 Fama-French 三因素模型

在同一行业或者经济部门中公司的股票收益率经常由于该行业或者部门前景的变化而同向变动。假定不同证券收益率之间的相关关系由市场因素和行业因素引起，则多因素模型可以表示为行业因素模型：

$$R_{it}=\overline{\alpha_{il}}+\overline{\beta_{i,M}F_{M,t}}+\overline{\beta_{i,2}F_{2,t}}+\cdots+\overline{\beta_{i,L}F_{L,t}}+\overline{e_{it}} \qquad (7.3.7)$$

其中：

$$\mathrm{Cov}(\overline{F_{j,t}},\overline{F_{M,t}})=0;\mathrm{Cov}(\overline{F_{M,t}},\overline{e_{it}})=\mathrm{Cov}(\overline{F_{j,t}},\overline{e_{it}})=0$$

$$E(\overline{e_{it}},\overline{e_{lt}})=0,i\neq l;E(\overline{e_{it}})=0$$

并且，$\overline{F_{M,t}}$表示市场指数因素，$\overline{F_{j,t}}$表示第 j 个行业因素。可见，行业因素模型是一般多因素模型的特例。

式(7.3.7)假定了证券的收益率受到市场因素与几个行业因素的共同影响。为了分散经营风险，许多公司实施多元化经营，其业务横跨几个行业，但是在使用行业因素模型时，若某个公司从某个行业中所获收入占总收入的比例较小，则不宜把该行业效果引入模型。

Elton 和 Gruber(1973)发现，如果简单地把市场之外的因素加入单因素模型来得到多因素模型，所得模型与原来的单因素模型相比，前者预测的能力反而不如后者。其原因正是在于加入其他因素到单因素模型后，引入模型中的随机噪声远大于真实的信息。对于此，Farrell(1974)采用伪行业分类法，即先在股票收益率中除去市场指数的影响，然后计算各公司所得的相应值的相关系数，把相关系数大的分为一个行业。根据这种方法，可以把行业分为四种：增长型股票行业、周期型股票行业、稳定型股票行业和能源型股票行业。他发现，平均而言，伪行业因素模型的预测效果比单因素模型要好，但是在某些风险水平下却相反。

Fertuck(1975)比较了用传统行业的分类法建立行业因素模型与伪行业因素模型的预测能力。他发现在大多数既定风险下，传统的行业因素模型优于伪行业因素模型。由于研究者所采用的样本是不同的，因此各种因素模型之间孰优孰劣尚无定论。

无论如何，多因素模型都要求我们确定哪一个经济变量是与风险因素有关的。当我们确定这些经济因素时，我们需要注意两个指导原则：第一，我们在考虑解释证券收益率的因素时，仅考虑有关的宏观因素；第二，我们希望选择那些看起来似乎是重要的风险因素，也就是说那些投资者最关心的因素，因为他们需要有意义的风险溢价以承受暴露于这些因素下的风险。

确定经济因素作为系统风险来源的一个有效方法是，利用那些在经验背景下代表着系统风险暴露的公司特征。比如，Fama 和 French (1996) 建立了一个这样的多因素模型：

$$R_{it}=\alpha_i+\beta_{i,m}R_{m,t}+\beta_{i,SMB}SMB_t+\beta_{i,HML}HML_t+e_{it} \tag{7.3.8}$$

其中，SMB 表示小市值股票资产组合的收益率超过大市值股票资产组合的收益率；HML 表示高账面价值/市值比的股票资产组合的收益率超过低账面价值/市值比的股票资产组合的收益率。注意，在这个模型中，市场指数 $R_{M,t}$ 仍然起了一个重要作用，模型用它跟踪源于宏观经济因素的系统风险。

选择这两个公司特征变量是因为 Fama 和 French 在对公司规模和账面价值/市值比的长期观测下发现，这两个变量可以用来预测股票平均收益率，从而可以预测它的风险溢价。当 SMB 和 HML 不是相关风险的明显因素时，这意味着证券收益率在随着其他未知的更基本的变量而变化。例如，Fama 和 French 指出，有高账面价值/市值比的公司更可能处于财务压力下，而小市值股票可能对经济环境中的变化更为敏感，因此这些变量可以用来跟踪宏观经济中的风险因素。

7.4 估计因素模型

尽管用来估计因素模型的方法很多，但是这些方法基本上可以归结为三类主要方法：时间序列法、横截面法和因素分析法。

7.4.1 时间序列法

对于投资者而言，时间序列法是最为直观的。建立模型时假定事先知道有哪些因素影响证券的收益率，我们通过对所研究的公司进行经济分析来识别有关的典型因素，宏观经济的某些方面、行业层面、微观层面因素以及证券的基础因素等都是重要的分析对象。比如，就像前面讨论的那样，某些宏观经济变量对证券收益率有普遍的影响，这些变量包括 GDP 增长率、通货膨胀率、利率和石油价格等。确定典型因素以后，我们就可以逐期收集有关因素和证券收益率的时间序列值。对这些数据进行回归分析就可以计算出证券收益率对各因

素的敏感度 α 值等参数。在这种方法中，对因素精确取值是极其重要的，在实际中做到这一点往往很困难。

对于单因素模型而言，式(7.2.3)给出了如何实际度量市场风险与公司特有风险的方法。如果我们假定在一段时间内，比如一年，市场指数和某个特定风险资产的月度超额收益率稳定地服从于某个分布，并且不同期之间的收益率之间不存在序列相关性，则我们就可以用式(7.2.3)来估计。

我们用一年期 12 个月的 S&P500 指数和 GM 股票的月度超额收益率作为例子。图 7-2给出了一个样本期间的散点图(Scatter Diagram)的简化结果。在图 7-2 中，横轴表示市场指数(超过无风险利率的)的超额收益率，纵轴表示问题中风险资产(我们例子中的 GM 股票)的超额收益率。一对超额收益率组成了散点图中的一点。这些点分别代表了从 1 月份到 12 月份每个月的 S&P500 指数的超额收益率和 GM 股票的超额收益率。当然，由于这个样本实在太小，我们只用它来演示时间序列法的过程。

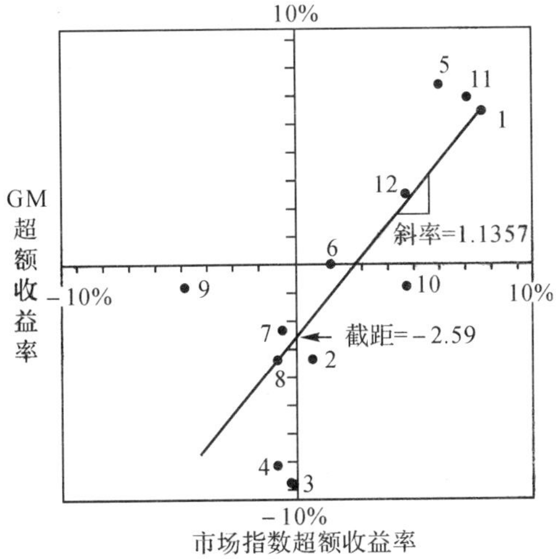

图 7-2　因素模型估计的时间序列法

单指数模型表明，GM 股票的超额收益率与 S&P500 指数的超额收益率之间的关系由下式给定：

$$R_{GM,t}=\alpha_{GM}+\beta_{GM}R_{m,t}+\sigma^2 e_{GM,t}$$

这一关系类似于回归方程(Regression Equation)。

在一个单变量的线性回归等式中，被解释变量标在一条截距为 α_{GM}、斜率为 β_{GM} 的直线周围。假定偏差 $e_{GM,t}$ 与解释变量不相关，并且不同期彼此之间也不相关，我们通过 β_{GM} 来度量 GM 股票对市场的敏感度，它是回归直线的斜率。回归直线的截距是 α_{GM}，它代表了平均的公司特有收益率。回归直线的特定观测偏差记为 $e_{GM,t}$，称为残值(Residuals)，每一个残值都是实际股票收益率与回归等式所预测出的股票收益率之间的差异，因此它们反映了特定期间公司特有事件的影响。参数 α_{GM}、β_{GM} 和 $\sigma^2(e_{GM,t})$ 可以用标准回归技术估计。

单指数模型回归等式的估计给出了证券特征线(Securities Characteristic Line, SCL)，图 7-2 中画出了这条直线(回归结果和原始数据如表 7-4 所示)。SCL 是把证券超额收益率作为市场超额收益率的函数的图形。

表 7-4 因素模型估计的时间序列法

月份	GM 收益率	市场收益率	无风险利率	GM 超额收益率	市场超额收益率
1	6.06	7.89	0.65	5.41	7.24
2	−2.86	1.51	0.58	−3.44	0.93
3	−8.18	0.23	0.62	−8.79	−0.38
4	−7.36	−0.29	0.72	−8.08	−1.01
5	7.76	5.58	0.66	7.10	4.92
6	0.52	1.73	0.55	−0.03	1.18
7	−1.74	−0.21	0.62	−2.36	−0.83
8	−3.00	−0.36	0.55	−3.55	−0.91
9	−0.56	−3.58	0.60	−1.16	−4.18
10	−0.37	4.62	0.65	−1.02	−3.97
11	6.93	6.85	0.61	6.32	6.25
12	3.08	4.55	0.65	2.43	3.90
中值	0.02	2.38	0.62	−0.60	1.75
标准差	4.97	3.33	0.05	4.97	3.32

回归方程	$r_{GM}-r_f=\alpha+\beta(r_m-r_f)$	
	α	β
估计系数	−2.590	1.1357
估计的标准差	1.547	0.309
变量残值=12.601		
残值的标准偏差=3.550		
$R^2=0.575$		

结果显示，对于这个样本期间，GM 股票的 β 系数为 1.1357，SCL 的截距为−2.59%。我们预测的每月残差 $e_{GM,t}$ 是 GM 股票的超额收益率与 SCL 之间的偏差，即：

$$e_{GM,t}=R_{GM,t}-(\alpha_{GM}+\beta_{GM}R_{M,t})$$

这些残差是 GM 股票收益率中每月公司特有成分的估计，由于 $e_{GM,t}$ 的均值为零，$e_{GM,t}$ 是该均值的平方差，因此，$e_{GM,t}$ 的均值是公司特有成分的方差估计。我们把方差残值的总和除以回归自由度 $n-2=12-2=10$，得出 $\sigma^2(e_{GM,t})$ 的无偏估计，即：

$$\sigma^2(e_{GM,t})=\frac{1}{10}\sum_{t=1}^{12}e_t^2=12.60$$

GM 股票收益率的公司特有成分的标准差 $\sigma^2(e_{GM,t})$ 每月为 $\sqrt{12.60}=3.55\%$。

7.4.2 横截面法

横截面法没有时间序列法那么直观。我们从估计证券对某些因素的敏感性入手，然后在一特定时期根据证券的收益率和它们对因素的敏感性来估计因素的值。在多个时期重复这个过程，便可以估计因素的标准差以及因素间的相关系数。

横截面法与时间序列法是完全不同的方法。时间序列法中，因素的值是已知的，敏感性需要估计，并且分析是对每个证券的多个时期逐个进行的。然而在横截面法中，敏感性是已知的，因素的值需要估计，相应的称横截面法中的敏感性为特征（characteristics），并且分析是对一组证券的每一时期逐个进行。

图 7-3 给出了一个例子，反映了在一给定时期里大量证券的收益率和其一个相应的特征之间的关系，这个特征是证券的分红。图中每一个点表示一个特定的证券，表示所考虑的时期里该证券的收益率和分红。显然，在这个例子中，分红较高的证券相对分红较低的证券具有更高的收益率。

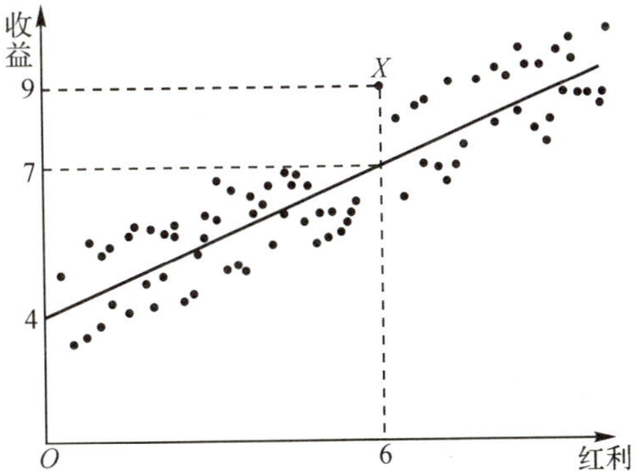

图 7-3　某一时间点上的横截面图

我们使用一元回归分析的统计技术做一条拟合图中点的直线，假设这条直线方程为：

$$\overline{r_{it}} = \alpha_t + b_{it} F_t \tag{7.4.1}$$

其中，α_t 表示时期 t 的零因素；b_{it} 表示证券 i 在时期 t 对分红的敏感性；F_t 表示时期 t 因素的实际值；$\overline{r_{it}}$ 表示给定因素的实际值是证券 i 在时期 t 的预期收益率。

从图 7-3 可以看出，纵轴上的截距 α_t，表示具有零分红敏感性的那一类证券的预期收益率，在本例中它等于 4%。斜率 0.5 表示每一单位的分红所增加的预期收益率，因此它表示这一时期分红因素(F_t)的实际值对收益率影响的程度。

从这个例子可以看出，横截面法利用已知的敏感性对因素的取值作出估计，对时期 t 一组证券的 r_{it} 和 b_{it}，进行回归得到当期的零因素和分红因素敏感性的值 α_t 和 F_t，因此也将这些因素称为经验因素。与之相比，时间序列法则是利用已知的因素值对证券的敏感性作出估计，所以将相应的因素称为基本因素。对多个不同时期的 α_t 和 F_t，进行统计分析就可以得到因素的标准差和它们之间相关性的统计估计。

由于含有非因素收益率的原因，任一给定证券的实际收益率可能位于拟合直线的上方或者下方，例中的单因素模型所反映的关系的完整描述为：

$$r_{it} = 4 + 0.5 b_{it} + e_{it}$$

其中，e_{it} 表示证券 i 在时期 t 的非因素收益率。在图 7-3 中，证券 X 的分红为 6%，根据方程式(7.3.6)得出它在该时期的预期收益率为 7%，而实际收益率为 9%，因此非因素收益率为 2%。

在图 7-3 所示的时期里，高分红的证券倾向于比低分红的证券有更高的收益率，这说明分红因素敏感性在该时期为正。然而可能在另一时期，低分红证券比高分红证券有更好的表现，在图形中回归直线便会向下倾斜，分红因素敏感性为负；也可能在另一时期，分红和收益率之间没有任何联系，这时的回归直线就是一条水平线。

7.4.3 因素分析法

在采用因素分析法时，我们既不知道因素值，也不知道证券对因素的敏感性。我们只能通过多元统计方法中的因素分析技术(因素分析法和主成分分析法)，从证券过去的历史数据中提取一些因素以及证券的敏感性。因素分析法在一组样本证券多个时期的收益率基础上，识别一个或者多个在统计上显著的因素，并且这些因素能够产生样本证券收益率的协方差。应该说，从统计上看，收益率数据可以告诉我们模型的具体结构，但是用这种统计方法分析的因素所代表经济变量却是我们不知道的。

专栏7-1

因素模型的应用——巴拉公司的美国股票复合因素模型①

对于众多投资者来说，复合因素模型直观上是一种很吸引人的工具。这些模型捕捉到了经济的实质和影响证券收益的金融要素，把它们通过一种简洁易测的形式表现出来。但从进行抽象的讨论到发展成因素模型，使其具有广泛性和健全的特点以便满足各种机构投资者的不同需要，却是一项很艰难的工作。综观复合因素模型的建立和发展过程，我们可以对因素模型推行中的复杂因素有一个较深的认识。

巴拉模型的建立得益于计量经济学家和金融学家巴尔·罗森伯格(Barr Rosenberg)的开创性工作。在20世纪70年代早期，他和维纳·马拉特就已经在加利福尼亚大学和贝雷大学建立起了先进的因素模型，该模型建立起股票收益和主要存在于公司的商业经营当中的各种要素之间的一般联系。

罗森伯格最初的美国股票复合因素模型在1992年和1997年进行了主要的修订，像E3模型(E3 model)一样被众多的因素模型痴迷者所参照使用。目前，成千上万的投资者(多于一半的人在美国之外)预订了E3模型的服务，这些投资者包括大型投资管理者和养老基金管理人。他们掌管的普通股市值总额超过了500亿美元。

所有的因素模型都基于以下假设：即对某些特定要素具有相似风险暴露的证券将会导致相似的投资行为。因素模型建立者将这一基本观点运用于实践。构建因素模型并非一个精确的过程。尽管一些统计试验可被用来说明因素模型的说服力，但模型建立者可以随意地将一些潜在的要素考虑在内和排除在外。回顾巴拉公司怎样发展E3美国模型是具有指导意义的，这个过程包括以下五个步骤：

(1)收集和核对数据；

(2)选择因素；

(3)创建复合因素；

(4)估计要素收益和得出因素方差——协方差矩阵；

(5)检测模型。

巴拉公司的E3模型及其前身在很多情况下被机构投资者使用。投资管理者根据

① 根据戈登·J.亚历山大，威廉·F.夏普，杰弗里·V.贝利著.投资学基础.赵锡军，季冬生，李向科译.北京：电子工业出版社，2003：150—152整理。

绝对量和相对标准运用此模型预测他们的投资组合收益的变化。模型使管理者可以将这种变化分解为要素引起的变化和非要素引起的变化。

机构投资者也用 E3 模型来刻画投资管理者的投资风格。相似的投资风格倾向面对与 E3 模型中类似的要素的风险暴露。例如,追求高市值增长率的管理者会倾向于规模大的并且有增长性的风险暴露和低于价值风险暴露。通过运用 E3 模型分析过去一系列的多种要素组合的收益,委托人可以判定他当前的或者未来的投资管理层的投资风格。这个过程有助于它选择投资管理者并对其进行业绩评定。

巴拉公司的美国股票复合因素模型所具有的精确性和先进性使得众多机构投资者借此完成了管理大量美国普通股股票资金的任务。对于这个模型的应用性和健全性,给人印象最深的一条就是:在这个充满高度竞争和众多变数的领域中,巴拉公司得到了世界范围内的认同,而这是其他任何一种因素模型都没法达到的。

7.5 因素模型与均衡

我们必须记住,因素模型不是一个资产定价的均衡模型。例如,比较分别由式(7.5.1)的单因素模型和由式(7.5.2)的资本资产定价模型(CAPM)得到的证券的预期收益率:

$$\overline{r_i}=a_i+b_i\overline{F} \tag{7.5.1}$$

$$\overline{r_i}=r_f+(\overline{r_M}-r_f)\beta_{i,M} \tag{7.5.2}$$

两个公式都表明证券的预期收益率与证券的一个特征 b_i 或 β_i 相联系。假定因素 $\overline{F}$ 和 $\overline{r_M}-r_f$ 的预期收益率为正,特征值越大,证券的预期收益率就越高。在这一点上,两个公式几乎没有差别。

关键在于每个公式右边的另一项:a_i 和 r_f。根据资本资产定价模型,决定预期收益率的唯一特征为 β_i,而 r_f 表示无风险利率,对所有证券都是同一个值。然而在因素模型中,决定证券的预期收益率还有第二个特征 a_i,它需要估计。正是一种证券与另一种证券 a_i 的大小不同,妨碍了因素模型成为一种均衡模型。

换一个角度来看,根据因素模型,两个具有相同 b_i 值的证券戏剧性地具有不同的预期收益率。例如,如果 GDP 预期增长 5%,那么 W 公司股票的预期收益率为 14%,这是因为 W 公司股票的 a_i 和 b_i 值分别为 4% 和 2[14% = 4% + (2×5%)]。与之相比较,即使另一只股票与 W 股票具有对 GDP 相同的敏感性($b_i=2$),但它只有 8% 的预期收益率,因为它的值为 −2%[8% = −2% + (2×5%)]。

相反,由基于均衡的资本资产定价模型,两个具有相同的 β_i 的证券将具有相同的预期收益率。如果 W 公司和 X 公司都具有一个数值为 12 的贝塔值,那么,在给定无风险利率为 8%、市场预期收益率为 13% 的情况下,它们都具有 14% 的预期收益率[14% = 8% + (13% − 8%)×1.2]。

专栏7-2

因素模型在中国证券市场的经验研究①

近年来，随着我国证券市场的发展，特别是有关数据库的建立，相当一些学者开始讨论因素模型在我国的经验结果。其中，周利、高栓喜、白思俊(2001)使用逐步回归法从众多影响股票收益率的因素中挑选了对股价有较大影响的因素，他们发现影响我国证券市场股票收益率的因素包括很多方面，除了上市公司财务方面的因素以外，还有二级市场的一些流动性因素，比如流通股本(反映公司规模的同时还反映股票的流动性)和日成交金额等。任国彪、刘海军和罗俊明(2000)发现利率变化对收益率有重大影响，公司财务方面的因素则有每股收益、分红和股本扩张等，此外股本大小也是影响收益率的重要因素。杨炘、王小征(2003)用Jensen的单因素模型和Fama与French的三因素模型评价了33只证券投资基金的业绩，发现我国的基金普遍存在超过市场的超额收益率。仪垂林、黄兴旺、王能民和杨彤(2001)的研究则直接检验了Fama和French的三因素模型在我国证券市场的解释能力，发现账面市场效应(即B/P值，账面值之比市值的影响)并不明显，并发现两因素模型更为有效，因素为市场组合的超额收益率、小股票组合与大股票组合收益率差。陈信元、张田余和陈冬华(2001)的研究发现，公司规模和B/P表现出对预期收益率具有显著的解释能力，而账面、财务杠杆、市盈率虚拟变量和市盈率则没有通过显著性检验，在控制了公司规模以后流通股的比例表现出对预期股票收益率有显著的解释能力。

这些研究普遍认为，由于我国证券市场的特征，一些国外市场发展因素模型并不能很好地解释股票的超额收益率。但是，从总体上看，市场层面的因素和公司财务数据都是影响股票超额收益率的重要因素。

【本章小结】

证券的实际收益率可以分解为三部分：预期部分，由共同因素导致的意外部分和由公司特有因素导致的意外部分。

如果证券收益率只受到一个共同因素的影响，则可以得到单因素模型。如果因素用证券指数收益率作为代理变量，则可以得到单指数模型。

证券实际超额收益率既可能高于也可能低于由CAPM预测的超额收益，但平均来看是与CAPM预测结果一致的。

利用单因素模型可以简化证券分析中两个股票间相关性的计算。

单因素模型或单指数模型过于简单化了共同因素的假定，实际中我们需要多因素模型跟踪影响证券收益率的共同因素。

多因素模型有一般形式、标准形式以及行业形式。

因素模型的估计可以采用时间序列法、横截面法和因素分析法。

---

① 根据邓长荣，马永开.三因素模型在中国证券市场的实证研究·管理学报，2005(5)整理。

第 8 章　套利定价理论

【学习要点】

1. 了解套利定价理论的基本思路、原理和方法；
2. 掌握在资本市场均衡的条件下，证券预期收益率的决定因素；
3. 掌握套利定价模型的分析技术和计算方法；
4. 了解利用套利定价模型进行实证分析的思路，并能够结合计量和统计方法解决实际问题。

资本资产定价模型(CAPM)是一个描述为什么不同的证券具有不同的预期收益率的均衡模型。具体地说，这个关于资产定价的实证经济学模型断言，证券之所以具有不同的预期收益是因为他们具有不同的贝塔值。但还有另一种由斯蒂芬・罗斯(Stephen Ross)提出的资产定价模型，它就是套利定价模型(Arbitrage Pricing Theory，APT)，从某种程度上说，它没有资本资产定价模型那么复杂。

资本资产定价模型要求大量的假设，其中包括马柯维茨在最初发展基本的均值—方差模型时所做的那些假设。例如，每个投资者可以被假设为仅根据组合的预期收益率和标准差，并使用无差异曲线来选择他的最佳组合。相反，套利定价理论使用较少的假设，其首要的假设是，每一个投资者都会在不增加风险的情况下利用能够增加组合的收益率的机会。利用这种机会的具体做法是使用套利组合。

8.1　套利的概念与无套利原则

8.1.1　套利的概念

套利(Arbitrage)是利用同一种实物资产或证券的不同价格来赚取无风险利润的行为。套利作为一种广泛使用的投资策略，最具代表性的是以较高的价格出售证券，并在同时以较低价格购进相同的证券(或功能上等价的证券)。

套利行为是现代有效市场的一个决定性要素。因为套利利润根据定义是无风险的，所以投资者一旦发现这种机会就会设法利用它们。当然，一些投资者要比其他人具有更多的资源和意愿去从事套利。毕竟，只有极少部分积极的投资者能够发现套利机会，并且随着他们的买进和卖出，将消除这些获利机会。

当讨论单个证券的不同价格时，套利的特性是很清楚的。然而“套利”机会可以包括“相似”的证券或组合，这种相似性可以以多种方式来定义。一种有趣的方式是对广泛影响证券价格的因素进行揭示。

因素模型表明，除了非因素风险以外，具有相同的因素敏感性的证券或组合将以相同的方式行动。对于具有相同的因素敏感性的证券或组合来说，必须要求有相同的预期收益率。如不然，“准套利”机会便会存在，投资者会利用这些机会，最终使得其消失。这就是套利定价理论最为本质的逻辑。

8.1.2 套利举例

首先考虑一个最简单的例子：从 A 银行以 5%的利率借入 100 元，又把这笔钱以 6%的利息率存入一家毫无风险的 B 银行。从这两笔交易中所获得的现金流量列示于表 8-1 中。在这个简单的例子中，在时期 0 我们的初始投资为 0；在时期 1 有 1 元的利润。如果存在这样的交易环境，这就是套利机会。如果我们可以 5%的利息率借入无限的资金，并按 6%的利息率借出，那么其潜在利润将是无限的。虽然一般而言，这种情况在市场上并不存在，但这个简单的例子说明的却是套利机会的概念。我们如果可以发现一种金融环境和投资策略，使其净投资为零并能稳赚得正值收益，就可以获得超额利润，获得这种利润的金融交易也就被称为套利交易。

表 8-1 简单的套利举例

投资操作	头寸变动
时期 0	
从 A 银行借入资金	+100 元
把资金存入银行 B	−100 元
净现金流量	0
时期 1	
从 B 银行借入资金	+106 元
把资金存入银行 A	−105 元
净现金流量	1 元

在进行套利交易时，投资者要构造一个能产生安全利润的零投资证券组合，必须能够卖空至少一项资产，然后再去购买(做多头)一项或多项资产。显然，任何投资者在套利资产组合中都愿意尽可能大地拥有这一头寸。假定有三种证券 A、B、C，收益由表 8-2 给出。为简单起见，假定三种股票当前价格都是 100 元。从表 8-2 中可以明显看出，股票 B 的收益并不总是好于股票 A 的收益——股票 B 在衰退状况下和在稳定状况下的收益都低于股票 A。除此之外，股票 C 的收益也不总是好于股票 A 的收益——当经济繁荣时，股票 C 的收益低于股票 A 的收益。虽然 B 和 C 并不总是好于 A，但我们仔细比较后发现投资者仍可以构造一项包含 B 和 C 的证券组合使得其总是好于 A。

表 8-2 不确定情况下的套利环境

经济状况	证券		
	A	B	C
衰退	−2 元	−4 元	0 元
稳定	6 元	4 元	10 元
繁荣	10 元	16 元	6 元

因此持有 B 和 C 证券组合，并卖空 A 就会产生套利利润。假定以 200 元的价格卖空 2 股 A 股票，并用 200 元的实得款项以 100 元的价格购入 1 股 B 股票，以 100 元的价格购入 1 股 C 股票，这一交易的收益由表 8-3 列出。这一交易的初始投资为零(忽略任何交易成本)，投资者或者损益为零(经济衰退时)，或者有 2 元的收益(经济稳定或经济繁荣时)，这明显是一个套利机会。

投资者把这一交易额加倍，变为 400 元，获得 4 元(或 0 元)的潜在利润；或者把交易额增至 2000 元，获得 20 元(或 0 元)的利润，甚至把交易额增至 1000000 元，获得 10000 元(或 0 元)的套利利润。投资者将继续卖空 A，并买入 B 和 C，以赚取套利利润。在这种大额交易很多的情况下，A 股票面临卖出压力，B 股票和 C 股票将面临买入压力。因此，A 股票的当前价格将下跌，B 股票和 C 股票的当前价格将上升，市场作用会减少套利利润，直到最后套利机会不存在时为止。

表 8-3　不确定情况下套利获利

经济状况	交易现金流量		
	卖空 A	买入 1 股 B 和 1 股 C 的组合	套利交易的净收益
衰退	2×2= 4(元)	1×(−4)+1×0= −4(元)	4+(−4)=0(元)
稳定	2×(−6)= −12(元)	1×4+1×10=14(元)	−12+14=2(元)
繁荣	2×(−10)= −20(元)	1×16+1×6=22(元)	−20+22=2(元)

假定 A 股票在卖出压力的作用下，使其价格从 100 元下降到 90 元。类似地，在买入压力的作用下，B 股票的价格上升到 105 元，C 股票的价格上升到 110 元。卖出 2 股 A 股票将只获得 180 元的款项，这不够购买 1 股 B 股票和 1 股 C 股票。假定我们把 180 元的实得款项在 B 股票和 C 股票之间平均分摊，那么，我们只能购入 90/105 = 0.857 股 B 股票，购入 90/110=0.818 股 C 股票。这种策略将不会产生套利利润。例如，我们正处于经济繁荣期，我们会从卖空 2 股 A 股票中损失 20 元，但会从买入一部分 B 股票中获利 16×(90/105)=13.71(元)，从买入一部分 C 股票中获利 6×(90/110)=4.91(元)。因此，这一交易的净利润将为−20+13.71+4.91=−1.38(元)。注意这是负值，说明在新的市场价格条件下，这一策略的套利机会不存在。

投资者继续寻找另一种可能的套利机会，例如，把 180 元的卖空款项在 B 股票和 C 股票之间以各种比例进行分摊。如果所有可能的交易策略都不能保证在所有的经济状况下以零投资获得正值收益(可以在某些经济状况下收益为零，但至少应在一种经济状况下收益为正值)，我们就认为不存在套利机会。

8.1.3　套利的定义与无套利法则

从前面两个例子可以看出，一项无风险套利资产组合的重要性质是：任何投资者，无论其风险厌恶或财富状况如何，只要是偏好更多财富的，均愿意尽可能多地拥有该资产组合的头寸。组合的大量头寸的存在将会导致组合中多头证券价格上涨和空头证券下跌，直到套利机会完全消除。基于此，我们可以推导出受约束的证券价格，使其满足在市场中不存在套利机会的条件，也就是推导出使市场不存在套利机会的价格水平。

一价法则（the Law of One Price）就是一种价格约束，当其被违反时，就会出现明显的套利机会。当一项资产（也可以是风险资产的投资组合）以不同的价格在两个市场进行交易时（在这里，价格差异超过了交易成本），在这两个市场进行同步交易则可做到无须任何投资便获得安全利润（即净价格差），要做的只是将该资产在高价市场卖出同时在低价市场买入。这项净收益是正的，并且由于多头与空头头寸的互相抵消而不存在风险。前面的第一个例子就是一价法则被违反的情况。

但是一价法则是较为宽松的价格约束，只排除了其中一种套利机会。如果一项资产比另一项资产更有价值，但是其价格却低于或者等于另一项资产，那么就可以产生另一种套利机会。比如一个风险资产的投资组合在未来任何经济情况下都比另一个投资组合更有价值（反映真实价值），但是当前价值却低于或者等于另一个投资组合，这就存在套利机会。我们不妨称这种情形违反了等值等价法则。前面的第二个例子就是这种情况。

无论是违反了一价法则还是违反了等值等价法则（统一为无套利法则），都将出现套利机会。在证券市场，套利机会就是存在一个组合使得当前投资额为零或负值（价格），但是未来各种经济情况下组合的收益（价值）都为非负值，那么不存在套利机会也就是任何当前投资额为零或负值的投资组合，未来各种经济情况下的收益并不都为非负值。这个定义的等价经济含义是，对于任何投资组合，如果未来各种经济情况下组合的收益要都是非负值，那么当前投资额必然要为正值。更为直观的解释是，风险资产或投资组合的价格（当前投资额）必须与其价值（未来各种经济情况下的不确定收益）成正比例，而衡量风险资产或投资组合价值的指标正是其未来不确定收益的风险程度。

根据资产定价基本定理，一组证券的价格如果不允许套利机会的存在，那么必然存在一组用以度量未来各种经济状况的正数，每一种资产的当前价格就是资产未来各种状况下的价格按照这组正数为权重的加权平均值，推广到未来有无限多种经济状况，这组正数就成为一个等价测度。

需要注意的是，实际我们在运用“套利”概念时，常常用来指在特定领域选取定价有偏差的证券的专业行为，而不是指寻找严格意义上的（无风险）套利机会。这种套利有时被称作风险套利，以示与纯套利之间的区别。如果构造的资产组合能够实现风险套利，并且随着组合资产数目的增多而风险减小直至资产数为无穷多时而减为零，那我们就称这是一个渐近套利机会。套利定价模型（APT）就是考虑具有无限多种证券的经济环境下的套利。

一些衍生证券，比如期货与期权，它们的市场价值完全由其他证券的价格来决定。举个例子，一种股票的看涨期权的到期日价值由该股票的价格决定。对这类证券来说，严格套利是完全可能的，而无套利条件则导致准确的定价，但是像股票之类价值不是严格地由其他一种或一组资产决定的“基本”证券，无套利条件则一定要从多样化要求的条件中导出。

8.2 单因素套利定价模型

8.2.1 套利定价模型的基本假设

Ross（1976）发展了套利定价理论。我们先从他的模型的简单形式入手，该简单形式假定只有单个系统因素影响证券的收益率。然而，通常讨论套利定价理论时要涉及多因素的情况，我们把这个更复杂的模型留到本章的第三节中去讨论。

APT 模型与因素模型具有相似的形式，资产收益率的不确定性来自两个方面：共同或宏观经济因素和公司特有因素。不确定性收益率衡量了资产的价值，而 APT 需要解决的正是无套利法则在证券定价上的应用。在该模型中，共同因素被假定具有零期望值，因为它度量的是与宏观经济有关的新信息，根据定义，新信息具有零期望值。共同因素可以是经济中的通货膨胀率、失业率、政府债券的利息率、国内生产总值(GDP)，甚至可以是市场证券组合的收益率。但需要注意的是，我们没有必要假定该因素可被市场指数资产组合的收益率所替代。此外，APT 用的是 $F-E(F)$，而不是简单地用 F，这被称为“意外”(Surprise)因素。例如，预测通货膨胀率平均上升 $E(F)=10\%$，而它实际上涨了 $F=12\%$，那么我们就有了 2%的意外因素。另一方面，我们还需要假定有无限多的资产，并且允许卖空和投资者偏好获利越多越好。

如果我们用 $F-E(F)$ 表示共同因素期望值的偏差，β_i 表示证券 i 对该因素的敏感性，e_i 表示公司因素引致的扰动。则该模型表明，证券 i 的实际收益率等于其初始期望收益率加上一项由未预料的整个经济事件引起(零期望值)的随机量，再加上另一项由公司特定事件引起(零期望值)的随机量。其公式为：

$$r_i=E(r_i)+\beta_i[F_j-E(F)]+e_i \tag{8.2.1}$$

式中，$E(r_i)$表示股票 i 的期望收益率；所有的非系统收益率 e_i 之间均是相互独立的，并与 F 相互独立，即 $\mathrm{Cov}(e_i,e_j)=0(\forall i\neq j)$，$\mathrm{Cov}(F,e_i)=0$。公司 β 系数越大，意外因素对公司收益率的影响就越大。

为了使这个单因素模型更加具体，我们举一个例子。假设宏观因素 $F-E(F)$ 代表国内生产总值(GDP)的意外的百分比变化，而舆论认为今年 GDP 将增长 4%。假定一种股票的 β 值为 1.2，如果 GDP 只增长了 3%，则意外值为 -1%，表明在与期望增长相比较时，实际增长有 1%的失望。给定该股票的 β 值，可将失望转化为一项表示比先前预测低 1.2%的股票收益率。这项宏观的意外加上公司特定的扰动，便决定了该股票的收益率对其初始期望值的全部偏离程度。

8.2.2 套利组合和套利定价方程

现在假定可以零投资和零风险来构建一项投资组合，这样一项投资组合称为套利组合，又称为零 β 系数投资组合(Zero Beta Portfolio)。一般来说，APT 理论所说的套利组合是指同时满足以下几个条件的证券组合：

(1)是一个不需要投资者任何额外资金的组合，即：

$$\sum_{i=1}^{n}\omega_i=0 \tag{8.2.2}$$

要满足证券 i 所占比例变化而不增加额外投资，可通过卖出(或卖空)某些证券，并以此收益来买进其他一些证券。

(2)对共同因素没有敏感性，即不存在系统性风险。因为组合对共同因素敏感性恰好是组合中各证券对该因素的敏感性的加权平均，故无系统性风险，即：

$$\beta_p=\sum_{i=1}^{n}\omega_i\beta_i=0 \tag{8.2.3}$$

(3)随着组合中的证券趋于无穷多,套利组合也没有非系统性风险。通常套利组合的非因素风险会大于零,即 $\sigma^2(e_p)>0$,但我们注意到,因为有足够多的证券可供选择,所以可以通过选择较小的投资比例构成充分分散化组合以分散风险。根据前面充分分散化的投资组合的定义,当 $n\to+\infty$ 时,$\sigma^2(e_p)=\sum\omega_i^2\sigma^2(e_i)\to 0$。此外 $E(e_i)=\sum_{i=1}^{n}\omega_i E(e_i)=0$,因此组合的非因素风险 $E(e_p)=\sum_{i=1}^{n}\omega_i e_i$ 随着 n 的增大而近似地恒为零,即:

$$e_p=\sum_{i=1}^{n}\omega_i e_i\approx 0 \tag{8.2.4}$$

显然,投资者将尽力发现构造一个套利组合的可能性,以便在不承担任何风险的情况下增加组合的收益率。故当市场达到均衡时,也就是不存在无风险套利机会时,或者说不违反无套利法则时,套利组合的价格(当前投资额)为零必然要求其价值(未来不确定收益率)为零,组合的收益率应该恒为零,即 $r_p=0$。而 $E(r_p)=r_p-\beta_p[F-E(F)]+e_p$,以及式(8.2.3)和式(8.2.4),故有:

$$\sum_{i=1}^{n}\omega_i E(r_p)=E(r_p)\approx 0 \tag{8.2.5}$$

由线性代数知识我们知道,向量 $[E(r_1),E(r_2),\cdots,E(r_n)]^T$ 必然近似地在向量 $(1,1,\cdots,1)^T$ 与向量 $(\beta_1,\beta_2,\cdots,\beta_n)^T$ 确定的平面内,因此,必存在系数 λ_0 和 λ_1,使得:

$$E(r_i)\approx\lambda_0+\lambda_1\beta_i,i=1,2,\cdots,n,n\to+\infty \tag{8.2.6}$$

这是一个直线方程,意味着在均衡时,预期收益率和因素敏感性之间存在一个线性关系。方程确定的直线就叫作套利定价线(Arbitrage Pricing Line, APL)。注意,我们在这里用近似相等的关系,表明对于个别风险资产而言,因为非系统性风险需要在无穷多资产的情况下才能通过分散消除,所以严格相等并不一定成立,但是 Ross(1976)证明了在一个有无穷多风险资产的市场中,只有有限种资产不满足严格相等关系。

8.2.3 因素组合与套利定价线

前面式(8.2.6)中并没有明确给出常数 λ_0 和 λ_1 的含义和形式。这需要从无风险资产和因素组合的定价中得到。

我们考虑一个无风险资产,这样的资产具有常数的预期收益率,因而其对因素没有敏感性。从式(8.2.6)中可以看出,对任何 $\beta_i=0$ 的资产均有 $E(r_i)\approx\lambda_0$;另一方面,对于无风险资产又有 $E(r_i)=r_f$,因此 $\lambda_0\approx r_f$,从而方程可以改写成:

$$E(r_i)\approx r_f+\lambda_1\beta_i \tag{8.2.7}$$

此外,从前面充分分散组合的构建中我们看到,可以适当选取投资比例 ω_i 使得某个组合 $\beta_p=\sum_{i=1}^{n}\omega_i\beta_i=1$。这样的组合是存在的,比如全市场所有资产的组合必然充分分散了非系统风险,同时具有对因素的单位敏感性。满足对因素具有单位敏感性的组合称为因素组合(factor portfolio),用 r_f 表示其收益率。显然因素组合也满足式(8.2.6),故有:

$$E(r_i)\approx r_f+\lambda_1 \tag{8.2.8}$$

即:$\lambda_1\approx E(r_f)-r_f$,这表示 λ_1 是单位敏感性的组合的预期超额收益(即高出无风险利率的那部分预期收益率)。它也被称作因素风险溢价或因素预期收益率溢酬。代入式(8.2.7)便得到套利定价方程的另一种形式：

$$E(r_i)\approx r_f+\beta_i[E(r_f)-r_f],i=1,2,\cdots,n,n\rightarrow+\infty \tag{8.2.9}$$

需要注意的是，因为要满足套利组合的非系统风险趋于零的条件，这个等式的成立是需要无限多风险资产的。但是对于那些充分分散化的组合而言，因为非系统风险可以被分散掉，只有系统风险在市场均衡中控制着风险溢价，则在一个证券投资组合中只有系统风险能与其期望收益率联系，这个等式是肯定成立的。

图8-1显示了式(8.2.6)给出的套利定价方程的直线。根据无套利法则，对于一个因素敏感性和预期收益率都没有落在这条直线上的充分分散组合，其定价就是不合理的，这将给予投资者一个构造套利组合的机会。在APL上方的证券组合，如图中证券组合U表示证券价格被低估(Under-valued)，其预期收益率比证券组合A高，投资者可以通过出售证券组合A购买证券组合U构成一个套利组合O，而在APL下方的证券组合，如图中证券组合O。表示证券价格被高估(Over-valued)，其预期收益率比证券组合B低，投资者可以通过出售证券组合O购买政权组合B构成一个套利组合。由于投资者没有增加任何额外的资金，同时证券组合U与证券组合A、证券组合B具有相同的因素敏感性，这就使得构造的套利组合的因素敏感性为零，而且这两个证券组合都有正的预期收益率。这就是套利的过程。

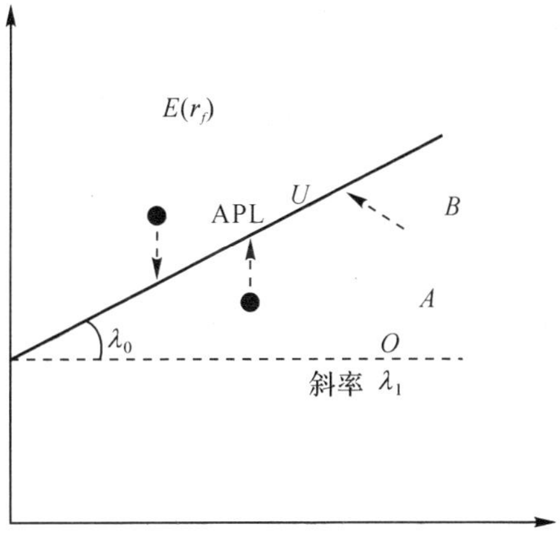

图8-1 套利定价线

投资者的套利行为将会对证券的价格产生影响，相应的，它们的预期收益率也将做出调整。具体地说，由于不断增加的买方压力，被买入的证券的价格会上升，从而导致预期收益率的下降；而被卖出的证券，由于不断增加的卖方压力，导致其价格下降，从而预期收益率上升，最后直至套利机会消失。

8.3 多因素套利定价模型

8.3.1 多因素套利定价方程

前面我们假定只有一个系统因素影响股票收益率，这个假定过于简单化了。我们很容易能想到几种受经济周期波动可能影响股票收益率的因素：利率波动、通货膨胀率、石油价格等。可以假定，其中任何一个因素的出现都将影响至少一种股票。类似于单因素情况，我们可以推导出多因素套利定价模型(Multi-factor APT Model)来描述证券所面临的多种风险。

当可能有多种宏观经济因素共同影响资产收益率时，用 F_j 表示第 j 种因素，$j=1, 2, \cdots, K$，其均值为 $E(F_j)$。多因素套利定价模型假定第 i 种资产的收益率如下：

$$r_i = E(r_i) + \sum_{j=1}^{k} \beta_{ij}[F_j + E(F_j)] + e_i \tag{8.3.1}$$

式中，β_{ij} 表示第 i 种股票收益率对因素 F_j 的敏感性。

建立一个多因素套利定价模型的过程与建立单因素套利定价模型相似。用同样的无套利机会的方法，构建一个套利组合，使得：

(1)投资额为零，即 $\sum_{i=1}^{n} \omega_i = 0$；

(2)每一种因素的系统性风险为零，即 $\beta_{pj} = \sum_{i=1}^{n} \omega_i \beta_{ij} = 0, j = 1,2,\cdots,k$；

(3)非系统性风险渐近为零，即 $e_p = \sum_{i=1}^{n} \omega_i e_i \approx 0$ 。

由套利组合的无套利条件，我们就可以得到与单因素 APT 相类似的线性关系：

$$E(r_i) \approx \lambda_0 + \sum_{j=1}^{k} \lambda_j \beta_{ij} \tag{8.3.2}$$

式中，λ_0 和 $\lambda_j(j=1,2,\cdots,k)$ 为常数。

确定 λ_0 和 λ_j 通过无风险证券和因素组合实现。因素组合就是一个充分分散化的投资组合，使其对某个因素的敏感性为 1，对其他的因素为 0。这类似于前面单因素情况下的因素组合，但是因为多因素影响，故因素组合有多种。这个条件是很容易满足的，因为我们有足够多的证券可供选择，同时却有相对较少的因素。因素组合可作为多因素证券市场线的基准资产组合。记第 j 种因素对应的因素组合的收益率为 r_{Fj}，故可以得到多因素套利定价方程：

$$E(r_i) \approx r_j + \sum_{j=1}^{k} \beta_{ij}[E(r_{Fj}) - r_f] \tag{8.3.3}$$

8.3.2 因素的确定和估计

套利定价方程并没有回答如何确定被定价的风险因素的个数以及何种风险因素，即那些具有足够大的 λ 正值或负值，从而在估计预期收益率时必须包含进去的因素。

早期有几位研究人员对证券的收益率进行了研究，估计一般需要 3～5 个因素，后来有一些研究试图确定这些因素。比如 Roll 和 Ross(1980)确定了下列因素：

(1)工业产值增长率；

(2)通货膨胀率；

(3)长期和短期利率的差额；

(4)低级和高级债券的差别。

实践中所罗门公司采用的是 5 个因素，他们用这些因素建立了他们所称的基本因素模型。这些因素是：

(1)国民生产总值；

(2)通货膨胀率；

(3)利率；

(4)石油价格变化率；

(5)国防开支增长率。

综合起来看，各种不同的研究结果有一些共同的特征。首先，它们包括一些总体经济活动指标(工业产值、总销售额和国民生产总值)。其次，它们包括通货膨胀。再次，它们包括一些类型的利率因素(或差额或利率本身)。这些结果与直觉是一致的，证券的价格被视为未来红利的贴现值，未来红利将与总体经济活动相联系，而用来计算现值的贴现率将与通货膨胀率和利率相关。

具体来看，例如 Berry，Burmeister 和 McElroy(1988)认为应该使用下列因素：

(1)债券违约风险的不可预期的变动(政府债券对公司债券)；

(2)期限结构的不可预期变化(20 年期政府债券对 1 个月期国库券)；

(3)通货膨胀的不可预期的变化；

(4)公司利润增长率的不可预期的变化；

(5)其他市场风险的不可预期的变化。

表 8-4 列出了套利定价理论模型估计 β 的系数，注意公布的 β 系数间的差距很大。我们可以看出金融行业对违约风险和期限结构(term structure)的敏感性最高。因为当违约风险高时(-2.48 的违约 β 系数)，银行有可能会遭受损失；当期限结构的 β 系数(正值)很大时(期限结构 β 系数为 1.00)，表示银行易于获利。我们从有关课程中学过，银行资产主要是长期贷款，银行负债主要是短期存款，因此，斜率陡峭的期限结构意味着它可以赚得比银行在负债上支付的利率更高的利息率。

表 8-4　用五种主要因素估计套利定价理论模型的系数

部门名称	违约风险	期限结构	通货膨胀	公司利润	市场风险
周期性部门	1.63	0.55	2.84	1.04	1.14
成长性部门	2.08	0.58	3.16	0.92	1.28
稳定性部门	1.40	0.68	2.31	0.22	0.74
石油部门	0.63	0.31	2.19	0.83	1.14
共用事业	1.06	0.72	1.54	0.23	0.62
交通业	2.07	0.58	4.45	1.12	1.37
金融业	2.48	1.00	3.20	0.56	0.99

除了对证券价格变动有普遍影响的一些因素外，影响特定公司证券价格变动的因素应对所属的公司的特征和行为进行经济分析得到。在这一分析过程中，宏观经济学、微观经济学、产业组织以及证券的基础分析等方面的知识有重要作用。常见的因素识别和确定的方法有两类：从一个全面的资产收益率集合来确定因素：统计方法和推理方法。统计方法采用这些收益率的样本数据来构造表示因素的资产组合；推理方法则是基于因素捕捉、经济的系统性风险原则来识别因素。虽然系统性风险的市场价格很难估计，但也并非不可能估计。

8.4 套利定价模型和资本资产定价模型的比较

8.4.1 套利定价模型与资本资产定价模型的关联

APT 和 CAPM 在本质上是一样的,都是一个证券价格的均衡模型。在一定条件约束下,套利定价理论导出的风险收益关系与资本资产定价模型的结论完全一样。因此,CAPM 只是 APT 的一个特例而已(F_t 因素为 r_{im})。这也是套利定价理论比资本资产定价模型需要更少前期假设的主要原因。在此,可以比较单因素模型和市场模型:

$$\text{APT}: E(r_i)=r_f+\beta[E(r_f)-r_f] \tag{8.4.1}$$

$$\text{CAPM}: E(r_i)=r_f+\beta_{iM}[E(r_M)-r_f] \tag{8.4.2}$$

当共同因素就是市场组合的意外因素时,单因素模型和资本资产定价模型具有相同的表达形式。也就是说,若影响证券收益的共同因素仅有市场因素,且该因素的影响可用市场资产组合收益的变动进行衡量,则套利定价模型和资本资产定价模型是一致的。当然,在市场模型中资本资产定价模型要求有一个风险的市场组合,这在理论上是可行的,但是对一个规模较大的金融市场而言,编制全样本指数非常困难。单因素模型,实际上利用一个理论存在的有风险的市场组合相关的综合指数来替代市场上难以计量的市场组合。

8.4.2 套利定价模型与资本资产定价模型的区别

尽管套利定价模型和资本资产定价模型存在一定联系,两者的区别也是明显的:

(1)套利定价模型强调的无套利均衡原则,其出发点是排除无套利均衡机会,若市场上出现非均衡机会,市场套利力量必然重建均衡,从而使得无套利均衡分析成为现代金融学的基本研究方法,为金融资产定价提供了一种基本思想;而资本资产定价模型是典型的风险收益均衡关系主导的市场均衡,是市场上众多投资者行为结果均衡的结果。这是两者最根本的区别。

(2)资本资产定价模型是建立在一系列假设之上的非常理想化的模型,这些假设包括马柯维茨建立均值—方差模型时所做的假设。这其中最关键的假设是,所有投资者的无差异曲线建立在证券组合回报率的期望和标准差之上。相对于资本资产定价模型,套利定价模型的前提假设则简单得多,从而使得套利定价模型不但大大减少了资本资产定价模型有效前沿的计算量,而且使套利定价模型更符合金融市场运行的实际。

(3)资本资产定价模型仅考虑来自市场的风险,强调证券的风险只用某一证券的相对市场组合的 β 系数来解释,这只能告诉投资者风险的大小,但无法告诉投资者风险来自何处。而套利定价模型不仅考虑了市场本身的风险,而且考虑了市场之外的风险,尤其是多因素套利定价理论考虑证券收益率受到多个因素的影响,这对证券收益率的解释性较强。由于这一原因,尽管套利定价模型在内涵和应用方面具有很大的吸引力,但在理论严密性上却相对不足。因此,套利定价模型并不能取代资本资产定价模型,而被认为是资本资产定价模型的一种补充和修正。

(4)套利定价模型强调无套利原则,这种无套利均衡定价是通过充分分散化的投资组合的分析而得到的,对于单项资产的定价结论并不一定成立。由此,尽管组合中单个资产定价是失衡,但对于整个资产而言,由于失衡的相互抵消而并未失衡。而根据资本资产定价模型强调的市场均衡原则,当单项资产在市场上失衡时,在 CAPM 条件下所有的投资者都会同时调整自己的投资头寸以重建均衡。

(5)CAPM 假定了投资者对待风险的类型,即属于风险规避型的投资者;而 APT 并未对投资者的风险偏好作出规定,因此套利定价理论的适应性大大增强。

8.4.3 APT 的实证检验与经济意义

与资本资产定价模型一样,考虑定价理论也面临实证检验的问题。对套利定价的实证检验,主要包括两方面的内容:一是检验证券收益的因素是否仅仅是一个;二是验证 APT 模型对股票收益的预测的有效程度如何。

(一)罗尔和罗斯等人的早期实证检验

早期的 APT 的实证检验是由罗尔(Roll)和罗斯(Ross)提出来的,他们关于"套利定价的实证研究"(Journal of Finance,1980)首次从实证的角度验证了套利定价理论。

他们的方法在某种程度上与布莱克、詹生和舒尔斯检验 CAPM 的方法很相似:首先估计证券的因素 β,然后估计证券 β 和平均收益率之间的横截面关系。

Roll—Ross 检验分两个步骤:

(1)从单个资产收益率的时间序列数据估计预期收益率和各因素系数。

(2)使用这些估计值检验 APT 隐含的基本定价结论。具体而言,这些资产的收益率是否与步骤(1)中得出的共同因素相一致?

Roll 和 Ross 检验了下列定价关系:

$$E_1 - E_2 = \lambda_1 b_{i1} + \lambda_2 b_{i2} + \cdots + \lambda_k b_{ik} \tag{8.4.3}$$

特殊系数 b_1 是因素分析法估计出来的,研究者指出该估计程序通常使用于该模型,但其对小样本结果的性质知之甚少,因为他们强调结论具有不确定性。

在 Roll—Ross 实证检验中,所选取的数据是从 1962 年 7 月到 1972 年 12 月的日收益率。对 1260 种股票分成 42 个组合。因素模型估计值表明最大的合理因素数量是 5,继而将得出的因素应用到 42 个组合,对组合中的定价因素进行分析。

在该方法检验过程中,是把收益率和证券自身的标准差联系在一起的。如果 APT 有效,标准差不会影响预期收益率,因为一种证券的可分散风险会在分散过程中消除,而不可分散风险可由因素负荷量来解释。该检验分析了收益率和 5 个因素再加上证券自身的标准差。这一结果表明证券自身的标准差在统计上显著,它反对 APT 的证据。随后他们调整了偏态的结果,发现证券自身的标准差并不显著,这支持了 APT。最后,实证检验结果表明,至少有 3 个重要因素对证券评价具有重要影响,但这一研究没有告诉我们哪 3 个因素是最重要的评价因素:是 GDP、工业生产还是通货膨胀?

(二)豪根(Haugen)的近期检验

在评价 APT 的时候难免会产生疑问:该模型对股票市场收益的预测的有效性如何?前面我们考察了不基于任何特定理论的预期收益率因素模型的解释能力,即我们仅仅选择一种具有代表性的可以描述股票风险收益率的因素,这些特定的模型并没有任何理论依据指出用于预测的因素的数量和性质，但是它们在解释股票之间的相对收益时却相当有效。

在 APT 模型中，对证券收益的分析则具有理论依据。APT 模型揭示，决定股票之间预期收益率差异的因素是可以对我们试图去预测的股票总体的收益之间的协方差做出解释的因素。投资者在构造股票组合时非常关注这些协方差，因为它们是不可分散化的。

豪根（Haugen，1999）以美国规模最大的 3000 只股票为样本，从 1980 年到 1997 年为时间区间，用下列因素检验了 APT 的预测能力：

(1)国库券的月收益率；

(2)长期和短期政府债券的月收益率差异；

(3)长期政府债券和到期日相同的低级别公司债券的月收益率差异；

(4)消费者价格指数月百分比变动；

(5)美国价格指数月百分比变动；

(6)标准普尔指数月初的股息—价格比例。

在此，构造了一个类似于本章所讨论的预期收益率的因素模型，但是在该模型中将根据每一只股票的收益率相对因素的敏感度（因素 β）选择最能解释股票之间协方差的因素。

从豪根的时间序列检验结果看，APT 模型确实具有解释能力。APT 模型可以帮助我们揭示什么因素决定了在理性定价、风险取决于收益率协方差的市场上证券预期收益率之间的差异，但它们并没有体现预测价值的能力。

专栏8-1

套利定价理论的应用[①]

20 世纪 70 年代初，套利定价模型理论就已经给研究者和职业投资者提供了一个直观且灵活的体制，使他们能够借此解决重要的投资管理问题。资本资产定价理论对于投资偏好和市场投资组合所起的特定作用都有严格的特定假设。与此相对，套利定价理论具有相对较弱的假设。由于它重点考察系统风险的各种来源，所以作为一种更好的解释投资结果、更有效控制组合投资风险的工具，套利定价理论引起了广泛的关注。

尽管套利定价理论具有很多吸引人的特性，但它还是没有被投资团体广泛使用，原因主要是因为该理论有明显缺陷：缺少关于多重要素的明确说明，而这些要素会系统地影响证券收益及与每一要素相联系的长期收益。无论正确与否，资本资产定价理论明确提出一种证券的各种市场组合的协方差是在多种投资组合条件下投资风险的唯一来源。而套利定价理论却对影响证券风险和收益的系统要素不予任何说明。投资者确定这些要素时自然会抵制这种理论。

极少数投资者在实践中运用套利定价理论来管理资产。其中最突出的罗尔 & 罗斯资产管理公司（R&R 公司），由于史蒂芬·罗斯先生本身是套利定价理论的发明者，故对于 R&R 公司是怎样将理论付诸实践进行简要回顾还是很让人感兴趣的。

---

① 根据戈登·J. 亚历山大，威廉·F. 夏普，杰弗里·V. 贝利著. 投资学基础. 赵锡军，季冬生，李向科译. 北京：电子工业出版社，2003：162—163 整理。

R&R 公司开始便阐述了与资本市场普遍相关的风险的系统性来源，并且确定了显著影响和普通股收益 5 个要素：①经济周期；②利率；③投资信心；④短期通货膨胀；⑤长期通货膨胀预期。R&R 公司又通过指定一些可计量的宏观经济变量作为上述要素的代表，从而将其量化。例如，经济周期要素被工业产出指标的实际（经过通货膨胀率调整）百分比变化所代表，而短期通货膨胀以每月消费价格指数的百分比变化来表示。

R&R 公司方法的核心有几种假设：第一，系统风险的每种来源都有当前的不稳定性和预期收益，这种要素的不稳定性和预期收益，甚至连要素本身都会随时间变化而变化；第二，单一证券和投资组合对每种要素具有不同敏感性，这种敏感性会随时间变化而变化；第三，一种充分分散化的投资组合预期要素的暴露将决定该种组合的预期收益和总风险；第四，参照要素对应的当前预期收益和波动性，构建一种组合，要求它具有最诱人的总预期风险收益率。

R&R 公司的方法是一种精神深化、高度量化的方法。对于预期要素和收益从不只是进行定性的判断。与证券要素和要素敏感性相关的历史数据要经过手工处理以确定要获得的投资组合。这种方法在未来与过去情况相一致时，是行之有效的。但当过去的数据与未来的价值没有什么稳定的关系时，其结果就相当令人失望。

尽管没有争取到很大的美国国内客户，R&R 公司在 1986 年组建时仍然引起相当多的机构投资者的兴趣。公司已经吸收了一些在国外运用其技术的国外合伙人。R&R 公司在将理论性投资理念转化为实际投资产出方面给我们提供了一个生动的案例。

【本章小结】

本质上说，套利机会的出现是因为具有相同价值的资产或商品在不同市场出现了不同价格（违反一价法则），或者是因为价值高的资产或者商品出现了较低价格（违反等值等价法则）。

证券收益率总是可以分解为预期收益率加上两项意外收益，其中一项是与共同因素（可以多种）相关联的，另一项是公司特有部分相关联的。

在一个具有无限多种风险资产的市场，总是可以找到风险充分分散的组合，也可以找到因素组合，它们都是消除了非系统风险的组合。

在市场达到无套利均衡时，风险资产的预期超额收益率总是可以表示为资产对各因素敏感性的线性组合，而系数正是相应因素组合的预期超额收益率。

一般来说，影响资产收益率的因素有总体经济活动、通货膨胀和利率以及其他一些行业性因素，可以用统计方法和推理方法加以识别。

套利定价模型与资本资产定价模型之间存在关联，如果两者的假设都成立的话，CAPM 中的市场值是 APT 中的因素敏感性乘以常数。

套利定价模型与资本资产定价模型所依据的假设前提是不同的，由于 APT 不能排除有限的个别资产违反期望收益率——β 的关系，并且 APT 也没有给出因素组合超额收益率的决定形式，因此不能完全替代 CAPM。

第9章　有效市场理论与市场非有效

【学习要点】

1. 了解有效市场理论的形成和主要内容；
2. 掌握三种有效资本市场假说的含义、理论基础和对资本市场投资的启示；
3. 了解随着行为金融学的兴起，有效市场理论面临的挑战和最新的进展。

有效市场假说(EMH)是现代资本市场理论的重要基石。许多经典的现代资本市场理论，例如马柯维茨的均值—方差理论、资本资产定价模型(CAPM)、套利定价理论(APT)、布莱克—斯科尔斯(Black-Scholes)期权定价模型都是在其基础上发展起来的或与之密切联系的。有效市场假说存在三种形式：弱式有效、半强式有效和强势有效。这对资本市场理论研究和投资实践具有重要的意义。然而，20世纪80年代以来，有效市场理论越来越受到行为金融理论的挑战。这种挑战主要来自两个方面：一是理论方面挑战，即针对有效市场的三个前提条件提出了质疑，认为投资者是有限理性、投资者的非理性并不一定相互抵消及套利存在风险；二是金融市场实践的挑战，大量的"金融异象"如"日历效应"、"羊群行为"等等无法用传统经典的理论模型进行解释。行为金融的兴起，预示着学术界对理性人的合理性提出质疑，并转向其他领域的解释。

9.1　有效市场理论

股票价格的随机漫步(random walk)和早期的有效市场假说(Efficient Market Hypothesis，EMH)，是建立在随机漫步模型基础之上的。最先涉及所谓随机漫步概念的论述，通常认为起源于法国数学家巴施里耶的博士论文《投机理论》(Bachelier，1900)。随机漫步最简单的模型是"二叉树"模型，这一模型可被设想为一个在一条直线上横行的醉汉的运动轨迹，他在每一时刻都可能向右走或向左走。在N时刻后，存在2^N种可能。将这种思想刻画为数学表达，就可将随机漫步看作一个随机序列，序列的每一项对应醉汉达到的坐标。这样的序列具有这样的特点，即序列增量所对应的随机序列的每一项都是独立分布的随机变量。

随机漫步过程的基本表达为：

$$P_t = P_{t-1} + \{\varepsilon_t\}$$

其中，P_t为t期的对数价格，ε_t为残差项，且满足$E(\varepsilon_t)=0$，$\text{VaR}(\varepsilon_t)=E\{\varepsilon_t^2\} = \sigma^2 < \infty$。

显然，根据中心极限定理，由于$\{\varepsilon_t\}$为独立同分布，当$t \to \infty$时，报酬率$R_t = P_t - P_{t-1}$服从正态分布。

可见，若将随机漫步的概念连续化，即假定时间是连续变化的，"醉汉"也是在每一时刻都“左右摇摆”地漫步，那么这一概念就演变为所谓的布朗运动(brownian motion)。布朗运动最先是指苏格兰生物学家布朗(R. Brown)于1827年利用显微镜发现的花粉颗粒的不规则运动，它在数学上可定义为一个以时间为自变量、随机变量为因变量的随机过程，其运动轨迹要求是时间的连续函数，同时它在不同时间的微小时间间隔的增量是独立同分布的随机变量。第一次为布朗运动进行数学定义的学者同样是巴施里耶，并且他在此基础上，开创性地给出了期权定价公式。但遗憾的是，他错误地假设股价的变化符合布朗运动，而不是股价对数的变化是布朗运动，以至于最后得到的期权定价公式与后来的Black-Schols定价公式相差甚远。

之后，一些经济学家继续在这一领域进行探索，如考尔斯(Cowles)、沃金(H. Working)和肯德尔(M. G. Kendall)等，但是由于这些经济学家并不十分重视价格的动态变化，同时他们的数学与统计基础有限，其研究成果在当时并没有引起足够重视(Bernstein，1992)。

1959年，统计学家罗伯茨(H. V. Roberts)和天文学家奥斯本(M. F. M. Osborn)分别发表《股票市场“方式”和金融分析》与《股票市场的布朗运动》论文，将“随机漫步”和“布朗运动”概念正式应用于股市。在论文中，他们再次肯定了股价的对数序列是随机漫步，或者股价遵循几何布朗运动。

1965年，萨缪尔逊(Samuelson，1965)发表《恰当预期价格随机涨落的证明》一文，再次强调了价格的随机性，这里的“恰当预期”(properly anticipated)被理解为价格真正融合了所有市场参与者的期望与信息，从而正式提出有效市场假说。这标志着市场价格行为研究的范式实现了从随机漫步假说向EMH的转变，此后随机漫步理论被看作是符合EMH的一组经验观察。

1965年，法玛(Fama)发表《股市价格的随机漫步》(*Random Walk in Stock Market Prices*)论文(在正式发表时改名为《股市价格的形态》)，将萨缪尔逊建立的证券市场鞅模型定名为“有效市场”，首次提出“效率市场”和“市场效率”的概念。法玛在《商业期刊》上发表的论文，对理论界和投资实务界产生了巨大的影响，此后学术界开始了有效市场假说(EMH)的完整讨论。

1967年，罗伯特(Robert)在一次讨论会上没有公开发表的发言，将有效市场从信息集的角度在形式上分为三类：

(1)弱型有效假说(weak form EMH)，即信息集只包括价格或收益自身的历史(公共信息)，它使技术分析无效；

(2)半强有效假说(semistrong-form EMH)，即信息集包含所有对所有市场参与者都已知的信息(公开信息)，它使基本分析无效；

(3)强型有效假说(strong-form EMH)，即信息集包含所有对某个市场参与者已知的信息(私人信息)，它使一切“黑箱操纵”无效。

1969年12月，美国金融学会年会邀请法玛作为唯一的论文报告者(往年是三位)，介绍有效市场理论及实证检验结果。1970年，法玛在一篇经典性的综述论文中总结了市场效率的三种形式，明确提出“价格总是‘完全反映’可接受信息的市场称为‘有效’的”这一有效金融市场的经典定义。在该篇论文中，法玛试图将该理论规范化并将日益增多的实证证据结合起来，通过一个公平博弈模型(fair game model)来描述有效市场理论。

除了根据公平博弈模型阐述有效市场理论以外，法玛在最初的论文中还按所包含的信息集的不同把整个有效市场假说划分为三个层次，并把对整个有效市场假说的实证检验分为对三个层次假说的实证检验。这三个假说是：①弱式有效市场假说；②半强式有效市场假说;③强式有效市场假说。

9.2 有效市场假设的三种形式

9.2.1 有效市场假说三种形式的含义

在有效资本市场理论中,“有效”在多种场合中用于描述资本市场的运行特征。“一个资本市场如果在确定资产价格中能够使用所获得的全部信息,它(从信息上说)就是有效率的。”①按照信息在股价中的反应程度,可以将市场效率状态划分为三个层次:弱式有效、半强式有效和强势有效。下面,我们将分别对这三个假说及其含义进行解释。

(一)弱式有效假说

检验用过去的收益对未来收益的预测能力,信息集仅为历史价格。在弱有效市场条件下,投资者无法利用过去的股价所包含的信息来获取超额利润。弱式有效假说正是著名的所谓随机漫步理论,这就意味着研究股价的历史价格序列对投资没有实际意义。很显然,若此假设成立,那么它就直接批判了证券技术分析。因为研究历史价格及历史价格变化没有价值,则技术分析也就没有价值。

(二)半强式有效假说

检验证券价格对公开发布信息的反应速度,信息集是所有公开的信息,如公司收益率公告、股利政策和股票分割等。在半强有效市场条件下,投资者不仅无法从历史信息中获取超额利润,而且也不能通过分析当前的公开信息来获取超额收益。在实证检验中,一般运用“事件研究法”(event study method)进行半强式检验。

(三)强式有效假说

证券价格不但对过去的历史信息、现在的公开信息进行反映,而且对没有公开的内幕信息进行反映。在强有效的市场条件下,投资者即使拥有内幕信息也不能获得超额利润。图 9-1表明,随着投资者获得的信息集不断增加,市场有效的程度也不断提高。

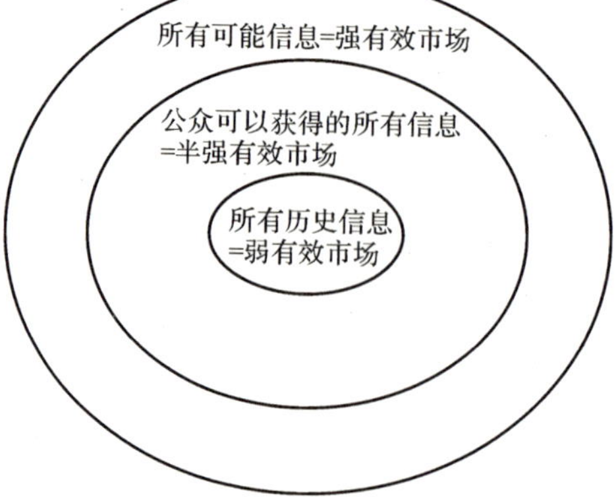

图 9-1 强式有效假说图

① 新帕尔格雷夫经济学大辞典(第 2 卷).北京:经济科学出版社,1993:346.

9.2.2 有效市场假说的意义和启示

EMH意味着复杂多变的金融资产价格运动遵循一定的变化规则，价格每时每刻的动态变化是相互独立的，互相不受干扰，收益率的分布遵循正态分布特征。这一思想对资本市场理论研究和实践投资都有重要意义。

(一)有效市场假说对资本市场理论的意义

1. EMH是现代资本市场理论的重要基石

证券市场上资产价格变化的相互独立性及收益率的正态分布，意味着资产价格变化方差的有效性，并以此应用方差有效地度量价格变化的离散程度，从而可以度量证券市场风险，证券市场风险衡量就有了一个精确量化且极易测量的标准。许多经典的现代资本市场理论，例如马柯维茨的均值—方差理论、资本资产定价模型(CAPM)、套利定价理论(APT)、Black-Scholes期权定价模型(option pricing model)都是在其基础上发展起来或与之密切联系的。因此，可以认为EMH是现代资本市场理论的重要奠基石。

2. EMH为资本市场定量研究提供了理论基础

EMH认为，资本市场上过去的信息不会影响市场行为，价格变化是独立分布的，此假设使得可以像研究物理现象那样用随机微积分来研究资本市场，且广泛应用于鞅和亚鞅等模型，资本市场的精确度量成为可能，EMH成为资本市场数量化研究的基础。例如，根据EMH条件下的资产价格运动的相互独立和近似正态分布特性，就可用维纳过程(wiener process)或布朗运动这样一个连续随机过程来近似描述资本市场的价格变化，而对于维纳过程或布朗运动过程，随机微积分能对其做出精确描述。据此，伊藤引理(Ito Lemma)揭示了如何根据标的资产的随机微分过程推导出金融衍生产品的随机微分过程，从而将金融资产定价和资本市场价格变化表面上的复杂不规则性构建了可以遵循的关联性，进而使得整个金融资产定价和资本市场价格变化的精确性量化成为可能。

3. EMH为资本市场研究提供了一个相对完整的理论框架

EMH是资本市场一种理想的完美状态，它体现了经济学家所梦寐以求的境界，即竞争均衡。在市场有效性假说理论(EMH)框架中，其前提条件是证券存在一种客观的均衡价值，股价已反映所有已知的信息，且价格将趋向于均衡价值。这一假说意味着投资者是理性的，其购买和出售行为将使证券价格趋向其内在价值，且调整到均衡的速度依赖于信息的可利用性和市场的竞争性。在此框架下，资本市场的风险衡量可用方差指标，资本市场定价问题可用CAPM、APT和Black-Scholes期权定价模型等经典理论进行解决，同时EMH的三种不同假设形式可对资本市场的价格预测能力进行不同的分析。概言之，EMH为资本市场风险衡量、资产定价和价格预测提供了一个相对完整的理论框架。

(二)有效市场假说对资本市场投资的启示

有效资本市场假说对投资者的证券投资活动具有如下重要意义。

1. 市场有效意味着投资者不能得到超额回报

因为在有效率的市场条件下，相关信息能够立刻在证券价格中体现出来，投资者不应该期望得到超额回报。

2. 如果市场有效，技术分析是无用的，基本分析也是无用的

投资者通过分析个股，企图找到价值被低估的股票，这不会提高投资组合的收益，因为

搜寻信息的成本将可能抵消任何增加的收益。使用此标准分析公开信息，确认投资业绩表现超越市场的证券是极不可能的。

3. 在证券市场上没有永远的赢家，某些业绩表现突出的投资者仅仅是运气而已

在有效市场中，总存在赢家和输家。仅仅因为投资者或基金经理在一定时期"战胜市场"(beating the market)，并不意味着市场不是有效的。要么他们具备别人不具备的才能，要么他们比别人幸运。问题是确认谁在未来战胜市场。这可用一个简单的模型说明。在有效市场中，在任何一年，大约有一半的投资者预测是正确的，而另一半的预测是错误的。这样经过第 2 年、第 3 年，直到第 T 年。我们发现，只有$(\frac{1}{2})^T$ 的投资者在 T 年都正确。

4. 投资指数基金是一种理想的投资决策

由于市场有效条件下，大众已知的投资策略并不能产生超额利润。投资者宁可投资于长期持有的分散化投资组合，而不是企图挑选赢家或输家以及频繁地交易股票。同时，因为指数基金是一种充分分散的资产组合，因而投资指数基金的被动式投资将是一种理想的投资决策。

5. 证券组合管理的功能在于分散风险，并非"战胜市场"

由于有效市场中投资者不可能总是赢家，证券组合管理的功能是满足组合管理的分散风险需要，或根据不同投资者未来的现金流状况构建资产组合，而不是"战胜市场"。

案例9-1

中国证券市场弱式有效的检验①

自从我国股市诞生以来，一些学者就引进有效理论和分析工具对我国股市是否达到弱式有效进行了实证研究。1994 年，俞乔应用误差项系列相关检验、游程检验、非参量性检验等方法对上海和深圳股市 1990 年 12 月 19 日至 1994 年 4 月 28 日的综合指数进行了实证分析，研究结果表明沪深股市并未达到弱式有效。1996 年，吴世农对 1992 年年底至 1994 年 10 月上海股市的数据进行检验，检验结果表明上海股市基本达到弱式有效。

为了检验近年来中国股票市场是否达到弱式有效，我们首先采用自相关性检验法。由于检验股价运动相关，就要检验证券收益序列是否呈现白噪声特征，如符合白噪声序列特征，则表明证券价格运动没有自相关性，即达到弱式有效市场。在样本的容量 n 很大的情况下，若证券收益率自相关系数 R_t 的 95%的概率落在区间$(-2/\sqrt{n}, 2/\sqrt{n})$或自相关系数检验统计量 $Q_m < X_a^2$ 的概率大于 5%，则序列为白噪声序列，从而认为价格的变化具有随机性。其中，统计量 Q_m 的计算公式为：

$$Q_m = \sum_{k=1}^{m}[\sqrt{n} \cdot r_k(e)]^2 = n\sum_{k=1}^{m} r_k^2(e)$$

式中，r_k 为参差序列的各阶相关系数，k 为滞后期，n 为样本的个数，m 为最大时滞。

在此，选取了 2000 年 1 月 4 日至 2005 年 9 月 27 日共 1379 个交易日，取对数收益

① 张宗新. 投资学. 上海：复旦大学出版社，2006：162—163.

率序列作为收益率，应用 SPSS 软件按照年份对上证指数收益率序列进行自相关检验，其中对检验值取滞后 12 阶。从表 9-1 检验结果看，除 2001 年之外，其他年份上证指数的收益率序列在滞后 12 阶均不具有自相关性特征，即符合白噪声序列，这表明 2000 年以来上海股市的价格运动基本呈现随意漫步的特征。

同时，应用游程检验法对该区间的上证指数进行检验，从结果看所有年份均没有通过检验，这说明上海股市已整体达到了市场弱式有效状态(检验结果见表 9-2)。

表 9-1　上证指数收益率序列的自相关性检验

2001-1—2005-9		2000		2001		2002		2003		2004		2005-1—2005-9	
Box-Ljung	Pro	Box-Ljung	Pro	Box-Ljung	Pro	Box-Ljung	Pro	Box-Ljung	Pro	Box-Ljung	Pro	Box-Ljung	Pro
5.554	0.94	14.32	0.28	25.48	0.013	11.712	0.47	5.306	0.97	8.151	0.77	10.51	0.57

表 9-2　上证指数收益率序列的游程检验

年份	2001-1—2005-9	2000	2001	2002	2003	2004	2005-1—2005-9
中值	0.000	0.0012	0.000	−0.0004	0.000	−0.0004	−0.0007
总观察值	1378	238	240	237	241	243	179
游程数目	690	118	109	123	131	124	87
Z 值	0.001	0.241	−0.651	0.196	1.016	0.457	−0.191
双侧概率	0.999	0.810	0.515	0.845	0.309	0.648	0.848

9.3　有效市场假说面临的挑战与行为金融理论的进展

有效市场假说是现代金融理论的一个重要基石，但是，其过于简单的假设并不能完全解释现实市场中的许多金融现象。因此，许多经济学家开始对有效市场假说进行反思和质疑，并逐渐形成了行为金融理论。作为一个新兴的研究领域，行为金融还没有一个学术界公认的严格定义。Thaler(1993)将行为金融定义为“思路开放式金融研究”(open-minded finance)，认为只要是对现实世界关注，考虑经济系统中的人有可能不是完全理性的，就可以认为是开始研究行为金融了。Hsee(2000)认为，行为金融是将行为科学、心理学和认知科学上的成果运用到金融市场中产生的学科，它的主要研究方法是基于心理学的实验结果提出投资者决策时的心理特征假设，来研究投资者的实际投资决策行为。行为金融是建立在投资主体非理性假设基础上的，是对正统的、经典的有效市场理论的挑战和补充，是对 Bayes 理性人假设的否定。从 20 世纪 80 年代开始，尤其是进入 90 年代以后，行为金融研究迅速发展，有力地解释了许多用传统理论无法解释的现象。

9.3.1 对EMH理论基础的挑战

(一)对投资者理性的挑战

行为金融理论发现,某些投资者的行为实际上并不满足收益最大化(或效用最大化)的要求,这些投资者被称为“噪声交易者”。他们偏离理性要求的现象主要有以下几种:在对待风险的态度方面,研究者发现,个人实际上并不是按照最大化期望效用原则来评价有风险的赌博的。投资者并不注重最终的财富情况,而是对赌博过程的输赢更为在意。因此,他们在市场中表现为回避损失的心理,这种情况下投资者不愿意卖出已经遭受损失的股票,从而影响投资决策。在投资决策方面,实际中投资者往往通过“直觉”,而不是像主流金融理论中最优决策模型要求的那样,按照贝叶斯学习过程修正自己的判断,并对未来进行预测。他们在学习过程中往往给予最近一段时期的数据和最新的经验更多的权重,同时往往忽略了最近的数据可能只是由某些偶然事件引起的这样一种情况。这样,他们在作判断和决策时将过分看重近期事件的影响,导致结论会有很大的偏差。因此,实际的投资者并不像理论模型中预测的那样理性,而是具有某种情绪(sentiment),许多投资者在决定自己对资产的需求时受到无关的信息影响。现实世界的人其实是有限理性(bounded rationality)的,是一种天真的投资者(naïve investor)。

如果有效市场理论完全依赖于个人投资者的理性,那么,投资者的非理性心理将对EMH形成致命的挑战。

(二)对投资者交易无关性的挑战

EMH的第二个理论基础认为非理性投资者的交易是无关的,随机交易使得非理性交易者对市场不形成影响。心理学研究表明,即使个人投资者依靠自己的判断来做交易决策,他们的交易仍然有很强的相关性。Kahneman和Riepe(1998)指出,人们的行为偏差其实是系统性的。许多投资者倾向于在相同的时间买卖相同的证券。如果“噪声交易者”通过“流言”或者跟从他人的决策而决策时,这种状况将更加严重。

投资者的情绪实际上反映了许多投资者的共同判断误差,而且,个人投资者并不是唯一的非理性投资者。在西方发达的金融市场中,大量的资金由代表个人投资者和公司的共同基金、养老基金的专业管理人员控制,他们也会产生个人投资者可能产生的误差。同时,他们又是管理他人资金的代理人员,这种授权实际上带来了决策中更大的偏差。Falkenstein(1996)指出,专业管理人员可能选择与他们的评估业绩标准一致的资产,以减少比标准低的风险;同时,他们也倾向于选择其他管理人员所选择的资产,以避免落后;在年末时,他们会不约而同地买入最近业绩好的股票,抛掉业绩差的股票,以使得基金的业绩看上去好一些。但是,这些决策实际上偏离了资产价值的最大化,只是一种“装扮”(windowdressing)。这时,基金的偏差行为实际上也是具有系统性和群体性的。

(三)对套利的挑战

EMH的最后一道防线是基于套利的有效市场。如果套利能够抵消非理性投资者的偏差,市场依然有效,但实际市场的套利是有限的、有风险的。套利的有效性取决于是否存在近似的替代资产。一般而言,金融衍生资产(如期货、期权)可以获得近似替代资产。但是,其他许多资产并没有良好的替代资产。这时,在资产价格发生偏差时,对套利者而言,不存在无风险的套利策略,他们将价格保持在基本价值附近的能力也受到了限制。即使存在完全替代资产，套利者还面临来自未来资产价格的不确定性。因为资产价格偏差在最终消失前，未来可能因“噪声交易者”的行为而更加偏离基础价值。价格偏高的，可能会进一步上升；价格偏低的，也可能会进一步下降。虽然最终资产价格收敛到基础价值的概率为1，但是，套利者还是面临了至少是短期的损失。如果套利者可以在损失中保持头寸，他最终将获得收益；但是，如果他不能坚持下来，被迫平仓，套利者将不得不承受损失。另外，套利者更多的是投资者的代理人，在委托—代理的契约框架下，套利者面临资金运用约束，他没有必要去面临套利的不确定性风险。在实际市场操作中，套利行为尤其是卖空行为会受到各种限制，这增加了相应的套利成本。所以，理论上完美的套利，实际上仍然是充满风险和不确定的。

9.3.2 对EMH实证基础的挑战

进入20世纪80年代以来，相当一部分实证研究结果对EMH提出了质疑，对于早期的实证研究主要是支持EMH，而近期的许多实证研究又与EMH相矛盾。这里的原因可能在于：一方面，早期实证研究方法上的局限性；另一方面，可能与在早期由于EMH的权威性导致反对EMH的论文难以发表有关。随着实证研究的进一步深入，越来越多的学者认识到了EMH的局限性，对EMH提出了越来越多的质疑。主要有以下几方面。

(一)小公司现象与规模现象

一些研究结果显示，在排除风险因素后，小公司股票的收益率要明显高于大公司股票的收益率。Banz(1981)发现，不论是总收益率还是风险调整后的收益率，都存在随着公司规模(根据企业普通股票的市值衡量)的增加而减少的趋势。Keim(1983)等人也进行了类似的研究。他们发现，小公司现象主要发生在 每年1月，特别是1月的头两个星期。因此，这一现象又称为“小公司1月现象”。Siegel(1998)发现，纽约证交所从1926年到1996年的历史记录显示，小公司的股票收益率要高于大公司的股票收益率。

(二)期间效应现象

期间效应是指在某些特定时间内进行股票交易可以取得超额收益。比如，French(1980)、Gibbons和Hess(1981)的研究显示，股票在星期一的收益率明显为负值，而在星期五的收益率则明显高于一周内的其他交易日。这种在特定交易日或交易期内的收益异常，显然与有效市场假说相矛盾。

(三)股票价格反应不足和过度反应现象

De Bondt和Thaler(1985)的研究发现，选择那些最近表现不佳的股票，放弃那些近来表现优异的股票，可以取得超额的投资收益。而且，这些超额收益并不是一种短期现象，而是经过一个较长时间才反映出来，被称为“长期异常收益”，即股票价格存在过度反应的现象。许多实证研究也证实了这种“长期异常收益”的存在。Jegadeesh和Titman(1993)、Rouwenhorst(1997)的研究证实了反应不足现象的存在，即投资者并不总是能够将信息反映到当前的股票价格当中去。

9.3.3 行为金融理论的主要进展

围绕着对EMH理论上和实证中的挑战，行为金融学提出了很多新的理论，展开了对EMH的争论，比较有代表性的有前景理论、行为资产定价模型、噪声交易者模型、有限套利、过度反应和反应不足、羊群效应模型等。

(一)前景理论

Tversky 和 Kahneman 的前景理论(prospect theory)提出了 S 型的价值函数(如图 9-2 所示)。前景理论的核心结论是,投资者对风险的态度受到投资机会以何种形式出现的影响。前景理论提出了 S 型的价值函数,强调个人投资受到其主观投资参考点(reference)的影响。当资产价格高于参考点价格时(投资者主观上处于盈利状态),投资者是风险规避者;当资产价格低于参考点价格时(投资者主观上处于亏损状态),投资者是风险偏好的。

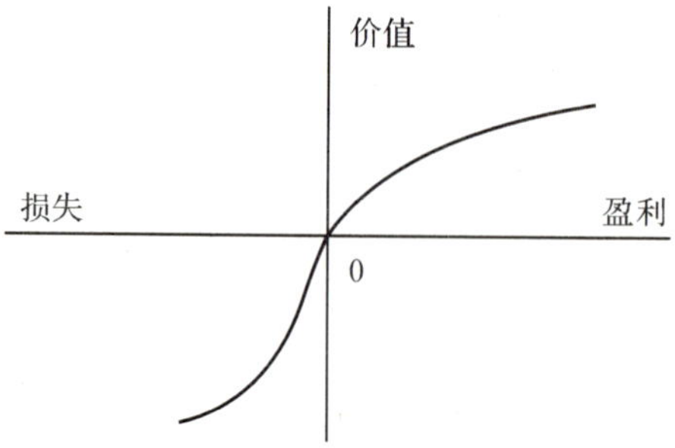

图 9-2 投资者的价值函数

(二)行为资产定价模型

随着行为金融理论的发展,有些学者逐渐认识到,把行为金融理论与现代金融理论完全对立起来似乎是不当的,而将两者结合起来,对现代金融理论和模型进行改进与完善,正成为行为金融理论的另一个重要发展方向。在这方面,Meir Statman 和 Hersh Shefrin 提出的行为资产定价模型(behavior asset pricing model)引起了金融界的广泛关注。行为资产定价模型(BAPM)是对现代资本资产定价模型(CAPM)的扩展。与 CAPM 不同,在 BAPM 中,投资者并非都具有相同的理性信念,而是被分为两类:信息交易者和噪声交易者。信息交易者是严格按 CAPM 行事的理性投资者,他们不会受到认知偏差的影响,只关注组合的均值和方差。噪声交易者则不按 CAPM 行事,他们会犯各种认知偏差错误,并没有严格的对均值方差的偏好。两类交易者互相影响,共同决定资产价格。当前者是代表性交易者时,市场表现为有效率;而当后者成为代表性交易者时,市场表现为无效率。在 BAPM 中,证券的预期收益是由其“行为 Beta”决定的,Beta 是“均值方差有效组合”的切线斜率。在这里,均值方差有效组合并不等于 CAPM 中的市场组合,因为现在的证券价格受到噪声交易者的影响。另外,BAPM 还对在噪声交易者存在的条件下,市场组合回报的分布、风险溢价、期限结构、期权定价等问题进行了全面研究。

(三)噪声交易者模型

噪声交易者模型(Delong,Shleifer,Summers 和 Waldman,1990)认为:①噪声与信息是相对的概念。如果信息定义为与资产基本价值变动的一些消息,它可以被投资者接受并据以正确预期资产基本价值的有关变动,则噪声是一些原本可以与资产基本价值无关,但同样被投资者接受并影响资产价格非理性变动的一些消息(Black,1986)。相比之下,接受信息并反应的是理性投资者,接受噪声并反应的是“噪声交易者”。很显然,从认识论的角度看,因为信息是否与资产基本价值变动有关无法进行先验的判断,市场参与者对信息接受与否的判断标准仍然是主观的,所以,市场中没有长久地对于所有资产交易而言的始终如一的理性交易者。同样的结论也适用于噪声交易者。②市场中存在两类交易者:理性投资者和噪声交易者。理性投资者因为市场参与条件的不同而可能拥有不同的经验、偏好和反应机制,也会受到诸如资金头寸、融资成本、在一定期限内的清算压力或者是投资组合的选择标准等不同的交易约束,因此,即便是面对同样的信息,也可能会做出不同的决策。作为风险厌恶者,他们并不一定对所有的套利机会都有能力和愿望去进行套利,他们有许多时候会选择不与噪声交易者的交易力量相对抗,尤其是当噪声交易者的判断和行为都趋于一致的时候,从而噪声交易者有可能获得高于理性投资者的投资收益。噪声交易者的获利可能会产生某种示范效应,使得不仅新进入市场者,而且部分套利交易者都加入噪声交易者行列,并且在一定时期对某些资产的交易具有一定的市场影响力。这样,即使是在资产价格偏离基本价值的情况下,由于"有限套利"(Shleifer 和 Vishny,1997)的存在,噪声交易者可以从他们创造的风险中获得一定时期的套利空间而获利,从而噪声交易者的长期存在是一个合理的事实。

(四)有限套利模型

Shleifer 和 Vishny(1997)提出的有限套利模型描述了委托—代理关系下的有限套利行为。在他们的模型中,假定市场上有三种类型的参与人:噪音交易者、套利者和购买套利基金而不参与交易的投资者。套利者在他所在的特定市场中进行交易,而投资者可以在多个市场的套利者之间进行选择,资产的基本价值只有套利者知道,而其他参与人不知道。投资者根据套利者过去的经营业绩选择预期收益最高的套利基金,因此,一个套利者获得基金数量的多少完全取决于他过去的经营业绩,而正是投资者基于套利者过去的经营业绩导向,使得套利者的套利活动受到了限制,因为套利者在价格不利于自己时,将面对投资者抽回资金而被迫清仓的风险。

(五)过度反应与反应不足的理论

Barbiris,Shleifer 和 Vishny 模型主要基于以下两个心理学假设:保守性(conservation)和相似性启发(representativeness heuristic)。保守性是导致反应不足的原因,是指人们对新的信息反应缓慢的现象;相似性启发是指人们在对事物进行观察时,如果发现该事物的某些特征与人们过去某种特定的经验或模式相似,则人们对在某些特征符合已有的先验模式的事物的主观判断往往会超过其实际概率的现象,这是导致过度反应的原因。比如,人们对第一次见面的陌生人是"好人"还是"坏人"的判断,如果该陌生人的某些特征符合人们印象中"好人"的形象,则人们可能会高估该陌生人是"好人"的可能性。基于以上心理学的假设,投资者会错误地认为股票收益的变动有两种固有的模式(而在实际上股票价格的变动是随机的)。一种模式是均值回复型的(mean-reverting),当投资者认为市场处在这一模式下时,他们会认为当前股票价格的变化只是一种暂时的现象,因此,投资者并没有根据收益的变化充分调整自己的股票组合,而在当后来的实际收益与投资前的预期不符时,他们才重新做出调整,从而导致股票价格的滞后调整,产生反应不足的现象;另一种模式为趋势型模式(trend),当投资者认为市场处在这一模式下时,他们会认为当前股票价格的变化是趋势性的,从而导致股票价格变动的过度反应。

(六)羊群效应模型

1.外生排序羊群行为模型

1992 年,Banerjee 提出了外生排序羊群行为模型,对投资者发生羊群行为的内在机理作了理论分析和解释。

Gul 等提出了内生的决策顺序下的羊群行为模型。在 Banerjee 提出的外生排序羊群行为模型中，投资者的决策顺序是外生的。实际上，由于每一个投资者所掌握的信息精度不同，由于后行动的投资者能够观测到先行动的投资者的投资行为，从而部分推断出先行动的投资者的私有信息，所以，拥有较少信息的投资者将有动力推迟行动，以便从先行动的投资者所产生信息的正的外部性中获利。拥有较多信息的投资者将先行动，即投资者行动的行动次序是由其所掌握的信息量决定的。

2. 声誉羊群行为模型

Scharfstein 等提出了声誉羊群行为模型，阐述了委托—代理关系下的基金经理发生羊群行为的内在机理。委托—代理关系下的基金经理出于对自身声誉的考虑，会采取跟随潮流的做法，表现出羊群行为的特征。

【本章小结】

有效资本市场是指一个证券价格能够根据新信息的出现而迅速进行调整的市场，而现行的证券价格能够反映有关证券的全部信息。

统计研究表明，股票价格的运动似乎都遵循随机游走的方式，不存在可以让投资者利用的有明显可预测的模式。

按照信息在股价中的反应程度，可以将市场效率状态划分为三个层次：弱式有效、半强式有效和强式有效。

20 世纪 80 年代以来，以实验心理学为依据的行为金融已经对有效市场假说提出越来越多的挑战。

不同于 EMH 的投资者理性前提假设，行为金融以投资者的有限理性为前提，分析投资者心理和认知偏差对资产定价的影响。其中代表性的理论有前景理论、噪声交易模型、DHS 模型和羊群效应模型等。

Section 4

普通股

普 通 股

第10章 普通股的特征

【学习要点】

1. 了解与普通股相关的公司组织形式；
2. 掌握普通股的性质和特征，了解普通股的种类；
3. 了解普通股的收益和实现形式，掌握除权、除息后普通股股价格的计算；
4. 了解我国证券交易所的股票交易和报价。

普通股比固定收益证券如债券，更易于描述，但更难以分析。几乎所有的固定受益证券都有一定的期限，而且对投资者来说都有一定的现金支付上限；而普通股则没有固定的到期日也没有这种现金支付上限。虽然对这两种证券的基本估价原则是相同的，但普通股具有更大的不确定性，而且这种不确定性甚至超过了股票定价中的所有其他因素的作用。

普通股代表资本权益，或者说代表了对一个公司的所有权，它是一种剩余求偿权，意指公司债权人和优先股股东必须安排在普通股股东之前优先得到偿付。在公司倒闭时，普通股股东原则上只能分享在公司清偿完所有债务以后所剩余的财产。

股份公司这种组织形式的最大优点在于它的股东只对公司承担有限责任。普通股一般是“全额付款和非追缴的”，意思是说普通股股东可能会失去他们最初的原始投资，但也仅此而已，不会再多。亦即，如果公司无力偿付债务，股东不会被强迫要求去偿还这些债务。但是，如果公司因清偿能力不足而倒闭，则公司股票可能会变得一文不值，而股东就会损失其原先用于购买股票所支付的全部金额。

10.1 公司的组织形式

公司只有被颁布了营业执照或注册证书等文件以后才告成立，这些文件载明了公司股东的权利与义务。在得到大多数股东或2/3股东表决同意以后（一般是每股一票），这些文件可以进行修订。不过，文件的原条款和修正条款都必须得到公司所在地政府的同意方能生效。

10.1.1 股票证书

公司股票的所有权是由一种单独的股票证书所代表的，证书上载明了投资者所持有的股票数目。这种股票证书一般须注册并标明股东的姓名、地址以及所持有的公司账面的股份数。根据股东持股量的大小，公司将股息、表决材料、年度或季度报表以及其他的邮寄材料直接寄给投资者。

在股票发行公司，或者更一般的，在其指定的过户登记代理商的帮助下，股东可以将其持有的股份转移给新的投资者，此时，代理商就会注销原来的股票证书而向新股东颁发一张新的股票证书。不过，这“一注一发”一般应到负责登记股票的信托商确认是否按正常手续办理的。通常是银行和信托公司充当这种转移登记代理商（transfer agent）和信托商（trustee）。实践中，许多股票持有者并不使用这种复杂的程序而是用托管方式来实现股份的转移，并用计算机记录来代替印制的股票证书。

谁是我国最早发行股票的企业？对此有习惯的说法，认为是深宝安、北京天桥、上海飞乐。其实都不是，最早发行股票的是抚顺红砖。

20 世纪 80 年代初，经济开始恢复发展，抚顺红砖一厂年产量 800 万块红砖已不能满足市场 2300 万块的需求量。如果扩大生产能力，需资金 1800 万元。如何筹资呢？此时中国人民银行抚顺办事处向市建委、市人行报告，要求发 180 万股票来解决。市建委觉得此法较好，建议发 280 万股票。1979 年 10 月 20 日和 12 月 27 日，市领导两次召集有关人员开会研究发股票之事。与会人员也表示同意，会上原则达成购股 260 万股。

1980 年 1 月 1 日红砖股票正式发行。1 月 28 日有 200 多家企业认购，280 万股票认购一空，大功告成。新中国改革开放后最早的股票问世了。但是由于种种原因，红砖股票没有上市。

以后全国各地又先后发行了成都工展股票（1980 年 4 月，后改为蜀都股票上市）；深圳宝安股票（1983 年 7 月）；北京天桥股票（1984 年 7 月）和上海飞乐股票（1984 年 11 月）。

至此，新中国第一张股票暨第一批股票正式诞生了。当时，谁也没有料到这批星星之火的股票，会对中国经济产生如此之大的影响，这真是一个奇迹。

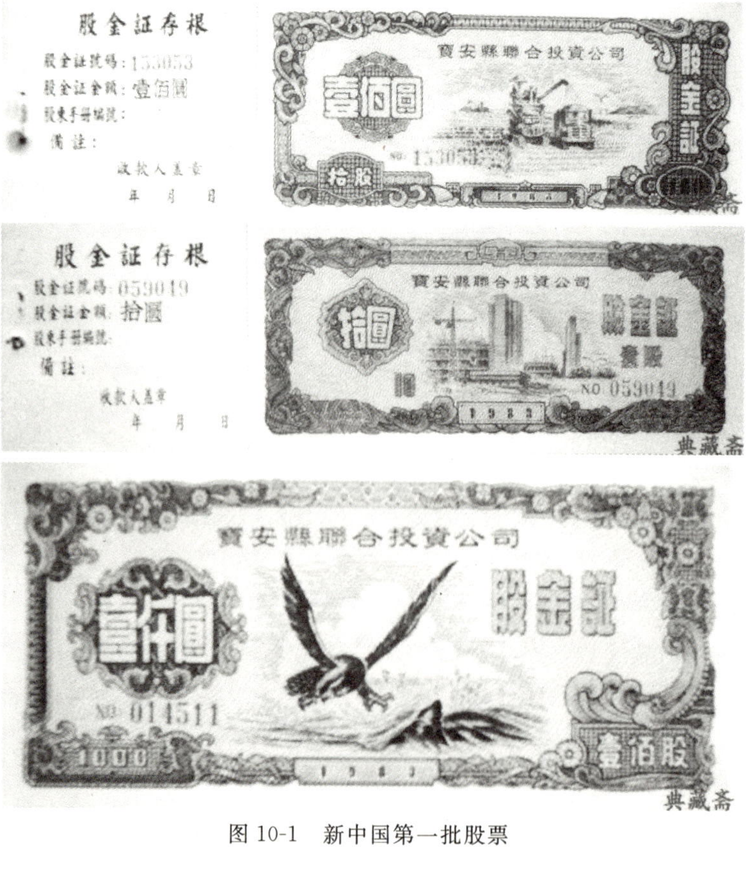

图 10-1　新中国第一批股票

10.1.2 表　决

由于任一股票持有者都是公司的一个所有者，因此，就有权对公司在年会上提出的事宜以及公司董事进行投票表决。任何股东都可以亲自参加并投票，但大多数股东还是选择通过代理人的方式进行表决。在职董事和高级管理者通常征求所有股东，要求他们签署一份代表声明书，声明书（或称委托书）授予该声明书中规定的一方对公司年会中提出的任何事宜进行表决。通常，股东们还被要求在声明书中写明他们对某些特定问题的态度。在绝大多数情况下，执行董事们通过声明书或委托书，可以掌握各方面的态度，又由于绝大多数的表决已通过委托书的形式被执行董事们控制，因此，表决实际上往往只是敷衍而已，很少出现争执或差错。

专栏 10-1

但斌：我所经历的 2007 年伯克希尔哈撒韦股东大会①

奥玛哈的酒店早已被订满，下手晚了，没办法只能住在 51 英里以外、我们在美国中西部电影中常看到的高速公路旁的汽车旅馆中。

凌晨 4 点多钟起来，冒着瓢泼大雨，伴随着惊天地的雷声我们向奥马哈的 Quest Convention Center 进发。闪电划过长长的夜空，照亮了广袤的中部大平原的夜晚，有些仿佛就打在车前，让人感叹大自然神奇的同时也有些惊恐。看资料说美国大平原地区干旱少雨，年均降水量不到 20 英寸，没想到我们来的两天能下这么大的雨。到 Quest Convention Center 已经 6 点多，门口已排起了长长的队伍，没有伞只能站在大门口的屋檐下，心想起得这么早算白辛苦了，只能最后一个进去了。

7 点 30 分，大门打开，一个朋友反应极快，伸手去推一个残疾人的车，美国对残障人士的关怀真是无微不至，商场、博物馆和餐馆等公共场所都有专用的残障人士通道和座位，这样一个场合也不例外，残疾人及其伙伴可以先进去。这个聪明的中国式的举动，让坐在轮椅上的老太太连连摇手，但借机我们差不多第一批进到了会场里面。也许是靠近巴菲特的愿望过于强烈，我们有些惭愧地原谅了自己这种中国式的小聪明。不过，这种事如果发生在中国，排队的人肯定大喊大叫了，利益大一些的事，比如 1992 年深圳股票风波，排号都不行，为了不让插队，不分男女抱在一起，但最后还是被银行内部人先下手为强，拿走了部分抽签表，导致风波发生。

冲进会场，我们占据了差不多最靠前的位置。美国人占位置很简单，拿起事先放在座位上的纸，将写有"预留座位"一面往椅子背上一黏就是你的了，如果想多占位置，拿起透明胶布将几个位置粘在一起也算你的了，甚至是任何一样东西只要放在座位上位置就是你的，之后，你人离开，也不会有人来占你的位置，没有我们中国常见的争抢位置时的纷争。差不多 9 点多钟，大会开始，与以往一样先是放映由巴菲特女儿拍摄的宣传影片，片中最幽默诙谐的是一段巴菲特与 NBA 骑士队的球星"小皇帝"詹姆斯比赛篮球的片段，你能想象老巴一身短装打扮、运球过詹姆斯上篮得分的情景吗？片后，更有

① 原题为《奥玛哈今夜星火灿烂》，http://blog.sina.com.cn/s/blog-4a78b4ee0100074u.html.

趣的是，巴菲特从幕后走出，弹着吉他与另一位吉米·巴菲特，一位著名歌手吟行高歌，相比我曾经经历过的无数次的股东大会，唯有这次充满了嘉年华的气息，可能世界上也许只有巴菲特的股东会，才有如此丰富的想象力，而他的股东们也乐于如此享受整个过程。

两万多人的体育场里座无虚席，每块区域都有一个提问话筒，按顺序轮流提问。过去几年东方港湾的同仁都翻译了股东大会问答录，但比起像摩根士丹利的译稿还是差了很多，从现场的感受看，除非是在北美生活很多年，而且愿意了解当地的风土人情，理解语言背后的寓意，否则，你只能看着美国人哈哈大笑，一无所知。巴菲特幽默，但芒格更幽默，差不多每次只要芒格一发言，会场就会哄堂大笑。巴菲特 76 岁、芒格 82 岁，除去中间休息的一个小时，两位老人回答问题的时间差不多有 5 个小时，我们到了他们这样的年龄也能保持如此敏捷的反应力吗？但愿，上帝还能给两位老人足够长的时间——10 年还是 20 年，也许辉煌人生的最后时光，对智者而言贡献最大。

整个提问环节，其中有一个印象最深刻。伴随 4 位印第安少女吹奏着民族乐曲缓步走向主席台，一位女士哭着提问，希望巴菲特旗下的太平洋电力公司（巴菲特 2006 年收购）拆除一条河流上的 6 座用来建水电站的水坝，因为它导致溯流而上的鲑鱼丧失了洄游地与产卵地，也破坏了当地的生态环境。另外一位女士也提了同一个问题，大坝的建立，让她以捕鱼为生的丈夫的生意额下降了 90%，濒临失业。

会后，巴菲特与芒格要面见 600 多位国际投资者。轮到我们进去见面签字时，我们告诉他："您在中国有很大影响力，您看待财富与处理财富的方式影响着很多人，您应该来中国看看，中国会非常欢迎您！"他回答说："我 1995 年，和比尔·盖茨一起到过中国，今年 10 月份，我也许会再到中国去。"

华灯初上，恬静的奥玛哈因 27000 名财富的拥有与支配者的到来而略显热闹。今夜奥玛哈不仅拥有巴菲特与芒格，还拥有全世界最富有的人伯克希尔董事——比尔·盖茨，但今夜的奥玛哈在我的心里，并不因财富而受世人关注，它因一位富有远见、无私、高尚的智者，一位朴素的老人，而让它的夜空星光灿烂。

10.1.3 代理权斗争

在股份公司中，偶尔也会出现代理权斗争问题。在这种情况下，公司外部的反对者会要求委托人对执行董事们投反对票，通常是为了公司接管一类的事。此时，股东们往往会接到大量的材料和请求代为委托的呼声。虽然董事们往往能获胜，但由于他们还是害怕在这种斗争中失败，这种可能性就在一定程度上限制了董事们对股东的某些明显不利的行为。

当投资者对议案进行表决时，他所能投的票数等于他所掌握的股票数。因此，在举行"是"或"否"的投票时，任何掌握多数股票的人都能确保其意愿得以实现。然而，在选举公司董事时，却有两种投票方法：一种称为累积选举法，另一种称为多数选举法（也称直接选举法）。在累积选举法中，掌握公司多数股票的人并不能完全控制投票结果；而在多数选举法中，掌握多数股票的人就可以完全控制投票结果。

无论采用哪种选举方法，选举获胜者都是选举中获得票数最多的候选人。如果有 6 个候选人竞争 3 个董事职位，则 6 人中票数最多的前 3 人将当选。

多数选举法　在两种选举方法中，一个股东所拥有的股票权数应等于被选举的董事数乘以该股东持有的股票数。但是，在多数选举法中股东对任一候选人所投的最大票数只能等于他所持有的股票数。例如，要选举3位候选人，一个持有400股的股东就拥有1200个表决权，但对任一候选人最多只能投400票。注意，如果公司有1000股在外流通股，而某个股东拥有或被委托有501股，则该股东就可以对他所赞成的3位候选人各投501票。这样，他就肯定这3名候选人被选上，而无论其余499股的股东怎样投票。那些持有多数股票股东所赞成的每位候选人就可以获得501票而其他每位候选人最多只能获得499票。因此，在多数选举法下，任一持有超过50%股份或委托书的股东就可以确保他赞成的候选人当选。

累积选举法　累积选举法与多数选举法不同，在该方法下，股东可用任何方式使用其拥有的选举权。这样一个持有少数股票的股东，只要其持股数达到一定的量，也可以确保他在董事会中获得一定的代表性。以上面的例子来看，一个持有400股股票的股东就可以将其拥有的1200票全部投给某一位候选人。假设他项候选人A，而另一个持有501股的股东却想选举B、C和D。在这种情况下，这位持有少数股票的股东就可以将他拥有的1200票全部投给A并能确保A是当选的3位候选人之一，而不管其余持有多数股票的股东怎样投票。为什么呢？因为即使持有多数股票的股东拥有剩下的全部600股股票，他也只能拥有1800票表决权，这样，无论如何投票，候选人A所获得的总票数不会少于第二名。原因是候选人A获得1200票，而剩下的1800票无论以什么方式分给两位候选人也无法使他们的得票数同时超过1200票。所以，持有少数股票的股东可以确保候选人A当选而持有多数股票的股东只能确保两人当选。

在累积选举法下，一个股东要确保一定数目的候选人当选，他所必须持有的最高股票数量是多少呢？一般的，用下列公式可以计算出来：

$$N=ds/(D+1)+1 \tag{10.1.1}$$

式中，N——必须拥有的最小股票数；

d——该股东希望选出的候选人人数；

s——在外流通的股票总数；

D——需要选出的总的当选人数。

以上例来看，若有1000股在外流通股，总共要选举3位候选人，一个股东要确保他所赞成的一位候选人当选，则他所拥有的最小股票数为251{$251=[(1\times1000)/(3+1)]+1$}。在上例中，少数股票股东持有400股，因此，依据公式，就能确保某位候选人当选。如果要确保有两个所赞成的候选人当选，则就必须拥有501股{$501=[(2\times1000)/(3+1)]+1$}，而要选出3位候选人，则必须拥有751股{$751=[(3\times1000)/(3+1)]+1$}。

总之，累积选举法给予了持少数股票的股东在董事会中选举一定的董事代表的权利，条件是只要他们拥有的股票达到一定的数量。相反，在多数选举法下，持有少数股票的股东没有这种权利，即使他们拥有49.9%的股票数也是如此。

目标企业的管理层则会迅速做出反应，他们通过做广告、信函等方式力劝股东们反对这项收购。毒药丸子(poison pill)就是公司用于防御收购的战备之一，即被收购的公司给予其股东一定的只能用于恶意收购发生时行使的权利，此种权利一旦实行，将使收购变得极为艰难。有些人认为毒药丸子战略只是管理者为了保证其职位而采取的行为，而另外一些人则认为该战备提高了与收购方讨价还价的能力。至于毒药丸子战略是否有利于股东的利益，到现在为止仍未有定论。

专栏10-2

新浪的毒丸计划[①]

新浪是目前中国最具影响力的门户网站，盛大是目前中国最大的网络游戏运营商，两家公司都注册于英属开曼群岛，并均在美国纳斯达克证券交易所上市。2005年2月19日上午，盛大声明，截止到2月10日，盛大已斥资2.30亿美元购进新浪19.5%的股权，并表明此次收购新浪股票的目的是一次战略性投资。盛大将会采取各种方式增持新浪股票，以获得或影响新浪的控制权。

针对盛大的恶意收购，新浪随即抛出“毒丸计划”。计划声明：对于3月7日记录在册的新浪股东，他所持的每一股股票，都能获得一份购股权。如果盛大继续增持新浪股票致使比例超过20%时或有某个股东持股超过10%时，这个购股权将被触发。而此前，购股权依附于每股普通股股票，不能单独交易。一旦购股权被触发，除盛大以外的股东们，就可以凭着手中的购股权以半价购买新浪增发的股票。这个购股权的行使额度是150美元，就是说每一份购股权能以半价购买价值150美元的新浪股票。从现在看，由于股票价格未能确定，因此购股权数也不能确定。但是一旦计划实行，将大大增加新浪的股本数，这样可将盛大的股权比例稀释，从而失去控股地位。从实际结果看，盛大公司于2006年11月宣布出售370万新浪股份，持股比例将从19.5%减为11.4%，这意味着盛大放弃对新浪的控制权，新浪的毒丸计划产生了预期的效果。

毒丸计划是由著名的并购律师马丁·利普顿于1982年发明的，他在1982年首次利用毒丸计划帮助EI帕索公司防御了通用美洲石油的收购。常见的毒丸计划有负债毒丸、人员毒丸、优先股毒丸。而新浪制订的毒丸计划属于后期股权计划，该毒丸计划提供了发行股票的购买权利，在公司被收购时，允许特有人以较低的特定价格购买股票。收购方盛大交互娱乐有限公司和被收购方新浪网都是在美国纳斯达克上市的公司。新浪采用“毒丸计划”反收购措施为美国法律所允许。但“毒丸计划”并不是万能的，辩证地来看，有利也有弊。

(1)毒丸计划的优势与缺陷。毒丸计划的优势在于，除表决权计划以外的其他毒丸计划可有效地阻止强迫性双重要约收购和部分要约收购。表决权计划则通过阻止要约人取得表决控制权而防止了(收购后)股权问题。但同时，毒丸计划也有自身无法克服的缺陷，对公司而言是一把双刃剑。

(2)适用上的便利性和广泛性。相比其他反收购手段，毒丸计划无疑是最便于使用的。首先，毒丸计划是目标公司单方面的防御措施，它不必如“白衣骑士”或相互持股一样，需要借助其他公司来摆脱被收购的境地。其次，毒丸计划对敌意收购的反应是最快的，一旦收购方收购目标公司股份达到一定比例，毒丸计划即可启动。

(3)实施毒丸计划很可能激化管理者和股东之间的利益冲突。毒丸计划提高了收购成本，对股东而言是有利的，然而，管理层则可能利用毒丸计划来防御收购以确保其

① 王卫东. 盛大难以破解新浪“毒丸”. 南方周末，2005-03-03.

对公司的管理权。在这种情况之下，毒丸计划无疑强化了管理者的利益。目前对公司管理层的约束机制，都不能有效解决公司治理结构中的这种利益冲突，很可能对公司股价造成负面影响。

10.1.4 公司接管与收购

常常会有这种情况，当某个公司或某个机构投资者确信另一个公司的管理者未能充分发挥该公司的盈利潜力时，就会试图对它进行收购或接管(takeover)。收购通常是通过投标人(bidder)向目标企业(target firm)发出收购要约进行的。在投标或报价宣布之前，投标人一般会通过经纪人(经纪公司)在公开市场上购进目标企业的一定数量的股份(一旦购进股票数量达到总股本的5%时，收购方必须在规定期限内向交易所和证监会报告，而后公开发布相关信息)，然后在市场上公开投标的价格，以进一步大量收购目标企业的股份。收购者会将收购股票的广告登载于相关的金融报刊上(有时收购者会用自己公司的股票代替现金来进行收购)，并将有关材料寄送给目标公司的股东。投标人一般会提出以一个固定的价格购买目标企业现有股东手中的部分或全部股票，报价则一般依据在某一日期之前必须购到的最小股份数量而定。如果是第一次报价，投标价格往往明显高于市场价格，其后果是导致市场价格进一步上扬。

烹饪爱好者王静的最大梦想就是拥有一套“双立人”(ZWILLING)刀具和一套“特福”(TEFAL)平底锅。在北京赛特购物中心，一个普通特福平底煎锅的售价是1278元；而在苏泊尔官方网站上，一个同样规格的煎锅价格为119元。

现在，前者正要完成对后者的收购。特福是具有百年历史的世界炊具业巨子——法国SEB国际股份有限公司(SEB Internationale S. A. S.，下称SEB)的旗舰品牌，有“炊具中的贵族”之称。苏泊尔股份有限公司(深圳交易所代码：002032，下称苏泊尔)则发迹于中国浙江农村，由苏增福、苏显泽父子于1994年创立，以代工起家而成长为中国炊具业龙头。尽管中国不再张开双臂拥抱外资，这桩中国“灰姑娘”与“法国贵族”的联姻最终仍获得了中国监管部门的同意。11月20日晚，苏泊尔发布公告称，由SEB发起的要约收购已获得中国证监会“无异议”批复。自2007年11月21日至12月20日收购期限内，SEB将以要约方式收购苏泊尔所有股东不高于4912.2978万股的股份。

根据公布的《要约收购书》，此次要约收购价格为每股47元，所需最高资金约为23亿元。如能顺利实现4912.2978万股的收购上限，则交易完成后，SEB将持有苏泊尔1.13亿股份，占其定向发行后总股本的52.74%，成为苏泊尔的绝对控股股东。消息公布之后的11月21日，苏泊尔股票开盘即由停牌时的每股43.00元涨至46.89元。

10.1.5 所有权与经营权

关于现代股份公司中所有权与经营权的分离，许多学者进行了很多卓有成效的研究，这种分离产生了我们所谓业主—代理人问题。在特定意义下，股东可以看作是业主，而管理者则是被雇用的代理人。代理人理应做出经营决策以达到股东权益的极大化(这一点可以从公司股票的价格上反映出来)。如果股东们可以不花任何代价就能对经理进行有效的监督，则这种业主—代理人关系就不会产生任何问题，因为股东可以判断经理们是否按他们的最大利益的方式来经营的。然而，监管是有成本的，而且试图对任何一个决策都进行完全的监督在实践中也是不可能的。因此,监管只能是一定的而非完全的。这就给经理决策时留下了很大的自由度,使得经理的某些决策就可能不符合股东的最大利益。不过,由于存在代理权争夺和企业收购与接管的可能,在一定程度上节制了经理的过分不良行为。

为使管理者的利益与自身的利益一致,股东往往给管理者某些激励。例如股票选择权就是一种形式,这种选择权被发放给公司某些高层管理者,允许他们在某个时期以前以某个事先确定的价格(该价格往往高于选择权发放时的股票市价)购买一定数量的本公司股票,这样就能激励经理们努力经营,以最大限度地使公司股价提高。甚至,通过给予他们相对较长的选择权有效时间,促使经理们从长远的角度来进行经营管理。

10.1.6 公司管理

当前,像养老基金、捐赠基金和投资基金等大机构持有大部分企业的股份。当这些机构投资者认为管理者的决定有损于他们的投资价值时,可以随时进行否决权。对于机构投资者所值得倡导的这种股东和公司管理层之间的关系可以用公司治理(corporate governance)这一概念进行概括。较为典型的有,一个为机构投资者所创立的组织,如美国的机构投资者会议(CII),总资产在10000亿美元以上,就是一个集中机构投资者,共同协商方案以促使其作为股东的权益进一步得到管理者保护的组织。

正是依靠公司治理的帮助,CII等机构投资者才能更有效地保护自身的利益。在这些机构投资者的压力下,一些公司的总经理或首席执行官进行了调整,甚至在重组董事会时将权力交给局外人。

许多公司开始直接与所在的机构投资方进行沟通。尽管,在代理权的斗争中,机构投资者并没有占到很大的优势,但在年度股东大会上他们的目标往往能够得到较好的满足。在年会上,机构投资者一提出公司管理的议案就能对管理层起到威慑作用,迫使后者做出让步。机构投资者们还列出那些经营不善的企业的名单,并施加压力促使其进行改革。

在取得一定范围的胜利后,机构投资者又将公司治理这一策略推广到全球。在欧洲和日本甚至中国等国家,企业一般都保护管理者的权利而剥夺股东的权利,机构投资者面临着新的挑战。相比美国,大股东在争取其权益的同时仍继续深化保护措施,例如:执行者赔偿、董事会的独立和代理权争夺中的秘密投票。至于机构投资者究竟在多大程度上参与公司的经营决策,而股东的利益是否真的因此而得到提高,这仍然属于人们争论的话题。

专栏10-3

耶鲁大学基金会①

耶鲁大学基金会是中国首家获批QFII资格的大学基金会。目前国外一些著名大学通常设有投资基金,包括大学基金会、私人中学基金会和由其他机构和个人捐赠而形成的基金会,其中耶鲁大学基金主要由校友捐赠,现在管理着140亿～150亿美元的资产,在美国大学基金会中排名第二。美国管理资产最多的大学基金会是哈佛大学基金会。

---

① 李利明. QFII独一家——耶鲁基金会投资目标解码. 经济观察报,2006-04-22.

这类基金会一般是非独立的法人，多数隶属大学机构，一般由大学自己管理，大学会派出一个投资委员会负责基金投资决策。目前耶鲁基金会的投资市场分布在全球各个市场，投资品种涉及股权投资、指数投资、股票投资和私募投资等各个方面。与华尔街基金不同的是，这些基金并不以盈利为最大的目标，而是满足校友和其他捐赠者一定目标的回报，例如通过基金投资回报支援大学的学生奖学金、教授研究基金、兴建实验室和教学大楼等。

在耶鲁基金会中，就有中国证监会前副主席史美伦的 75 万美元的捐赠，被归入基金会所有资产统一管理，因为史美伦捐赠的条件之一是每两年资助一个中国学生在耶鲁读 MBA，所以在特定阶段，每隔两年基金会就会从基金本金和收益中拿出 10%（一年为 5%）来资助一个中国学生来耶鲁学习。

具体运作中，基金会并不自己买卖股票，而是把资金分配给投资公司、指数公司去运作，要求这些公司能够提供一个最低的收益，然后由这些公司把资产和收益目标层层分解下去。除关注股票市场投资外，耶鲁大学基金会也关注私人股权方面的投资。在这之前，普林斯顿大学基金已经通过参股启明投资创投公司，开始在中国风险投资领域和收购领域展开运作。

总之，为了维持资产不断地增值保值，基金投资目标不是收益最大化，而是风险较低、稳定和不断增长的回报。

10.1.7 股东权益

股票面值：股份公司在注册之初，获准发行一定数量的普通股股票，而每张股票通常都标明特定的面额。按法律规定，公司可以不向普通股股东支付任何报酬，如果这样做将使资产负债表中股东权益低于在外流通股的面额总和的话。正因为如此，股票的面值一般比其最初的售价要低，某些公司甚至还发行无面值股票（此时，必须以一个登记价值来代替股票面值）。

当股票最初售价高于其面值时，差额部分必须在账本的股东权益项下单独登记，通常使用的科目是“股票溢价”或“实收资本”；股票面值用单独的账户登记，一般就是“普通股”，其金额就是在外流通的股票面值总额（对无面值股票，就是登记价值总额）。

账面价值：公司经营一段时间以后就会产生收益，其中一部分作为利息付给了公司债权人，另一部分作为股息付给了股东，剩余部分则记到公司账户的“留存收益”科目中。公司账户中股东权益下的“留存收益”科目与“普通股”和“股票溢价”等其他权益科目的余额之和，就是权益的账面价值（book value of the equity），而该价值除以在外流通股的股数就是每股账面价值（book value per share）。

分类股票：按表决权的有无或大小，普通股可分为 A 类普通股和 B 类普通股。A 类普通股是对公众发行的，可参与利润分红，但没有投票权或只有部分投票权；B 类普通股是由公司创办人持有的，具有完全投票权的股票。创办人通过发行 A、B 两种不同类型的普通股可以用较少的投资控制公司。例如，加拿大的普通股就其所享有的表决权可分为无表决权、次表决权、限制表决权和完全表决权四种。香港的做法是，A、B 类股票的投票权一样，但 B 类股票的面额只相当于 A 类股票面额的 1/5 或 1/10，从而同样可以达到以较少的资本控制公司的目的。我国 A 股和 B 股与以上所介绍的不同。我国发行的 A 种股票，是指人民币股票，是公司经过特定程序发行的、以人民币标明面值供境内居民以人民币购买、并在境内证券交易所上市交易的股票。B股是指经国务院证券委员会批准，采取记名股票形式，以人民币标明面值，以外币认购和买卖，在境内证券交易所上市交易的由境内股份有限公司在境内发行的外资股。而且，我国的普通股目前还没有以上所说的表决权有无或大小之分，一律实行同股同权。

10.2 普通股的性质和特点

股票是股份公司为了筹集资金发给股东作为其投资人入股的证书和索取股息的凭证，其实质是公司的产权证明书。它是一种有价证券，一种虚拟资本，股票本身没有价值，但它却可以促使财富的集中。股票仅代表股份公司的资本。

10.2.1 股票的性质

（一）收益性

股票的收益性表现在两个方面：一方面，持有者凭借其持有的股票，有权按公司章程规定从公司领取股息和红利，其多少取决于公司的经营状况和盈利水平。一般情况下，投资股票所获得的股息和红利应高于银行储蓄的利息收入，也高于债券的利息收入。另一方面，股票持有者还可以获得相应的资本利得和资产增值，通过低买高卖赚取股票差价收入。在货币贬值时，股票则会因公司资产的增值而升值，有时股票持有者还会以低于市价的特价甚至无偿获取公司配发或增发的新股。

（二）风险性

股票的风险性与股票的收益性相匹配。认购股票使投资者有可能获取较高的投资收益，同时也要承担较大的风险。通常情况下，股票投资有两大类风险：一是由股票发行公司本身引起的风险，主要表现为股份公司经营亏损和破产的风险。轻者将导致股票投资者的收益降低，重者则有可能使股票投资毫无收益，甚至还会吞没本金。二是由股票价格波动产生的风险。导致股票市场价格波动的因素很多，既有正常波动，也有非正常波动。当股票市价下跌时，就意味着本金有遭受损失的风险。

（三）流通性

股票作为一种资本证券，是一种灵活有效的筹资工具和有价证券。其本金虽不能中途返还给投资者，但可以转让、抵押和买卖流通。实际上，股票的这种流通性是股票能够迅速变为货币而不致遭受损失或减少损失程度的一种保障。持有股票类似于持有货币，随时可以在股票市场兑现。股票的流通性促进了社会资金有效利用和资源的合理配置。

（四）稳定性

股票的稳定性包括两个方面的含义：一是股东与发行股票的股份公司之间存在稳定的经济关系；二是通过发行股票筹集到的资金使公司有一个稳定的存续期间。由于股票是一种没有偿还期限的法律凭证，因此，它使股东与公司之间建立了长期稳定的关系。投资者一旦购买了股票就不能退股，在股份公司的合理合法存续期间内其发行的股份也必然是一直有效存在的。换句话说，股票代表了股东的永久性投资，他只有在股票市场上转让股票才能收回本金。对于股份公司来说，由于股票始终在市场上交易流通而不会轻易退出，通过发行股票所筹集到的资金对于股份公司来说是一笔稳定的自有资本。

(五)波动性

股票作为市场上的一种交易对象，同其他交易对象一样，也有自己的市场行情和市场价格。股票的价格由股票收益与市场利率的对比决定，同时与股份公司的经营状况和盈利水平密切相关。此外，股票价格还会受到国内外经济、政治、社会以及投资者心理预期等一系列因素的影响，因此，与普通商品的价格特征不同，股票价格大起大落的波动性更为突出。股票价格的波动性一方面成为吸引投资者的亮点；另一方面，也成为股份公司改善经营管理、努力提高经济效益、增强公司竞争力的一个重要激励因素。

(六)参与性

根据《公司法》的相关规定，股票持有者作为股票发行公司的股东有权出席股东大会，选举公司的董事会，参与公司的经营决策。股票持有者的投资意图和享有的经济利益，通常是通过股东行使参与权而实现的。股东参与公司的经营决策的权利大小，取决于其持有的股份性质和数量。股票赋予其持有者参与公司经营决策的权利，对于建立一个相互制衡、科学合理的现代化公司治理结构具有重要的意义。

(七)伸缩性

股票的伸缩性是指股票所代表的股份既可以分割，也可以合并。当公司利润扩大或股票价格上涨时，投资者购入每单位股票所需资金就会增多，这将导致市场交易量的萎缩。在这种情况下，股份公司可以采取分割股份的方式使单位股票的价格降低，从而争取更多的投资者，扩大市场交易量；相反，如果出现公司资本减少、公司合并或者股票价格过低时，则可以将若干股票合并成较少的几股或一股。

10.2.2 股票的种类

现实中，我们可以将股票划分为不同的种类。

(一)按股东权利划分，股票可以分为普通股和优先股

普通股是公司发行的一种基本股票，具有股票的基本特征。普通股股东通常享有以下的权利：盈余分配权、资产分配权、表决权、选举权、优先认股权、股份转让权、对董事的诉讼权等。由于其股息随公司利润的大小而增减，所以普通股也是风险最大的股权形式。普通股最重要的两个基本特征是剩余索取权和有限责任。剩余索取权意味着当公司的资产被清算时，普通股股东只有在满足了税务部门、公司雇员、供应商、公司债券持有者以及其他信贷者的索取权之后，才能对公司的剩余财产拥有索取权。当然，有限责任也保证了公司倒闭时普通股股东最大的损失也就是其初始的投资。

优先股是相对普通股而言的，主要指在利润分红及剩余财产分配权利方面优先于普通股。一般来说，优先股股东没有选举及被选举权，对公司的经营没有参与权。优先股的类别按照累计与否，分为累计优先股和非累计优先股；按照参与与否，分为参与优先股和非参与优先股；按照可转换与否，分为可转换优先股和不可转换优先股；按照可收回与否，分为可收回优先股和不可收回优先股。优先股类似于永续债，定价可参照永续债定价模型。目前，我国主要以金融企业为主展开优先股试点。其中，商业银行成为首批试点单位。在商业银行

的资本结构中，次级债与优先股比较相似，故优先股票息也可参考次级债票息。

从美国优先股制度演变过程可以发现，优先股的产生、制度的初步建立、大危机过后优先股制度陷入困境到优先股制度的改进和逐步完善都是特定历史经济背景下的产物。优先股的雏形就是源于美国铁路大建设时期需要巨额的资金支持，前期资金投入多，同时建成后有实际收益这样的经济环境。之后优先股发展、完善的过程都是与经济发展紧密相连的。

我国引入优先股的意义是从融资角度看，发行优先股能够在实现股权融资的同时不稀释控股权。当股票市场处于下跌行情时，发行优先股能够在特定融资环境下增大融资成功的几率。从投资角度看，优先股是一种风险小、收益高的投资工具，其投资风险较普通股小，较债券大，股息收益较债券高，有利于稳健型机构投资者投资。

我国优先股还处于试点中。初步定为发行主体的普通股为上证 50 指数成分股；上市公司公开发行优先股，最近三个会计年度实现的年均可分配利润应当不少于优先股一年的股息；发行主体公司的章程需采取固定股息率；在有可分配税后利润的情况下必须向优先股股东分配股息；未向优先股股东足额派发股息的差额部分应当累积到下一会计年度；值得注意的是，虽享有各种优惠条件，但优先股股东不能参与公司经营管理的决策，对公司重大事件没有表决权，但某种特定的情况下又拥有表决权。如讨论优先股股东权益的事项时，优先股股东有权参加股东大会来维护自己的权利。

（二）按持有人划分，普通股可分为国有股、发起人股、社会法人股和公众股

（1）国有股（国有资产股股票），又称国家股股票，是指有权代表国家投资的部门或者机构以国有资产向股份有限公司投资形成的股份。国有股一般是指国家投资或经过评估并经国有资产管理部门确认的国有资产折成的股份。国有股的股权所有者是国家。国有股股权由国有资产管理机构或其授权单位、主管部门行使国有资产的所有权职能。国有股，也包含国有企业向股份有限公司转制时，现有国有资产折成的股份。

（2）发起人股，是指原发起人持有的尚未上市流通的股份。

（3）社会法人股，是指企业法人以其依法可支配的资产向股份公司投资形成的股票，或者具有法人资格的事业单位或社会团体以国家允许用于经营的资产向股份公司投资所形成的股票。社会法人股股票上应记载法人名称，不得以法人代表姓名记名。法人不得将其所持有的法人股份、认股权证和优先认股权转让给本法人单位以外的职工。

（4）公众股，是指社会个人或股份公司内部职工以个人财产投入公司形成的股份。公众股有两种基本形式，即社会公众股和公司内部职工股。股份公司公开向社会募集发行的股票即社会公众股。股份公司内部职工认购的本公司的股份即为所谓的公司内部职工股。按国家有关规定，公司内部职工认购的股份数额不得超过社会公众发行的股份总数的 10%。

按持有人的国别和身份，我国股票还可划分为 A 股、B 股、H 股和 N 股。A 种股票是以人民币标明面值、以人民币买卖、在境内上市的内资股票；B 种股票是以人民币标明面值、以外汇买卖、在境内上市的外资股票，具有与 A 股同等的权利和义务；H 股是指我国境内的企业在香港发行的股票；N 股是我国企业在美国发行上市的股票。N 股与 H 股等其他境外上市的股票的重要区别之一是，N 股通常采取美国存托凭证（American Depositary Receipts，ADR）形式上市。我国进入美国证券市场的企业，上市形式均为 ADR。

专栏10-4

2011年高盛宣布55亿美元赎回巴菲特所持优先股①

2011年3月19日，投资银行巨头高盛集团宣布，将会支付55亿美元赎回在2008年全球金融危机爆发时出售给沃伦巴菲特旗下伯克希尔哈撒韦公司的高盛集团优先股。

高盛集团表示，计划赎回伯克希尔哈撒韦公司及其部分附属公司持有的全部5万份G序列10%累积永久优先股，赎回价格为每份优先股11万美元，并支付应付和未付的股息。高盛集团确认的赎回日期为4月18日。根据2008年10月巴菲特获得这部分优先股时达成的协议，伯克希尔哈撒韦公司将继续持有43478260份高盛集团普通股认购权。

高盛集团周五的声明指出，本次的优先股赎回交易包括了一笔16.4亿美元的一次性优先股息派发，成本将计入高盛集团第一季度业绩报告。高盛集团表示，这将使得公司同期普通股每股可分配盈利减少约2.80美元。赎回交易还将包括从4月1日到赎回日为止的应付优先派息2400万美元，这笔款项将提前计入高盛集团第一季度业绩，并使得每股盈利下降4美分。

高盛集团同时表示，在预先股未赎回前，高盛集团每季度提供给伯克希尔哈撒韦公司的股息是1.25亿美元，这部分成本使得高盛集团2010年普通股每股盈利业绩下降了85美分。

巴菲特管理的伯克希尔哈撒韦公司在2008年以50亿美元的价格向高盛集团购入了这部分优先股，以帮助高盛集团增加资本额，并恢复市场对这个投资银行巨头的信心。高盛集团在此之前因为雷曼兄弟公司破产引发的金融危机中股价大跌，借贷成本激增。在接受巴菲特投资之后的一天，高盛集团成功进行了一次增股，获得57.5亿美元融资。

巴菲特在上个月致股东的信件中透露了高盛集团赎回优先股的交易，并表示，对高盛集团的投资每天带来超过100万美元的回报，不过警告说，“高盛集团有权在提前30天通知的情况下收回优先股，不过这一权力被美联储所限制(谢天谢地)，但是后者很有可能在不久之后解除这一限制。”数据显示，巴菲特的这笔投资每年获得派息超过5亿美元，媒体根据目前公开信息计算出的每天回报是1369863美元。

报道指出，美联储在周五向接受第二轮银行压力测试的银行通报了测试结果，并解除了部分银行在持有资本和股息派发上的限制。高盛集团除了获准赎回这部分优先股以外，公司高级管理人员必须保持90%个人持股的限制也一并得到了解除。

10.3 股票收益及其实现形式

股票投资的收益有两个来源：利息(包括股息和红利)和资本增值(又称资本利得)。利

① 资料来源：财经，2011-04-19.

息是股份公司使用股票投资者的资金而支付的报酬，也可看作是投资者资金的使用价格；资本增值是指投资人所持公司股票因价格上涨而获得的一个较大的价值差额。资本增值可分为两种形态：一是由市场炒作所推动的股票价格上涨，我们称为市场性资本增值，或投机性资本增值；二是因公司盈利能力提高而形成的股票价格上涨，我们称为公司性资本增值，或投资性资本增值。

10.3.1 利　息

利息包括股息和红利。

(一)股　息

1. 股息概述

股息是指股票持有人定期从发行股票的股份公司领取的一种盈利收入。股份公司通常在年终结算后，根据盈利的多少，将其中一部分作为股息分配给股东，这种分配主要是一投资入股的票面资本额作为标准的。一般来说，优先股股东可以按照规定的股息率优先取得股息，而且这个股息不受公司经营状况的影响。普通股股东的股息是在支付了优先股的股息后，再根据所剩下的盈利额来确定和支付，这个股息是不固定的，它随着公司盈利的增多而增加。股息通常是以股票面额的百分比来表示的，比如 100 元面额的股票，股息率为 15%，则每股每年可获得股息 15 元。许多普通股和优先股都支付股息。股息数额及派发时间都由董事会自行决定。大多数盈利公司通过发放现金股利与它们的投资者分享利润。处于积极扩张阶段的公司可能将利润的大部分或全部用于再投资以支持扩张，这类公司仅支付象征性的红利或者干脆不分红。

没有法律规定公司必须向其普通股股东分红，即使公司是盈利的。公司董事会可提高、调低分红比例或取消它。因此，对普通股分红是很灵活的。但公司总是力求维持较为稳定的分红，并在公司净收益增长时，增加红利。股息支付还可以用股票股利代替现金股利或是采用股利加红利的方式。

对股息收入的预期有时足以成为投资特定股票的判断依据，尤其是在投资收益高于储蓄账户或大额存单的回报时。能支付较高股息的股票被称作收益型股票(income stocks)。由于个人或机构对其回报率非常满意，因此这种股票很受欢迎。发行这种收益可靠的股票的公司通常处于稳定的行业，如公用事业和食品事业。尽管获取收益对许多投资者来说很重要，但是大多数投资者希望以资本利得(capital gains)方式赚取额外收益。

2. 股息的类型

股份公司派发股息有以下形式：

第一，现金股息。即直接用现金形式支付的股息。它是最常见、最普通的一种股息派发形式。在 20 世纪 60 年代，人们对现金股息并不重视，因为当时股票行市高涨，股票价格的增值比股息收入更为重要。自从股票行市看跌以来，现金股息日益受到投资者的重视，相比之下，人们更重视手头的现金。发放现金股息要求股份公司有足够的留存收益和现金。

第二，股票股息。即以增发股票的形式支付的股息。分派方法时以股东原来持有股份的比例来确定，使每个股东持股总额在公司发行的分配总额中所占比例不变。这种方式称为“无限增值”。派发股票股息主要是公司为了保留现金以便用于长期发展。

第三，财产股息。即以公司的其他证券、商品等财产派发的股息。这种情况较为少见。

3. 股息政策

股息政策是指股份公司制定的税后盈利在派发股息和支持公司发展两者间如何分配的政策。公司董事会在制定股息政策时，通常考虑三方面因素，即公司盈利额、股东的要求和公司本身发展的需要。公司已经取得的盈利是派发股息的前提，股东若倾向于当前利益，便可多派发股息，若为了长远目标，就要将更多的盈利用于公司的扩大经营。此外，还要考虑公司的现金头寸、历史、发展前景及收入的稳定性等因素。股息政策一般有三种：

(1)定额股息政策。即按规定的股息率定期派发股息的政策。如果预测公司的生产、盈利比较稳定时，可以采取此政策。

(2)定额股息与额外股息相结合的政策。即在按期派发定额股息外，随公司盈利状况临时再加发额外股息的政策。这里的额外股息就是红利。

(3)不规则股息政策。即公司派发股息无固定的时间和股息率，发放与否、发放多少，随公司经营状况变化而变动的股息政策。

4. 股息的支付

股份公司在向股东分派股息之前，要确定一些重要的日期界限。主要有：

(1)股东大会日。股东大会亦即股东会，是股份公司的最高权力机构。大会由董事长按公司章程规定的期限召集。出席会议的为股份公司有表决权的股东，无表决权的股东只能在涉及他们利害关系时按法律或公司章程的规定参加。每个规定表决权的大小，由它在公司中持有的股权的多少决定。按公司章程定期召开的称"股东常会"，临时召开的称"临时股东会"。开会时，股东不能出席股东大会的，可以委托代理人参加，代理人应出具股东签署的委托书。

(2)股权登记日。即进行股权登记的日期。这一日期是由公司董事会决定的。只有在股权登记日前(包括当天)，在公司股东名簿上登记了股权的股东，才可以分享最近一次股息，而在这一日期以后过户登记的股东只能从下一次开始领取股息。

(3)除权除息日。指上市公司将上年度的股息以红股和现金方式分送给持有该公司股票的股东后，于某个交易日在股票市价中将该公司送给其股东的权值除掉，这个日期即除权除息日。公司股票除权除息后，一般会出现两种情况：填权填息或贴权贴息。所谓填权填息，是指某上市公司股票在除权后，由于大势向上，该上市公司业绩良好，其股票仍受追捧，股价上涨，把除权除息差价补回。这样广大股民就真正获得了分红派息的好处。所谓贴权贴息，是指股民为了争取分红，在除权日前买入股票，结果除权除息后的股价不涨反跌，分红利润不仅没有得到反而赔了本。

(4)股息发放日。即股份公司将股息正式向股东发放的日期。与宣布除权除息日、股权登记日不同，股息发放日是指特定的某一天，一般要较除息日延后 3～5 个工作日。有的公司规定股东到原代理发行该股票的金融机构领取。我国则实行全面指定交易制度，即投资者(甲方)与证券指定交易的代理商(乙方)签订《指定交易协议书》。甲方在乙方处办理指定交易生效后，其证券账户内的记名证券即同时在乙方处托管。乙方根据证券交易所及其登记结算公司传送的指定交易证券账户的证券余额，为甲方建立明细账，用于进行相关证券的结算过户。甲方有权享有乙方提供的交易查询、代领记名证券红利、证券余额对账等服务。

(二)红　利

目前，我国的红利分配是只计红利，不计股息，红利率由公司决定，不封顶，这是比较规范的形式。红利的分配形式与股息的派发形式类似，也分为现金红利、股票红利和财产红利三种形式。我国的红利分配形式主要是现金红利和股票红利两种形式。

世界各国法律对股份公司分配红利都有较为严格的规定。主要有：

(1)当公司的流动资产不足以支付到期应付债务时，不得分配红利。

(2)公司董事会所做出的分配红利的决定不得与公司章程规定的有关条款相抵触。

(3)必须留存足够的公积金。

(4)董事会所做的分配红利的决定，不得违反公司签订的有关自动约束分配红利的合同规定。

(5)分配红利不能影响公司资产的构成，不能有损公司未来的发展。

专栏10-5

张裕A缘何巨额分红①

2011年6月7日，张裕A(000869)发布2010年度权益分派实施公告，将于14日向全体股东每10股派现金人民币14.00元(含税)，以公司现有总股本52728万股计算，派现总额高达7.38亿元。据悉，这已是张裕A连续7年实行高分红方案，7年累计分红35亿余元，成为鲁股中当之无愧的分红奶牛。

据了解，张裕A年度实现净利润14.34亿元，每股收益为2.72元。按照分配方案，扣税后，A股个人股东、投资基金、合格境外机构投资者实际每股获派1.26元现金；向B股股东派发的现金红利则在兑换成港币后支付。

资料显示，这已经是张裕A连续多年采取高分红策略：2004年度张裕A的分配方案为每10股派5元、2005年为每10股转增3股派7元、2006年每10股派8元、2007年每10股派11元、2008年每10股派12元、2009年每10股派12元。粗略计算，7年间张裕A用于分红的金额高达35亿元之巨。

另据了解，张裕A的高分红历史始于2004年，在此之前的2000—2003年度，其分配方案仅为每10股派2元、每10股派2.5元、每10股转增2股派2元、每10股转增3股派1元，4年总计派现不过2亿元。

有分析称，张裕A改变分红策略是由于公司大股东张裕集团改制的原因。据张裕A公告，2004年10月29日，烟台市国资局与烟台裕华投资发展有限公司(由张裕管理层和普通员工共同持股，下称“烟台裕华”)签订协议，将张裕集团45%的国有产权转让给烟台裕华，转让金额为3.88亿元人民币。

据资料显示，烟台裕华由裕盛公司、中诚信托以及46名自然人共同出资组成，按出资金额分别持有烟台裕华17.2%、45%、37.8%的股份，其中，裕盛公司代表张裕集团的14名高管和145名中层，46名自然人代表除管理层外的普通员工。至于中诚信托，外界普遍将其理解成是在改制中为张裕集团管理层提供“过桥资金”，其后裕盛公司逐渐回购了中诚信托持有的股份。因此，有媒体不断质疑，张裕A高比例现金分红是为了高管偿还巨额信托资金。

---

① 资料来源：新快报，2011-06-10.

10.3.2 资本增值

资本增值(又称资本利得)包括市场性资本增值和公司性资本增值两种。

(一)市场性(投机性)资本增值

股市由于利好消息刺激、主力机构操作或市场自身的周期变化等原因而被注入资金,从而推动股价上扬,这种因资金注入而导致的股票的升值,形成投资者的产生于流通过程的差价收入。短期内"低吸高抛"从中获利的行为就是短线投机交易,在这种交易中,证券通常仅被持有一天,有时甚至只有几个小时,一般不超过一年。导致投机性资本增值的原始动力来自投资者对股票在下一期能以较高价格卖出的短期信念。有学者把它称之为受投机幻觉支配的行为,这种投机行为有时可以达到极为强烈的地步。美国经济学家加尔布雷斯在其《世界金融投机历史的简要回顾》一书中指出:投机狂潮是由那些来自投资者为判断致富形势而产生的愿望所保护和支持的。今天买进,明天以更高的价格卖出,这一增长前景吸引新买主;新买主确信更大的增值,这样更多的人被吸引,更多的买进,继续增值。投机业就是这样建立在其自身提供动力的基础上的。

投机性的资本增值总是伴随着一个相反的过程:投机性资本贬值。在投机过程中,许多人都制定了紧急脱身计划或止亏点,这使得市场价格的下跌比上升来得更剧烈。因此,只有那些账面差价尚未被价格下跌吞食掉而及时获利了结的投资者才会真正获得投机性资本增值的收入。

投资者购买证券有时只是为了获取潜在的投机性资本增值。许多成长股支付的股息很低,有时甚至不支付股息,所以相对保守的投资者喜欢收益股,而更具冒险精神和更愿意承担风险的投资者则倾向于成长股。有些股票支付股息但对投资者来说价格上涨机会很小;另有一些股票支付股息的可能性很小,但有获得投机性资本增值的机会(如创业公司或特殊题材)。

(二)公司性(投资性)资本增值

假设市场不存在任何投机行为,从而不存在任何泡沫成分,随着时间的推移,股票的价值也会增加。股票价值可以参考基本价值还原模型进行估算,即收益现值法或贴现现金流法。依据盈利能力反推出来的股票基本价值是一种虚拟资本,是企业盈利能力的价值化和资本化。该方法直接反映了来源于股份公司而不是市场炒作的股票投资回报水平,因而是衡量股票内在价值、股票长期投资价值的最重要的指标。

在公司性资本增值的过程中,股票内在价值的累积方式有两种:其一是股票总数不变,每股净资产和每股净利润增加,从而使每股股票的基本价值增加;其二是通过送红股和公积金转增股本分摊增长的净资产和净利润,从而使增长的公司价值不是通过每股基本价值的增加,而是通过股票总数的增加实现的。后一种情况使股价维持在一个较低的水平而股价指数却不断提高的格局形成的原因。

以股票基本价值增长为基础的资本增值是长期投资者盈利的基本源泉。选择恰当入市时机,即选择股价水平接近或低于其基本价值水平的时机入市,是赢得投资性资本增值收入的重要条件。在股票市场泡沫成分为零的假设下,股票市场任何时点上的投资都成为有效的长期投资,并可望大多数企业能给投资者以或多或少的回报。

【本章小结】

股份公司的最大优点在于它的股东只对公司承担有限责任。

普通股是一种有价证券，一种虚拟资本，股票本身没有价值，但它却可以促使财富的集中。股票仅代表了股份公司的资本。

普通股具有收益性、风险性、流通性、稳定性、波动性、参与性与伸缩性的特点。

股票投资的收益有两个来源：利息（包括股息和红利）和资本增值（又称资本利得）。

第 11 章　普通股的估价

【学习要点】

1. 理解普通股估价的基本原理，贴现现金流的方法以及内在价值的概念；
2. 能够使用股息贴现模型对普通股进行估价；
3. 掌握利用市盈率法进行股票的估价。

11.1　贴现现金流量方法介绍

计算内在价值的经典方法涉及贴现现金流量方法（discounted cash flow technique）的使用，也就是现值分析，某些时候也被称为收益资本化方法（capitalization of income method）。一只证券的价值能够通过贴现的过程，即对未来的预期现金流的资本化来进行估计。也就是说，一只证券的估计价值等于投资者预期能收到的未来现金流的贴现值。普通股的估价采用下面的公式：

$$\text{证券的估计价值} = \sum_{l=1}^{n} \frac{CF_t}{(1+k)^t} \tag{11.1.1}$$

式中，k 为适当的贴现率或必要收益率。

要使用这个模型，投资者必须对以下变量进行估计：

(1)估计一个适当的必要收益率；

(2)估计未来现金流产生的时间和数量；

(3)利用模型计算股票的内在价值，然后与当前的市场价值进行比较。

图 11-1 归纳了基础分析中对股票进行估价的过程。

11.1.1　必要的投资收益率

购买普通股的投资者必须衡量一下所购买的股票的风险，以及在给定风险下能使投资者做出购买决定的最小的预期必要收益率。最小预期收益或最小的必要收益率是一项机会成本。

必要投资收益率（the required rate of return）、资本化率（capitalization rate）和贴现率（discount rate）在估值分析中是可以互换使用的术语。不管哪个术语被使用，确定股票的贴现率是复杂的。理论上我们是知道这个变量的，但是确定一个精确的（贴现率）值并不容易。正因为这些复杂性的存在，我们在这里假定我们是知道必要的投资收益率和在估值中涉及的其他一些事情的。在下一章中，我们将对必要的投资收益率进行更为详细的描述。

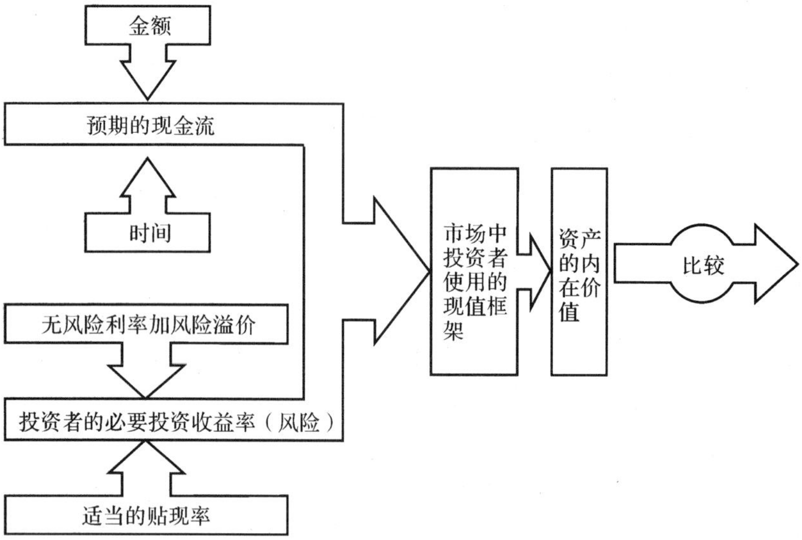

图 11-1　股票估价过程

11.1.2　期望现金流

在现值分析的框架中的另一个部分是期望现金流(the expected cash flows)。正如债券的价值是利息的现值和到期收到的债券面值的现值之和，而普通股的价值是从发行者那里收到的所有现金流的现值。在对股票产生的现金流进行估计时，需要考虑以下问题：

(1)什么样的现金流被用在股票定价中?

(2)现金流的预期数额是多少?

(3)什么时候收到预期现金流?

正如我们所看到的，有很多不同的运用贴现现金流量的方法来进行股票定价。在后面的章节中，我们将描述另外一种被广泛应用的估价方法。为了进行股票定价，我们来分析经典的基于股利贴现模型的贴现现金流量的方法。

为了找到哪种现金流适合于普通股的定价，需要回答以下问题：如果我购买了一只特定的普通股并将它置于一项特殊的信托基金中，为的是获得持续的收益，那么我们将收到什么样的现金流呢？这个问题的答案是股利，因为现金流仅仅是公司派发给股东的一项现金分配。虽然一家公司的每股收益(EPS)在任何一年中都是属于它的股东的，但是在通常情况下，公司不会支付所有的收益给他们的股东。进一步说，每股收益是一个会计概念，而股利则代表一项现金支付。

股东可能在将来的某个时候抛售他们的股票，从而产生了来自抛售价格的一项现金流。但是，即使投资者考虑到来自普通股的总的现金流量是股利与将来某个时点上股票出售的价格之和，这与从股票上收到的所有股利现流量等价吗?

收益如何？它们重要吗？它们能被用于股票的定价吗？答案是“是的”。股利是收益的支付，所以收益也显得很重要。基础分析的第二个方法是用收益和市盈率(P/E ratio)来决定股票的内在价值的。收益是基础分析的重要部分，当投资者在分析和考虑股票的买卖问题时，它比其他任何单个变量更受关注。

因为股利是投资者在正常情况下收到的唯一的现金流，所以基于股利的定价模型更为适合。我们现在考虑这样一个模型——股利贴现模型，作为理解使用贴现现金流量的方法的基本的普通股定价的基础。

11.2 股利贴现模型

因为股利是股东直接从公司收到的仅有的现金支付，它们是进行普通股定价的基础。通过改进公式(11.1.1)，现金流是将来每个时点上预计支付的股利。一位投资者或分析者用这种方法来仔细研究一家公司的未来发展前景和估计可能支付的股利。另外，分析者估计一个基于在可预见风险的情况下和给定其他变量的情况下的必要收益率或贴现率。最后，他们将根据大致确定的金额和时间来对当前估计的未来股息进行贴现。计算出来的现值就是估计的股票价值。

计算普通股价值的方法和债券价值的计算方法在概念上是没有多大区别的。尤其对于普通股来说，股利就是公式(11.1.1)中的现金流，从而有了(11.2.1)这个公式。股利贴现模型(discount dividend model)公式阐述了当前股票的价值是未来股利的贴现值：

$$P_0=\frac{D_1}{(1+k)}+\frac{D_2}{(1+k)^2}+\frac{D_3}{(1+k)^3}+\cdots+\frac{D_\infty}{(1+k)^\infty} \tag{11.2.1}$$

$$=\sum_{t=1}^{\infty}\frac{D_t}{(1+k)^t}$$

式中，P_0——基于模型使用者估计的未来的股利和必要收益率下的普通股的内在价值或估值；

$D_1, D_2, \cdots$——在将来每个时点上预计收到的股利；

k——这只股票的必要投资收益率。

有两个关于公式(11.2.1)的问题：

(1)公式(11.2.1)中的最后一项表明投资者一直会持有股票，所以他们必须对那些可能一直支付下去的股利进行估值，因为普通股没有到期日。

(2)股利流量是不确定的。①即使公司支付股利，但是股利支付次数是不确定的。股息支付必须由公司的董事会来决策。美国和澳大利亚的公司经常是每年支付两次股息，即期间一次和期末一次，但是传统的定价分析方法假定公司每年支付一次股息。②对于大部分公司来说股利是被预计一直增长下去的，因此，投资者通常情况下不能将公式(11.2.1)简化为永续年金价值的计算公式。只有假定公司的股息不变时，才能够使用永续年金价值的计算公式。虽然公司股息不变的这种可能性是存在的，在接下来的章节中也有提到，但它是不同寻常的。

上述这些问题如何解决呢？当我们处理第二个问题时，即确定将来预期股利的数量时，第一个问题即公式(11.2.1)中涉及的无穷尽的期限也就解决了。从实际的立足点出发，永续问题并不如它显现的那么棘手。合理的高贴现率，如 12%、14%或 16%，在将来的四十或五十年后收到的股利的现值是很小的，所以投资者不必担心。如果贴现率是 15%，那么五十年后收到的 1 美元的现值只有 0.0009。

第二个问题(即对于预计永续增长的股利的金额估计)的传统解决方法,就是设定一些关于股利预期增长率的假设。也就是说,投资者或分析者估计预期增长率或建立预期增长率的模型。通常按照股利的预期增长率的不同,将股票分为三类。

我们用时间线来表示股利贴现模型的三种可选择的增长率模式。股利支付或在将来预计要支付股利的所有股票都能通过这种方法来建模。当运用股利贴现模型时,投资者必须考虑从现在开始需要估计的股利增长率。这个过程的机制是我们不能预见所有的股利,因为股利贴现的公式被简化了。然而,当我们使用这个模型时我们还是考虑了所有的未来的股利。

在运用股利贴现模型时,必须牢记一只股票的股利支付是用 D_0 来表示的。D_0 所表示的是当前的股利支付或最近的股利支付。投资者必须从下一期 D_1 开始的预期的股利支付来估计未来的股利支付。

三种股利增长率模型:

1. 零增长率的模型

这种模型假设当前的股利为 D_0,而且假定将来的股利保持不变,也是 D_0,这种模型通常称为无增长率或零增长率模型:

时间段	0	1	2	3	…	∞
股利流量	D_0	D_0	D_0	D_0		D_0

2. 固定增长率的模型

该模型假定股利的增长率在不同的阶段是相同的。股利从 D_0 开始,以固定比率 g 增长。这种增长率模型通常称为固定的或正常增长的股利贴现模型:

时间段	0	1	2	3	…	∞
股利流量	D_0	$D_1=D_0(1+g)$	$D_2=D_0(1+g)^2$	$D_3=D_0(1+g)^3$		$D_\infty=D_0(1+g)^\infty$

3. 可变增长率的模型

该模型假定股利的增长率在不同的阶段是变化的。如前两年的增长率为 g_1 及从第三年开始的增长率为 g_2。这种模型通常称为多增长率股利贴现模型:

时间段	0	1	2	3	…	∞
股利流量	D_0	$D_1=D_0(1+g_1)$	$D_2=D_1(1+g_1)$	$D_3=D_2(1+g_2)$		$D_\infty=D_{\infty-1}(1+g_2)$

11.2.1 零增长率模型(股利稳定不变的估价模型)

固定股息的估价模型就是永续年金的模型。假定股票的股息是固定不变的,那么公式(11.2.1)简化为零增长的股利贴现模型,即如公式(11.2.2)所示。

$$P_0=\frac{D_0}{k} \tag{11.2.2}$$

式中,D_0——将来所有时间段上预期的固定的股利;

k——这只特殊的股票的机会成本或必要投资收益率。

零增长的股利股票估价和优先股的估价过程是一样的,因为像优先股一样,股利是保持不变的。一只零增长率的普通股是永续年金,因此,一旦 k 被决定了,它的计算就容易多了。

我们必须理解,当利用股利贴现模型来对股票进行估价时,投资者是对将来所有股利进行贴现。当涉及零增长率模型时,使用年金公式来计算股票价值的时候,这个贴现过程可能被忽略,因为公式中没有体现贴现的过程。然而,与其他情况一样,我们在使用零增长率模型时候,已经考虑到了将来所有的股利。只不过,由于股利是不变的,所以通过数学的方法可以对原来的估价模型进行简化,最后变成了永续年金的估价模型。

11.2.2 股利增长率固定的估价模型

另外两种股利贴现模型表明为了建立持续贴现的预期股利的现金流,首先必须将一些期初的股利进行复利计算。股利增长率越高,将来的数额就越大。进一步说就是,时间段越长,将来数额也就越大。

在估值例子中,一个著名的情景就是假定股利是被预计以一个固定的增长率一直增长的。这个固定的或正常增长的股利估价模型的公式可以表述为:

$$P_0=\frac{D_0(1+g)}{(1+k)}+\frac{D_0(1+g)^2}{(1+k)^2}+\frac{D_0(1+g)^3}{(1+k)^3}+\cdots+\frac{D_0(1+g)^\infty}{(1+k)^\infty} \tag{11.2.3}$$

式中,D_0——以固定增长率 g 增长的当前股利支付;

k——适当的贴现率。

公式(11.2.3)可以被简化为如下所示的公式:

$$P_0=\frac{D_1}{k-g} \tag{11.2.4}$$

式中,D_1——第一年末预计能收到的股利。

公式(11.2.4)是固定增长的股利贴现模型。它被运用到无论何时股利都是以估计的稳定比率增长的。在实践中,它经常被运用是因为它很简单,以及它能很好地解释大部分公司和市场的实际行为。股利固定增长的股利贴现模型就是 Myron J. Gordon 提出的 Gordon Model。注意到这个模型是基于固定的股利支付率这个假设,这是非常重要的。因此,在这个模型中股利增长率和收益增长率是一样的。

【例 11-1】 股利增长率固定的估价模型运用

假定 Summa 公司支付的股利为每股 1 美元,投资者预计未来股利以每年 5%的比率增长。在相同的投资风险水平下,投资者要求的收益率为每年 15%。那么 Summa 公司股票的估计价值是:

$$P_0=\frac{D_1}{k-g}$$

$$P_0=\frac{1(1.05)}{0.15-0.05}=10.5\text{ 美元}$$

注意到当前 1 美元的股利(D_0)必须被复利计算一期,这是因为固定增长的股利贴现模型规定模型中的分子是从现在开始的持有一期后的预计股利,即 D_1。估价术语 D_0 指的是股利的支付,D_1 指的是下一期预计的股利支付。如果已知 D_0,那么通常 D_1 就可以被确定。

D_0=当前的股利

$D_1 = D_0(1+g)$

式中，g 为预计的股利增长率。

固定增长模型，即公式(11.2.4)，考虑了所有未来的无穷尽的现金流，但是这在公式中没有明显地表现出来。虽然公式(11.2.4)没有求和符号或表示无穷的符号，但是得出的结果与将未来各期的股利贴现到现在所得的结果是一样的。换句话说，涉及股利固定增长率的数学计算过程是一个简单的表达式，该表达式中已经考虑了将来所有的股利。

【例 11-2】 估计将来的股票价格

Summa 公司今天的股票价格是 13.38 美元。公式(11.2.4)分子用 D_2，则持有一期期末后的股票价值是：

$$P_1 = \frac{D_2}{k-g} = \frac{(1.05)(1.05)}{0.15-0.05} = 11.02(\text{美元})$$

持有一期后期末的股票价格比今天 13.38 美元的估计的股票价格高 7%，或：

$$\text{价格变化} = \frac{\text{期末价格}-\text{期初价格}}{\text{期初价格}} = (11.02-10.5)/\ 10.5 = 5\%$$

为了能充分地理解固定增长率模型，我们意识到这个模型指出了任何一期的股票价格是对以相同增长率 g 增长的股利的估计。在股利支付率固定的情况下，这个固定增长率模型也指出股利、收益和股票价格都能以预期的固定增长率 g 增长来进行预计。

对公式(11.2.4)的检验表明影响普通股价格，以及假定固定增长的股利贴现模型的因素可以被应用到估价方法中去。

(1)假定其他因素不变的情况下，如果降低一只股票的必要收益率，那么其价格将会上升。

(2)假定其他因素不变的情况下，如果投资者认为股利将有一个较高的预期增长，从而使得公司有很好的发展态势，那么其股价也会随之上升。

以上两种情况反之亦成立：贴现率的上升或预期股利增长率的下降都会降低股价。

股利贴现模型的不足之处是估值对变量的大小比较敏感。通过公式(11.2.4)所得出的现值对投资者使用的估值有较大的敏感性。相关数据较小的变化都可能引起估计价格较大的变化。下面分三种情况来讨论变量对估值的影响：

【例 11-3】 变化贴现率

对于 Summa 公司，假定其他变量保持不变，用 16%的贴现率来替代 15%的贴现率，那么：

$$P_0 = \frac{1(1.05)}{0.16-0.05} = 9.55(\text{美元})$$

在这个例子中，贴现率上升 1%将引起 9.05%的价格的下跌，从 10.5 美元到 9.55 美元。

【例 11-4】 变化增长率

对于 Summa 公司，假定其他变量保持不变，用 6%的增长率来替代 5%的增长率，那么：

$$P_0 = \frac{1(1.06)}{0.15-0.06} = 11.78(\text{美元})$$

在这个例子中，增长率 g 上升 1%将引起 12.19%的估计价格的上升，从 10.5 美元到 11.78 美元。

【例 11-5】 变化的贴现率和变化的增长率

对于 Summa 公司，假定贴现率 k 上升到 16%，增长率 g 下降到 4%，那么：

$$P_0=\frac{1(1.04)}{0.16-0.04}=8.67(\text{美元})$$

在这个例子中，价格发生了 17.43% 的变化，从 10.5 美元下跌到 8.67 美元。

这些区别表明为什么股票的价格会随着投资者所作出的买卖决定而稳定地波动。即使所有的投资者都运用固定增长的股利贴现模型来对一只特定的普通股进行定价，所得的估计价值也会有所不同。主要原因如下：

(1)每个投资者都有他们各自的必要收益率，从而导致 k 值的跨度相对较广。

(2)每个投资者都有他们各自的预期的股利增长率。在保持其他因素恒定不变的情况下，虽然在大多数的定价模型中股利增长率 g 的跨度相对比较小，但是较小的差异也可能在价格上产生显著的不同。

因此，对于一只特定的股票，在任意一个时间点上，一些投资者愿意购买，而另一些则愿意出售，这主要是由于他们对股票预期价格的估计不同造成的，正是投资者的这些行为使市场变得活跃而且具有流动性。

11.2.3 股利增长率变化的估价模型

许多公司在起初都以一个较快的比率增长，接下来则以一个平均的速度增长。而另外一些公司在一段时期内(通常是在它们的成长初期)则不支付股利。前面所讨论的固定增长模型并不能处理这些情况，所以我们需要一个新的模型来对这些情况进行解释，那就是股利增长率变化的模型。

增长率变化是指股利的预期的未来增长率必须有两个或更多个(而其中一个可能为零)。虽然任意多个的增长率是可能存在的，但是大多数的股票都有两个或三个不同的增长率。牢记至少有两个不同的增长率是非常重要的，这是股利增长率变化模型的显著特征。

一些公司已经经历了快速的发展，但是这些发展可能是短暂的。在这些公司的发展过程中，它们的发展速度超过了其他公司的平均水平，但是接下来也就缓慢了。在这种情景中，为了得到股利的预期增长率，建立在不同时点拥有不同的股利增长模型是必要的。假定在一些时点上，公司的发展速度与整个经济的发展速度相同，这是合理的。在这个时点上，公司的发展速度可以用股利固定增长模型来表示。接下来的任务是计算出股利高速增长阶段中每个时点的股利数量及其现值，然后用固定增长模型计算出股利正常增长阶段的现值，两者的和就是股票的估值。这表明：

股票的价值＝非正常增长期的股利的现值＋最终价格的现值

这个著名的股利增长率变化模型是一个两步模型。这个模型假定在前若干期增长率呈快速的增长(通常是 2～10 年)，而在以后则以稳定的、长期的比率增长。这可以用公式来表示：

$$P_0=\sum_{t=1}^{n}\frac{D_0(1+g_s)^t}{(1+k)^t}+\frac{D_n(1+g_c)}{(k-g_c)(1+k)^n} \qquad (11.2.5)$$

式中，P_0——今天股票的估计价值；

D_0——当前的股利；

g_s——超常股利增长率；

g_c——股利固定增长率；

k——必要的投资收益率；

n——超常发展的时限；

D_n——超常发展结束时的股票股利。

公式(11.2.5)右边的第一部分是以 g_s 为增长率、k 为必要收益率进行贴现的 n 期的股利。

这部分包括超常增长的期限，及其哪些时间段的股利以 g_s 增长。事实上，我们必须确认在超常发展的过程中，每一次的股利，再按照必要收益率将它们贴现到现值。

右边的第二部分是我们在前面提到的固定增长模型，即把从 $n+1$ 期的股利除以$(k-g_c)$。注意，通过这个计算得到的值是股票在 $n+1$ 期的期初值(或 n 期的期末值)，我们称它为 P_n。通过乘以恰当的贴现因子(或现值系数)将它贴现到零点。这个计算过程，如前面所述，是非正常增长期的所有股利的现值与最终价格的现值之和。

公式(11.2.5)的第二项可以由 P_n 来表示，它表示的是在第 n 期末通过固定增长的股利模型计算出来的股票价格。固定增长的股利贴现模型被用于解决 n 期期末(或 $n+1$ 期的期初值)的预期价格，因此：

$$P_n=\frac{D_{n+1}}{k-g_c} \tag{11.2.6}$$

因为 P_n 是 n 期期末股票的预期价格，它必须被贴现到现在。当加上第一部分的股利的贴现值时，今天股票的内在价值 P_0 也就得出了。

【例 11-6】 股利增长变化的公司的股票定价

在这个例子中，当前的股利是 1 美元，其股利在前五年预计以每年 12%的比率增长，在接下来的每年中则预计以固定的增长率，即每年以 6%的比率增长。必要的投资收益率是 10%。图 11-2 显示了股利增长变化的公司的股票定价：

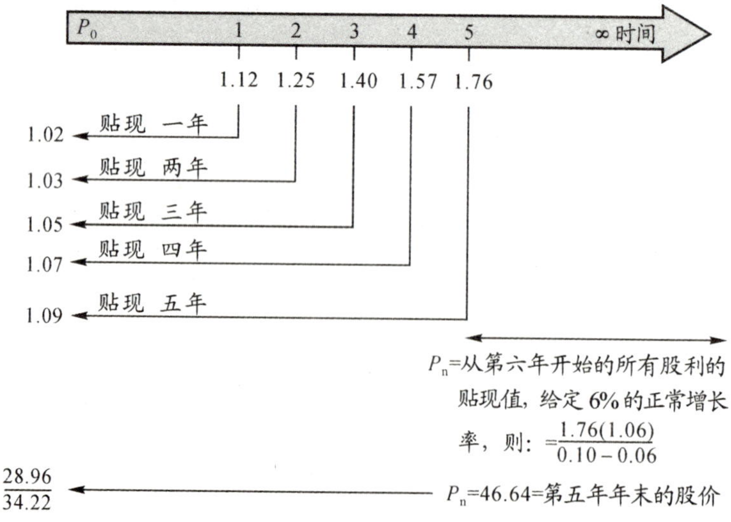

图 11-2 股利增长变化的公司的股票定价

如图 11-2 所示，计算的第一步是决定每年的超额增长的股利，从期初股利 1 美元开始，五年中以每年 12%的股利增长率进行复利计算。结果如下：

$$D_0=1$$
$$D_1=(1.12)=1.12$$
$$D_2=(1.12)^2=1.25$$
$$D_3=(1.12)^3=1.40$$
$$D_4=(1.12)^4=1.57$$
$$D_5=(1.12)^5=1.76$$

一旦股利在超额增长时期被确定了，这些股利将以 10%的必要收益率进行贴现。那么：

$$1.12(0.909)=1.02$$
$$1.25(0.026)=1.03$$
$$1.40(0.751)=1.05$$
$$1.57(0.683)=1.07$$
$$1.76(0.621)=1.09$$
$$\underline{5.26}(\text{美元})$$

对前五年的贴现了的股利求和得出前五年的股票的价值，即 5.26 美元。为了计算第六年起的股票价值，我们运用固定股利增长模型来进行计算：

$$P_n=\frac{D_{n+1}}{(k-g_c)}$$

$$P_s=\frac{D_6}{(k-g_c)}$$

$$=\frac{D_5(1.06)}{(k-g_c)}$$

$$=\frac{1.76(1.06)}{0.10-0.06}$$

$$=46.64(\text{美元})$$

因此，46.64 美元是第五年年末(第六年年初)的股票的预期价格。用五年期的，每年的必要收益率为 10%的现值系数 0.621，将 46.64 美元贴现到现在。所以：

将 P_5 贴现到今天 $=P_5$(现值系数)

$$=46.64(0.621)$$
$$=28.96(\text{美元})$$

最后一步是将以上两部分的现值相加：

5.26＝前五年的股利的现值

28.96＝第五年年末股票价格的现值，即将第六年起的所有股利贴现

34.22＝股利增长变化的股票的现值

像前面所提到的，股利贴现模型受到很多的限制，股利增长率变化的估价模型也受到同样的限制。因为模型的大部分涉及固定增长率的计算，改变其中一个值将会对最后估计的结果产生影响。进一步说，决定非正常增长期是非常困难的。是五年还是二十年呢？再则，如前面所描述的那样，这个模型假定从超产发展到正常发展的转变是瞬间完成的，实际上这样的转变不一定很快发生。

11.3 股息与资本利得

在估价概念的初步研究中，股利贴现模型仅包含股利的事实经常困扰投资者。尽管这是事实，许多投资者还是需要确认：①他们不仅仅需要股利；②他们还要资本利得。股利或许很好，但低价买入高价卖出更是精彩！资本利得被定义为证券买入价和卖出价的差额。因为许多投资者对资本利得感兴趣，所以估价模型应包含股价。为了计算股票的现值，投资者对未来两年、六个月或持有期间任何时候股价的现值非常感兴趣。股票价格应该如何体现在估价模型？

在股利贴现模型的情况下，投资者仅仅关注股息。预期的将来股价在股利贴现模型公式(11.2.1)里，它无法看到。想知道价格，就问下你自己希望以怎样的价格卖出。假设你今天买进然后持有三年。三年后的股价反映了投资者对第四年、第五年甚至若干年股利的预计。估计的股价现值 P_0 等于：

$$P_0=\frac{D_1}{1+k}+\frac{D_2}{(1+k)^2}+\frac{D_3}{(1+k)^3}+\frac{P_3}{(1+k)^3} \tag{11.3.1}$$

P_3 是从第四年开始所有将来股息的贴现值。公式表示如下：

$$P_3=\frac{D_4}{(1+k)^4}+\frac{D_5}{(1+k)^5}+\cdots+\frac{D_\infty}{(1+k)^\infty} \tag{11.3.2}$$

把公式(11.3.2)代入公式(11.3.1)就有了股利贴现模型公式(11.2.1)。将来任何一点的股价都是这点之后所有股息的现值之和，普通股现在的价格最好是被看成将来所有股息的贴现之和。因此从原理上说，投资者无论是把预计的将来股息贴现到现在或把将来一段时间的股息和最终的卖出价贴现到现在，投资者都得到相同的股价现值。

11.4 内在价值和市场价格

对普通股带来的股利和要求的回报率做出仔细评估后，投资者可用股利贴现模型对股票现值进行估价，这就是股票的内在价值。内在价值简单来说就是估计的价值。这就是像股利贴现模型那样的贴现技术的最终目标。

内在价值的含义如何理解？内在价值是对股票现值的估计。那么，如何使用股票的内在价值呢？一般来说，投资者和分析师需要明确资产内在价值(IV)和当前的市场价格(CMP)之间的关系。如果内在价值大于市场价格，资产被低估，投资者应该买入或持有该资产。如果内在价值小于市场价格，资产被高估，投资者卖空或卖出该资产。如果两者相等，则资产被正确估价，价格与价值达到均衡。

证券分析的过程就是发现被低估或高估股票。它要求计算股票的内在价值，并与市场价格相比较。大多数投资者相信股价不一定是内在价值，这导致了买卖的产生。所以下面的问题非常重要：计算股票内在价值的意义是什么？它有多准确？投资者怎样用它？

首先，记住证券分析的关键是估价，估价是艺术而非科学。估价不是一个精确的过程，而且永远也不会是一个精确的过程。当投资者计算股票的内在价值时，他们获得的是一个对股票价值的估计。证券分析会产生错误，然而，唯一聪明的方法是在进行投资决策时，把股票价格与内在价值进行比较。如果你估计股票的价值为 50 元，卖 49 或 51.50 元，这没什么关系。如果你估计股票价值为 70 元，而市场的价格为 50 元，你应该买下该股票，因为它严重被低估。相似地，如果你的分析表明股票内在价值 34 元，而市场价格为 50 元，那么你应该卖掉它或卖空。

证券估价不是一个精确的过程，所以分析师经常用 15% 规则。如果股票的市场价格在其内在价值的正负 15%范围内，那么就不要对股票做出任何操作。

11.5 股利贴现模型的应用

许多财务经理和投资公司用股利贴现模型来估计股票的内在价值。不管谁使用该模型，怎样用，总会涉及对价值的估计。投资者在使用该模型或使用该模型得出的计算结论时，都必须清楚地认识到采用的是对价值的估计这个原理。该方法同样适用于其他估价模型。因为所有估价模型涉及的都是不确定的将来，所以必须对相关的要素进行判断与估计。

投资者可以用股利贴现模型来选择股票。调整公式(11.2.4)得出期望的股票收益率 k。公式如下：

$$k=D_1/P_0+g \tag{11.5.1}$$

公式(11.5.1)表明了对于股利增长率不变的股票来说，投资者期望得到的股票收益率等于股利收益率与股利增长率之和。公式中的第二项 g 被认为是股票价格变化率或资本利得收益率。投资者期望的股票收益率是收入所得和资本利得的总和，两者组成了股票的总收益。

【例 11-7】 投资回报率的计算

B 公司股票的当前价格为 10 美元，预计下一年可以发放的股利为 0.8 美元/股。假定该股票的股利增长率保持不变，一直为 5%，请计算该股票的投资收益率。

$k=D_1/P_0+g=0.8/10+5\%=13\%$

11.6 市盈率法(盈余乘数法)(P/ E ratio)

11.6.1 市盈率法的介绍

市盈率是指普通股每股市价为每股收益的倍数。是股票发行定价和股票市场评价股票投资价值最常用的类比估价模型，具有简洁的应用特征。市盈率的经济意义为购买公司 1 元税后利润支付的价格，或者按市场价格购买公司股票回收投资需要的年份，又称为本益比。市盈率的投资意义似乎很明确，以一定的市盈率数值为基准，超过视为高估、出售，低于视为低估、买入。但市盈率的投资实践意义并不明确，因为基准市盈率和高估或低估的数值界限很难确定。

对个股而言，人们一般认为，市盈率反映股票市场对公司未来成长前景的预期。高成长性的公司股票市盈率高于低成长性的公司。市盈率连接股票市场定价和会计收益两项指标，从时点上看，只受股票价格和每股收益这两项因素影响，但实际影响因素复杂。众所周知，股票价格是否高估或低估的评价标准是看其反映的企业的内在价值。企业股权内在价值包括企业现有业务和增长机会组合预期在未来能够持续产生的现金流期限结构的现值。

由于内在价值建立在预期企业成长前景的基础上，实际估算时，因人们对公司当前业务和增长机会构成项目及其成长前景的预期不同，内在价值估算结果存在差异，甚至大相径庭，并不存在公认的、可以作为基准的内在价值数值。只有乐观预期基础上的内在价值和稳健预期基础上的内在价值及其实现的风险程度不同之分。前者高，后者低。每股收益是公司当前正在经营的业务实现的时点盈利，除受企业产品或服务领域的竞争特征和内在竞争能力影响外，还受一国的会计制度和公司政策影响。例如，资金支出的当期费用与资本化的规定，折旧政策、税赋、资本结构差异等。从纵向角度看，市盈率与股票价格和每股收益增长率相关。股票价格涨幅超过每股收益增长率；则市盈率上升，反之则下降。市盈率作为股票价格与当前账面盈利的比值，随股票市场对公司成长预期和当前业务账面利润变化而变化。

市盈率作为最传统的类比估价模型，不能一致地应用于全部企业，例如，亏损、零盈利、微利，局限性日益增加。在账面利润为正的条件下，公司股票市盈率数值波动范围巨大，从几倍到上千倍。市盈率数值只是一个无量纲数字，本身并没有经济和投资意义，并不像温度计数值那样提供明确一致的信息，相同的市盈率数值隐含公司未来不同的增长预期。市盈率与其他类比模型，例如企业价值/利息税及折旧摊销前收益、股票市值/销售收入一样，不是可靠的估价依据和评价基准。并不存在用于评价股票市盈率是否合理的基准市盈率数值，单纯以市盈率数值来评价和争论个股高估或低估并不可靠。近年来，随着竞争优势理论的流行和对股票价值驱动因素理解的深入以及股票估价模型研究的发展，人们日益认识到，单纯考察公司股票市盈率数值的高低没有意义。高成长性的公司并不能保证能够给股东创造相应的高价值，关键还要看公司成长所获得的投资收益超过资本成本的规模和可持续的时间。优秀的投资者应当善于洞察隐藏在市盈率背后的股票市场对公司价值驱动因素或公司竞争优势持续能力的预期是否与公司实际经营能力吻合。包含不同成长阶段上市公司的各种指数市盈率数值的历史变化区间、中位数、平均数、离散度（方差）差异甚大，市盈率隐含的经济和投资意义大不相同。成熟发展阶段的公司股票市值中，未来增长机会价值比重低，当前业务持续经营的内在价值比重高，股票价格与当前业务会计盈利显著相关，比例关系稳定。因此，成熟发展阶段的上市公司和行业市盈率数值在一个比较窄的区间内波动。以这类公司构成指数，其总体市盈率的历史经验数值变化范围可以用于评价股票市场价格水平是否严重背离的内在价值，作为股票市场危机的预警信号。但实践中难以确定股票市场过度投机的市盈率数值界限。高成长阶段的公司，股票市值主要由预期未来增长价值构成，股票价格与当前业务的会计盈利不相关，市盈率数值高度不稳定。此时的高市盈率并不表示股票价格严重背离公司内在价值，只是公司内在价值实现的风险较高。投资高成长阶段的公司就是投资于潜在、不确定的增长机会，包括机会获取和将投资机会转化为现实盈利的执行能力两方面的不确定，属于风险投资或投机。

根据以上分析，市盈率不能用于不同行业公司的比较，充满扩展机会的新兴行业市盈率普遍较高，而成熟工业的市盈率普遍较低，这并不说明后者的股票没有投资价值。在每股收益很小或亏损时，市价不会降至零，很高的市盈率往往不说明任何问题。市盈率高低受净利润的影响，而净利润受可选择的会计政策的影响，从而使得公司间比较受到限制。市盈率高低受市价的影响，市价的变动因素很多，包括投机炒作等，因此观察市盈率的长期趋势很重要。企业界通常是在市盈率较低时，以收购股票的方式实现对其他公司的兼并，然后进行改造，待市盈率升高时，再以出售股票的方式卖出公司，从中获利。通常，投资者要结合其他有关信息，才能运用市盈率指标判断股票的价值。

市盈率是投资者对股票价格的另一种表达方法。市盈率表示为股票每股价格与每股收益的倍数关系。例如，一股票的价格为 100 美元，最近的一年该股票的每股收益为 5 美元，那么该股票的市盈率为 20，这说明该股票的售价是其收益率的 20 倍。

市盈率为股票估价或作出投资决策建议提供了基本原理。

$$P=E\times(P\div E)$$

式中，P——股票的现值；

E——最近一年的每股收益。

股价是两个变量的乘积：每股收益和市盈率。

为了利用盈余乘数模型来进行股票价值的估计，投资者需要估计股票的现值。举例来说，他们需要预测每股将来的收益，估计市盈率。因为我们假定股利的增长率是不变的，所以一年后的期望收益为：

$$E_1=E_0(1+g)$$

现在股票的估价为：

$$P_0=E_1\times P_0\div E_1 \tag{11.6.1}$$

与股利贴现模型一样，用此公式算出的股票估价与现在的市场价比较来决定是买或卖股票。

【例 11-8】 贵州茅台股票的市盈率

2013 年 12 月 1 日，贵州茅台股票卖出价为 140 元，预测每股收益为 14 元，而当时白酒行业的平均市盈率为 20，贵州茅台市盈率为 10。市盈率低于白酒平均市盈率，所以应该买入贵州茅台股票。

分析师和投资咨询机构建议股票要有自身的市盈率。他们计算单个股票的市盈率和行业平均市盈率，然后判断公司的市盈率是否比基准市盈率低。如果公司本身的市盈率比基准市盈率低，那么股票价值就被低估了，否则股票价值就被高估了。当然真实的市场远比这个估算复杂。

11.6.2 市盈率的决定因素

决定市盈率大小有哪些因素呢？为了能够阐述这个问题，我们可以通过股利贴现模型来推导市盈率。但是这个推导出来的市盈率计算公式仅适用于固定的股利增长率模型。如果考虑股利增长率变化的模型，那么其市盈率的计算就需要不同的公式了。如果使用市盈率来评估超常发展的公司，那么得出的结论可能会误导投资者，所以必须谨慎使用。

用固定增长率的股利贴现模型估计股票的现值，公式同(11.2.4)：

$$P_0=\frac{D_1}{k-g}$$

将上述等式两边同除以每股的预计收益 E_1：

$$P_0 \div E_1=\frac{D_1 \div E_1}{k-g} \quad (11.6.2)$$

由此我们便得出了市盈率的理论计算模型。从该模型可看出，市盈率是股利支付率、必要收益率和股利增长率的函数，其与股利支付率和股利增长率是正相关的关系，而与必要收益率呈负相关的关系。

从公式(11.6.2)中可以发现影响预期市盈率的因素：

(1)预期的股利支付率，即 $D_1 \div E_1$；

(2)预期的必要回报率；

(3)预期的股利增长率。

因素(2)和因素(3)是影响市盈率的关键因素。如果这两个变量中的任何一个发生小变动，就会对市盈率产生很大的影响，所以他们是决定市盈率最重要的因素。

在其他因素不变的前提下，以下三个关系成立：

(1)股息支付率越高，市盈率越高。

(2)要求的回报率越高，市盈率越低。

(3)预期的股息增长率越高，市盈率越高。

如果没有其他因素不变的前提，上述三个关系不成立。很显然，公司可以通过提高股息支付率的方法来提高市盈率，从而提高股票的价格。如果公司采用这样的方法来提高股票的价格，就会减弱公司将来的发展潜力，然而，公司发展潜力的下降就意味着 g 的减小，从而损害了股息支付率的增加。同样，如果公司通过投资风险项目来提高股息支付率，这样投资者要求的回报率也会提高，从而削弱了 g 增长带来的正面效应。

专栏11-1

特斯拉多空论战①

近期，特斯拉公布了优于预期的第二季度财报。消息一经公布，公司股价随即大涨14.34%。截至2013年8月15日收盘，特斯拉年初至今上涨了312%。然而，随着该公司股价叩开158美元的历史高点，关于特斯拉的多空论战也趋于白热化。

第二季度最新的对冲基金持仓报告显示，约翰·伯班克(John Burbank)、约翰·格里芬(John Griffin)和罗恩·巴伦(Ron Baron)等对冲基金大佬都清空了手中的特斯拉股票。然而，另一位大佬，大卫·肖恩(D. E. Shaw)却在这一季度选择了加仓该股。

特斯拉估值是否过高？

空方：

阿吉多斯资产管理公司的对冲基金经理史蒂文·基尔(Steven Kiel)：

目前看来，近期都不是买入特斯拉的好时候，因为特斯拉CEO艾伦·马斯克(Elon

---

① 资料来源：第一财经日报，2013-08-17.

Musk)正不断卖出公司的股票。无论是什么股票,当大众投资的情绪异常热烈之时,其股价都会“一路攀上月球”。但是,这样的股票不会出现在我们的投资组合中,因为一旦投资者的热情消散,那股价也会骤然下跌。我非常欣赏艾伦·马斯克(Elon Musk),也觉得特斯拉是一家给我们带来惊喜的公司,事实上我们在很早之前曾经买入该公司股票。但是,现在已经不是很好的买点,因为这只股票之所以走高完全是依靠市场情绪。在1999年时,亚马孙(Amazon)的股价一度高达每股90美元,而在之后的两年时间内,该公司股价一路下跌至7美元。我觉得特斯拉和当年的亚马孙具有很大的相似性。

美银美林分析师约翰·洛瓦洛(John Lovalloll)和约翰·墨菲(John Murphy):

特斯拉取得了显著的进展,体现出更大的可行性,但这家公司的股票价值被高估。短期内我们的观点可能会被证明是错误的,但长期看依然是正确的。

第二季度,特斯拉开始采用租赁会计准则,销售汽车中得到的收入将在36个月内摊销,而不是在公司交付汽车时完全付清款项。因此第二季度的财报结果将有所反应。特斯拉公司由于会计方法的变化产生的影响将在短期内对特斯拉汽车带来负面因素,但是不会影响公司的现金流。

美国独立评级机构Zacks的策略师埃里克·杜特伦(Eric Dutram):

预计特斯拉2013年全年将每股亏损68美分,但在2014年有望实现每股收益50美分。基于此计算,特斯拉的动态市盈率将高达289倍,相比之下,福特汽车和丰田的动态市盈率分别不到10倍和16倍。

多方:

投资理财网站“彩衣傻瓜”(Motley Fool)著名博主舒姆里克·卡普弗(Shmulik Karpf):

在目前的价位上,特斯拉的估值已经过高是谁都不能否认的事实。目前,该公司的销售与账面价值比为21倍,平均市净率为54倍。这些数字提醒该公司股价已经拉响大幅下挫的警报。

但是投资者正是因为其成长性才会愿意赋予其更高的估值。因此不能仅仅因为一个公司的估值高于行业的平均水平就做空一只股票。就好比亚马孙或者软营公司(Salesforce)都曾经遭遇过投资者的做空,但最终这些空袭者都是以失败告终。

特斯拉CEO艾伦·马斯克(Elon Musk):

目前特斯拉公司的资产负债表上拥有足够的信誉和现金。做空特斯拉是非常不明智的一件事,我认为,那些做空特斯拉的投资者在不久的将来会遭遇到一场海啸。

11.7 实际估价过程中评估方法的选择

我们已经在基础分析中描述了两个经常用到的方法:股利贴现模型和市盈率模型。从原理上说,股利贴现模型更准确并符合逻辑。最好的普通股现值评估法是预期股利的现值。一些分析师和投资者认为这个模型不现实,没人能精确地预测将来的股息。这个模型要求估计从现在到无限期的将来所有产生的股息,这是不可能的任务。许多投资者想得到资本利得，仅仅只有股利对他们没有诱惑力。

市盈率模型是更加流行的估价模型。因为它没那么复杂和正式，相比较而言显得更加直观。了解市盈率模型能帮助投资者了解股利贴现模型。理解市盈率模型的估价能够帮助投资者更好地理解股利贴现模型。因为股利是净收益的一部分，投资者在估计股利增长率以前必须对收益的增长率进行估计。

不管使用哪一种方法来对股票进行估价，都有可能出现估价的偏差，因为我们是对不确定的将来进行估计。所以，我们应该了解下面的情况：

(1)不管谁做分析、怎样分析，都会产生错误；

(2)每个估价模型都要对不确定的将来进行估计。

股利贴现模型和市盈率模型互换使用来表明估价过程。尽管市盈率模型是最普遍使用的，其他估价指标如市场价格与账面价值比率，价格/销售收入比率也提到过。金融分析师经常综合使用这些估价技术来确定股票被低估还是高估。

11.8 其他贴现现金流量方法

股利贴现模型不是唯一的贴现现金流模型。实际工作中也有一些其他的估价模型。但是所有估价方法都涉及相同的概念，比如对将来现金流的估计，用能够反映货币时间价值和投资风险的贴现率来对现金流进行贴现。

其中一个方法表明股利贴现模型的变动情况。Gray，Cusatis 和 Woolridge 提出了以下贴现现金流方法，不需要复杂的数学计算，投资者可借助电子表格使用这些方法。具体的步骤如下：

第一步：预测期望的现金流。在这个模型中，估价涉及公司期望的自由现金流。自由现金流指的是用来支付股东和债权人的现金。

第二步：估计贴现率。模型中合适的贴现率是税后加权平均资本成本。

第三步：计算公司价值。这步涉及计算十年内期望现金流的贴现值，然后计算十年后公司的残值。公司总值是十年内自由现金流的贴现值和残值的现值总和。

第四步：计算股票的内在价值。从公司总值中减去那些具有优先求偿权的债权后得到现金流，然后再除以发行在外的普通股的数量，从而得到每股的价值。

作者概括了以上四个步骤，然后用电子表格产生了基于贴现现金流方法的估价模型。这个模型允许投资者做情景分析，从而了解股票价格如何随投资者期望的变化而变化。

【本章小结】

证券投资是企业、个人和其他社会组织买卖有价证券的经济行为。

只有有价证券的内在价值大于其市场价格时才值得投资。

证券估价的基本方法包括：股利贴现估价模型和市盈率估价模型。

股票内在价值就是股票未来现金流量的现值。

股票的预期收益率包括两部分：预期股利收益率和预期资本利得率，股票估价的主要目的是将内在价值与市价比较以决定买入、卖出或继续持有。

第 12 章　普通股的基本面分析

【学习要点】

1. 了解股票基本面分析的内涵；
2. 掌握基本面分析的三个阶段；
3. 掌握宏观分析基本方法；
4. 掌握行业分析思路；
5. 掌握公司分析要点。

所谓基本面，是指影响股票市场走势的一些基础性因素的状况。基本面分析就是根据有关理论对影响股票价值及股票价格走势的基本因素进行分析，以决定投资某种股票的决策过程。基本面分析是股票投资分析的基础，所以又称基础分析。

影响股市的基本因素，按性质不同可分为政治因素、社会心理因素、经济因素等，其中经济因素最为重要。按影响范围不同，可分为宏观因素和微观因素；按来源不同，可分为国内因素和国际因素，等等。政治因素主要是指影响政局稳定的一系列因素。社会心理因素主要是指影响人们心理预期的一系列因素。经济因素主要包括宏观经济形势、国家的各种政策、上市公司所属行业的发展状况、上市公司本身的发展情况以及股票"替代品"(债券、基金等)市场的走势等。一般情况下，股市同经济形势的联系最密切，同时经济因素对股市的作用力也最强。

从经济层面来讲，股票的基本面分析主要有两种方法：自上而下法(Top-down)和自下而上法(Bottom-up)。自上而下法主要从分析宏观经济、政治着手，通过宏观大环境中产业周期变动及行业受益差异度，来选择适合投资的公司。自下而上法主要从具体的上市公司发展前景进行微观分析，只要发现好的公司，就立即买入，并且中长期持有，不理会市场周期性波动。

传统的理论与实践证明，在经济长期稳定增长的前提下，自上而下的基本面分析方法最为重要，也最容易操作。而自下而上法需要在众多上市公司中选择，需要具备非常专业的知识，犹如大海捞针，操作难度很大。鉴于价值投资的长期理念，我们在这里主要讲述第一种基本面的分析方法。

在自上而下的分析方法中，投资者需要分成三个步骤：首先分析宏观总体形势；第二步要考虑适合投资的经济环境中行业的受益程度及周期轮换；最后落实到行业中的具体公司(见图 12-1)。

图 12-1　自上而下基本面分析的流程

12.1 宏观分析

从长期和根本上看，股票市场的走势是由一国经济发展水平和经济景气状况所决定的，股票市场价格波动也在很大程度上反映了宏观经济状况的变化。从国内外证券市场历史走势不难发现，股票市场的变动趋势大体上与经济周期相吻合。在经济繁荣时期，企业经营状况好，盈利多，其股票价格也在上涨。经济不景气时，企业收入减少，利润下降，也将导致其股票价格不断下跌。但是股票市场的走势与经济周期在时间上并不是完全一致的，通常，股票市场的变化要有一定的超前，因此股市价格被称作是宏观经济的晴雨表。在宏观分析中，最主要的是对宏观经济走势及表现的把握。

宏观经济分析需要考虑三个方面：经济政策、经济周期与经济指标。另外，股票市场供求关系、政治及社会心理因素也属于影响股票市场变动的宏观因素。我们在下面几个小节中将分别予以说明。

12.1.1 经济政策

经济政策是国家或政府为了达到充分就业、价格水平稳定、经济快速增长、国际收支平衡等宏观经济政策目标，为增进经济福利而制定的解决经济问题的指导原则和措施。从这个定义不难看出，经济政策主要包含货币政策、财政政策及汇率政策。

(一)货币政策

狭义货币政策：指中央银行为实现既定的经济目标(稳定物价，促进经济增长，实现充分就业和平衡国际收支)运用各种工具调节货币供给和利率，进而影响宏观经济的方针和措施的总和。

广义货币政策：指政府、中央银行和其他有关部门所有有关货币方面的规定和采取的影响金融变量的一切措施(包括金融体制改革，也就是规则的改变等)。

两者的不同主要在于后者的政策制定者包括政府及其他有关部门，他们往往影响金融体制中的外生变量，改变游戏规则，如硬性限制信贷规模，信贷方向，开放和开发金融市场。前者则是中央银行在稳定的体制中利用贴现率，准备金率，公开市场业务达到改变利率和货币供给量的目标。例如，目前我国实行的是适度宽松的货币政策和积极的财政政策。

通过中央银行调节货币供应量，影响利息率及经济中的信贷供应程度来间接影响总需求，以达到总需求与总供给趋于理想的均衡的一系列措施。货币政策分为扩张性的和紧缩性的两种。

积极的货币政策是通过提高货币供应增长速度来刺激总需求，在这种政策下，取得信贷更为容易，利息率会降低。因此，当总需求与经济的生产能力相比很低时，使用扩张性的货币政策最合适。消极的货币政策是通过削减货币供应的增长率来降低总需求水平，在这种政策下，取得信贷较为困难，利息率也随之提高。因此，在通货膨胀较严重时，采用消极的货币政策较合适。

货币政策调节的对象是货币供应量，即全社会总的购买力，具体表现形式为：流通中的现金和个人、企事业单位在银行的存款。流通中的现金与消费物价水平变动密切相关，是最活跃的货币，一直是中央银行关注和调节的重要目标。

货币政策工具是指中央银行为调控货币政策中介目标而采取的政策手段。货币政策工具库主要包括公开市场业务、存款准备金、再贷款或贴现以及利率政策和汇率政策等。从学术角度，它大体可以分为数量工具和价格工具。价格工具集中体现在利率或汇率水平的调整上。数量工具则更加丰富，如公开市场业务的央行票据、准备金率调整等，它聚焦于货币供应量的调整。

1.利率政策及传导机制

利率上调有助于吸收存款，抑制流动性，抑制投资热度，控制通货膨胀，稳定物价水平；利率下调有助于刺激贷款需求，刺激投资，拉动经济增长。利率这个经济杠杆使用起来要考虑它的利弊，在什么时间、用什么幅度调整都很重要。

在经济跌入低谷时，低利率政策的实施减轻了企业的债务负担，为市场提供了充足的资金，但其负面影响也是不容忽视的。例如，由于市场利率的下降引起存款利率的下降，使储蓄者蒙受一定损失，直接影响到个人消费的提高；另外，由于短期资金唾手可得，助长了某些金融机构的惰性。在低利率政策下，金融机构不用说实行证券化、开发衍生金融产品，就是连传统的存贷业务利润空间都很小，特别是保险行业经营已出现困难。因此，过低的利率使金融机构丧失了扩展业务与进取开拓的内在动力。

利率政策与经济周期关系密切，往往同经济周期出现相互作用、相互影响（见图12-2）。在经济出现过热的时候，中央银行通常会通过利率的调整引导经济恢复正常。但是由于社会资金流动性的影响，利率政策操作难度往往会很大，有时候会导致经济出现下降的风险。

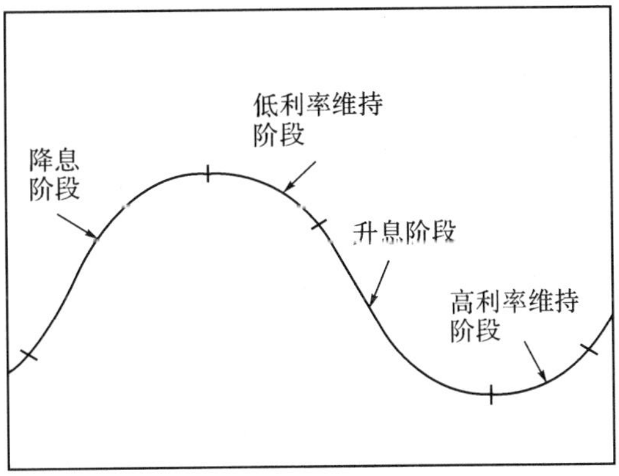

图12-2　利率与经济周期的关系

2.再贴现政策及传导机制

再贴现政策是中央银行最早拥有的货币政策工具。现代许多国家中央银行都把再贴现作为控制信用的一项主要的货币政策工具，再贴现是指商业银行或其他金融机构将贴现所获得的未到期票据，向中央银行转让。对中央银行来说，再贴现是买进商业银行持有的票据，流出现实货币，扩大货币供应量。对商业银行来说，再贴现是出让已贴现的票据，解决一时资金短缺。整个再贴现过程，实际上就是商业银行和中央银行之间的票据买卖和资金让渡的过程。所谓再贴现政策，就是中央银行通过制定或调整再贴现利率来干预和影响市场利率及货币市场的供应和需求，从而调节市场货币供应量的一种金融政策。

再贴现政策具有以下三方面的作用：第一，能影响商业银行的资金成本和超额准备，从而影响商业银行的融资决策，使其改变放款和投资活动。第二，能产生告示效果，通常能表明中央银行的政策意向，从而影响到商业银行及社会公众的预期。第三，能决定何种票据具有再贴现资格，从而影响商业银行的资金投向。

当然，再贴现政策效果能否很好地发挥，还要看货币市场的弹性。一般来说，有些国家商业银行主要靠中央银行融通资金，再贴现政策在货币市场的弹性较大，效果也就较大，相反有些国家商业银行靠中央银行融通资金数量较小，再贴现政策在货币市场上的弹性较小，效果也就较小。尽管如此，再贴现率的调整，对资本市场流动性仍有较广泛的影响。

3. 公开市场业务与存款准备金率

公开市场业务是指中央银行通过买进或卖出有价证券，吞吐基础货币，调节货币供应量的活动。与一般金融机构所从事的证券买卖不同，中央银行买卖证券的目的不是为了盈利，而是为了调节货币供应量。根据经济形势的发展，当中央银行认为需要收紧银根时，便卖出证券，相应的收回一部分基础货币，减少金融机构可用资金的数量；相反，当中央银行认为需要放松银根时，便买进证券，扩大基础货币供应，直接增加金融机构可用资金的数量。

公开市场业务与其他货币政策工具相比，具有主动性、灵活性和时效性等特点。公开市场业务可以由中央银行充分控制其规模，中央银行有相当大的主动权；公开市场业务是灵活的，多买少卖，多卖少买都可以，对货币供应既可以进行“微调”，也可以进行较大幅度的调整，具有较大的弹性；公开市场业务操作的时效性强，当中央银行发出购买或出售的意向时，交易立即可以执行，参加交易的金融机构的超额储备金相应发生变化；公开市场业务可以经常、连续地操作，必要时还可以逆向操作，由买入有价证券转为卖出有价证券，使该项政策工具不会对整个金融市场产生大的波动。

公开市场业务的目的主要有：第一，通过政府债券的买卖活动收缩或扩大会员银行存放在中央银行的准备金，从而影响这些银行的信贷能力；第二，通过影响准备金的数量控制市场利率；第三，通过影响利率控制汇率和国际黄金流动；第四，为政府证券提供一个有组织的市场。公开市场业务被认为是实施货币政策、稳定经济的重要工具。

存款准备金，是限制金融机构信贷扩张和保证客户提取存款和资金清算需要而准备的资金。法定存款准备金率，是金融机构按规定向中央银行缴纳的存款准备金占其存款的总额的比率。这一部分是一个风险准备金，是不能够用于发放贷款的。这个比例越高，执行的紧缩政策力度越大。

存款准备金率的调整对资本市场影响很大。上调存款准备金率会带来全社会流动性降低的预期，股票市场通常会出现下跌，反之则相反（见表 12-1）。

表 12-1　2007 年后准备金率历次调整后对股市的短期影响

次　数	公布时间	调整前	调整后	调整幅度	公布后首个交易日沪指表现
22	2010-05-02	（大型金融机构）16.5%	17%	0.50%	−1.23%
		（中小金融机构）13.5%	不调整	—	

续表

次数	公布时间	调整前	调整后	调整幅度	公布后首个交易日沪指表现
21	2010-02-12	(大型金融机构)16%	16.50%	0.50%	-0.49%
		(中小金融机构)13.5%	不调整	—	
20	2010-01-12	(大型金融机构)15.5%	16%	0.50%	-3.09%
		(中小金融机构)13.5%	不调整	—	
19	2008-12-25	(大型金融机构)16%	15.50%	-0.50%	-0.05%
		(中小金融机构)14%	13.50%	-0.50%	
18	2008-12-05	(大型金融机构)17.00%	16%	-1%	3.57%
		(中小金融机构)16.00%	14%	-2%	
17	2008-10-15	16.50%	17%	0.50%	-4.25%
16	2008-09-25	17.50%	16.50%	-1%	-0.16%
15	2008-06-07	17%	17.50%	1%	-7.73%
		16.50%	17%		
14	2008-05-12	16%	16.50%	0.50%	-1.84%
13	2008-04-16	15.50%	16%	0.50%	-2.09%
12	2008-03-18	15%	15.50%	0.50%	2.53%
11	2008-11-06	14.50%	15%	0.50%	-2.63%
10	2007-12-08	13.50%	14.50%	1%	1.38%
9	2007-11-10	13%	13.50%	0.50%	-2.40%
8	2007-10-13	12.50%	13%	0.50%	2.15%
7	2007-09-06	12%	12.50%	0.50%	-2.16%
6	2007-07-30	11.50%	12%	0.50%	0.68%
5	2007-05-18	11%	11.50%	0.50%	1.04%
4	2007-04-29	10.50%	11%	0.50%	2.16%
3	2007-04-05	10%	10.50%	0.50%	0.43%
2	2007-02-16	9.50%	10%	0.50%	1.40%
1	2007-01-05	9%	9.50%	0.50%	0.94%

(二)财政政策

财政政策是指国家根据一定时期政治、经济、社会发展的任务而规定的财政工作的指导原则,通过财政支出与税收政策来调节总需求。增加政府支出,可以刺激总需求,从而增加国民收入,反之则压抑总需求,减少国民收入。税收对国民收入是一种收缩性力量,因此,增加政府税收,可以抑制总需求从而减少国民收入;反之,则刺激总需求增加国民收入。财政政策是国家整个经济政策的组成部分。

根据财政政策调节国民经济总量和结构中的不同功能来划分,我们可以将财政政策划分为扩张性财政政策、紧缩性财政政策和中性财政政策。具体而言,实施积极财政政策对于上市公司的影响主要有以下几个方面:

税收政策。降低税率,扩大减免税范围。这将会直接增加微观经济主体的收入,促进消费和投资需求，从而促进国内经济的发展，改善公司的经营业绩，进而推动股价的上涨。税收的种类很多，对资本市场而言，最主要的是股利所得税、交易印花税及资本利得税。其中资本利得税对市场的影响巨大。

财政支出政策。加大财政赤字。这将会直接扩大对商品和劳务的总需求，刺激企业增加投资，提高产出水平，改善经营业绩；同时还可以增加居民收入，使其投资和消费能力增强，进一步促进国内经济发展，此时上市公司的股价也趋于上涨。

国债政策。国债发行减少(或回购部分短期国债)。国债发行规模缩减，使市场供给量减少，将导致更多的资金转向股票，推动上市公司股价的上涨。

财政补贴政策。财政补贴往往使财政支出扩大，扩大社会总需求，刺激供给增加，从而改善企业经营业绩，推动股价上扬。

实施扩张性财政政策有利于扩大社会总需求，刺激经济发展，而实施紧缩性财政政策则在于调控经济过热，对上市公司及其股价的影响与扩张性财政政策所产生的效果相反。

专栏12-1

资本利得税与台湾股市①

资本利得税对股市的“打击”相当有效。我国台湾地区股市当年就因为实施股票所得税而大跳水达 80%。

20 世纪 80 年代的台湾股市，跟沪深股市当前的情况有些类似，炒股已经成为全民运动。除市场充满了不规范之外，当局对于市场种种调控措施也屡次失效，包括加征印花税。

当时，台湾股市从 1983 年 1 月的 442 点一路攀升到 1988 年 9 月的 8402 点。在此情况下，1988 年 9 月 24 日，台湾当局宣布，从 1989 年开始征收资本增值税。

9 月 26 日开盘后，台湾股市连续 18 个交易日无量跌停，每天成交由之前的 700 亿元台币骤降至每天仅 10 亿元台币。最低的一天只有 1.32 亿元台币。

18 天以后，台湾股指从 24 日收盘的 8789.78 点，直落 3174.45 点，跌幅达 37%。

台湾投资者损失惨重，各种股民抗议活动频出。后来，台湾当局迫于压力，决定放弃征税计划，并开始“做多”股市。

当年 10 月 22 日开始，市场开始传出利好，进入反弹通道，并持续了 1 个月，股指从 10 月 21 日的 5615.33 点反弹至 11 月 22 日的 7485.97 点，累计上升 1870.64 点，升幅约 21.2%，但仍未弥补此前的跌幅。

即便如此，市场因信心不足，尤其是散户吓破了胆，台湾股指再次掉头向下，跌破前期低点 5615.33 点，1989 年 1 月 5 日收报于 4873.18 点。

(三)汇率政策

汇率政策是指一个国家(或地区)政府为达到一定的目的，通过金融法令的颁布、政策的规定或措施的推行，把本国货币与外国货币比价确定或控制在适度的水平而采取的政策手

① 童第轶. 台湾——三十年十倍的神话. 投资与理财，2010(1).

段。汇率政策主要包括汇率政策目标和汇率政策工具。

汇率政策的目标有：①保持出口竞争力，实现国际收支平衡与经济增长的目标；②稳定物价；③防止汇率的过度波动，从而保证金融体系的稳定。

汇率政策工具主要有汇率制度的选择、汇率水平的确定以及汇率水平的变动和调整。汇率政策中最主要的是汇率制度的选择，汇率制度是指一个国家政府对本国货币汇率水平的确定、汇率的变动方式等问题所做的一系列安排和规定。汇率制度传统上分为固定汇率制度和浮动汇率制度两大类。

钉住汇率政策是通过货币汇率钉住来引入所钉住货币国家的反通货膨胀政策，同时公众通过调整预期通货膨胀率使得通货膨胀率与所钉住货币国家的通货膨胀率相一致。如果本国的通货膨胀率要高于所钉住货币国家的通货膨胀率，那么会引起本国的货币实际汇率升值，本国投资品的价格相对来讲比所钉住货币国家投资品的价格要高。

专栏12-2

固定汇率制度与亚洲金融危机①

危机首先是从泰铢贬值开始的，1997 年 7 月 2 日，泰国被迫宣布泰铢与美元脱钩。实行浮动汇率制度，当天泰铢汇率狂跌 20%。和泰国具有相同经济问题的菲律宾、印度尼西亚和马来西亚等国迅速受到泰铢贬值的巨大冲击。7 月 11 日，菲律宾宣布允许比索在更大范围内与美元兑换，当天比索贬值 11.5%。同一天，马来西亚则通过提高银行利率阻止林吉特进一步贬值。印度尼西亚被迫放弃本国货币与美元的比价，印尼盾 7 月 2 日至 14 日贬值了 14%。

继泰国等东盟国家金融风波之后，我国台湾地区的台市贬值，股市下跌，掀起金融危机第二波，10 月 17 日，台市贬值 0.98 元，达到 1 美元兑换 29.5 元台币，创下近年来的新低，相应的当天台湾股市下跌 165.55 点。10 月 20 日，台币贬至 30.45 元兑 1 美元，台湾股市再跌 301.67 点。台湾货币贬值和股市大跌，不仅使东南亚金融危机进一步加剧，而且引发了包括美国股市在内的大幅下挫。10 月 27 日，美国道·琼斯指数暴跌 554.26 点，迫使纽约交易所 9 年来首次使用暂停交易制度。10 月 28 日，日本、新加坡、韩国、马来西亚和泰国股市分别跌 4.4%、7.6%、6.6%、6.7%和 6.3%。特别是我国香港地区股市受外部冲击，香港恒生指数 10 月 21 日和 27 日分别跌 765.33 点和 1200 点，10 月 28 日再跌 1400 点，这三天香港股市累计跌幅超过了 25%。

11 月下旬，韩国汇市、股市轮番下跌，形成金融危机第三波。11 月，韩元汇价持续下挫，其中 11 月 20 日开市半小时就狂跌 10%，创下了 1139 韩元兑 1 美元的新低；至 11 月底，韩元兑美元的汇价下跌了 30%，韩国股市跌幅也超过 20%。与此同时，日本金融危机也进一步加深，11 月，日本先后有数家银行和证券公司破产或倒闭，日元兑美元也跌破 1 美元兑 130 日元大关，较年初贬值 17.03%。

从 1998 年 1 月开始，东南亚金融危机的重心又转到印度尼西亚，形成金融危机第四波。1 月 8 日，印尼盾对美元的汇价暴跌 26%。月 12 日，在印度尼西亚从事巨额投

① 谢晶晶. 市场或重演亚洲金融危机跌势. 期货日报，2008-10-13.

资业务的香港百富勤投资公司宣告清盘。同日，香港恒生指数暴跌773.58点，新加坡、我国台湾地区、日本股市分别跌102.88点、362点和330.66点。直到2月初，东南亚金融危机恶化的势头才初步被遏制。

危机的发生绝不是偶然的，它是一系列因素共同促成的必然结果。从外部原因看，是国际投资的巨大冲击以及由此引起的外资撤离。但是，这次东南亚金融危机的最根本原因还是在于这些国家和地区内部经济的矛盾性。东南亚国家和地区基本上实行固定汇率制度，为了维持币值稳定，在国外投机资本打击本币时，为了维护本币币值的稳定，被迫卖出外汇储备是导致危机的内在根源。

12.1.2 经济周期

(一)经济周期特征

经济周期是指经济运行中周期性出现的经济扩张与经济紧缩交替更迭、循环往复的现象，是国民总产出、总收入和总就业的波动，是国民收入或总体经济活动扩张与紧缩的交替或周期性波动变化。经济危机分为繁荣、衰退、萧条和复苏四个阶段(见图12-3)，也被叫作衰退、谷底、扩张和顶峰四个阶段。

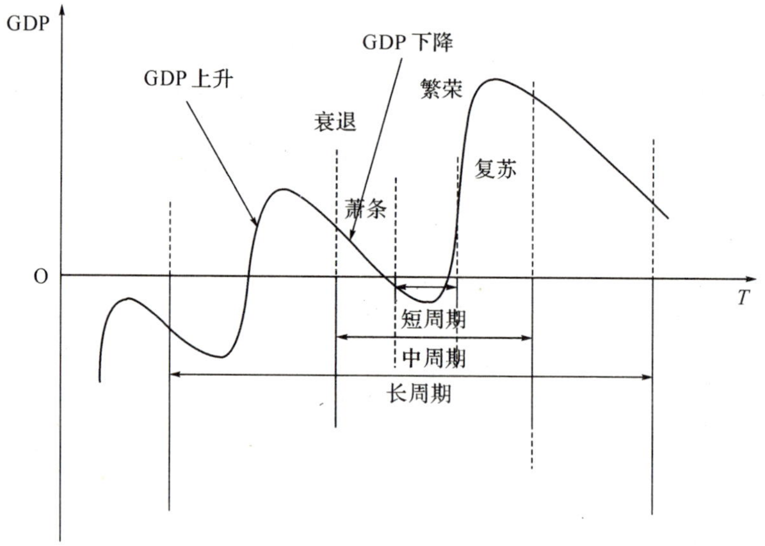

图12-3　一个典型的经济周期演变

在一个典型的经济周期中，流动性周期领先于利润周期，然后是通货膨胀周期。

流动性周期主要是由利率走势所驱动的，特别是短期利率。当中央银行降息以刺激经济时，周期进入了加速阶段。当降息结束时周期达到顶点，这种情况通常出现在利润开始加速之后。流动性周期开始下降先于利率的掉头转向，因为货币被膨胀中的实体经济所吸收，能被市场所得到的较少。中央银行开始提高利率在通货膨胀预期开始的时候，这也标志着流动性周期下降的开始。

利润周期通常落后于利率的变化大约一年。流动性周期与利润周期的关系是非常重要的。货币复苏的最终信号是在利润增长鼓励企业开支和薪水增长的时候。在利润没有大幅增长之前，中央银行寻求刺激经济走出复苏的方法是保持宽松的货币政策。

研究表明通货膨胀周期落后于流动性周期大约两年半，虽然这个关系可能是最具变动性的。落后时间越长，对其影响关系就越脆弱。然而最主要的是，强的流动性增长将导致较强的利润上升，进而导致企业投资和就业增长，开始减弱萧条或导致就业短缺。企业层面价格力量的出现通常标志着通货膨胀周期的到来，也意味着利率开始提升。

(二)经济周期与资本市场周期的关系

经济周期是国民经济发展状况的集中表现，因而股市周期对经济周期的影响作用从根本上来说，是由股票市场在国民经济发展中所起的作用决定的。股票市场作为国民经济的要素市场之一，对宏观经济的作用既有微观的一面，也有宏观的一面。

微观方面，股票市场对国民经济的作用主要是通过国民经济的细胞——企业来实现的。第一，股票市场为企业提供了优良的直接融资环境；第二，企业通过建立股份制，进入股票市场，客观上导入了高效的经营约束和监督机制，有利于企业规范持久的发展；第三，发展股票市场，有利于促进企业重组、并购。

宏观方面，通过股票发行的一级市场，可以实施宏观产业政策的导向作用，使主营业务符合产业政策的企业优先上市融资，得以优先发展，从而有助于宏观经济的健康发展。另外，股票市场的发展开辟了新的大众投资渠道，有效地提高了社会资金的运用效率，有利于资金合理流动，社会资源合理配置，而政府还可以通过税收的形式从中获取部分的财政收入。

股市周期不仅反映着股票发行与交易活动本身的具体状况和趋势，而且通过股市在国民经济中宏观与微观的作用，直接或间接地影响国家宏观经济形势，最终影响经济周期的运行。在经济繁荣时期，经济增长加快，企业利润增长，上市公司盈利也增长，因而股东所预期的股息、红利也将会随之增加。因而，在各种经济活动中，人们普遍看好经济的发展，对未来充满信心。这种乐观的心理也影响到股票市场，由于投资者对未来充满希望，所以增加了对股票的投资，而使股价上升，这也使得股市上投机活跃，进一步推动了股价的上涨。在经济衰退阶段，由于经济不景气，企业成本上升，利润下降，失业增加。许多企业亏损甚至破产。而上市公司也难逃厄运，一些经营不良的公司可能发生亏损而不能派息，或者由于破产而导致股东蒙受很大的损失。这时，投资者对未来失去信心，股市利空消息频传，投资者的投资情绪低落，纷纷卖出股票，退出股市，做空者趁机打压，使股价连续下跌。在经济萧条时期，经济衰退虽然减缓了，然而许多企业仍然没有利润，甚至亏损。大多数上市公司经营效果不理想，因而投资者的投资热情不高。而许多有远见的长期投资者在低价位处买进股票，致使股份下降的幅度减少，或者在底部区域盘整。在经济复苏阶段，各种投资活动开始兴起，企业的经营效益开始好转，利润上升。由于经济开始好转并持续增长，因此，上市公司利润也相应上升，这使得广大股东提高了对派息和增加派息的希望，所以投资者开始增加对股市的投资，购进各种有发展前景的股票。所以，随着经济的复苏，股价开始回升。

12.1.3 经济指标

宏观经济环境包罗万象，各种静态的和动态的统计数据都能起到了解经济中某一部分或者某一层面的作用。这些不同的统计数据体现为一系列指标体系。如衡量国民经济总体运行态势的国内生产总值，衡量驱动经济发展的投资、生产消费指标，调节经济动态走势的利率指标等等(见表 12-2)。这些指标具有不同的作用机制,对行业也有不同的影响。下文选几个较为重要的经济指标进行讲解。

表 12-2 主要经济指标归类

国民经济总体指标	投资指标	生产消费指标	金融指标	财政指标
国内生产总值	政府投资	社会消费品零售总额	利　率	财政收入
失业率	企业投资	PPI	汇　率	财政支出
通货膨胀率	外商投资	PMI	外汇储备	赤字或结余
国际收支		储蓄存款余额		

(一)国内生产总值(GDP)

就证券市场的宏观经济分析而言,其核心内容在于分析国民收入水平、增长速度及其决定因素。现代宏观经济学通常用 GDP 及其增速衡量国民收入水平与增长速度,GDP 是指一国居民在一定时期内(通常是一年)所生产出来的全部最终产品的市场价值总和。持续增长的宏观经济必然为资本市场带来动力。如果一国宏观经济长期繁荣,则证券市场必然长期向好;相反,一国经济长期低迷,则证券市场必然长期走熊。图 12-4 描述了 GDP 增长率与上证综指年度收益增长率之间的联系。

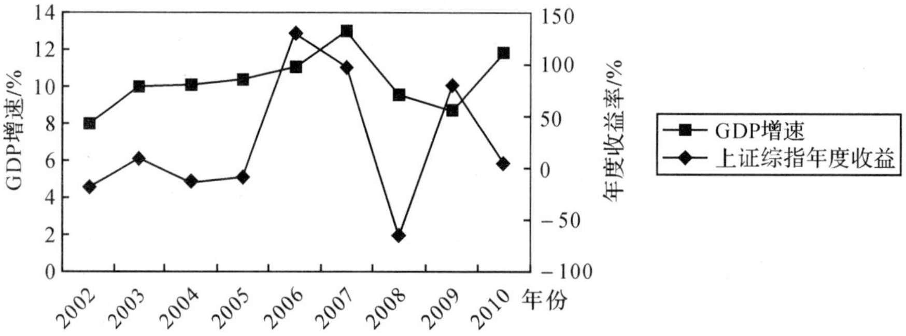

图 12-4 经济增长率与上证综指收益率对比

(二)通胀率与 CPI

通货膨胀是指物价普遍而持续上升的现象。常用的衡量通货膨胀的指标有三种:零售物价指数、批发物价指数、国内生产总值物价平减指数。其中,零售物价指数又称消费物价指数,反映消费者为购买消费品而付出的价格的变动情况;批发物价指数反映一国商品批发价格上升或下降的幅度;国内生产总值平减指数则是按当年来变价格计算的国内生产总值与按基年不变价格计算的国内生产总值的比率。一般来说,在衡量通货膨胀时,零售物价指数使用得最多、最普遍。

对通货膨胀率的预期会带来投资者预期到货币政策特别是利率政策的变动,资本市场上会表现得淋漓尽致。例如,通货膨胀的预期和加息的预期是一致的。这时,股票市场通常会出现“牛皮行情”或者震荡行情,甚至可能出现掉头向下的危险。

(三)失业率

失业率是指劳动力人口中失业人数所占的比重,劳动力人口一般是指年龄在 16 周岁以上的具有劳动能力的人的全体。失业率的高低反映了经济活动的好坏，经济活动低速增长或者负增长，失业率就会上升；反之，失业率就会下降，因而失业率也是衡量一国经济运行好坏的重要指标。在国外资本市场上，失业率的变化通常会对市场起到短期的影响。

（四）货币供应量

货币供应量是单位预算和居民个人在银行的各项存款和手持现金之和，根据流动性的不同，可以将货币供应量划分为三个不同的层次：M_0＝流通中的现金；$M_1=M_0$＋活期存款；$M_2=M_1$＋定期存款＋储蓄存款。金融机构各项存贷款余额是指某一时点上金融机构存款余额与金融机构贷款余额。金融资产总量是指手持现金、银行存款、有价证券、保险等其他资产的总和。金融总量指标虽然与一国总需求无直接关系，但金融总量指标尤其是货币供应量对利率、消费与投资均有重大影响，因而对一国 GDP 总量及其增长速度有极其重要的影响。以货币供应量为例，货币供应量大，国内消费需求和投资需求增长快，进而促进一国经济增长；反过来，货币供应量小，抵制了国内消费需求和投资需求增长，进而抑制一国经济增长。

货币供应量的大量增加会导致市场流动性宽松甚至泛滥，资产价格随之会出现大幅度的上涨。反之则相反。图 12-5 是我国近年货币供应增长率与上证综指走势对比分析。

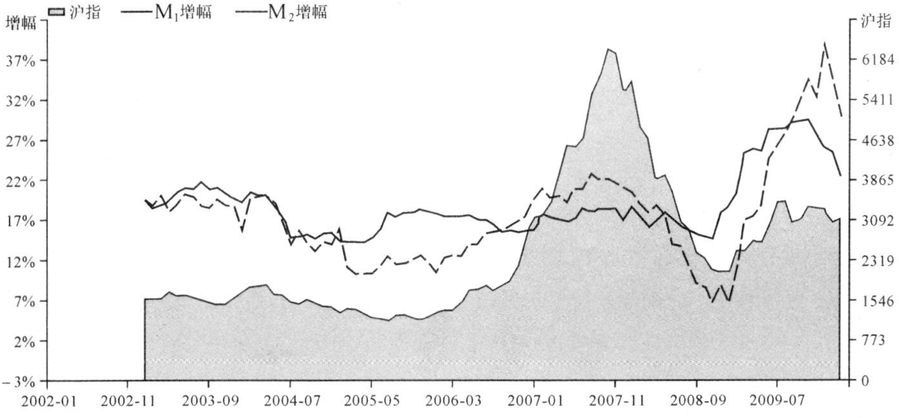

图 12-5 货币供应增长率与上证综指走势对比

（五）PPI

生产者物价指数（Producer Price Index，PPI）与 CPI 不同，主要的目的是衡量企业购买的一篮子物品和劳务的总费用。由于企业最终要把它们的费用以更高的消费价格的形式转移给消费者，所以，通常认为生产者物价指数的变动对预测消费物价指数的变动是有用的。生产者物价指数是用来衡量生产者在生产过程中需采购的物品的物价状况。因而这项指数包括了原料、半成品和最终产品等三个生产阶段的物价信息。它是消费者物价指数（CPI）的先行指标。将食物及能源去除后的，称为“核心 PPI”（Core PPI）指数，以正确判断物价的真正走势——这是由于食物及能源价格一向受到季节及供需的影响，波动剧烈。理论上来说，生产过程中所面临的物价波动将反映至最终产品的价格上，因此观察 PPI 的变动情形将有助于预测未来物价的变化状况，因此这项指标在资本市场上受到投资者的重视。

（六）外汇储备

外汇储备是指一国政府所持有的国际储备资产中的外汇部分，即一国政府保有的以外币表示的债权，是一个国家货币当局持有并可以随时兑换外国货币的资产。狭义而言，外汇储备指一个国家的外汇积累；广义而言，外汇储备是指以外汇计价的资产，包括现钞、黄金、国外有价证券等。外汇储备不断增加会导致人民币升值的压力。人民币升值的情况下会带来资产价格的上涨，导致资本市场长期存在上涨的可能。截至 2009 年年底，我国外储规模已达到 23991.52 万亿美元。

12.1.4 证券市场供求关系

从长远来看，证券的价格由其内在价值决定，但就中短期价格分析而言，证券价格由其供求关系决定(见图 12-6)。一般来说，证券供给增加，证券价格下跌；证券供给减少，证券价格上升；证券需求增加，证券价格上升；证券需求减少，证券价格下降。下面以股票市场为例进行具体分析。

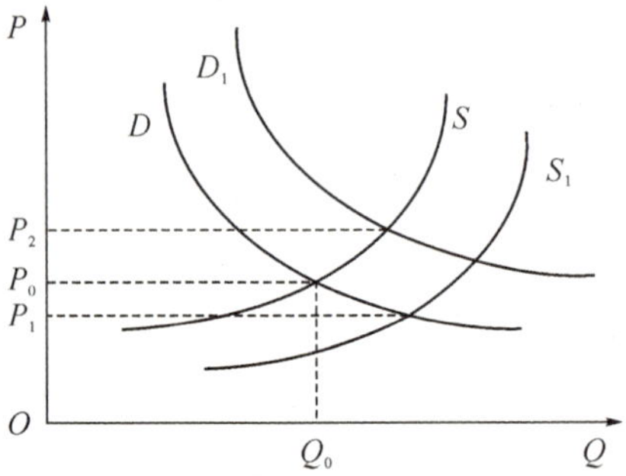

图 12-6 股票市场供求关系

(一)股票供给增加是导致股价下跌的因素

股票供给的增加有两种情况：绝对供给增加和相对供给增加。绝对供给增加是指上市交易的股票数量增加，导致这一样情况有两个主要原因：一是新的公司发行上市(IPO)，二是已上市的公司再次发行股票；相对供给增加是指由于某种情况的出现(如央行连续加息)，导致大多数持股投资者的持股信心不足，而大量抛出股票，从而导致短期内股票供给增加。

如果股票供给增加且股票需求保持不变，则股价会下跌，在图 12-6 中，股票需求 D 保持不变，股票供给增加，由 S 平移到 S_1，此时股票供求共同决定的股价是 P_1。当然，如果股票供给与股票需求同时增加，而股票供给增加的幅度大于股票需求增加的幅度，股价也同样会下跌。可见，股票供给增加是导致股价下跌的因素。

在我国，有一个特殊情况。2005 年，作为金融改革一部分的股权分置是推动资本市场进入了一轮前所未有的大牛市的主因。股权分置改革使得原来的一部分非流通股票按照时间表转换成流通股，增加了社会上可流通股票的数量。2007 年年末，限售股解禁第一个高峰来临，我国股市率先在股票数量供大于求的情况下，开始了一轮跌幅超过 72.8%的熊市行情。股票供给增加或者减少的具体原因见表 12-3。

表 12-3 股票数量变动的因素

增加股票数量的因素	IPO，股票股利，再融资，限售股解禁，红筹回归，国际板，分拆上市
减少股票数量的因素	缩股，退市，公司合并

（二）股票需求变动是推动股价变动的因素

股票需求的增加有两种情况：绝对需求增加和相对需求增加。绝对需求增加是新投资者入市；相对需求增加是指由于某种情况的出现（如央行连续降息），导致处于观望阶段的投资者选择买进股票，导致短期内股票需求增加。

如果股票需求增加且股票应供保持不变，则股价会上升，在图12-6中，股票供给S保持不变，股票需求增加，由D平移到D_1，此时股票供求共同决定的股价是P_2。当然，如果股票需求与股票供给同时增加，而股票需求增加的幅度大于股票供给增加的幅度，股价也同样会上升。可见，股票需求增加是导致股价上升的因素。

12.1.5 其他影响资本市场的宏观因素

资本市场的波动从长周期看，影响的主导因素是宏观经济的长期运行趋势。但是，其他社会因素也会影响到资本市场的短期或中期波动。这些因素主要包含政治因素与社会心理因素。

（一）政治因素

政治因素主要包含战争、政权更迭、国际政治形势、金融法律制度等。①战争。战争对股票市场及股票价格的影响，有长期性的，亦有短期性的；有好的方面，亦有坏的方面；有广泛范围的，也有单一项目的，这要视战争性质而定。战争促使军需工业兴起，凡与军需工业相关的公司股票当然要上涨。战争中断了某一地区之海陆空运，提高了原料或成品输送之运费，因而商品涨价，影响购买力，公司业绩萎缩，与此相关的公司股票必然会跌价。其他由于战争所引起的许多状况都是足以使证券市场产生波动，投资人需要冷静的分析。②政权更迭。政权的转移，领袖的更替，政府的作为以及社会的安定性等，均会对股价波动产生影响。③国际政治形势。国际政治形势的改变，已愈来愈对股价产生敏感反应，随着交通运输的日益便利，通信手段、方法的日益完善，国与国之间、地区与地区之间的联系越来越密切，世界从独立单元转变成相互影响的整体，因此一个国家或地区的政治、经济、财政等结构将紧随着国际形势而改变，股票市场也随之变动。④法律制度。如果一个国家金融法律制度健全，投资行为得到管理与规范，投资者的正当权益得到保护，会提高投资者投资的信心从而促进股票市场的健康发展。如果法律法规不完善，投资者权益受法律保护的程度低，则不利于股票市场的健康发展与繁荣。

（二）社会心理因素

从资本市场的角度来说，社会心理因素主要是指影响股票市场波动的突发性事件。这些突发性事件会导致投资者产生心理恐慌。所以，社会心理因素也是行为金融研究的主要对象之一。例如，1995年1月17日，日本关西地震，日经指数在一个周内跌幅超过7%。2008年5月汶川大地震爆发前，上证指数曾经过一段时间的反弹。地震之后，上证指数在随后的半年时间之内从5月12日的3226点到跌至1664点。再如，美国2001年9月11日遭遇恐怖袭击。随后第一个交易日，道·琼斯指数指即暴跌684点。2007年2月27日，美国驻阿富汗军队遭遇袭击，当日美国股市暴跌416点。通常情况下，社会心理因素会导致资本市场短期剧烈波动。但是如果跟其他的宏观因素形成共振，则可能导致资本市场中长期走熊。

12.2 行业分析

行业分析是投资者在对宏观经济形势做出大整体判断之后需要重点考虑的核心要素。因为即使在宏观经济向好的情况下,各个行业板块的股票也表现出巨大差异。

12.2.1 行业分类及行业市场机构类型

(一)行业分类

在通常情况下,我们把社会中所有的行业划分为两大类:周期性行业和防御性行业。周期性行业受经济周期的影响巨大,在资本市场上波动剧烈。如果投资者能够在资本市场牛熊转换的最佳时机买入周期性行业的领涨板块,并采用持股不动的消极策略。经常会获得几倍甚至几十倍的收益。典型的周期性行业主要有:煤炭、建材、房地产、金融、钢铁、远洋运输,等等。防御性行业主要指与人们的基本生活密切相关,受经济周期影响较小的行业。典型的防御性行业主要有食品饮料、医药、公用事业等。

按照全球行业分类标准(GICS)划分,主要的行业有能源、原材料、工业、可选消费等(见表 12-4)。每个大类行业都有具体的细分行业甚至子行业。

表 12-4 行业分类标准(主要以 GICS 为基础)

行业名称	行业主要类别
能源 Energy	能源设备与服务,石油与天然气
原材料 Materials	化学产品,建筑材料,容器与包装,金属与采矿,纸与木材品
工业 Industrials	宇航与国防,房屋产品,建筑工程,电力设备,综合性工业,机械制造,工业品贸易与销售,商业服务,运输及运输基础设施
可选消费 Consumer Discretionary	汽车及零部件,家庭耐用消费品,休闲设备及产品,纺织品和服饰,餐饮住宿和休闲,媒体,批发,零售,因特网和邮购、零售
主要消费 Consumer Staples	食品药品零售,饮料生产加工,食品生产加工,烟草,家庭用品,个人用品
健康护理 Health Care	健康护理设备与消耗品生产,健康护理的提供和服务,生物技术,制药
金融 Financials	银行,保险,房地产,多样化金融
信息技术 Information Technology	IT 软件及服务,信息技术咨询与服务,软件,网络设备,计算机和外围设备,电子设备,办公电子设备,半导体设备和产品
电讯 Telecommunication	电讯设备,多样化电讯服务,无线电讯服务
公用事业 Utilities	电力,气体,水,多种公用事业

(二)经济增长的不同阶段与行业演化规律

从宏观经济层面来看,社会经济的发展是一个长期的规律。在经济发展的不同阶段,都会有主导性的行业。行业的发展会随着社会经济的发展出现一定的规律。工业化的发展使得以农业为主的社会经济体系退居次位;现代信息技术的发展催生了主导性的信息产业(见表12-5)。

表12-5 经济增长阶段和产业结构状态及主导产业表

阶　段	人均GDP(美元)	产业结构	主导产业
前工业化	140～280	农业为中心	农　业
工业化初期	280～560	轻纺工业为中心	轻纺业
工业化中上期(起飞)	560～1120	原材料为中心	轻纺业、基础设设、原材料工业
工业化后期(向成熟推进)	1120～2100	加工组装为中心	原材料、能源重化工、加工装配
工业化后期(消费升级初期)	2100～3360	高技术产业为中心	汽车业、高新技术产业
工业化后期(追求生活品质)	3360～5040	信息业为中心	服务业、信息产业

(三)行业市场结构

根据不同行业的产品差别程度、厂商数量多少和行业进入的难易程度,可以将行业划分成四种市场结构:完全竞争、垄断竞争、寡头垄断和完全垄断,具体如表12-6所示。

表12-6 四种主要市场结构的特征

	完全竞争	垄断竞争	寡头垄断	完全垄断
厂商数量与规模(实力)	厂商数量众多,规模都很小	厂商数量较多,其中部分厂商规模较大,有一定的竞争优势	少数几个厂商控制整个行业,厂商实力相当或相差不大	一个厂商控制整个行业,厂商实力雄厚
产品差别	产品无差别	差品差别较大,厂商非常重视通过宣传的途径突出和强化自己的产品差别	两种情况:一种是纯粹寡头市场,不同厂商的产品差别不大;另一种是差别寡头市场,不同厂商的差别较大	只有一个厂商,不存在产品差别
进入的难易程度程度	新厂商可以自由进入	新厂商进可以比较自由的进入	新厂商进入的障碍较大	新厂商很难进入
典型行业	农产品	大多数日用消费品行业,如服装行业	纯粹寡头:钢铁业 差别寡头:汽车制造业	公用事业(供水供电)

在不同的市场结构中,企业的地位是不同的,在完全竞争市场中,企业只能是市场价格的被动接受者,寡头市场中的价格领袖有较强定价能力,完全垄断企业则可以很大程度上从自身的利润最大化角度出发,制定并执行对自己最有利的市场价格,以确保自己获得利润最大化。投资者进行行业分析时,需要首先了解该行业所处的发展阶段及市场结构。

12.2.2 行业生命周期

(一)行业自身生命周期

行业发展一般要经历一个由成长到衰退的演变过程,这个过程被称为行业的生命周期。一个完整的行业生命周期包括幼稚期、成长期、成熟期和衰退期(见表12-7)。分析行业的生命周期所处阶段对投资者具有重要意义,因为成长型的行业和成熟型的行业会给投资者带来完全不同的收益预期。

表12-7 行业自身生命周期的四个阶段

产业兴衰 产业组织	幼稚期	成长期	成熟期	衰退期
企业数目	少	增多	最多	减少
企业规模	小	增大	最大	收缩
企业间关系	不稳定	形成	成熟	变化
竞争程度	小	不大	增大	大
垄断程度	小	增大	大	减小
生产组织形态	初步形成	形成	成熟	变化
竞争方式		价格	价格、非价格	非价格
进退壁垒	小	较大	大	大
集中度	低	增高	最大	减低
产品差别化	小	增大	大	大

根据上述行业生命周期中各阶段的基本特征,可以对一些典型的行业所处的生命周期进行分析和判断,从图12-7中可以看出,太阳能、遗传工程等行业尚处于幼稚期的前、中期阶段,而石油冶炼行业已经进入成熟期的前期阶段,煤炭开采和钟表行业则已经迈入衰退期的前期阶段。

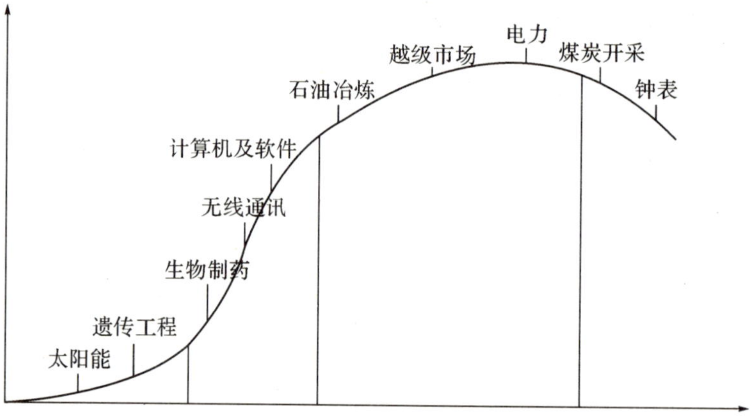

图12-7 典型行业所处的生命周期

（二）行业景气周期与国民经济周期的关系

周期性行业的景气周期变化与经济周期密切相关。防御型行业的产品需求相对稳定，需求弹性小，其经营状况在经济周期的上升与下降阶段都很稳定。其间的规律如下：行业总是处于周期性运动中，股价伴随着行业的景气周期相应的变化，但一般来说行业股价的波动超前于行业的景气变化，行业股价变化是永恒的，并且行业股价的变化常常放大行业景气变化的幅度。还有一种类型的行业，我们可以把它单独列出来，称之为增长型行业。该行业的景气周期变化与国民经济整体的周期变化及其振幅并不密切相关。

在资本市场运行的大循环中，周期性行业总是率先启动上涨或者下跌，而防御性行业则往往滞后一段时间。增长型的行业则可能表现出比较迥异的股价运行态势。

考虑到我们这部分分析的中心在于行业周期与经济周期的关系，最需要关注的当然是周期性行业的表现。在图 12-8(a)中，经济处在上升期时，上游行业原材料价格的上涨导致企业利润增加，而下游行业受到成本增加的影响会出现产品被迫提价的情况，利润也会呈现先涨后跌再涨的情况。图 12-8(b)的情况正好相反。

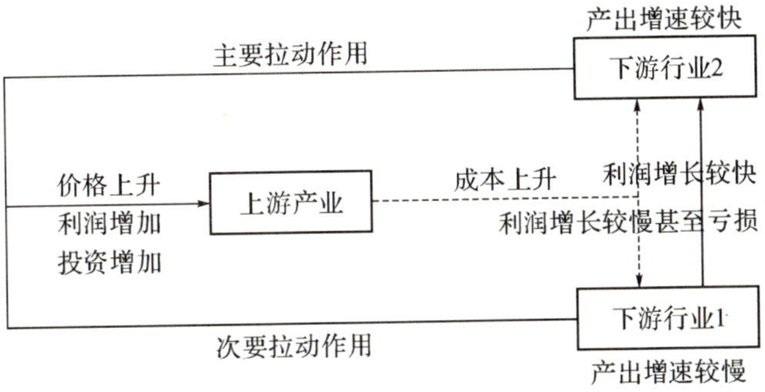

（a）经济上升时期

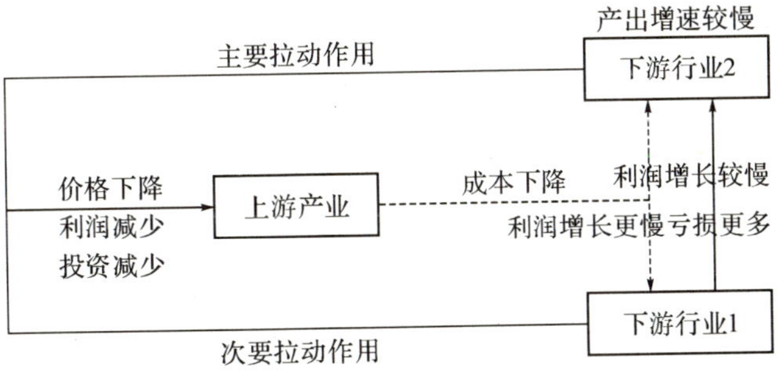

（b）经济下降时期

图 12-8　经济周期对产业增长的传导机制

在经济周期中，行业景气判断标准主要体现在政策的影响上。这些政策涵盖产业政策、环保政策、出口退税补贴等方面。

产业政策决定了本行业景气的各个方面，尤其是对本行业一年内景气状况的影响，如产业振兴政策等。环保政策出口退税等税收政策对行业的发展也起到鼓励或者压制的作用。例如 2010 年国家强力推行的节能减排政策。其他影响行业景气的因素还包含上游行业、下游行业、本行业和产业政策之外的其他因素，例如产业升级，人们消费习惯的改变等。

行业增长是相互影响的，把握行业之间的互动和传递关系非常重要。任何一个行业都不是孤立存在的，一个行业的兴衰史常会在其上下游之间引起一连串的互动性反映，进而在股票市场上激发出板块的联动效应。例如，图 12-9 显示了投资拉动型行业的增长机制。交通运输等板块的投资会带动相关机械制造行业的投资增长，进一步拉动了钢铁等产能的扩张。

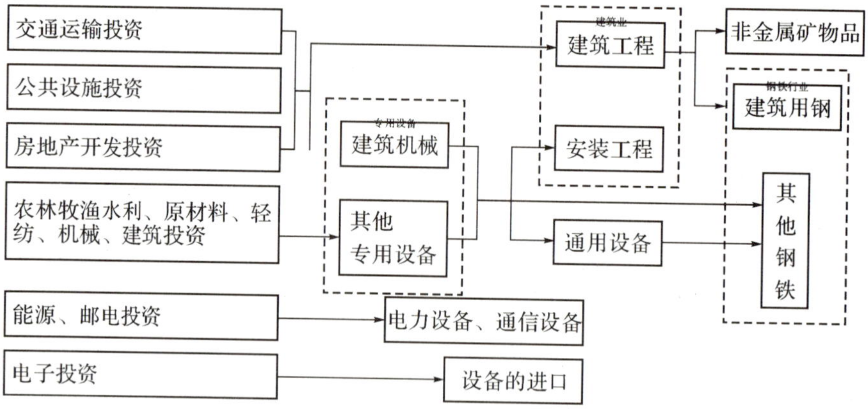

图 12-9　投资拉动型行业增长机理

（三）经济周期内产业热点演变的规律

一般来说，在经济周期的不同阶段往往形成不同的产业热点。经济扩张初期，最先启动的行业是周期性消费品行业，主要是指住宅与轿车。然后是电子信息、机械设备等资本品以及交通运输业。经济快速增长时期，能源、基础材料开始供不应求，价格上涨，这些行业的增长会延至整个经济扩张期的结束。一旦经济开始收缩，周期性消费品也最先感受到负面因素的影响。

下面对各主要产业类别在经济周期诸阶段的表现进行分析。

(1)耐用消费品。主要受到具有中长期意义的需求拉动，产业增长的关联效应和群体特征明显。主要有：以汽车为龙头的高增长产业群，包括合成材料工业、轮胎制造业、钢铁工业、机械工业中的机床业等；以房地产业为龙头的高增长产业群，包括钢铁工业、建材工业，特别是砖瓦等轻质建筑材料制造业、建筑用金属制品业等建筑投入品行业，装饰装修行业及物业管理、社区服务等相关服务业；以机械制造为龙头的高增长产业群，包括锅炉及原动机制造业、金属加工机械制造业、通用设备制造业、通用零部件制造业和其他普通机械制造业。

(2)能源行业与基础原材料产业。如煤炭、石油、天然气、电力以及原材料行业如建材、钢铁、有色金属、化工等。这类行业的特点如下：处于产业链最前端，虽然也具有较强的经济周期性，但敏感度不如上一类行业；基础原材料产业往往与宏观经济的景气度有很高的关联度；竞争程度比下游产业相对要低。受资源禀赋、规模经济、必要资本规模高等行业技术特点的影响，这些行业进入壁垒往往较高；这类行业一般在经济扩张初期保持稳定或缓慢增长，当经济步入快速增长期时，产能一时难以满足需求，从而拉动这些基础产品的价格，使得行业效益有比较显著的增长。

(3)金融服务业。对于银行主导型的金融体制下，银行业表现出与经济发展的高度相关性。银行业的运行表现为顺经济周期波动的特点，经济的强劲增长促成了银行业的高速增长，但也孕育了经济波动时显现的风险。在经济下滑后的半年到两年，根据银行贷款期限结构及贷款性质的不同，不良贷款在不同程度上会有所增加。

（4）房地产业与金融业高度依存的关系，不论在房地产界，还是在金融界都得到了普遍的共识。由于房地产行业资金需求量大、资金周转期长的特点，房地产行业和金融具有较紧密的联系。

（5）城市公用设施类行业。受经济周期影响相对较弱，在经济收缩、利率下降时，该类行业的公司股票往往会有较好表现。一些具有自然垄断特征的公用事业和交通运输类企业受益于经济长期成长，具有良好的长期投资价值。

（6）一般消费品行业。如农业、食品，零售业以及医药行业，受经济周期影响不明显，而是其他一些独立经济变量如人口起决定性作用。在经济收缩时，投资者一般选择上述行业作为安全投资，因此这类行业又被称为防御型行业。品牌和渠道能力是判断行业内公司是否具有长期投资价值的核心指标。

了解以上几个行业的特征并分析这些行业在周期内的演变对投资者具有重要意义。因为投资者在资本市场低谷时候往往很难抓住率先启动的行业板块，后续热点板块则相对较为容易把握。根据经济周期中的流动性周期、利润周期和通货膨胀周期的关系中，我们可以发现收益的板块会有先后顺序（见图 12-10）。

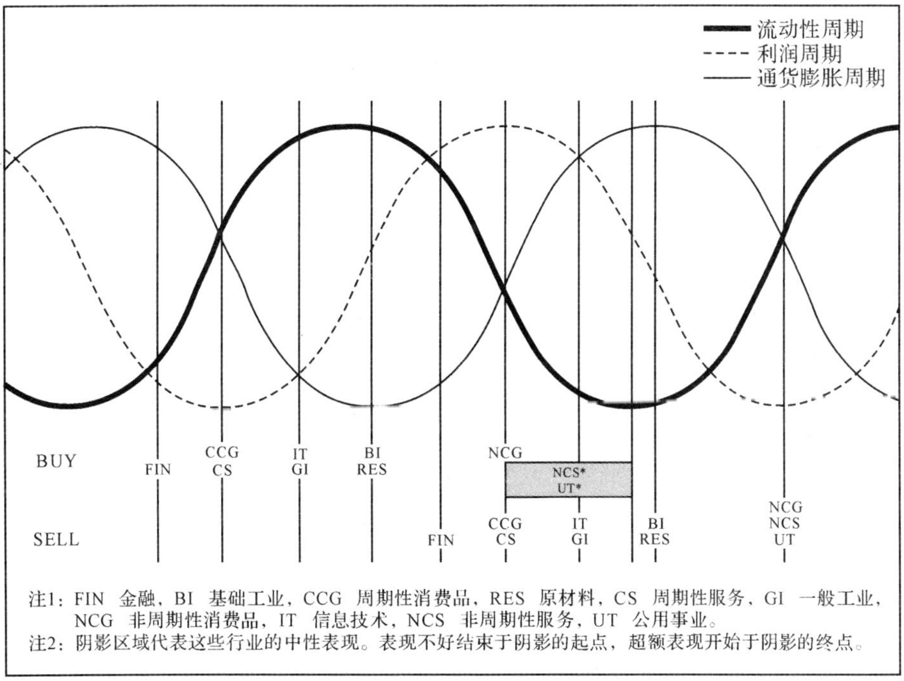

图 12-10 行业投资择时顺序

资料来源：Rotman Finance Center

图 12-10 中上面的线代表投资者在一个典型的周期中增持相关行业，下面的线代表投资者减持该行业，并寻找新的投资机会。重叠窗口代表了行业转换需要一个过程，比如，当市场关注重点从周期性向防御性转移时，周期性行业不会立即表现很差。实际上，晚期周期性行业的表现好过大多数防御性行业。由于这个原因，通常实际中同时增持多个行业。这允许投资者可以投资于每个行业的完整周期，实现分散风险的目的。

12.3 公司分析

公司的发展潜力与财务状况是影响其股票在资本市场上长期波动的微观经济因素。投资者经过宏观分析选好行业之后，必须将分析目标转向行业中的具体公司。这是基本面分析的最主要的一个环节。公司分析主要侧重于三个方面：公司在行业中的竞争力、公司管理能力、财务分析。以下几节分别予以阐述。

12.3.1 竞争力分析

（一）公司行业竞争地位

公司竞争力是指在竞争性市场条件下，公司通过培育自身资源和能力，获取外部可寻址资源，并综合加以利用，在为顾客创造价值的基础上，实现自身价值的综合性能力。公司竞争力还在于在竞争性的市场中，一个公司所具有的能够比其他公司更有效地向市场提供产品和服务，并获得盈利和自身发展的综合素质。

公司的竞争力分为三个层面：第一层面是产品层，包括公司产品生产及质量控制能力、公司的服务、成本控制、营销、研发能力；第二层面是制度层，包括各经营管理要素组成的结构平台、公司内外部环境、资源关系、公司运行机制、公司规模、品牌、公司产权制度；第三层面是核心层，包括以公司理念、公司价值观为核心的公司文化、内外一致的公司形象、公司创新能力、差异化个性化的公司特色、稳健的财务、拥有卓越的远见和长远的全球化发展目标。第一层面是表层的竞争力；第二层面是支持平台的竞争力；第三层面是最核心的竞争力。从这一结论中我们可以看出，公司文化对公司增强竞争力的重要作用。

（二）公司竞争力的来源

1. 价格及成本

消费者是理性经济人，价格是影响消费者选择某一产品的重要因素，即商品存在着价格需求弹性系数不同的情况。相同的产品在同一市场上，在其他因素相同的条件下，价格较低就具有较高的竞争力。成本高低是决定产品价格的基础，同时也决定产品是否具有价格竞争优势和获利能力。无论从消费者选择角度还是公司获利的角度，成本优势都是公司竞争力的基础来源。尽管不存在强大的其他竞争作用力，但处于低成本的公司更能吸引消费者对其产品的选择倾向，同时该公司可以获得高于产业平均水平的收益。

2. 产品质量

质量是公司竞争力来源的功能性要素。质量既是商品在市场上实现交换的最根本前提，也是公司实现价值的决定性因素。最坏条件下生产的商品，即劣等商品，只有在供不应求的情况下才能调节市场价值；最好条件下生产的商品，即优等商品，只有在供大于求的情况下才能调节市场价值。而且前世界绝大多数国家及中国的市场均是供大于求的市场，因此商品的生产价格是由高质量商品所决定的。换言之，一个不向市场提供优质商品的公司是无竞争力可言的。

3. 品牌

品牌是公司竞争力的重要来源。世界上优秀的公司在制造产品的同时，都拥有对品牌的创造、维持、保护和拓展的能力。美国市场营销协会对品牌所下的定义是：品牌是一种名称、术语、标记、符号或设计，或是它们的组合运用，其目的是借以辨认某个销售者或某一组销售者的产品或服务，并使之与竞争对手的产品和服务区别开来。IBM 电脑的核心部件都不是 IBM 公司自己生产的但标有 IBM 的电脑却畅销全球，并占有世界市场近 20%的市场份额，其根本原因是 IBM 的巨大品牌信誉所致。

4. 差异化

差异化的经济学意义是制造稀缺，是公司对某一产品在供求平衡或供大于求的市场结构中制造产品某一方面或产品经营过程中某一环节的有别于竞争对手的稀缺，即"局部的供不应求"，从而使自动的产品产生竞争优势以及获得创新的超额价值。具有竞争优势的公司都是拥有较强的差异化能力，或者说是差异化的能力使某一个公司在竞争的较量中脱颖而出。一个公司在保证使其成本和质量更高、品牌和服务更好的前提下，要充分创造在这几方面的差异性。

5. 核心能力

核心能力是对公司进行分析的最小单元，既不是单个的人，也不是由两个或两个以上的人为了一定的目的按照特定的规则组成的单元，更不是其他的"物"的因素或具有"社会"性质的规则因素，而是反映公司本质的能力。能力的区分虽然具有一定的抽象性，但并不妨碍对公司的深入分析，公司拥有的能力总是可以区分为不同的类别，如可以区分为一般能力和特殊能力，组织能力和社会能力、技术能力、市场开拓能力和管理能力，且每一种能力还可以进行细分。

12.3.2 管理能力分析

(一)管理层的能力分析

分析管理阶层的能力可以从以下几个方面进行：①管理阶层的学历。②管理阶层的从业经验。③管理阶层的背景。分析管理层的能力主要是为了了解管理层对公司长期经营的战略眼光。

(二)管理层的勤勉尽责忠诚分析

对这一方面进行分析因受可获得信息的局限而较为困难，我们仅根据经验和信息的可获得性，提供几点作为参考：①管理层是否有欺骗和损害股东利益的记录。②管理层是否有欺骗和损害股东利益的嫌疑。③管理层之间是否有裙带关系。④管理层是否总是在追逐时髦。⑤寻找脚踏实地、埋头做主业的上升公司。

(三)股权激励

股权激励是一种通过经营者获得公司股权形式给予企业经营者一定的经济权利，使他们能够以股东的身份参与企业决策、分享利润、承担风险，从而勤勉尽责地为公司的长期发展服务的一种激励方法。股权激励的模式主要有：

(1)业绩股票。是指在年初确定一个较为合理的业绩目标，如果激励对象到年末时达到预定的目标，则公司授予其一定数量的股票或提取一定的奖励基金购买公司股票。业绩股票的流通变现通常有时间和数量限制。

(2)股票期权。是指公司授予激励对象的一种权利,激励对象可以在规定的时间内以事先确定的价格购买一定数量的本公司流通股票,也可以放弃这种权利。股票期权的行权也有时间和数量限制,且需激励对象自行为行权支出现金。目前在我国有些上市公司中应用的虚拟股票期权是虚拟股票和股票期权的结合,即公司授予激励对象的是一种虚拟的股票认购权,激励对象行权后获得的是虚拟股票。

(3)虚拟股票。是指公司授予激励对象一种虚拟的股票,激励对象可以据此享受一定数量的分红权和股价升值收益,但没有所有权,没有表决权,不能转让和出售,在离开企业时自动失效。

(4)股票增值权。是指公司授予激励对象的一种权利,如果公司股价上升,激励对象可通过行权获得相应数量的股价升值收益,激励对象不用为行权付出现金,行权后获得现金或等值的公司股票。

(5)限制性股票。是指事先授予激励对象一定数量的公司股票,但对股票的来源、抛售等有一些特殊限制,一般只有当激励对象完成特定目标(如扭亏为盈)后,激励对象才可抛售限制性股票并从中获益。

专栏12-3

高管薪酬背后的谜团①

2009 年,汽车类上市公司一把手薪酬整体偏低,公司差距巨大,从 2000 多万元到几千元。我们从以下三个视角观察一下中国汽车类上市公司的高管薪酬。

1. 高薪酬=高收益

与董事长总经理的薪酬水平相比,汽车类上市公司其他高管前 100 名的报酬则要好看很多。前 100 名薪酬居前的高管所涉及的上市公司只有 20 家左右,而其他四五十家上市公司的高管因为薪酬过低,整体落榜。

在高管薪酬排行榜 Top100 中,平均薪酬最高的应该是福田汽车。在其全国 13 名高管中,只有一名董事和一名职工监事的薪酬在 50 万元左右,其他高管的年薪都在 100 万元以上,而且这些高管之间的年薪差距很有梯次感。这种稳定有秩序的薪酬体系对于维系整个管理团队的稳定和效率至关重要。而这也帮助了福田汽车连续多年获得全国商用车市场第一。

相比较而言,作为中国乘用车行业最有实力的上海汽车,对于高层的薪酬却没有这样慷慨。在外界看来,地处上海的上海汽车,应该比在北京的福田汽车思想上更开放,对于高层薪酬应该更优越。而且,福田汽车利润率非常低,甚至不惜赔本来争夺市场,其经济效益远远不如上海汽车。但是,许多人都错了。福田汽车之所以比上海汽车能够支付这样高的报酬,是有着完全的经济基础的。2009 年,福田汽车的净利润 103732.85 万元,而上海汽车则三倍于福田汽车,高达 397392.02 万元;在净利润增长率上,却完全是反过来的情况,福田汽车几乎是上海汽车的两倍多,上海汽车虽然高达 78.52%,但是福田汽车的数据是 199.9%。造成这样结果的原因是什么呢?高管的薪

① 张志勇.高管薪酬背后的谜团.汽车观察,2010(5).

酬体系自然就是重要原因了。

福田汽车的年薪虽高，但如果加上高管的期权，则非宁波华翔与潍柴动力莫属。事实上，宁波华翔高管的整体报酬偏低，而且高管人数只有6名。他们的报酬保持在50万～70万元之间。但是，由于高管持股数量在业内遥遥领先，因此，这些高管的总体身价并不低。作为一家民营企业，宁波华翔的薪酬体系可圈可点，这也是它的净资产收益率为什么高达14.74%的重要原因。高管报酬与期权的多少，与净资产收益率呈现一种正相关的关系。一般高管薪酬相对较高，高管持有期权较多的上市公司，同时也有较高的净资产收益率。也就是说，由于公司舍得给予高管更优厚的待遇，高管团队才更有效率，而在这些高管管理下的公司资产，也才有更高的回报。

2. 高学历＝高薪酬

在比较薪酬Top100的汽车行业类上市公司高管中，我们还发现一个普遍的问题：高管的学历水平都比较高。在列出的100名高管中，有研究生或者硕士学位的就有31名，有博士学位的有5名，其他均是大学或者本科学历，而大专文凭的只有7名。上海汽车的管理团队几乎清一色的全是研究生或者硕士以上的学历(除了总裁陈虹是本科外)，这在一家汽车类上市公司中是很少见的。

对于创业者来说，学历可能不是最主要的，因为大学培养不出来企业家。但是对于职业经理人来说，学历则是非常重要的，因为只有受过相当的教育，才能拥有更加系统的、更加科学的思维方式，才能获得保证公司有效发展的全方位的管理技能。也许会有人质疑：某些高管的学历有水分，他们的学历不是通过全日制的那种系统教育，而是通过后来参加的各种进修培训获得的。其实，这种质疑恰恰是错误的。因为系统的教育固然重要，但是最重要的是一个公司的学习文化，是一个团队的培训体制。所谓的学习型组织，其中的一点就是要通过各种各样的渠道、方式不断地补充自己的理论素养，扩大自己的视野。只有这样的团队，才能保持旺盛的战斗力，才能保证不断提升自己，同时提升公司的市场竞争力水平。

对于一名员工来讲，薪酬固然是不可或缺的，但是有时候，一个更有发展空间的前景更让他兴奋。这种发展空间包括个人实际职务与地位的提升，也包括个人能力的提升。而能力的提升就需要不断地学习。

3. 行业之痒

一个突出的现象是：汽车配套公司的薪酬要高于商用车公司的薪酬，商用车公司的薪酬要高于乘用车公司的薪酬。在前十名的高管中，几乎全部是汽车零配件公司的高管，第一名是以生产内饰件、电子电器附件等为主的宁波华翔的董事长周晓峰，第二名是是以生产发动机等为主潍柴动力的董事长谭旭光，第三名是以生产汽车铝轮为主万丰奥威的董事长陈爱莲。而后面的六名高管也分别是宁波华翔和潍柴动力的其他高管成员。宇通客车的董事长汤玉祥则排在第十位。

而在所有的上榜名单的100名高管中，乘用车公司的高管只有18位，其中，仅上海汽车就占到了一半多。为什么备受媒体关注的乘用车公司的高管们，却不如给他们做配套的公司的高管，甚至也不如商用车的高管？如果再来看看这些公司的利润大小，你就会更加疑惑不解？

在前25名高管所在的上市公司中，汽车零配件与商用车公司的净利润分别为：宁波华翔 18446.35 万元；潍柴动力 238215.05 万元；万丰奥威 6739.31 万元；宇通客车 56348.51 万元；福耀玻璃 111802.92 万元；福田汽车 103732.85 万元；江铃汽车 105613.22 万元；江淮汽车 33568.66 万元；曙光股份 16052.82 万元。而上海汽车的净利润是 397392.02 万元！没有任何一家在它前面的上市公司的利润超过上海汽车，但是为什么上海汽车，或者广而言之，乘用车公司的高管薪酬就不如商用车和零配件公司呢？

薪酬的大小与业绩应该挂钩才对。但是上海汽车这些乘用车公司高管的薪酬，不仅仅是输在年薪的多少上，更输在股权拥有数量根本不及汽车零配件与商用车公司。因此答案很简单：不是现实错了，就是制度有缺陷。

12.3.3 财务分析

上市公司财务报告是投资者必看的内容，通过对财务报告里提供的主要财务信息进行分析，将有利于投资者测算公司股票的内在价值。最主要的财务数据往往包含在“三表”中，即资产负债表、损益表和利润分配表以及现金流量表。

资产负债表是反映公司在某一特定日期资产负债之间的平衡关系。利润及利润分配表是一定时期内经营成果的反映，是关于收益和损耗情况的财务报表。利润及利润分配表是一个动态报告，直接明了地揭示公司获取利润能力的大小、潜力以及经营趋势。现金流量表是反映现金的来源及运用，以及不涉及现金的重大的投资和理财活动。

财务分析主要集中在公司的偿债能力、运营能力、获利能力、现金能力、成长能力等方面，以下对这几个方面分别进行论述。由于财务分析涉及的指标较多，我们在这几个方面的分析中只选择较为重要的指标。

（一）公司偿债能力分析

偿债能力综合反映公司的债务状况及偿还债务的能力。可以分为短期偿债能力指标及长期偿债能力指标。短期偿债能力是指公司偿付流动负债的能力。流动负债是一年内或超过一年的一个营业周期内需要偿付的债务。一般来说流动负债需以流动资产来偿付，通常需要以现金直接偿还。评价公司短期偿债能力的财务比率主要有流动比率、速动比率和现金比率。长期偿债能力是指公司偿还长期负债的能力。反映公司长期偿债能力的财务比率主要有：资产负债率和股东权益比率。

（1）流动比率。流动比率是公司流动资产与流动负债的比率。计算公式为：

$$流动比率 = \frac{流动资产}{流动负债}$$

流动比率是衡量公司短期偿债能力的一个重要财务指标，这个比率越高，说明公司偿还流动负债的能力越强，流动负债得到偿还的保障越大，但是，过高的流动比率也可能是公司滞留在流动资产上的资金过多，会影响公司的获利能力。根据经验，流动比率在 2∶1 左右比较合适。

（2）速动比率。流动资产扣除存货后的资产称为速动资产。速动资产与流动负债的比率称为速动比率，也称为酸性试验。其计算公式为：

$$速动比率 = \frac{速动资产}{流动负债} = \frac{流动资产 - 存货}{流动负债}$$

通过速动比率来判断公司短期债能力比用流动比率进了一步，因为它扣除了变现力较差的存货。速动比率越高，说明公司的短期偿债能力越强。根据经验，一般认为速动比率为1∶1时比较合适。

(3)现金比率。现金比率是公司的现金类资产与流动负债的比率。其计算公式为：

$$现金比率=\frac{现金+现金等价物}{流动负债}$$

现金比率反映公司的直接支付能力，现金比率高，说明公司有较好的支付能力。但是，如果这个比率过高，则意味着公司拥有过多的获利能力，较低的现金类资产，公司资产未能得到有效运用。

(4)资产负债率。资产负债率是公司负债总额与资产总额的比率，也称为负债比率或举债经营比率，它反映公司的资产总额中有多少是通过举债得到的。其计算公式为：

$$资产负债率=\frac{负债总额}{资产总额}$$

资产负债率反映公司偿还债务的综合能力，这个比率越高，公司偿还债务的能力越差；反之，偿还债务的能力越强。

对于资产负债率，公司的债权人、股东和公司经营者往往从不同的角度来评价。首先，从债权人角度来看，他们最关心的是其贷给公司资金的安全性。债权人总是希望公司的负债比率低一些。其次，从公司股东的角度来看，其关心的主要是投资收益的高低。因此，股东所关心的往往是全部资产报酬率是否超过了借款的利息率。公司股东可以通过举债经营的方式，以有限的资本、付出有限的代价而取得对公司的控制权，并且可以得到举债经营的杠杆利益。最后，站在公司经营者的立场，他们既要考虑公司的盈利，也要顾及公司所承担的财务风险。资产负债率作为财务杠杆不仅反映了公司的长期财务状况，也反映了公司管理当局的进取精神。

(5)股东权益比率。股东权益比率是股东权益与资产总额的比率，该比率反映公司资产中有多少是所有者投入的。其计算公式为：

$$股东权益比率=\frac{股东权益总额}{资产总额}$$

股东权益比率与负债比率之和等于1。因此，这两个比率是从不同的侧面来反映公司长期财务状况的。

影响公司偿债能力的其他主要因素有：或有负债和担保责任。或有负债是公司在经济活动中有可能会发生的债务。或有负债不作为负债在资产负债表的负债类项目中进行反映，除了已贴现未到期的商业承兑汇票在资产负债表的附注中列示外，其他的或有负债在会计报表中均未得到反映。这些或有负责在资产负债表编制日还不能确定未来的结果如何，一旦将来成为公司现实的负债，则会对公司的财务状况产生重大影响，尤其是金额巨大的或有负债项目。另外，在经济活动中，公司可能会发生以本公司的资产为其他公司提供法律担保。这种担保责任，在被担保人没有履行合同时，有可能会成为公司的负债，但是，这种担保责任在会计报表中并未得到反映，因此在进行财务分析时，必须要考虑公司是否有巨额的法律担保责任。

(二)公司营运能力分析

公司的营运能力反映了公司资金的周转状况，对此进行分析，可以了解公司的营业状况及经营管理水平。公司的资金周转状况与供、产、销各个经营环节密切相关，在供、产、销各环节中，销售有着特殊的意义。我们可以通过产品销售情况与公司资金占用量来分析公司的资金周转状况，评价公司的营运能力。评价公司营运能力常用的财务比率有：存货周转率、应收账款周转率、流动资产周转率、固定资产周转率、总资产周转率等。

（1）存货周转率。也称存货利用率，是公司一定时期的销售成本与平均存货的比率。其计算公式是：

$$存货周转率=\frac{销售成本}{平均存货}$$

$$平均存货=\frac{期初存款余额+期末存款余额}{2}$$

存货周转率说明了一定时期内公司存货周转的次数，可以用来测定公司存货的变现速度，衡量公司的销售能力及存货是否过量。在正常情况下，如果公司经营顺利，存货周转率越高，说明存货周转得越快，公司的销售能力越强，营运资金占用在存货上越少。但是，存货周转率过高，也可能说明公司管理方面存在一些问题，如存货水平低，甚至经常缺货，或者采购次数过于频繁，批量太小等。存货周转率过低，常常是库存管理不力，销售状况不好，造成存货积压，说明公司在产品销售方面存在一定的问题，但也可能是公司调整了经营方针，因某种原因增大库存的结果。

（2）应收账款周转率。应收账款周转率是公司一定时期赊销收入净额与应收账款平均余额的比率，它反映了公司应收账款的周转速度。其计算公式为：

$$应收账款周转率=\frac{赊销收入净额}{应收账款平均余额}$$

$$应收账款平均余额=\frac{期初应收账款+期末应收账款}{2}$$

应收账款周转率是评价应收账款流动性大小的一个重要财务比率，它反映了公司在一个会计年度内应收账款的周转次数，可以用来分析公司应收账款的变现速度和管理效率。这一比率越高，说明公司催收账款的速度越快，可以减少坏账损失，而且资产的流动性强，公司的短期偿债能力也会增强。但是，如果应收账款周转率过高，可能是因为公司奉行了比较严格的信用政策、信用标准和付款条件过于苛刻的结果。这样会限制公司销售量的扩大，从而影响公司的盈利水平。这种情况往往表现为存货周转率同时偏低。如果公司的应收账款周转率低，说明公司催收账款的效率太低，或者信用政策十分宽松，这样会影响公司资金利用率和资金的正常周转。

（3）资产周转率。资产周转率也称总资产利用率，是公司销售收入与资产平均总额的比率。其计算公式为：

$$资产周转率=\frac{销售收入}{资产平均总额}$$

$$资产平均总额=\frac{期初资产总额+期末资产总额}{2}$$

资产周转率可用来分析公司资产的使用效率。如果这个比率低，说明公司利用资产进行经营的效率较差，会影响公司的获利能力，公司应该采取措施提高销售收入或处置资产，以提高资产利用率。资产周转率可以细分为总资产周转率、流动资产周转率、固定资产周转率。

(三)公司获利能力分析

获利能力是指公司赚取利润的能力。获利能力分析是公司财务分析的重要组成部分，也是评价公司经营管理水平的重要依据。对公司获利能力进行分析，一般只分析公司正常经营活动的获利能力，不涉及非正常的经营活动。评价公司获利能力的财务比率主要有：资产报酬率、股东权益报酬率、销售毛利率、销售净利率率等，对于股份有限公司，还应分析每股利润、每股现金流量、每股股利、股利发放率、每股净资产、市盈率。

(1)资产报酬率。也称资产收益率、资产利润率或投资报酬率，是公司在一定时期内的净利润与资产平均总额的比率。其计算公式为：

$$资产报酬率=\frac{净利润}{资产平均总额}\times 100\%$$

资产报酬率主要用来衡量公司利用资产获取利润的能力，它反映了公司总资产的利用效率。这一比率越高，说明公司的获利能力越强。

(2)净资产收益率。又称股东权益权益报酬率，它是一定时期公司的净利润与股东权益平均总额的比率。其计算公式为：

$$股东权益报酬率=\frac{净利润}{股东权益平均总额}\times 100\%$$

股东权益报酬率反映了公司股东获取投资报酬的高低。该比率越高，说明公司的获利能力越强。

(3)销售净利率。销售净利率是公司净利润与销售收入净额的比率。其计算公式为：

$$销售净利率=\frac{净利润}{销售收入总额}\times 100\%$$

销售净利率说明了公司净利润占销售收入的比例，它可以评价公司通过销售赚取利润的能力。销售净利率表明公司每元销售收入可实现的净利润是多少。该比率越高，公司通过扩大销售获取收益的能力越强。评价公司的销售净利率时，应比较公司历年的指标，从而判断公司销售净利率的变化趋势。但是，销售净利率受行业特点影响较大，因此，还应该结合不同行业的具体情况进行分析。

(4)每股收益。又称每股盈余，是股份公司税后利润分析的一个重要指标。每股利润是税后净利润扣除优先股股利后的余额，除以发行在外的普通股平均股数。其计算公式为：

$$每股收益=\frac{净利润-优先股股利}{发行的普通股平均股数}$$

每股利润反映股份公司获利能力的大小。每股利润越高，说明股份公司的获利能力越强。

(四)公司现金能力分析

在现金流量的三个来源——经营活动、投资活动和筹资活动中，经营活动是保证现金持续来源的主要途径，因此经营活动现金流量的大小反映出公司持续获取现金能力的高低，考察公司现金状况应该重点考察经营活动产生的现金流量。现金能力中最为主要的指标是每股现金流。它是经营活动现金净流量扣除优先股股利后的余额，除以发行的普通股平均股数。其计算公式为：

$$每股现金流=\frac{经营活动现金流-优先股股利}{发行的普通股平均股数}$$

每股现金流量越高，说明公司越有能力支付现金股利。

（五）公司成长能力分析

公司成长能力主要体现在公司主营业务收入增长率、净利润增长率上。这些指标反映了公司持续经营的增长潜力。

(1) $主营业务收入增长率=\frac{本期主营业务收入增长额}{上期主营业务收入}\times 100\%$

主营业务收入增长率可以用来衡量公司的产品生命周期，判断公司发展所处的阶段。一般来说，如果主营业务收入增长率超过10%，说明公司产品处于成长期，将继续保持较好的增长势头，尚未面临产品更新的风险，属于成长型公司。如果主营业务收入增长率在5%～10%之间，说明公司产品已进入稳定期，不久将进入衰退期，需要着手开发新产品。如果该比率低于5%，说明公司产品已进入衰退期，保持市场份额已经很困难，主营业务利润开始滑坡，如果没有已开发好的新产品，将步入衰落。

(2) $净利润增长率=\frac{本期净利润增长额}{上期净利润}\times 100\%$

净利润增长率可以从一个侧面衡量公司营业收入增长或者成本控制状况。指标越好，说明公司的增长潜力越大。

（六）其他重要财务指标

(1)每股股利。每股股利是普通股分配的现金股利总额除以发行在外的普通股股数，它反映了普通股获得现金股利的多少。其计算公式为：

$$每股股利=\frac{现金股利总额-优先股股利}{发行的普通股平均股数}$$

每股股利的高低，不仅取决于公司获利能力的强弱，还取决于公司的股利政策和现金是否充裕。

(2)股利发放率。也称股利支付率，是普通股每股股利与每股利润的比率。它表明股份公司的净收益中有多少用于股利的分派。其计算公式为：

$$股利发放率=\frac{每股股利}{每股利润}\times 100\%$$

股利发放率主要取决于公司的股利政策，一般而言，如果一个公司的现金量比较充裕，并且目前没有更好的投资项目，则可能倾向于发放现金股利；如果公司有投资项目，则可能会少发股利，而将资金用于投资。

(3)每股净资产。也称每股账面价值，是股东权益总额除以发行在外的股票数量。其计算公式为：

$$每股净资产=\frac{股东权益总额}{发行的普通股股数}$$

每股净资产并没有一个确定的标准，但是，投资者可以比较分析公司历年的每股净资产的变动趋势，来了解公司的发展趋势和获利能力。

(4)市盈率。也称价值盈余比率或价值与收益比率，是指普通股每股市价与每股利润的比率。其计算公式为：

$$市盈率=\frac{每股市价}{每股利润}\times 100\%$$

市盈率是反映股份公司获利能力的一个重要财务比率，这一比率是投资者做出投资决策的重要参考因素之一。一般说来，市盈率高，说明投资者对该公司的发展前景看好，愿意以比较高的价格购买该公司股票，所以一些成长性较好的高科技公司股票的市盈率通常要高一些。但是也应注意，如果某种股票的市盈率过高，则意味着这种股票具有较高的投资风险。动态市盈率在选择股票时可能更具有参考价值，它反映了公司估值的变化。

财务分析中其他较为重要的指标还有每股公积金、每股未分配利润等，这两个指标如果比较高，通常会给投资者带来公司可能大比例分红的预期。

专栏12-4

华谊兄弟基本面分析①

华谊兄弟传媒股份有限公司（以下简称"华谊兄弟"）是中国大陆地区规模最大的民营娱乐业公司之一。公司经营的业务范围已经从最初单一的电影制片发行延伸至电视剧、艺人经纪、电影院、音乐、手机游戏、网络游戏和动漫主题乐园等多个领域，并且在逐渐寻找业务间协作发展的机会。公司已经成为中国大陆业务板块最为丰富的娱乐公司，初步具备了发展成为娱乐集团的雏形。

综合实力最领先的民营电影公司

华谊兄弟电影业务的成功长期和冯小刚有关，但冯小刚并不是成功的唯一因素。首先这一现象是和中国电影市场过去市场容量较小有关的。从1995年到2003年，每年的大陆电影票房均在10亿元左右徘徊，从2004年的15亿元开始，大陆电影票房市场才进入持续的成长阶段。在这样较小的市场容量里，从1995年到2009年15年间，每年票房前10名汇总的150部电影名单中进口片占了85部，国产片仅有65部，并且在中国导演团队中，能具有持续的长期的高票房的仅有成龙的团队、张艺谋和冯小刚，他们分别占65部中的10部、6部和10部，所以，在过去的15年间，一个大陆民营电影制片公司在资金有限、缺乏外来资本投入的情况下若能够持续发展，必然会选择试图绑定三人之一作为公司电影业务主要的支撑，否则一个公司的电影业务将出现巨大的波动和不确定性。2008年，当排名前10的电影票房全部超过1亿元、票房市场规模达到43亿元的时候，大陆电影市场才刚刚真正具备了可广泛化投资电影项目的基础。

其次，华谊兄弟电影业务的先进性还在于其出色的发行能力、策划和营销相结合的能力。根据艺恩咨询的研究和我们的分析，影响电影票房的要素主要包括发行能力、策划能力、营销能力和制作能力等。发行能力是最为基础的要素，直接影响一部电影是否能够在最好的时间上映、上映的区域范围以及场次。华谊兄弟的发行能力在行业处于领先水平：第一，其制片电影的拷贝投放数量一直处于第一梯队；第二，在制片数量少时档期选择牢牢把握票房最为集中的贺岁档，制片数量增加后紧盯暑期档与"十一"档）；第三，排片日期极少与进口大片处于同一时间窗口，也极少在影片上映密集期。事实上，后两种优势的形成是公司与院线、影院间良性循环的结果：华谊兄弟制片的电影历史表现上易于得到高票房，所以院线和电影院在档期和放映上易于做出倾向于华谊兄

① 资料来源：中国证券报，2010-03-25.

弟的安排，以期在最好的档期获得最高的票房收入。同时，其他制片公司或者进口片引进公司也必须考虑到同档期的竞争因素，避免与华谊兄弟这样明显具备竞争优势的电影同时上映。

再次，华谊兄弟在电影策划阶段引入了细致的市场调研，大幅提高策划能力的同时也和营销能力紧密结合。华谊兄弟是行业内第一个在电影策划阶段引入第三方调研机构进行大规模市调的制片公司，其市调的范围包括角色形象、叙事风格、故事题材、宣传口径等多个方面，并将调研结果体现在最终的策划当中。这种面对需求的策划方式直接导致了对目标观众观影胃口的迎合，减少了闭门策划中会忽视的用户抵制因素，从而创造更高的观影期待，拉动最终的票房结果高于同类型同档期电影的平均表现。正因为如此，《狄仁杰之通天帝国》和《新少林寺》在上映前均成为各自档期内具有最高观众购票期望指数的电影。

最后，华谊兄弟在电影业务方面的风险控制能力较高。电影投资的风险因素比较多，娱乐行业专业咨询机构艺恩归纳出11点，包含政策风险、超支风险、主创配合风险、联合投资风险、安全生产风险、题材撞车风险、发行风险、盗版风险、版权风险、媒体风险和口碑风险，这些因素均可单独导致一部电影投资失败。华谊兄弟最初进入电影行业时，投拍的前两部电影《鬼子来了》和《荆轲刺秦王》即分别验证了投资风险中的政策风险和媒体风险，之后，华谊兄弟在电影投资上的风险控制大幅度提高，全面掌控制作和发行过程，因此在后续的电影中，仅有《夜宴》在口碑上非常负面，其余的风险因素从未显著体现过。

华谊兄弟电视剧业务的分析与预测

华谊兄弟电视剧业务的产量自2006年以来一直保持增长，在2009年出现全行业产量下滑的时候也基本保持平稳，依照每年“电视剧发行许可证”这一最为可靠的市场份额衡量指标，公司从2006年起一直在集数和部数的份额上保持上升势头，在2010年分别达到约10部和299集。由于电视剧的发行许可证并不一定由制作单位申请，所以对于电视剧行业，并没有准确的制片公司市场排名；同时，由于电视剧销售采取私下议价的方式，也无法计量各制作单位的销售额并进一步统计市场排名。所以，对于电视剧行业，最可靠的衡量一个公司的市场地位，就是从产量和创作团队数量两个方面。如上所述，在电视剧产量上，华谊兄弟一直保持着良好的增长势头。

华谊兄弟电视剧业务的产能一直保持上升趋势，这是因为电视剧工作室数量一直提高，2008年、2009年和2010年各年年底，电视剧工作室的数量分别为5个、9个和11个。根据行业经验以及华谊兄弟公司的口径，每个工作室的极限产能为每年2部电视剧、较为正常的产能（指电视剧制作完成并获取发行许可证）为每年1.5部（两年3部），由此可以测算出华谊兄弟每年的理论产能，根据正常产能的推算，假设2011年华谊兄弟可以继续引入1个工作室的情况下，2011年和2012年华谊兄弟分别有14部和17部电视剧获得发行许可证。

艺人经纪业务波澜不惊

华谊兄弟的艺人经纪业务的主要收入来自于两个方面：第一是为旗下艺人提供日常服务并帮助其签署商业合同从而获得佣金收入；第二是为企业客户提供有艺人参与的各种服务从而赚取服务费。无论何种收入方式，艺人经纪业务的发展情况依赖于公司旗下的艺人数量和质量。目前在中国大陆娱乐市场，艺人的商业价值主要体现在广告、代言与商业活动等方面，出演电视剧、电影和演艺活动以及获奖和媒体曝光等的最终目的是提高在娱乐业之外的商业领域的形象价值。

华谊兄弟自上市以来，在艺人数量方面一直保持领先，艺人数量已经从上市时的76人发展至100人。但较为不利的局面是，公司旗下知名度最高的艺人中的周迅和黄晓明在2010年9月被公司证实不再续约。根据华谊兄弟的披露信息，其收入排名前5位艺人代理业务收入能力要高于排名在5～20位艺人1倍，约为其他所有艺人的3倍，并且之间差距有扩大的趋势，但由于旗下艺人数量的增长，华谊兄弟艺人经纪业务对于前5位艺人的依赖性在降低。

旗下明星艺人的流失对于经纪业务的增长有较为负面的抑制作用，但并不对华谊兄弟的整体发展构成影响。原因是：第一，艺人和制片公司之间是相互依托的关系，制片公司旗下艺人数量多可以更好地安排档期和获取艺人的商业价值，而艺人自身商业价值的提升是需要通过参加高票房、高收视率或者获奖的电影和电视剧实现的，这种机会目前掌握在制片公司或者演艺公司方面，知名艺人即便独立之后仍然需要积极寻找此类机会，例如范冰冰；第二，目前中国大陆并不存在一大批有长期持久性市场影响力和商业价值的不可或缺的艺人，艺人的影响力波动较大，大陆娱乐市场对新人的接受程度较高，尤其是在电视剧市场表现尤为突出；第三，出走的艺人除《风声》外并没有在近两年为华谊重要的电影和电视剧做出突出贡献；第四，经济效益上看，即便前5名艺人在2010年年初全部离开华谊兄弟并且没有同档次的艺人补充，对华谊兄弟2010年净利润的影响也仅有0.04元。从以上情况看，华谊兄弟部分艺人解约在财务上和经纪业务发展造成了短期的影响，在重要的电影、电视剧等业务上并不构成可见的影响。

音乐业务步履维艰

华谊音乐在华谊兄弟收购之前的情况并不理想，收购相关公告的披露所显示的数据皆为亏损，预计收购之后华谊音乐的发展也并不乐观。首先，在盗版和数字化的影响中，中国唱片业已经从2001年的18亿元萎缩至2009年的2亿元，并无复苏的迹象；其次，数字音乐年产值虽然已经达到20亿元左右，但是由于产业链利益被电信运营商和SP瓜分，唱片公司能获取的利益有限，并且产业内的利益结构目前没有改变的契机；第三，华谊音乐在唱片行业的影响力和竞争力逐步下降，市场排名不在前10位，并且旗下艺人出现流失，包括羽泉、张靓颖、黄维德、朱洁和周迅等均已离开；第四，收购后华谊音乐的管理层并未发生重大的调整。华谊音乐回归华谊兄弟将可以更好地依托华谊兄弟整体的资源，借此提升旗下艺人的曝光率和市场竞争能力。收购公告中对2011年和2012年的平均净利润预期为660万元，单纯依靠华谊音乐自身的经营能力完成这个预期是存在一定困难的。

手机游戏投资将成亮点

掌趣科技目前是中国排名前5的手机游戏公司，2010年在中国移动游戏业务分层分级评审中被评为三家“A级优秀合作伙伴”之一，2009年主营收入和净利润分别为6065万元和1782万元，2010年第一季度主营收入2520万元、净利润870万元，根据收购公告中的承诺业绩，2010年和2011年平均净利润不低于5000万元。掌趣科技除了自身的业务之外，旗下还拥有8家全资游戏公司，通过这一规模化的业务平台，掌趣科技的业务不仅在手机游戏的开发，也包括了渠道、运营、跨平台网页游戏和海外游戏代理（合作伙伴为EA和Digital Chocolate）等多个领域，基本实现了对增速最高的移动游戏和网页游戏业务的全覆盖，公司未来的目标也成为“中国最优秀的移动游戏、跨平台页面游戏（Web Game）开发商和发行商”。在2010年之前，中国大陆的手机游戏主要集中在Symbian平台和Kjava平台，行业规模约为19.4亿元，随着Android平台和iOS平台正式进入中国、三大电信运营商的应用商店全面上线和电容式触摸屏的普及，2010年之后中国大陆的游戏市场全面进入基于智能手机平台的全新时代，行业增速可保持在40%以上，2011年市场规模达42亿元左右。

华谊兄弟通过投资掌趣科技可以获得三方面的利益：第一，扩张自身影视产品的衍生产品线，协同掌趣共同开发影视产品及其相关的游戏产品，并在营销上互动，以期产生良性的协同效应，但由于目前市场上单一的手机游戏和网页游戏的营收能力及生命力均有限，预计华谊兄弟的影视产品通过游戏市场获取的影响力将较为有限，更多的将是影视产品对游戏产品的带动以及版权的注入；第二，华谊兄弟每年可以在掌趣科技获取较为稳定的少数股东权益从而提高上市公司净利润的来源；第三，掌趣科技已经更名为北京掌趣科技股份有限公司，2012年5月11日在深圳证券交易所创业板挂牌上市，华谊兄弟22%的权益获得了客观的投资回报。

浅尝动漫主题乐园业务

华谊兄弟在2010年年底在北京工人体育场搭建了HelloKitty黑色城堡，第一次在中国大陆地区引入动漫主题乐园概念。此类动漫主题乐园是以某个动漫形象或故事为主题搭建场景，游客在其中通过参观、解谜等交互形式进行体验。主题乐园可移动搬迁至其他城市和场地，一般收入来源为门票和动漫卖品。由于此业态过于新颖，市场效果难以预期，故没有出现在相应的业绩测算当中。

风险提示

华谊兄弟经营和业绩的重大风险在于：第一，电影作品的市场反应存在一定的不可预知性，若公司投资的某部电影遭遇发行受阻、口碑较差等风险，将有可能无法收回绝大部分的投资，在财务和公司形象上受双重打击；第二，电视剧制作室负责人和艺人若出现大量流失现象，则公司收入能力将急剧下降，无法继续带来原本稳定的收入和现金流，竞争优势也将被削弱，公司恢复原有的经营能力预计将需要较长时间。

【本章小结】

基本面分析又称基础分析。基本面分析就是根据有关理论对影响股票价值及股票价格走势的基本因素进行分析，以决定投资某种股票的决策过程，基本面分析是股票投资分析的基础。三阶段的基本面分析始于宏观经济总体形势的把握，着重于行业发展规律来研究公司未来的发展潜力为投资者做出决策。

宏观分析站在战略高度研究宏观经济、政治及社会心理对资本市场的整体影响。其中最为重要的是经济周期运行、宏观经济政策及经济量化指标。经济周期反映了经济发展的自然规律，受制于并反作用于宏观经济政策。宏观经济发展态势则可以通过一系列的经济指标量化并表现出来。

影响资本市场最主要的宏观经济政策是货币政策和财政政策。货币政策中利率工具及货币投放量直接影响了资本市场上资金的流动性及充裕程度，对资本市场的涨跌起到直接的作用。财政政策的不同工具则直接或者间接地影响投资者收益预期，对资本市场的波动也起到推波助澜的作用。经济周期是投资者必须要考虑的一个因素。经济周期分为繁荣、衰退、萧条和复苏四个阶段。资本市场的运行往往先于经济周期，呈现出周期性的运行规律。宏观经济指标反映了经济现状及动态的发展，同资本市场关系密切。

行业分析是投资者在对宏观经济形势做出整体判断之后需要重点考虑的核心要素。行业分析首先要清楚主要的行业分类。站在行业演变规律的基础上，首先要考虑行业自身的周期性发展及与宏观经济周期的关系。其次考虑行业上下游之间的联动关系，为股票市场上热点转换提供支持。

公司分析是投资之前做的最后一步。公司分析侧重于公司的行业地位及竞争优势。深入研究公司时，必须要考虑公司管理者经营公司的能力。财务分析是公司分析的重要组成部分，通过财务报表提供的数据对公司的财务能力进行细分，有利于投资者把握公司的资产负债状况、运营能力、现金能力及成长潜力。

第13章　证券投资组合管理

【学习要点】

1. 了解投资组合管理的意义；
2. 了解投资组合的基本原则；
3. 掌握投资组合的流程以及具体步骤；
4. 能够使用Shape，Treynor和Jensen方法分析投资组合的业绩。

13.1　证券投资组合管理概述

13.1.1　证券投资组合管理的特征及意义

（一）证券投资组合管理的特征

证券投资组合管理（portfolio management），又称证券组合管理，是指对投资进行计划、分析、调整和控制，从而将投资资金分配给若干不同的证券资产，如股票、债券及证券衍生产品，形成合理的资产组合，以期实现资产收益最大化和风险最小化的经济行为。

证券投资组合管理的特征：

(1)证券投资组合管理的直接对象是证券，但实质上是对投资者所有资金的管理。

(2)证券投资组合管理的目的是要在风险一定的条件下实现资产收益最大化，或者是要在资产收益一定的条件下实现风险最小化。

(3)证券投资组合管理总是在一定的环境中进行的，因此必须依据证券市场、衍生金融市场和整个经济、社会发展变动的趋势，对投资组合进行有效配置，并使其对环境具有良好的适应性。

(4)证券投资组合管理是对各种具体管理活动的概括，这些具体的管理活动包括计划、分析、决策、调整和评估等内容。

(5)证券投资组合管理因投资者拥有的资源不同、面临的经济环境和市场环境不同，加上管理者的心理状态、行为风格等存在差异，因此存在多种不同的风格，可以采取多种不同的方法。

（二）证券投资组合的意义

(1)能最大限度地降低投资风险，将风险控制在投资者可以承受的范围内。这里所说证券投资组合可以最大限度地降低风险，是指那些合理有效的证券投资组合。

(2)有效的证券投资组合管理可以提高投资的收益。一个有效的证券资产组合可以在一定的风险条件下实现收益的最大化或在一定的收益水平上使投资风险最小。

(3)随着资本市场的发展，证券投资组合管理具有越来越重要的意义。随着证券投资组合管理专职人员的增加以及机构的增多，证券投资组合管理也成为一种专门的行业。

13.1.2 传统证券投资组合管理与现代证券投资组合管理

(1)传统证券投资组合管理，重点放在决定投资者本身的限制条件问题上，根据投资者对证券投资收益的需求，从经常收入和资本增值方面来研究如何进行证券组合，以满足投资者的目的，且其分析着眼点大都是个体证券，即依据对个体证券资产投资收益和风险的分析和比较，在投资者可支配资源的范围内，选择那些个体投资收益较高而风险较低的证券资产，从而构成一个证券资产组合。这种管理从总体上看还只是个体证券投资管理的外延扩张，而没有质的变化。

(2)现代证券投资组合管理，从实现证券资产组合总体的预期收益最大化或风险最小化出发，不仅关心个体证券资产的预期收益和风险，更重视所选证券资产投资收益和风险的相互关系，即依据对证券资产组合总体收益和风险的分析评价，在投资者可支配资源的范围内，选择那些能使证券资产组合总体投资收益最大化或风险最小化的证券资产，从而构成一个证券资产组合。这种管理已不再是个体证券投资管理的简单外延，其出发点、目标以及分析手段等都不同于对个体证券的投资分析。

需要指出的是，不能简单认为传统证券投资组合管理是过时的，而把现代证券投资组合管理说成是唯一科学的。一方面，现代组合管理方法不可能完全替代传统的组合管理方法；另一方面，传统的组合管理也可以借鉴许多现代证券组合管理的思想、技术和方法以及其他一些学科的方法来加以改进，从而增加其适用性。

13.1.3 证券投资组合的基本原则

(一)安全性原则

安全性原则是指证券投资组合不要承担过高风险，要保证投资的本金能够按期全部收回，并取得一定的预期投资收益。

证券组合追求安全性是由投资的经济属性及其基本职能所决定的。证券组合追求安全性并不是说不能冒任何投资风险，因此，投资的安全性是相对的。

(二)流动性原则

流动性原则即变现性原则，是指证券投资组合所形成的资产在不发生价值损失的前提下，可随时转变为现金，以满足投资者对现金支付的需要。投资所形成的不同资产有不同的流动性。

(三)收益性原则

证券组合的收益性原则是指在符合安全性原则的前提下，尽可能地取得较高的投资收益率。追求投资盈利是投资的直接目的，证券组合只有符合这一目标，才能使投资保值增值。投资收益率的高低取决于以下四种因素：一是使用资金的机会成本；二是投资可得到的税收优惠；三是证券期限的长短；四是货币的升值与贬值。

13.2 投资组合管理的过程

13.2.1 证券组合目标的决定

建立并管理一个“证券组合”，首先必须确定组合应达到的目标。证券组合的目标，不仅是构建和调整证券资产组合的依据，同时也是考核组合管理业绩好坏的标准。总体而言，证券组合的目标包括两个方面：一是收益目标，包括保证本金的安全，获得一定比例的资本回报以及实现一定速度的资本增长等；二是风险控制目标，包括对资产流动性的要求以及最大损失范围的确定等。

确定证券资产组合目标，必须因人而异、因时制宜、因地制宜。因人而异，是指必须综合考虑投资者的各种制约条件和偏好；因时制宜，主要应考虑两个方面：一是市场发展的阶段，二是各个时期的政治、经济和社会环境；因地制宜，主要应考虑所在地区的证券交易费用、政府对证券组合管理的政策规范以及税收政策等。

13.2.2 证券组合的构建

考虑投资者的目标和投资限制后，下一个步骤是在政策申明的基础上确定一套投资政策。包括资产配置，组合多样化和税收影响等问题。一旦组合策略被确立，将根据投资者的资产和管理者对资本市场的预期来选择资产组合。最重要的是，资产的配置必须做出。

(一)预期的形成

预期的形成涉及两个步骤：

宏观预期因素。这些因素将影响到本国和国外市场上固定利率证券、股票和其他资产。这些预期与资本市场相关。

微观预期因素。这些因素将涉及基于期望回报和风险估计的投资选择，影响对特定资产、特定组合的选择。

(二)回报率假设

很多投资者的投资活动是基于对各种资产回报率预期的假设之上的。

作为起点，投资者必须研究它的历史回报率。知道了历史平均回报率和主要资产(如股票，固定利息证券和货币市场证券)的回报率标准差。

分析一系列历史回报率后，要形成预期回报率仍会遇到一些困难。例如，投资者会在多大程度上受到近期股票市场回报率的影响，特别是当我们总能得到不错的回报率时。

投资者应该能够确认一些对将来回报率有重要影响的因素。如果要估计股票的预期回报，分析师往往会结合无风险利率和大公司股票的预期风险溢价，从而来确定公司股票的回报率。证券的预期风险溢价的计算是基于证券风险溢价的算数平均而不是几何平均。算数平均是正确的，因为不确定投资回报的投资与确定回报的投资相比，会对最终价值有一个较高的预期。

第二个让投资者思考预期回报率及他们预期能达到回报的关键点是股票的回报涉及相当的风险。虽然我们知道市场每年的平均历史回报率，但是投资者并不能期望一定能达到这样的历史回报率。

(三)构建投资组合(constructing the portfolio)

在考虑了投资目标、投资限制和资本市场预期形成的事项之后,下一步是基于政策申明和资本市场预期基础之上的投资组合构建。包括资产配置、组合优化和证券选择之类的问题。简而言之,一旦投资组合策略建立,基于管理者对资本市场和单个资产的预期、资产配置、组合优化及证券选择三个方面将被用来选择资产的组合。这是实施证券组合管理的核心步骤,直接决定组合效益和风险的高低。证券组合的构建过程一般包括如下环节:

(1)界定证券组合的范围。对机构投资者而言,证券组合主要是债券、股票和现金等价物。但是,近年来,国际上投资组合已出现综合化和国际化的趋势,包括国外证券、房地产等。这一步是资产配置的决策,是投资管理者所须做出的关键决策。

(2)分析判断各个证券和资产的类型的预期回报率及风险。在分析比较各证券及资产投资收益和风险的基础上,选择何种证券进行组合则要与投资者的目标相适应。

(3)确定各种证券资产在证券资产组合中的权重。这是构建证券组合的关键性步骤。

这些步骤在下面将进行详细介绍。

13.2.3 资产配置

(一)资产配置的含义

资产配置(assets allocation)是指根据投资需求将投资资金在不同资产类别之间进行分配,通常是将资产在低风险低收益证券与高风险高收益证券之间进行分配。资产配置的决策涉及资金分配到股票、债券、现金等价物的比重。这是投资者所要作出的最重要的投资决策,因为它是决定回报与风险的最基本条件。

(二)资产配置管理的原因

一种类型资产投资组合的回报率与这种资产的投资回报高度相关。相同类型的资产组成的投资组合,在不同时间段内产生相近的投资回报,而不同类型资产组成的投资组合则将产生截然不同的结果。因此资产的配置非常重要,这是产生投资组合业绩不同的关键因素。

资产配置是投资过程中最重要的环节之一,也是决定投资组合相对业绩的主要因素。一方面,在半强势有效市场环境下,投资目标的信息、盈利状况、规模、投资品种的特征,以及特殊的时间变动因素对投资收益有影响,可以通过分析和组合减少风险,因此资产配置能起到降低风险、提高收益的作用。另一方面,随着投资领域从单一资产扩展到多资产类型、从国内市场扩展到国际市场,单一资产投资方案难以满足投资需求,资产配置的重要意义与作用逐渐凸显出来,它可以帮助投资人降低单一资产的非系统性风险。

(三)资产配置的目标

从目前的投资需求看,资产配置的目标在于以资产类别的历史表现与投资人的风险偏好为基础,决定不同资产类别在投资组合中的比重,从而降低投资风险,提高投资收益,消除投资人对收益所承担的不必要的额外风险。

(四)资产配置的步骤

资产配置的过程包括以下几个步骤:

(1)明确投资目标和限制因素。通常考虑投资者的投资风险偏好、流动性需求、时间跨度要求,并考虑市场上实际的投资限制操作规则、税收等问题,确定投资需求。

(2)明确资本市场的期望值。这一步骤包括利用历史数据与经济分析来决定你对所考虑资产在相关持有期间内的预期收益率,确定投资的指导性目标。

(3)确定有效资产组合的边界。这一步骤是指找出在既定风险水平下可获得最大预期收益的资产组合,确定风险修正条件下投资的指导性目标。

(4)寻找最佳的资产组合。这一步骤是指在满足你面对的限制因素的条件下,选择最能满足你的风险收益目标的资产组合,确定实际的资产配置战略。

(5)明确资产组合中包括哪几类资产。通常考虑的几种主要资产类型有货币市场工具即现金、固定收益证券、股票、不动产、贵金属等,确定具体的资产配置。

(五)资产配置应考虑的因素

进行资产配置主要考虑的因素有:

(1)影响投资者风险承受能力和收益需求的各项因素,包括投资者的年龄或投资周期、资产负债状况、财务变动状况与趋势、财富净值、风险偏好等因素。

投资者如何做出资产配置决策还是一个没有完全弄清的问题。真实的资产配置决策通常和投资者所说的资产配置决定大相径庭。

根据一些分析,资产配置总是与投资者的年龄高度相关。这涉及所谓的资产配置的生命周期理论。这是一种直觉的判断,因为一个50岁以上的工人他的经济状况和需求与刚开始事业的人士是不同的。根据生命周期理论,当人步入退休会变得厌恶风险。资产配置的决策必须适合人生阶段的经济状况变化,包括不同的年龄层。

不同的投资者选择不同的资产配置。生活方式的变化会引起投资者从一个阶段步入另一阶段,或者引起配置比例的变化。而且,在相似的年龄层,目标也是不同的。总的来说,资产配置决策取决于投资目标胜过年龄。重要的一点是所有的投资者必须做出资产配置的决策,这将是影响投资目标实现的重要因素。

(2)影响各类资产的风险收益状况以及相关关系的资本市场环境因素,包括国际经济形势、国内经济状况与发展动向、通货膨胀、利率变化、经济周期波动、监管等。

(3)资产的流动性特征与投资者的流动性要求相匹配的问题。

(4)投资期限。投资者在有不同到期日的资产(如债券等)之间进行选择时,需要考虑投资期限的安排问题。

(5)税收考虑。税收结果对投资决策意义重大,因为任何一个投资策略的业绩都是由其税后收益的多少来进行评价的。

(六)资产配置的主要类型

资产配置在不同层面有不同含义。从范围上看,可分为全球资产配置、股票债券资产配置和行业风格资产配置;从时间跨度和风格类别上看,可分为战略性资产配置、战术性资产配置和资产混合配置;从资产管理人的特征与投资者的性质上,可分为买入并持有策略(buy-and-hold strategy)、恒定混合策略(constant-mix strategy)、投资组合保险策略(portfolio-insurance strategy)和战术性资产配置策略(tactical asset allocation strategy)。

1.买入并持有策略

买入并持有策略是指在确定恰当的资产配置比例,构造了某个投资组合后,在诸如3~5年的适当持有期间内不改变资产配置状态,保持这种组合。买入并持有策略是消极型长期再平衡方式,适用于有长期计划水平并满足于战略性资产配置的投资者。买入并持有策略适用于资本市场环境和投资者的偏好变化不大，或者改变资产配置状态的成本大于收益时的状态。

2. 恒定混合策略

恒定混合策略是指保持投资组合中各类资产的固定比例。恒定混合策略是假定资产的收益情况和投资者偏好没有大的改变，因而最优投资组合的配置比例不变。恒定混合策略适用于风险承受能力较稳定的投资者。如果股票市场价格处于震荡、波动状态之中，恒定混合策略就可能优于买入并持有策略。

3. 投资组合保险策略

投资组合保险策略是在将一部分资金投资于无风险资产从而保证资产组合的最低价值的前提下，将其余资金投资于风险资产并随着市场的变动调整风险资产和无风险资产的比例，同时不放弃资产升值潜力的一种动态调整策略。当投资组合价值因风险资产收益率的提高而上升时，风险资产的投资比例也随之提高；反之则下降。

因此，当风险资产收益率上升时，风险资产的投资比例随之上升，如果风险资产收益继续上升，投资组合保险策略将取得优于买入并持有策略的结果；而如果收益转而下降，则投资组合保险策略的结果将因为风险资产比例的提高而受到更大的影响，从而劣于买入并持有策略的结果。

4. 战术性资产配置策略

战术性资产配置策略是根据资本市场环境及经济条件对资产配置状态进行动态调整，从而增加投资组合价值的积极战略。大多数战术性资产配置策略具有如下共同特征：①一般是建立在一些分析工具基础上的客观、量化过程。这些分析工具包括回归分析或优化决策等。②资产配置主要受某种资产类别预期收益率的客观测度驱使，因此属于以价值为导向的过程。可能的驱动因素包括在现金收益、长期债券的到期收益率基础上计算股票的预期收益，或按照股票市场股息贴现模型评估股票实用收益变化等。③资产配置规则能够客观地测度出哪一种资产类别已经失去市场的注意力，并引导投资者进入不受人关注的资产类别。④资产配置一般遵循“回归均衡”的原则，这是战术性资产配置中的主要利润机制。

(七)资产配置主要类型的比较

1. 买入并持有策略、恒定混合策略和投资组合保险策略的异同

上述三类资产配置策略是在投资者风险承受能力不同的基础上进行的积极管理，具有不同特征，并在不同的市场环境变化中具有不同的表现，同时它们对实施该策略提出了不同的市场流动性要求(见表 13-1)，具体表现在以下三个方面。

表 13-1　资产配置策略特征比较

资产配置策略	市场变动时的行动方向	支付模式	有利的市场环境	要求的市场流动性
买入并持有策略	不行动	直线	牛市	小
恒定混合策略	下降时买入，上升时卖出	凹型	易变，波动性大	适度
投资组合保险策略	下降时卖出，上升时买入	凸型	强趋势	高

2. 战术性资产配置与战略性资产配置的异同

第一，对投资者的风险承受力和风险偏好的认识和假设不同。与战略性资产配置过程

相比，战术性资产配置策略在动态调整资产配置状态时，需要根据实际情况的改变重新预测不同资产类别的预期收益情况，但未再次估计投资者偏好与风险承受能力是否发生了变化。在风险承受能力方面，战术性资产配置假设投资者的风险承受能力不随市场和自身资产负债状况的变化而改变。这一类投资者将在风险收益报酬较高时比战略性投资者更多地投资于风险资产，因而从长期来看，他将取得更丰厚的投资回报。

第二，对资产管理人把握资产投资收益变化的能力要求不同。战术性资产配置的风险收益特征与资产管理人对资产类别收益变化的把握能力密切相关。如果资产管理人能够准确地预测资产收益变化的趋势，并采取及时有效的行动，则使用战略性资产配置将带来更高的收益；但如果资产管理人不能准确预测资产收益变化的趋势，或者能够准确预测但不能采取及时有效的行动，则投资收益将劣于准确地预测并把握市场变化时的情况，甚至很可能会劣于购买并持有最初的市场投资组合时的情况。

13.2.4 证券组合调整

证券市场是复杂多变的，每种证券的预期收益和风险都要受到多种内外因素变动的影响。为了适合既定的投资组合目标要求，必须选择恰当时机，对证券组合中的具体证券品种作出必要的调整变换，包括增加有利于提高证券组合效益或降低证券组合风险的证券品种；剔除对提高证券组合效益或降低证券组合风险不利的证券品种。

13.2.5 证券组合资产业绩的评估

这是证券组合管理的最后一环。证券组合资产业绩评价是对整个证券资产组合收益与风险的评价。评价的对象是证券组合整体，而不是组合中的某个或某几个证券资产；评价的内容不仅包括收益的高低，还包括风险的大小。

上述五个阶段是相互联系的，在时间上相互衔接，前一阶段为下一个阶段的工作创造条件，后一个阶段则是上一个阶段的延续。从长期看，证券组合的五个阶段又是循环往复的，一个时期证券组合的绩效评估反过来又是确定新的时期证券组合目标的依据。

13.3 证券投资组合的方式及类型

13.3.1 证券投资组合的方式

证券投资组合的方式是指实现投资多元化的基本途径。证券投资可以采取如下几种方式。

(一)投资工具组合

投资工具组合指不同投资工具的选择和搭配。选择何种投资工具，一方面应考虑投资者的资金规模、管理能力以及投资者的偏好；另一方面则应考虑不同投资工具各自的风险和收益以及相互间的相关性。

(二)投资期限组合

投资期限组合指证券投资资产的长短期限的搭配。不同的投资工具所形成的资产的期限是不同的，同种投资工具所形成的不同的资产也会有不同的期限。证券投资的期限组合主要应考虑：一是投资者预期的现金支付的需求，包括支付的时间和数量；二是要考虑不同资产的约定期限及流动性；三是经济周期变化。

（三）投资的区域组合

投资的区域组合是指基金通过向不同地区、不同国家的金融资产进行投资来达到分散投资风险、获得稳定收益的目的。证券投资的区域组合主要应考虑如下因素：一是各国资本市场的相关性；二是各国经济周期的同步性；三是汇率变动对投资的影响。

13.3.2 证券投资组合的类型

（一）按投资目标不同分类

按投资目标的不同，证券投资组合可以分为避税型投资组合、收入型投资组合、增长型投资组合、收入—增长型投资组合等类型。

(1)避税型投资组合。避税型投资组合的基本目标是避税，主要为收入处于高税率档次的富人所运用。

(2)收入型投资组合。收入型投资组合的基本目标是经济收入的最大化，主要为年纪较大的投资者、需要负担家庭生活及教育费用的投资者以及有定期支出的机构投资者（如养老基金等）所运用。

(3)增长型投资组合。增长型投资组合的基本目标是实现投资的资本增值，主要为年轻投资者以及处于高税收档次的投资者所运用。

(4)收入—增长型投资组合。增长型投资组合与收入型投资组合的差别主要在于对投资工具提供收益的时间上有不同的要求。在证券投资实践中，通常既要满足当前时期投资者支出的需要，又要实现投资的增值，因而需要将两种不同的组合综合起来加以运用。

（二）按投资管理风格不同分类

按投资管理风格不同，可将证券组合分为积极型、消极型和混合型。

(1)积极型投资组合。积极型投资组合以市场无效理论为依据，追求超额投资回报或超过所担风险的非常回报。

(2)消极型投资组合。消极型投资组合以市场有效理论为依据，追求平均利润或与所承担的风险相当的正常利润。

(3)混合型投资组合。在实际中，投资者也常常将两种策略综合加以运用的。

13.4 证券投资组合业绩的评估

13.4.1 证券投资组合业绩评估的目的

证券投资组合业绩评估包括两个基本方面：一是证券资产业绩评价，即对由投资形成的整个证券资产组合收益与风险的评价；二是对投资组合管理人员能力的评估。这两种业绩评估既有联系又有区别。

证券投资组合评估的主体有两类：一类是投资者或服务于投资者的机构；另一类是投资

管理者以及为投资管理者服务的机构。投资者或服务于投资者的机构所进行的评估，不仅包括资产业绩评估，同时也包括对投资管理者能力的评估。投资管理者及为投资管理者服务的机构的评估主要是对资产业绩的评估，评估的目的主要是优化投资组合管理。

13.4.2 评估证券投资组合业绩的框架

(一)业绩评估的介绍

我们已经以一种有机的和系统的方式来讨论了投资过程中遇到的关键要素。现在剩下需要讨论的是投资过程的底线问题：那就是投资组合的业绩如何进行评估。这个问题的答案是投资组合的回报率减去支出是否能弥补所承担风险要求的补偿。每个投资者必须关心这个问题，因为投资的目标是使金融资产增值或至少保值。所以需要对投资进行业绩评估，以查明哪些投资是令人不满意的，那么将来就可以改变投资方向。

无论个人投资者自己管理投资或者通过基金管理人间接投资，评估证券投资组合业绩都很重要。直接投资耗费时间而且机会成本高。如果投资结果不能达到目的，那么为什么要投资呢？另一方面，如果雇用职业的投资组合管理者（比如基金管理人）来进行投资管理，那么就必须要知道他们的业绩。如果管理者A做得比管理者B好，而其他的因素都是相同的，那么投资者会比较喜欢管理者A。或者，管理者A和管理者B都操作得不好，其他因素都是相同的，那么投资者不会喜欢他们中的任何一个。最明显的一点是在投资者在做出决策之前应该对基金经理的业绩进行评估。

证券投资组合业绩的评估将随时间而发生很大变化。在20世纪60年代中期前，即使是基金管理，业绩评估也并不重要，但是在今天竞争激烈的资金管理环境下，业绩评估变得弥足珍贵。现在，数千的基金管理人在操作，管理着数十亿美元。基金管理人管理着保险公司的资金、退休金计划和个人投资者。

评估的方法变得越来越复杂，而客户的需求也越来越强烈。广为接受的现代投资组合管理理论改变了评估的流程。

在这一节，我们将讨论证券投资组合业绩的评估，了解它的总体框架和重要的原则。我们将了解Sharpe，Treynor，Jensen这些著名的业绩评估方式以及相关问题。

当我们评估证券组合业绩时，有些因素一定要考虑到。这里，我们将讨论几个投资者必须要考虑的关键因素。假设甲管理基金在2005年为股东赢得了32%的回报率，它在广告中声称它在这个类型的基金中业绩最好，作为一个股东，你将试图评估甲管理基金的业绩，你将如何评价？

(二)业绩评估时需考虑的因素

1.不同的风险程度

风险与收益间的权衡支撑着投资者的行为，基于这一点，我们不能正确地说出甲管理基金的业绩。主要的原因是因为投资是建立在收益与风险基础上的二维空间。这两个因素是相对的，就像是硬币的正反两面，如果想获得一个明智的决策就必须对收益与风险进行评估。因此，如果我们不知道这种基金的风险，我们就不能说它的业绩如何。毕竟，可能它的管理者承担了相似投资组合两倍的风险而达到20%的回报率。

假设投资者都要面对风险，那么光考虑来自各种投资的收益是不够的。尽管所有投资者度喜欢高回报率，但是他们都是风险厌恶型。要正确地评估投资组合业绩，我们必须确定收益率是否足够弥补所承受的风险应该得到的补偿。如果我们要仔细地评估业绩，那么我们的评估需要建立在风险调整之上。

2. 不同的时间段

拿起一本金融杂志，我们经常会看到同类型基金不同的管理模式和不同的业绩表现——例如，分散化投资的股票基金、多行业投资的平衡基金——大肆宣传自己的业绩是最好的。这是怎么发生的呢？

答案很简单。每种基金在不同的时间段评估了它们的业绩。一种基金评估了到2002年12月31日10年的业绩，另一种基金可能评估了到2002年12月31日5年的业绩。评估业绩可以是到相同时间点一年的业绩，也可以几年时间的组合。管理基金的发起者可以选择任何他们觉得能提升业绩的时间段。

尽管这点看起来很明显，但是投资者在比较各种时间段的投资组合时并不是很仔细。就像不同风险的例子一样，如果要获取有效的投资组合业绩，时间因素必须要调整。

3. 适当的比较基准

我们不能说明甲管理基金业绩高低的第三个原因是20%的收益率，只有在给定风险，将它和一个合理的投资相比较时才是有意义的。如果说在2005年平均风险的回报率是25%，而甲管理基金处于平均风险，那么我们发现它的业绩是不好的。我们必须与相关业绩评估相比较。比较基准在评估投资组合业绩中是很重要的。

业绩评估的本质是比较相同投资在相似的组合中获得的回报率。评估的过程必须包括相关的可比的参照系。即基准组合必须是一个能反映投资目标的合理的参照系。

一个由S&P200股票(大盘股)组成的证券投资组合的评估必须和来源于同样指数、经过风险调整的别的证券组合相比较。另一方面，小盘股的投资组合不能和S&P200股票的投资组合比较。或者，固定利率投资的投资组合管理者的投资目标是A级或更高投资等级的债券，那么这样的业绩和投资垃圾债券的投资管理者的收益相比较就是不合适的。而投资基金如果同时持有大盘、中盘、小盘股的，将会更难评估。比较这些投资组合也会很困难，所以多样化的基准对于评估业绩更加适当。S&P200是机构业绩评估(如管理基金)最常用的基准。这200家上市公司通常是管理基金投资的热点。

4. 对投资组合管理者的约束

在评估投资组合管理者而不是投资组合本身的时候，一个投资者必须考虑管理者设立的目标和一些他们操作时的约束。如果一个管理基金投资目标是投资于小规模的、投机的股票，那么投资者必须预期风险要比投资龙头行业的大。

认识到投资政策决定着投资组合的收益的重要性是必要的。在很多例子中，投资政策决定着投资组合的收益和风险。以美国退休金计划为例，投资政策占据了接近94%的变量。很明显，只留下了很少的变量可以说明管理者的技能。

如果投资组合管理者有义务在一定约束条件下操作，那么这些条件必须被考虑进去。如果，一个证券基金投资组合管理者被禁止涉及衍生物，那么期望他在熊市利用这样的工具来保护投资者利益是不合理的，只能通过减少权益证券型风险来保护。

5. 其他考虑事项

另外有关评估资产组合业绩的要点还包括与资产组合相对立的资产投资管理者的评估。在评估期间使投资组合有效的分散是很重要的，因为分散投资可以降低风险。

所有投资者必须明白，即使在今天这样一个电脑和数据库的投资世界里，精确的、普遍同意的投资评估方法还是一个很难达到的目标。媒体和杂志充斥着业绩排名的广告，但它们可信吗？ASSIRT 和 MoringStar 是两个独立的市场研究机构，提供了星级排名和管理基金业绩排名，这些数据是比较客观和可信的。复杂的星级排名的计算并不是公开使用的，但是三个月、一年或三年的收益率等等，都是客观、透明的。

(三)收益和风险

业绩的评估开始于投资组合的估值以及收益率。在业绩评估过程中，投资者必须同时考虑真实的回报和假设的风险，无论采用哪种评估方法或技术，这些参数都必须纳入分析之中。

1.收益率的估计

当投资组合业绩被评估时，投资者必须考虑总资产的变化，对收益率的正确评估是评估它的总收益，包括收入部分和资本利得部分的收益。请注意业绩报告标准要求使用总收益率计算。在下面这个简单的例子中，分别估计投资组合在投资期初和期末的市场价值，其收益率的算法如下：

$$R_P=\frac{V_E-V_B}{V_B} \tag{13.4.1}$$

式中，V_E——期末投资组合的价值；

V_B——期初投资组合的价值。

这种计算方法假设在评估期限里客户没有加入或提取资金。如果发生了资金的变动，那么计算出来的收益率 R_p 是一个不精确的业绩评估。例如，客户在接近期末的时候加进了资金，那么再使用以上公式计算的结果是不正确的，因为期末的价值并不是完全由管理者的操作所带来的。尽管在期末加入或减去了资金，仍可以得到一个近似业绩的值，但是时间是个问题。

证券投资的收益包括两部分：一部分是资本利得，即投资组合的管理者利用证券市场价格的变动获得的买卖价差；另一部分是组合资产在评估期间获得的利息、股息等收益。

为了更精确地计算投资收益率，有如下两个问题需要考虑：一是资金权重收益率，二是时间权重收益率。

2.资金权重收益率

传统的投资组合业绩评估由计算资金权重收益率组成，相当于内部投资报酬率的计算。内部投资报酬率估量的是投资总额和净贡献在项目期内产生的真实收益。

资金权重收益率等于所有的现金流，包括期末市场价值和期初市场价值。因为资金权重收益率会被组合的现金流所影响，所以它估量了投资组合持有者的收益。鉴于现金流将严重影响资金权重收益率，然而与其他投资组合或者市场指数作比较是不恰当的，这是业绩评估的一个关键因素。

3.时间权重收益率

如果在期末和期初之间有现金流产生，那么用时间权重收益率来进行比较就显得合适了。时间权重收益率不会被组合中产生的现金流影响，因此它估量的是投资组合管理者所赚到的收益率。

计算时间权重收益率需要收集组合中现金流入流出值。我们可以在现金流动发生前计算它的投资组合收益率。然后计算从现金流动到下一步，或者到期末的投资组合收益率。

最后，我们可以将这些收益率联系起来计算出这段时间的收益率。换句话说，我们可以通过定义现金流入和流出来计算每个时间段的收益率，然后计算出整个时期的投资收益率。因为涉及了频繁的现金流，因此就会有大量的计算。

以上提到的两种方法，资金权重收益率和时间权重收益率，会得出不同的结果。时间权重收益率得到的是投资组合管理者所赚到的收益率，而资金权重收益率得到的是投资组合持有者的收益率。

时间权重收益率被用来计算投资组合管理者所赚到的收益率，因为管理者无法控制客户提取和投入资金的行为。使用时间权重收益率将会客观地完成对独立于客户行为外的组合管理者业绩的评估。

4. 风险估量

为什么在正确计算收益率的基础上我们不能估量投资业绩？多种基金的排名以这种方式出现在媒体上，展示了一年、三年、五年的投资收益率。这些收益率是说明业绩好坏的指标吗？

判断业绩的时候，我们必须考虑风险。不同的风险会引起对市场变化的不同反应，所以在进行业绩评估时应该考虑到风险。

我们知道在投资分析中常用的两个风险的量是总风险和不可分散风险。一个组合的一系列回报的标准差可以简单地被计算出来，标准差是对于总风险的估量。

Beta 系数可通过软件系统计算，但是这仅是一种系统风险的估计。Beta 系数可以通过周、月、季度，年的数据计算出来，每次都会有不同的估计。计算过程中采用了不同的数据，所以用 Beta 系数来进行风险的排名就可能产生不同的结果，而且，Beta 系数是不稳定的，随着时间变化而变化的。

13.4.3 证券组合业绩评估法

(一)证券组合业绩评价方法介绍

尽管投资收益率是评估证券组合业绩的重要指标，但投资收益率的高低总是相对的。这就要求我们必须确立合理的参照系。因此，评估证券组合管理的业绩时，应充分考虑投资风险因素，即计算风险因素调整后的收益率。基于资本市场埋论，以及对于风险和收益在分析过程中的必要性的认识，三个学者 Sharpe，Treynor 和 Jensen 在 1960 年建立了业绩评估的方法。这些评估通常和风险因素调整后的投资组合业绩相关，意味着真实的收益和风险已经包含在了评估之中。这些方法目前仍旧在使用。

目前使用的主要方法有如下几种：

(1)夏普系数法。夏普系数法(Sharpe's measure)是以资本资产定价模型为基础的，其基本思想是以市场组合作为评估特定资产组合业绩的参照系。夏普系数实际上就是投资组合的超额收益率与投资组合收益率的标准差之比，即投资组合承担单位风险所获得的超额收益。该系数值越大，表明投资组合的效益越高。

(2)特雷诺系数法。特雷诺系数法(Treynor's measure)同样是以资本资产定价模型为基础的，和夏普系数法不同的是，它以 Beta 系数作为风险度量的标准，也就是说它只考虑了系统性风险，而不考虑非系统性风险。

(3)詹森系数法。詹森系数法(Jensen's measurc)也是以资本资产定价模型为基础的，它所表示的是投资组合的收益率与证券市场线上具有相同风险值的投资组合的收益率之差，或者说就是特定投资组合的收益率与具有相同风险值的市场组合的收益率之差。

（二）夏普系数法

Sharpe 引入了风险因素调整后的业绩评估，被叫作夏普比率，是基于资本市场理论产生的。这种评估的基准是建立在事后的资本市场线上的。评估方法如下：

$$RVAR=(\overline{TR}_P-\overline{R}_F)/SD_P=\text{平均超额回报率}/\text{总风险} \tag{13.4.2}$$

式中，TR_P——组合 P 在不同时间段中的平均总收益率；

$\overline{R}_F$——被评估期间的平均无风险收益率；

SD_P——被评估期间收益率的标准差；

$\overline{TR}_P-\overline{R}_F$——组合 P 的超额收益率。

这里同样涉及了风险溢价。公式中的分子代表投资组合的超额收益率，这部分的收益在无风险假设的条件下也能获得。分母使用了标准差，代表着组合的总风险。请注意下面这些和夏普系数有关的要点：

(1)夏普系数实际上就是投资组合的超额收益率与投资组合收益率的标准差之比，即投资组合承担单位风险所获得的超额收益。

(2)该系数值越大，表明投资组合的效益越高。

(3)投资组合可以根据夏普系数排序。

为了计算夏普系数，考虑 5 个管理基金 A、B、C、D 和 E 在 5 年里的数据。表 13-2 显示了每年的收益率、收益的标准差和 Beta 系数以及 S&P200 指数的平均收益和以 R_F 代表的平均国库券收益率。根据这些数据，夏普系数可以用公式(13.4.2)计算出来，结果如表 13-3所示。

表 13-2 投资组合的收益与风险分析(五年)

基金名称	平均年收益	标准差	Beta 系数
A	16	20	1.3
B	17	21	1.1
C	18	13	0.7
D	19	16	1.0
E	20	17	1.1
S&P200	17		
无风险收益率	7		

表 13-3 风险调整后投资组合的业绩评估(五年)

基金名称	夏普系数	特雷诺系数	詹森系数法
A	0.45	6.9	−4
B	0.48	9.1	−1
C	0.85	15.7	4
D	0.75	12.0	2
E	0.76	11.8	2
S&P 200	0.55	10.0	

基于以上计算，我们可以看到其中 3 只基金 C、D 和 E 比 S&P200 业绩好，获得了超额收益。假设依次给出组合的业绩，马上就能对组合业绩进行排名。仅使用夏普系数法，我们能判断出业绩最好的组合。夏普系数法同样适用于市场指数。

我们在收益风险空间里画出 5 只管理基金的位置，证明了那些比 S&P200 高的夏普比率——即 C、D、E 位于资本市场线之上（见图 13-1）。

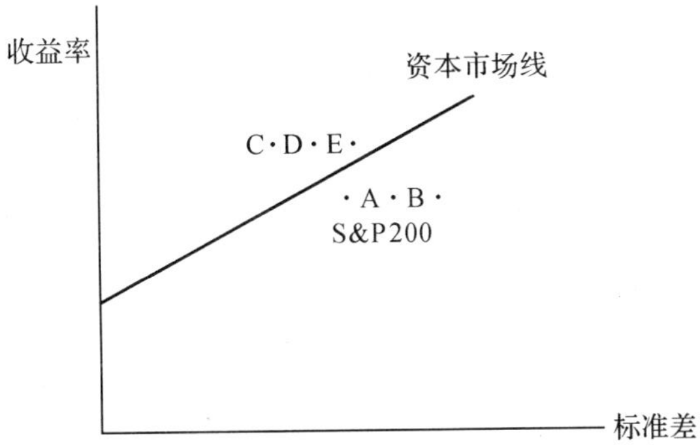

图 13-1　基金的夏普系数

（三）特雷诺系数法

近似于夏普系数法确立的时间，特雷诺提出了一种类似的评估方法叫做报酬对波动性比率。类似夏普，特雷诺寻找收益和风险之间的联系，但是，区别于系统风险和总风险，假设了组合风险可以被很好地分散，即忽略了可分散风险，利用证券市场线的观念建立了一个绩效评估指标。

在评估业绩的过程中，特雷诺引入了特征线的概念。以相同的方式在组合中使用，描绘了证券组合收益和市场的关系。特征线的斜率即 Beta 系数，是组合收益率相对于市场指数收益率的波动。

类似夏普比率，该指标计算的也是单位风险的超额收益，但这里的风险指标采用的是系统风险 β_P，而非总风险 σ_P，计算公式为：

$$RVOL=(\overline{TR}_P-\overline{R}_F)/\beta_P=\text{平均超额回报率}/\text{Beta 系数} \tag{13.4.3}$$

式中，β_P 为组合 P 的 Beta 系数。

在前面的例子中，我们计算了单位系统风险的超额收益。和 *RVAR* 一样，*RVOL* 数值越大，表明投资组合的效益越高。组合可以根据 *RVOL* 排序，假设特雷诺系数法是正确的组合业绩评估法，那么业绩最好的组合就可以被确定。

使用表 13-4 中的数据，计算同样 5 个组合的 *RVOL*，而对于 S&P 指数来说，Beta 系数是 1。计算结果表明 3 只基金超过了市场：C、D 和 E。图 13-2 以类似于画夏普系数法的图的方式，描绘了特雷诺系数法评估的结果。图中，我们看到 3 只基金位于证券市场线上（C、D 和 E），2 只基金位于证券市场线下（A 和 B）。

RVOL 的使用暗示了在对组合业绩进行评估时，系统风险是度量风险的一个正确指标。同样，*RVAR* 的使用暗示了在对组合业绩进行评估时，总风险是度量风险的合适指标。正如我们所知的，如果投资组合的非系统风险被完全分散了，那么系统风险是测度组合风险的正确指标。

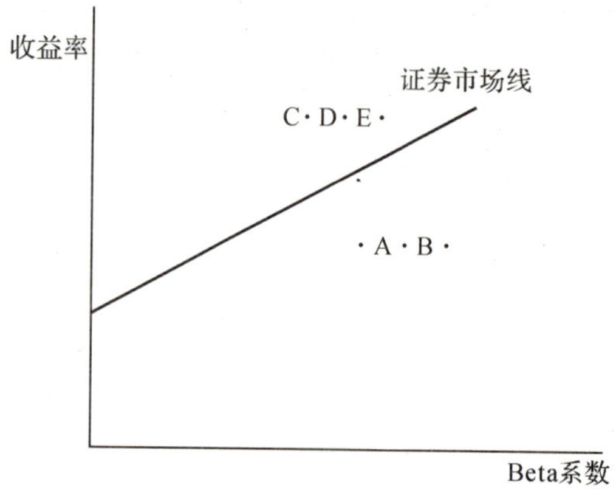

图 13-2 基金的特雷诺系数

(四)夏普系数法和特雷诺系数法的比较

由于夏普系数法和特雷诺系数法非常相似,那么我们自然会问什么时候使用 *RVOL*,什么时候使用 *RVAR*,为什么?在每一种方法的假设成立的前提下,两者可以说都是正确的。计算结果往往是令人满意的,因此,上述两种方法往往同时用来评估组合的业绩。

至于究竟选择哪个方法来评估组合的业绩,这取决于风险的定义。如果投资者认为投资组合的业绩排序使用总风险来度量风险是合理的,那么 *RVAR* 比较适合。如认为要使用系统风险来度量风险是合理的,那么 *RVOL* 适合。

如果用这两个指标来对一组投资组合的业绩排序,那么结果会怎样呢?如果组合风险完全分散,即组合收益率和市场收益率的相关系数为 1,则使用两种方法对组合业绩的排序将是相同的。对于职业化管理的大规模基金,两个指标将提供相同的或基本相同的排序。

当组合的风险没有很好的分散时,排序时有差别的可能性就会增加。下面讲述的是关于这两种方法的结论:*RVAR* 使用的是评估期间基金收益的总风险。排序中的差别来源于这两种方法在风险分散上的不同。如果组合没有很好的分散风险,那么 *RVOL* 的排序将会高于 *RVAR* 的排序。非系统风险不会影响到 *RVOL* 的计算。一个有低系统风险和高的总风险的组合,将显示出高的 *RVOL* 值和低的 *RVAR* 值。排序中这样的差别来自于组合风险分散的区别。

上述分析导致了对夏普系数法和特雷诺系数法的重要观察。投资者将他们的所有资产都投入证券组合的,应该更信任夏普系数法,因为它评估的是组合总风险,包括了任何非系统风险。而投资者的投资组合只是由他们资产的一部分组成时,即他们有很多别的资产——系统风险可能是相关风险。在这种情况下,*RVOL* 更合适,因为这种方法只考虑系统风险或非系统风险。

投资组合风险的分散是通过组合收益率和市场收益率之间的关系来进行评估的。它被作为确定特征线的一部分,通过组合收益率和市场收益率之间的回归。相关系数的平方叫作决定系数 R^2,用来表示风险分散的程度。决定系数指出了组合投资收益率方差的百分比。如果资金风险被完全分散,那么 R^2 为 1,表示投资组合收益率完全由市场收益率来解释。决定系数越低,归因于市场回报率的投资组合回报率越少,这意味着其他因素影响着投资组合收益率。

(五)詹森系数法

另一种与特雷诺的 $RVOL$ 相似的评估方法是詹森差异回报率法。詹森对业绩的评估和特雷诺系数的相似之处在于都建立在资本市场定价模型基础上。对任何证券的期望收益率,组合 P 都是给定的:

$$E(R_{pt})=R_{Ft}+\beta_P(E\{R_{mt}\}-R_{Ft}) \tag{13.4.4}$$

所有的术语在前面已经定义过。

上面的公式既可以应用于事前的估计,也可以应用于事后的计算,如果投资者的预期能够与实际相符。从经验上来说,下面的公式和上面的公式是接近的:

$$R_{pt}=R_{Ft}+\beta_P(R_{mt}-R_{Ft})+E_{pt} \tag{13.4.5}$$

式中,R_{pt}——组合 P 的收益;

R_{Ft}——无风险收益率;

R_{mt}——市场的收益率;

E_{pt}——随机误差,期望为零,t 为时间;

$R_{mt}-R_{Ft}$——市场风险溢价。

公式(13.4.5)给出了在任何时间段内的组合收益等于无风险收益与组合风险溢价之和再加上一个随机误差项。给定市场风险溢价,投资组合的风险溢价是系统风险 Beta 的函数。系统风险越大,风险溢价越大。

公式(13.4.5)也可以写成风险溢价的形式:

$$R_{pt}-R_{Ft}=\beta_P(R_{mt}-R_{Ft})+E_{pt} \tag{13.4.6}$$

式中,$R_{pt}-R_{Ft}$ 为资产组合 P 的风险溢价。

上述公式指出,资产组合 P 的风险溢价等于 Beta 系数乘以市场风险溢价加上误差。换句话说,如果资本市场定价模型是正确的,那么投资组合 P 的风险溢价与市场风险溢价是成比例的,投资者的预期就能实现。

如图 13-4 所示,收益率和假设的风险是成比例的。图 13-3 显示了以超额收益形式存在的特征线。

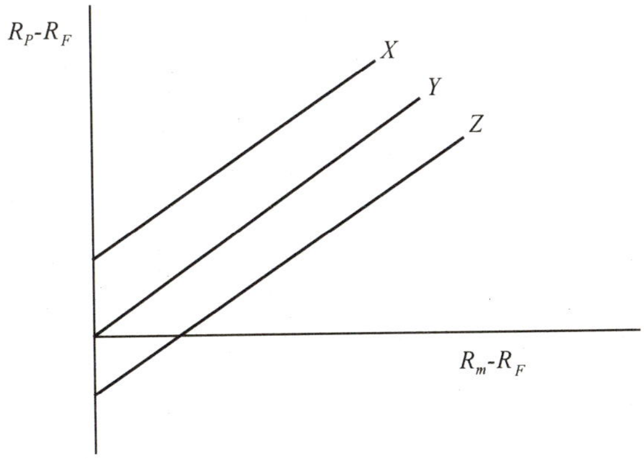

图 13-3　基金的特征线

上述公式可以通过一些时期的回归线加以证实。组合超额收益率是市场超额收益的回归。如果管理者的收益率与假设的风险成比例,那么上述关系是存在的。回归线不会有截距，将穿过原点，就像图 13-3 中的 Y 一样。

有了这些发现，詹森认为截距应该被加进公式中，作为判断组合业绩的优劣。公式(13.4.6)因此变成以下式：

$$R_{pt}-R_{Ft}=\alpha_p+\beta_p(R_m-R_{Ft})+E_{pt} \tag{13.4.7}$$

式中，α_p 为截距，表示实际收益率与期望收益率的差额。

资本市场定价模型的均衡情况将导致一个零截距。因此，α_p 应该估量投资组合管理者的贡献，因为 α_p 为衡量证券选择能力的一个参量。

(1)如果 α_p 是正的，则是业绩的好的证明(如图中描绘的 X，截距为正)；

(2)如果 α_p 是负的，则是业绩不好的证明(如图中描绘的 Z，截距为负)；

(3)如果 α_p 的大小是与零区别不大的数字，则是投资管理者在风险因素调整基础上与市场匹配的证明(如图中描绘的 Y)。

变形公式(13.4.7)，E_{Pt} 可以得到：

$$\alpha_p=(R_{pt}-R_{Ft})-\beta_P(R_{mt}-R_{Ft}) \tag{13.4.8}$$

公式(13.4.8)表明 α_p 是在给定系统风险程度和资本定价模型基础上，被评价组合实际取得的收益率与按资本资产定价模型计算得到的均衡收益率之间的差异，也可以说是投资组合的收益率与证券市场线上具有相同风险值的投资组合的收益率之差。这个差异可以是正的、负的或零。认识到统计显著性在解释詹森系数法时的作用是很大的。如果这个差异是零，那么我们可以得出业绩的评估正如预期一样。即管理者赚到了平均风险调整后的收益率，不多不少，刚和给定风险下的预期一致。

在给定证券收益率不变的条件下，投资组合通常不能满足统计显著性测试。因此，尽管投资管理者增加了价值，但从统计上来讲却无法检验。只有当统计数据很多时，数据的统计显著性也就越有可能被发现。

好的和坏的投资组合业绩是由两个来源产生的：一是投资组合管理者选择的价值被低估的证券将足以影响组合的业绩；二是管理者可以进行及时的市场转换，根据市场的升降改变投资成分。

用詹森系数法计算的一个优点是它允许评估业绩时同时使用 Beta 系数。通过以风险溢价的形式估计特征线，我们可以同时得到 Beta 系数和 α_p。不像夏普系数法和特雷诺系数法，每个时期的收益率在评估中必须被使用，而不是整个时期的平均收益率。所以，如果业绩是以年为基准来进行评估，那么就必须获得每年的 R_F，R_m 和 R_p。

(六)三种方法的比较

夏普系数法，使用了标准差，在投资组合的收益率和多样化的基础上评估。而特雷诺系数法仅考虑组合的系统风险，不像夏普系数法可以在真实业绩的基础上给组合排序。虽然夏普系数法和特雷诺系数法能够排序，但是它们不能告诉我们基金的业绩比基准好多少百分比或差多少百分比。

特雷诺系数法、詹森系数法用 Beta 系数表示风险。詹森系数法并不适合给组合的业绩排序，但是通过对它的修正可以完成对组合业绩的排序。詹森系数法和特雷诺系数法在适当的调整后，可以产生相同的组合业绩排名。

如果组合的风险完全分散，那么三种方法都会对一种排序达成一致。原因是完全分散风险的组合意味着总的方差等于系统方差。当组合风险没有完全分散，詹森系数法和特雷诺系数法将会使未分散风险的组合的排序高于夏普系数法得出的结果。假定夏普系数法使用了总的风险，则系统性风险和非系统性风险这两部分都将包括在内。

另一个区别是夏普系数法和特雷诺系数法在评估期间使用了平均收益率，包括平均 R_F。詹森系数法使用了每个时期的收益和 R_F。

【本章小结】

证券投资组合管理，又称证券组合管理，是指对投资进行计划、分析、调整和控制，从而将投资资金分配给若干不同的证券资产，如股票、债券及证券衍生产品，形成合理的资产组合，以期实现资产收益最大化和风险最小化的经济行为。

证券组合的基本原则为安全性原则、流动性原则和收益性原则。

证券组合管理的基本步骤包括五个方面：第一是证券组合目标的确定；第二是证券组合的构建；第三是资产配置；第四是证券组合调整；第五是证券组合资产业绩的评估。

投资组合管理业绩的评估方法有三种：夏普系数法、特雷诺系数法和詹森系数法。

Section 5

固定收益证券

固定收益证券

第 14 章　固定收益证券概述

【学习要点】

1. 掌握固定收益证券的特征及其类型；
2. 了解债券市场及其债券的结构特征；
3. 了解债券发行的原因。
4. 了解可转换债券的特征。

14.1　固定收益类证券的特征

固定收益证券是一类证券，既包括中央政府发行的中长期国债、政府有关机构或部门发行的债券，也包括企业发行的各种公司债券和在金融创新过程中新发展出来的资产证券化债券。在这一章，我们将重点考察在资本市场上发行的上述各种债券的特点和风险收益特征。由于投资者的这种权利随证券类型的不同而不同，同时由于证券发行者的未来收益前景差别相当大，因此，固定收益类证券的类型相当多（而且还在不断增长）。在英文中，单词“bond”含有“合同、协议或担保”的意思，所有这些含义上的证券都可以称为“债券”。

所谓固定收益类证券，按字面的理解就是它所带来的收益是“固定的”。通常，此类证券都向投资者承诺在未来某个确定的时间内会给投资者带来确定的现金流入量。从投资者的角度看，“固定收益”是指对债券发行者特定时间段的现金流量的要求权。由于固定收益证券的支付水平预先已经确定，因此其特征也比较易于理解。只要证券发行者的信誉可靠、不存在破产风险，这些证券的收益就是稳定的、有保障的；同时，固定收益证券的收益水平往往在证券发行时就已确定，不论发行者在证券发行以后的经营结果如何，均须到期还本付息，因此固定收益证券的风险较小。

14.1.1　债券的概念

债券是一种有价证券，是社会各类经济主体（包括政府、金融机构、各类工商企业）为筹措资金向债券投资者出具的、并且承诺以一定的利率定期支付利息和到期偿还本金的债权债务凭证。债券要素包含四个方面的内容：债券面值、期限、票面利率、抵押与担保及选择权（如赎回与转换条款）等。债券由于收益稳定、风险较小、变现能力强、到期偿还，对投资者来说，投资债券既可以有效地规避风险，又可获得稳定的收入，因而债券是一种理想的投资工具。债券也是中央银行宏观调控的重要手段，公开市场业务是中央银行实行货币政策进行宏观调控的重要手段之一。债券流通还是优化资源配置的有效手段。效益好的企业，其债券通常会受到投资者的追捧而抬高价格，因而可降低筹资成本；相反，效益差的企业筹资成本则较高。债券的流通可以使有限的资金从经济效益差的部门流向经济效益好的部门，从而促进产业结构的调整，促进资源的优化配置。

在正常条件下，所有债券券面都必须明确记载以下事项：

(1)发行单位的名称。债券券面应明确记载发行单位的名称，以便投资者了解发行单位的状况，并起到区别不同债券的作用。

(2)发行单位的地址。除众所周知的单位外，其他单位发行的债券都应明确记载发行单位住所地址，以便于投资者与发行者之间进行联系和核实。

(3)债券的票面金额。债券的票面金额代表投资者购买债券的本金数额，它是到期偿还本金和计算利息的基本依据。因此，债券券面都应注明金额，还附带注明币种。

(4)债券的价格。债券是一种可以买卖的有价证券，其价格是由面值、收益和市场供求等因素共同决定的。一般而言，债券的发行价格与债券票面价值是一致的，即平价发行。但在实践中，也可能折价或溢价发行。

(5)债券的票面利率和计息方法。债券是按照规定的利率定期支付利息的。利率和计息方法由双方按法规和资金市场情况进行协商确定，并共同遵守。

(6)还本期限和还本方式。债券的特点是期满归还本金。因此，债券券面应明确记载其还本期限和还本方式，它对投资者利益有重大影响。此外，债券还有发行时间、债券类别、批准单位以及批准文号等方面的规定。

14.1.2 债券的特征

债券和股票都是有价证券，都可以作为筹资、投资的工具。但两者有明显的区别。债券的特征主要表现在与股票等其他金融工具的比较之中。

(一)债券与股票

(1)发行主体不同。股票只能由股份公司发行，而债券的发行主体可以是政府、企业或金融机构。

(2)体现的权益关系不同。股票是一种资本所有权凭证，持有人不能向发行公司退股，只能在流通市场上买卖；债券是一种债权凭证，持有人可以在债券到期时收回本金和利息。

(3)持有人享受的权利不同。股票持有者享有股东的一切权利，例如分红权、经营管理参与权、表决权等。相应的，股东也承担企业经营亏损的风险。而债券持有人只要求按期收回本金及利息，既不参与公司事务也不承担任何责任，在公司破产时，债权人的求偿权也在其他人之前。

(4)两者的收益不同。股票的收益随公司盈余的变化而变动；债券的收益则是固定的，缺点是不能享受公司盈利增长所带来的利益。

(二)债券与银行存款

债券与银行存款作为投资工具，都表明债权债务关系，到期收回本金，并取得固定利息。债券和银行存款相比，有以下区别：

(1)债券利息相对较高。利息率的高低与本金的安全性成反比。银行存款的安全性比债券要高，因此银行存款的利息相对较低。同样，在债券之间相比，国库券的利息率要比公司债券低很多。

(2)债券具有更好的保值功效。债券由于具有丰富的品种，使得保值手段比银行存款更多、更丰富。例如分红债券、可转换债券、附认股权证债券等。

(3)债券可以随时变现,因此流动性优于银行存款。债券可以随时在市场上变现,尤其是信誉好、等级高的债券,流动性更好。变现后债券的实际收益一般不会受到损失。银行存款如果在未到期前要提取出来,必须以放弃一定的利息为代价。

(三)债券的安全性、流动性和收益性

(1)安全性。债券的投资风险相对较小。其原因如下:①债券的利率固定,债务人必须按预定的期限和利率向投资者支付利息,到期归还本金。债券的票面利率一般不受市场利率变动的影响;②债券的本金安全。债券的本金偿还和利息支付有法律保障,不少国家的法律都有确保债券还本付息的明确规定。投资人还可以根据债券的评级对债券风险及其安全程度做出判断;③债券管理的规范性。为了保护投资者的利益,债券的发行资格要经过有关部门的严格审核,只有那些信誉较高的筹资者才能获准发行债券。经过严格的评审程序,债券筹资人不能还本付息的风险可以降至最低。债券中风险最小的是政府公债,因此在投资分析中,经常将政府债券作为无风险证券的代表。

(2)流动性。债券具有较强的变现能力,这是因为它是有价证券,期满后可以获得本金和利息;而且,债券的利率固定,便于计算投资收益率。通常,债券投资人并不一定将所投资的债券持有到期满,他们可以随时到证券交易市场转让债券,或以债券为抵押品到银行取得贷款。债券的流通和股票一样,并不影响发行人使用资金的长期稳定性。

(3)收益性。债券的收益性体现在两个方面:一是债券可以获得固定的、高于储蓄存款利率的投资收益;二是债券可以通过流通转让,获得比持有到期更高的收益。

债券的安全性、流动性和收益性之间具有逆向关系,即安全性越高的债券,流动性越好,但收益性则相对较差。这是因为信誉好、等级高的债券,其利息率往往定得比较低,而且,该种债券市场价格一般会较高,从而削弱了它的收益能力;反之,如果某种债券的风险性大、流动性差,则为了保证发行成功以及遵循风险与收益对等的原则,该类债券往往定有较高的利息率;同时,由于该类债券的市场价格相对较低,因此投资收益率会高出其他债券许多。比如垃圾债券。

14.1.3 债券的种类

(一)按债券发行主体分类,可分为政府公债、地方(政府)债券、金融债券、公司债券、国际债券

(1)政府公债。政府公债是由国家、中央政府的代理机构发行的、以国家财政收入作为偿还后盾的债券。政府公债发行的目的是为了弥补国家预算赤字、建设大型工程以及归还旧债等。最主要的政府公债是国库券,专指由各国中央政府、财政部发行的债券。例如美国的国库券、英国的金边债券等。国库券的发行量和交易量在证券市场上都占有相当大的比重,是货币市场和资本市场上最重要的金融工具之一。特别是短期国库券,具有期限短、风险小、流动性强、收益高的特征。因而也被称为"准货币";另一类政府公债是政府机构债券,是由各政府部门发行的债券。如我国建设部发行的建设债券。该类债券一般也由各国政府担保,具有准国债性质。

(2)地方债券。地方债券是由省、市等政府机关发行的债券,发行的目的是为开发地方经济、建设地方基础设施等项目融资。

(3)金融债券。是由银行等金融机构发行的债券。发行金融债券是银行吸收社会资金的一个重要渠道。

(4)公司债券。是由企业发行的长期债券。与政府债券相比,公司债券风险较大,但利率相对较高。发行公司债的目的是为了筹集长期项目资金。通常公司债券都是一次到期还本付息;也有的是采用分期付息,到期还本的方法。

公司债券的种类很多,公司债券的种类不同,债权人拥有的权利也不尽相同。比如有些国家的法律对公司债券规定有以下几个方面的限制:①发行有担保的公司债券时,债券总额不得超过该公司资产减去负债的净额;②发行债券的公司,如果尚有未偿还的债务,则不允许再发行新债;③发行公司的资信必须良好,不得有重大违约记录;④债券要经过信用评级。

(二)按债券是否记名分类,可分为记名债券和无记名债券

(1)无记名债券是指不记载债权人姓名的债券,债券持有者仅凭债券本身就可以取得该债券所拥有的相关权利。这类债券的流动性好,但安全性差。

(2)记名债券。记名债券是指债券上记有债权人姓名的债券。这种债券在领取本息时除了要持有债券外,还需要持有债权人的身份证和印章。记名债券在转让时,一般要进行过户登记。记名债券安全性好,但流动性差。

(三)按利息支付方式,可分为附息债券和零息债券

(1)附息债券。是指按照债券发行时规定的利率定期支付利息的债券。

(2)零息债券。是指债券发行时按照低于面值的价格发行,到期后按照面值偿还本金的债券。其发行价格与面值之间的差额就是投资者的利息收益。

零息票债券的价格随时间的推移会发生变化。在到期日,零息票债券的价值为其面值;在到期之前,价格随时间的推移越来越接近面值。事实上,如果利率固定不变,零息票债券的价格将完全按利率同步上升。

为了说明这一性质,设有一面值为1000元的30年期零息票债券,市场年利率为10%。该债券今日的价格为:

$$\frac{1000}{(1+10\%)^{30}}=57.31(\text{元})$$

一年之后,离到期日还有29年,此时债券的价格变为:

$$\frac{1000}{(1+10\%)^{29}}=63.04(\text{元})$$

比上一年增加了10%。这是因为现在的面值少贴现了一年,所以它的价格就要增加一年的折扣因素。

(四)按债券本金偿还方式分类,可分为到期偿还债券和分期偿还债券

(1)到期偿还债券。是由发行者在债券到期时一次性偿还本金的债券。

(2)分期偿还债券。是发行者在债券到期前分期向债权人偿还本金的债券。

多数债券要求定期支付固定的利息,到期一次偿还本金。但可赎回债券则不同,发行者有权按契约约定的价格在债券尚未到期的情况下提前赎回债券。赎回价格通常为面值加赎回溢价。

分期偿付债券与可赎回债券不同。可赎回债券的持有者不知道其所持债券是否会被赎回以及何时被赎回;而分期偿付债券则可被分成几个系列,每一个系列都有指定的到期日和息票利率。因此,投资者购买分期偿付债券可以选择适合自己的系列,并清楚地知道债券的

还本日。

近年来，随着金融创新的发展，零息债券经常被作为创新工具使用。例如，一张 10 年期的普通债券可被“剥离”成 20 份半年期债券，每份都可按零息债券对待。它们的到期日从 6 个月到 10 年不等，最后本金的支付也是一张独立形式的零息债券。剥离后的每份债券都按单独的证券计算，并都配有自己的 CUSIP 号码(统一由证券鉴定程序委员会颁布)，具有这种标识的证券都可以在联邦储备银行及其分支机构的网络上进行电子交易，财政部具有最终的支付义务。由于这些债券被剥夺了利息支付，因此又称为本息剥离式国债(separate trading of registered interest and principal of securities，STRIPS)。

(五)按债券票面利率的类型分类，可分为固定利率债券和浮动利率债券

固定利率债券，顾名思义就是在整个债券的存续期内所支付的利率是固定不变的。浮动利率债券，又叫可变利率债券或可调利率债券，是一种可根据市场变化定期重新设定利率的债券。息票利率定期调整以反映它所盯住的参考利率的变动。调整时间可能很频繁，如一月一次；也可以偶尔调整一次，如几年一次。

1. 固定利率债券

固定利率债券是指在发行时规定利率在整个偿还期内不变的债券。固定利率债券不考虑市场变化因素，因而其筹资成本和投资收益可以事先预计，不确定性较小，但债券发行人和投资者仍然必须承担市场利率波动的风险，如果未来市场利率下降，发行人能以更低的利率发行新债券，则原来发行的债券成本就显得相对高昂，而投资者则获得相对现行市场利率更高的报酬，原来发行的债券价格将上升；反之，如果未来市场利率上升，新发行债券的成本增大，则原来发行的债券成本就显得相对较低，而投资者的报酬则低于购买新债券的收益，原来发行的债券价格将下降。

2. 浮动利率债券

浮动利率债券是指与固定利率债券相对应的一种债券，它是指发行时规定债券利率可随市场利率的变动而作相应调整的债券。浮动利率债券的利率通常根据市场基准利率加上一定的利差来确定。美国浮动利率债券的利率水平主要参照 3 个月期限的国债利率，欧洲则主要参照伦敦同业拆借利率(指设在伦敦的银行相互之间短期贷款的利率，该利率被认为是伦敦金融市场利率的基准)。浮动利率债券的种类较多，如规定有利率浮动上、下限的浮动利率债券，规定利率到达指定水平时可以自动转换成固定利率债券的浮动利率债券，附有选择权的浮动利率债券，以及在偿还期的一段时间内实行固定利率而其余时间内实行浮动利率的混合利率债券等。浮动利率债券往往是中长期债券。浮动利率债券可以避免债券的实际收益率与市场收益率之间出现重大差异，使发行人的成本和投资者的收益与市场变动趋势相一致。但债券利率的浮动性，也使得发行人的实际成本和投资者的实际收益事前带有很大的不确定性，从而导致较高的风险。

公司发行浮动利率债券，与采用商业票据滚动策略具有相同的效果。例如，一个资信等级很高的公司可发行 4 年期的浮动利率债券，其利率与最高级别的 6 个月期商业票据相连。浮动利率每 6 个月调整一次，调整利率的时间是预定的，根据最高级别 6 个月期商业票据当时的市场利率调整。

(六)按债券是否含有相应的选择权分类，可分为含权债券和不含权债券

(1)含权债券。这类债券分为赋予发行者可提前买回的债券选择权的债券(可赎回债

券)和赋予持有者提前出售给发行者的选择权债券(可卖回债券)。另外,可转换债券赋予债券持有人在一定条件下将债券转换为普通股的选择权,因而也是一种含权债券。

(2)不含权债券。即债券契约中没有附加上述选择权的债券。大部分国债和公司债都是不含权债券。

(七)按债券发行价格与面值的关系分类,可分为平价发行债券、溢价发行债券和折价发行债券

(1)平价发行债券。即发行价格等于面值的债券;

(2)溢价发行债券。即发行价格大于面值的债券;

(3)折价发行债券。即发行价格低于面值的债券。

专栏14-1

债　券[①]

债券是中世纪时银行家为支持战争而提供贷款的自然产物。随着政府融资需求的增加,银行家们渐渐发现难以提供足够的资金来满足客户的筹资需要。债券提供了一种融资方式,使政府借款来源不必仅限于少数的银行家,而可以从许多个人手中借到所需的资金,并且债券的使用可以减少贷款者的风险。因为他如果觉得借款人有可能无法偿还债务,便可以将手中的债券转卖给别人。最早有记载的债券是1157年威尼斯银行发行的,用以支援同君士坦丁堡的战争。

在今天,债券已成为所有金融工具中应用性最为广泛的品种。2001年年末的世界债券市场总规模大约为37万亿美元。其中大约30万亿美元发生在各国国内市场,其他7万亿美元是在发行者居住国以外发生的。

美国是最大的单一债券市场,平均每天的债券换手量超过0.4万亿美元,并且在2001年12月末清偿的债券余额总量超过15万亿美元。表14-1列出了国内债券市场较大的国家。

表14-1　国内债券市场较大的国家

国　家	万亿美元
美　国	14.86
日　本	6.0
德　国	1.5
意大利	1.2
法　国	1.0
英　国	0.9
加拿大	0.6
比利时	0.3
巴　西	0.3
中　国	0.3
荷　兰	0.3
西班牙	0.3

资料来源:国际清算银行。转引自[英]马克·莱文森.金融市场指南.北京:中信出版社,2005.

① 资料来源:[英]马克·莱文森,金融市场指南.北京:中信出版社,2005:71—72.

债券一般被归类为固定收益证券，它们通常被看作是价格呆滞、低风险的投资工具，是保守的投资者在动荡市场中持有资产的防御性手段。在20世纪70年代以前这种观点是正确的，但债券市场在近20年的发展变化十分引人注目。一些债券不再提供固定的收益，许多还承担着较高的风险。所有的债券都具有一个共性：它们是使其持有者可以在债券持续期间收到利息支付和本金偿还，而不具有对发行者的所有权或控制权的一种债务凭证。

14.2 政府公债

利用国债进行投资是政府有计划的配置闲置资源，是在内需不足和出口乏力的宏观经济形势下支持国家保持较高水平的投资，筹集建设资金，扩大建设规模，并使经济结构的调整顺利进行的重要前提条件；国债发行是政府弥补财政赤字、调整结构、调节货币流通、影响外汇收支、促进供求平衡的调控宏观经济的重要手段；国债提供的信用工具，在启动投资的同时，提供了公开市场操作业务理想的工具，进一步推动了证券与金融市场的改革，国债所发挥的作用对宏观经济的全面平衡和稳定发展有着不可低估的意义。1981年1月，我国颁布了《中华人民共和国国库券条例》，财政部开始发行国债。经过近30多年的发展，我国的国债市场有了翻天覆地的变化，国债种类也日益呈现多样化。

(一)按国债的券面形式，可分为无记名式国债、凭证式国债和记账式国债

1. 无记名式国债

无记名式国债是指一种票面上不记载债权人姓名或单位名称的债券，通常以实物券形式出现，又称实物券或国库券。券面上印有“中华人民共和国国库券”字样，通常面额有100元、500元、1000元等券种，背面印有“中华人民共和国财政部”印章，并印有防伪识别符号。我国20世纪50年代发行的国债和从1981年起发行的国债主要是无记名式国库券。无记名式国库券的一般特点为：不记名、不挂失，可以上市流通。由于不记名、不挂失，其持有的安全性不如凭证式和记账式国库券，但购买手续简便。由于可上市转让，流通性较强。上市转让价格随二级市场的供求状况而定，当市场因素发生变动时，其价格会产生较大波动，因此具有获取较大利润的机会，同时也伴随着一定的风险。一般来说，无记名式国库券更适合金融机构和投资意识较强的购买者。

2. 凭证式国债

凭证式国债是一种国家储蓄债，不印刷实物券，以填制“凭证式国债收款凭证”的形式记录债权，可记名、挂失，不能上市流通，从购买之日起计息。在持有期内，持券人如遇特殊情况需要提取现金，可以到购买网点提前兑取。提前兑取时，除偿还本金外，利息按实际持有天数及相应的利率档次计算，经办机构收取一定的手续费。我国从1994年开始发行凭证式国债。凭证式国债具有类似储蓄，又优于储蓄的特点，通常被称为“储蓄式国债”，是以储蓄为目的的个人投资者理想的投资方式。与储蓄相比，凭证式国债的主要特点是安全、方便、收益适中。具体说来：

①国债发售网点多，购买和兑取方便、手续简便。

②可以记名挂失，持有的安全性较好。

③利率比银行同期存款利率高1～2个百分点(但低于无记名式和记账式国债)，提前兑取时按持有时间采取累进利率计息。

④凭证式国债虽不能上市交易，但可提前兑取，变现灵活，地点就近，投资者如遇特殊需要，可以随时到原购买点兑取现金。

⑤利息风险小，提前兑取按持有期限长短，选取相应档次利率计息，各档次利率均高于或等于银行同期存款利率，没有定期储蓄存款提前支取只按活期计息的风险。

⑥没有市场风险，凭证式国债不能上市，提前兑取时的价格(本金和利息)不随市场利率的变动而变动，可以避免市场价格风险。

3. 记账式国债

记账式国债又称无纸化国债，是指将投资者持有的国债登记于证券账户中，投资者仅取得收据或对账单以证实其所有权的一种国债。我国于1994年推出记账式国债。记账式国债有以下特点：

①以无券形式发行，可防止证券的遗失、被窃与伪造，安全性好。

②可上市转让，流通性好。

③期限有长有短，但更适合短期国债的发行。

④通过交易所电脑网络发行，降低了国债的发行成本。

⑤上市后价格随行就市，有获取较大收益的可能，但同时也伴有一定的风险。

比较说来，无记名式、凭证式和记账式三种国债各有特点。就收益性而言，无记名式和记账式国债要略好于凭证式国债，通常无记名式和记账式国债的票面利率要略高于相同期限的凭证式国债；就安全性而言，凭证式国债略好于无记名式国债和记账式国债，后两者中记账式又略好于无记名式国债；就流动性而言，记账式国债略好于无记名式国债，无记名式国债又略好于凭证式国债。

(二)按国债的利息支付方式，可分为零息国债、附息国债和贴现国债

1. 零息国债

零息国债是指国债到期时和本金一起一次性付息，利随本清，也可称为到期付息债券。零息国债付息特点有二：一是利息一次性支付；二是国债到期时支付。我国发行的无记名国债一般属于零息国债。零息国债有确定的票面利率，利息额根据面值、利率和偿还期限计算，其计算公式为：

利息＝面额×票面利率×期限

2. 附息国债

附息国债是指票券上附有息票，每年(或者每半年、每季度)在规定的日子剪息票分期付息的国债。无记名式附息国债附有息票，凭剪息票每年(半年或季)领息；记账式无纸化附息国债无息票，可凭证券账户在分期付息的付息日期内领取利息。附息国债也有规定的票面利率，每次的利息额(以按年取息为例)等于面值与票面利率的乘积，即：

年利息＝本金×利率

到期利息＝年利息×期限

需要指出的是，附息国债每期利息是按年利率的单利计息方法计算，由于分期所得利息

收入可存入银行或购买债券等进行再投资，所以附息国债在全部偿还期间从性质上说相当于按复利计息的债券，其票面利率与相同期限的零息国债相比要低些。附息国债满足那些依靠一定的资本定期取得收入的投资者的需求。

3. 贴现国债

贴现国债又称贴息发行国债，是指券面上不含利息或不附有息票、以贴现方式发行的国债。贴现国债发行价格与票面额的差额即为所得利息。贴现国债票面上不规定利率，其发行价低于票面额，到期按票面额偿还。因此，其利率可根据每百元面值贴现国债的发行价和贴现国债的期限计算出来，计算公式为：

利率＝[(面值－发行价)÷(发行价×期限)]×100%

如投资者以 70 元的发行价格认购了面值为 100 元的 5 年期国债。5 年到期后，投资者可兑付到 100 元的现金，其中，30 元的差价即为国债的利息，年利息率为 8.57%，即：

[(100－70)÷ (70×5)]×100%＝8.57%

贴现国债一般期限较短，我国 1996 年推出贴现国债品种。根据财政部 1997 年规定，期限在 1 年以内(不含 1 年)以贴现方式发行的国债归入贴现国债类别，期限在 1 年以上以贴现方式发行的国债归入零息国债的类别。

专栏14-2

美国的政府债券市场

美国政府债券市场包括各级政府机构发行的债券。我们这里主要介绍美国财政部直接发行的各种国债。美国财政部靠发行短期国库券(T-bill)、中期国库券(T-note)和长期国库券(T-bond)来为政府的日常资金需求融通资金。财政部发行国债的主要目的是为了弥补预算赤字和偿还以前的国债。美国政府国债市场的流动性很强，各种金融工具相对来说具有同质性。美国国债一级市场是由联邦储备银行(美联储)定期通过拍卖方式发行国库券。参与拍卖的是 40 余家政府证券的骨干交易商。这些交易商将竞得的国债再转卖给中介机构和投资者。这些政府证券的交易商和其他小型交易商一起构成国债的二级市场。

短期国库券

美国国库券通常以低于面值的价格发行，财政部承诺到期后以面值支付。投资者的所有回报均来自随时间发生的价值增值。短期国库券的期限有 3 个月(13 个星期或 91 天)、6 个月(26 个星期或 182 天)和 1 年(52 个星期或 364 天)等多种结构。除此之外，美国财政部还临时发行期限极短的现金管理票据来填补资金缺口。短期国库券不像传统的中期和长期国库券那样定期支付利息，而是采用折价出售，到期偿还面值的做法，利息就是折价数额。因此，短期国库券就是短期限的零息票债券。

短期国库券的发行从 1977 年起不再采用书面证书的形式表明所有权，而是靠计算机的数据文件记录，数据文件构成“账簿”。现在，短期国库券占全部未清偿国债的 40%，其利息收入免缴州税和地方税，但要缴联邦所得税。

中、长期国库券

中、长期国库券带有半年付息一次的息票，因此又被称为息票债券(coupon bond)，以区别于财政部的折现金融工具。中期国库券的初始期限为2～10年，具体来讲，有2年、3年、4年、5年、7年和10年之分。每一种期限都有其规范的发行周期，例如2年期的每月发行，4年期的每季度发行。长期国库券的期限是30年。长期国库券每季度发行，是财政部以新偿旧周期性发行的一部分。

因为中期国库券发行频繁且期限不同，在任一时刻都有许多期限相同的债券品种发行。例如，初始期限为5年的国库券在1年后的期限为4年，而新发行的4年期国库券的期限也是4年。最新发行的任意期限的债券品种被称为现期债券。现期债券是最具流动性而且交易最活跃的债券品种，因为它们具有可以迅速而低成本地结清头寸的流动性。交易活跃品种被称为畅销证券，由于对这些债券的市场需求大，因而投资者需支付溢价。从而，投资者购买带息票国债并愿意持有到期末的话，一般来说购买非畅销证券会更加有利。据到期日小于1年的带息票国库券的流动性很差，因此，偏好交易短期品种的投资者更倾向于交易折现型的短期国库券。长期零息债券一般是由附带息票票据和债券在美国财政部的帮助下创造出来的。

14.3 金融债券

(一)政策性金融债

政策性银行金融债(又称政策性银行债)是我国政策性银行(国家开发银行、中国农业发展银行、中国进出口银行)为筹集信贷资金，经国务院批准由中国人民银行用计划派购的方式，向邮政储汇局、国有商业银行、区域性商业银行、城市商业银行(城市合作银行)、农村信用社等金融机构发行的金融债券。

近几年来，政策性金融债券品种的创新力度很大，为推动我国债券市场建设发挥了重大作用。政策性金融债券的发行分两个阶段，派购发行阶段和市场化发行阶段。

1.派购发行阶段

政策性金融债券的派购发行，1994年4月由国家开发银行第一次发行，从此拉开了政策性金融债券的发行序幕。1998年进行了发行机制改革，从1999年开始全面实行市场化招标发行金融债券，成为我国债券市场中发行规模仅次于国债的券种。

政策性金融债券为无纸化记账式债券，由中央国债登记结算有限责任公司负责托管登记，各认购人均在中央国债登记有限责任公司开设托管账户，中央国债登记有限责任公司接受政策性银行的委托办理还本付息业务。

政策性金融债券派购发行的券种有3年期、5年期、8年期三个品种，在付息方式上，在1994年度发行过到期一次还本付息的单利债券，从1995年起，开始发行按年付息的附息债券。所发行的3年期的金融债券为固定利率债券，5年期、8年期的金融债券为规避利率风险，从1995年起实行由中国人民银行一年一定的准浮动利率。派购发行的政策性金融债券尚未正式流通，但中国人民银行已批准在货币市场上做抵押回购业务，同时可以作为公开市场业务的工具。

2. 市场化发行阶段

政策性金融债券的市场化发行，仍然是国家开发银行于 1998 年 9 月 2 日率先推出的，财政部和中国进出口银行等发债机构于 1999 年开始尝试市场化发行业务。以国家开发银行为主的发行主体，按照国际标准结合我国国情设计出多种规范的、便于流通的、发挥市场参照基准的债券创新品种，大大提高了市场的流动性，有效地推动了我国银行间债券市场的发展。受到了广大银行间市场成员机构的好评，并受到国内外专业媒体和国外金融机构的关注。

政策性金融债券的市场化发行，推出的券种按期限分有 3 个月、6 个月、1 年期、2 年期、3 年期、5 年期、7 年期、10 年期、20 期、30 年期等。按性质分有浮动利率债券、固定利率债券、投资人选择权债券、发行人选择权债券以及增发债券等。

政策性金融债券的主要发行主体主要是国家开发银行，发行量占整个政策性金融债券发行量的 90%以上。政策性金融债券是国家开发银行的主要资金来源，90%以上的贷款以债券资金发放，政策性金融债券有力地支持了国家大中型基础设施、基础产业、支柱产业的发展，为调整产业和区域经济结构，支持西部经济大开发，促进整个国民经济的健康发展发挥了重要作用。

政策性金融债券在债券市场的作用仅是我国资本市场发展的前奏，在未来的发展中，金融债券不论在发行方式上，品种设计上，发行规模上，发行范围上均要有所突破，在完成筹集资金的任务同时，为我国债券市场建设发挥更大的作用。

(二)普通金融债

一般来说，银行等金融机构的资金有三个来源，即吸收存款、向其他机构借款和发行债券。存款资金的特点之一，是在经济发生动荡的时候，易发生储户争相提款的现象，从而造成资金来源不稳定；向其他商业银行或中央银行借款所得的资金主要是短期资金，而金融机构往往需要进行一些期限较长的投融资，这样就出现了资金来源和资金运用在期限上的矛盾，发行金融债券比较有效地解决了这个矛盾。普通金融债券是由银行和非银行金融机构发行的债券。金融债券能够较有效地解决银行等金融机构的资金来源不足和期限不匹配的矛盾。债券在到期之前一般不能提前兑换，只能在市场上转让，从而保证了所筹集资金的稳定性。同时，金融机构发行债券时可以灵活规定期限，比如为了一些长期项目投资，可以发行期限较长的债券。因此，发行金融债券可以使金融机构筹措到稳定且期限灵活的资金，从而有利于优化资产结构，扩大长期投资业务。

由于银行等金融机构在一国经济中占有较特殊的地位，政府对它们的运营又有严格的监管，因此，金融债券的资信通常高于其他非金融机构债券，违约风险相对较小，具有较高的安全性。所以，金融债券的利率通常低于一般的企业债券，但高于风险更小的国债和银行储蓄存款利率。

按不同标准，金融债券可以划分为很多种类，根据利息的支付方式，金融债券可分为附息金融债券和贴现金融债券。如果金融债券上附有多期息票，发行人定期支付利息，则称为附息金融债券；如果金融债券是以低于面值的价格贴现发行，到期按面值还本付息，利息为发行价与面值的差额，则称为贴现债券。

14.4 公司债券

14.4.1 公司债券简介

(一)公司债券的概念

公司债券是固定收益债券的重要组成部分,它是企业公开发行的、一般期限在一年以上的中长期债券。在成熟的市场经济国家中,公司债券是企业筹集长期资金的基本方式,发行债券与发行股票是企业融资的主渠道。公司债券比股票的风险要小,因为债券持有人与股东不同,他们有先于股东的讨债权,公司向股东付股息之前,必须先付清所有到期的债券利息;当一个公司破产时,它必须先清偿所有的债务,股东只能得到偿清债务后的剩余资产。

企业债券在国外通常称为公司债券,其原因在于国外企业法人多为公司形式,公司是发行债券的主体,而我国则存在大量具有法人资格而未采用公司形态的企业和少数虽采用公司名称但并非依照《公司法》规范设立与运作的企业,这些企业也可发行债券。在我国,公司债券特指根据《公司法》设立的公司依该法发行的约定在一定期限内还本付息的有价证券。企业债券是指发行主体根据《企业债券管理条例》(中华人民共和国国务院令第121号)发行的按规定还本付息的有价证券。企业债券与公司债券的主要区别在如下。

1.发行主体的差别

公司债券由股份有限公司或有限责任公司发行的债券。企业债券一般是由中央政府部门所属机构、国有独资企业或国有控股企业发行的债券。公司债券的发行属公司的法定权力范畴,发行成功与否基本由市场决定。

2.信用等级的差异

与企业债券不同,公司债券没有强制要求担保措施。如果没有保证人进行担保,公司债券的信用级别将取决于发债公司的资产状况、经营管理水平、持续盈利能力等。由于不同公司的具体情况差异很大,公司债券的信用级别也会相差很多。与此不同,我国实际发行的企业债券,一般都有资信良好的保证人实施担保机制,使得企业债券的信用级别与其他政府债券相比没有多大差异。

3.发债资金的用途差异

在我国企业债券发行实际中,发债资金的用途需由审批机关批准,企业债券的发行与政府部门审批的项目直接相关。发债资金一般用于基础设施建设、固定资产投资、重大技术改造、公益事业投资等国计民生方面。而公司债券可根据公司自身的具体经营需要提出发行需求,如何使用发债资金完全是公司内部事务,资金的主要用途也围绕公司的具体运作实施,不必要经政府部门审批和同意。可进行包括资产投资、技术改造、调整资产结构、实施资产并购重组等多方面安排。

4.对信息披露要求的差异

在对发行人信息披露的要求上,企业债券和公司债券的差异较大。企业债券的发行人没有被严格要求的信息披露义务,审批部门对发行人的持续性信用等级以及发债后的经营运作行为等信息不再进行专门的监管。反之,对发行公司债券的发行人的信息披露较为严格,《公司债券发行试点办法》规定“申请发行公司债券,必须真实、准确、完整、及时、公平地披露或者提供信息,不得有虚假记载、误导性陈述或者重大遗漏”,并且要求在债券有效存续期间,资信评级机构每年至少公告一次跟踪评级报告。

(二)我国企业债券市场的发展

我国企业债券市场大致可分为四个阶段。

1. 萌芽阶段(1984—1986 年)

在此期间,国家对其尚没有进行规范管理,也没有相应的法律法规。

2. 快速发展阶段(1987—1992 年)

1987 年 3 月,国务院颁布实施了《公司债券管理暂行条例》,这是债券市场发展的一个重要标志。从 1987 年到 1992 年,我国企业债券发行规模快速成长,其中 1987 年才发行 30 亿元,到 1992 年发行规模达到了 684 亿元。

3. 整顿与停滞阶段(1993—2004 年)

经济过热,以及债券市场的不规范,尤其是发生了著名的“长城机电”债券违约事件,促使国务院修订颁布了《公司债券管理条例》。该条例 1993 年 8 月颁布。同年国家取消了 1993 年债券发行计划,而新增银行贷款替代债券发行。而且从 1994 年开始,公司债券品种归纳为中央公司债券和地方公司债券两个品种。从 1999 年开始,债券发行由国家计委集中审核,报送国务院批准。这一阶段企业债主要是为国家批准的大中型项目筹集建设资金,其申报的发行额度至少在 10 亿元以上。按此规模就要求发行人的净资产不能少于 25 亿元,这实际上已将一般大型和中小型企业排斥在发债行列之外。

从管理体制上,国家计委和人民银行负责企业债券的额度和发行审批,中国证监会负责对上市流通债券的监管。其中,中央企业债券和 2 亿元以上的地方企业债券由人民银行总行和国家计委审批,2 亿元以下地方企业债券由人民银行分行会同省级计委审批。这样严格的、僵化的管理体制,大大限制了我国企业债券市场的发展。

4. 快速发展阶段(2005 年开始)

从 2005 年开始,企业债券的发行规模迅速增大。2004 年企业长期债券发行规模才 406 亿元;而 2005 年则达到 734 亿元。而且短期融资券开始发行,2005 年达到 1437 亿元,2006 年已是 2920 亿元,2007 年第四季度初就已经发行短期融资券 2860 多亿元。企业债券市场规模增大,与一系列创新举措有关。这其中包括:

第一,企业可以发行短期融资券。短期融资券的期限一般为 9 个月或 1 年,不用担保和抵押。该种短期债券的发行灵活方便,规模巨大,可以替代短期银行贷款。

第二,发行长期企业债券也不一定要得到担保。2006 年 5 月 11 日,三峡总公司发行 30 亿元企业债券,就没有设担保。

第三,地方企业债券发行破冰。地方企业,特别是地方民营企业发行债券,这在过去是不可能的,而 2005 年开始,地方企业债券发行得到政府的批准,而且发行规模较大。

从规模上看,截至 2007 年年底我国正式批准发行的企业债券累计为 7593 亿元,从 1996 年至 2005 年间,除了 1992 年和 2005 年企业债券年发行额超过 600 亿元外,其余各年都不足 400 亿元,但 2006 年首破千亿元,达 1015 亿元。2007 年更是达到 1721 亿元,显示了比较快的发展速度。但其融资相对于股票市场融资的比例依然小于 1,2005—2007 年企业债券融资总量分别占同期股票融资总量的 34.75%、37.2%、22%,即我国股权融资仍然是企业融资的第一选择。从占 GDP 比重上看，我国企业债券发行额占 GDP 的比重，除 1992 年占比为 2.56%外，自 1993 年以来，一直都在 1%以下。而美国 20 世纪 90 年代初期该比例就高达 23.62%，之后逐年稳步上升，2001 年年底达到 37.87%。不难看出，现在我们企业债券市场规模和总量不但小于美国，也同时小于国内股票市场，与美国债券融资量大于股票融资量的现状相反。

从产品的种类上看，我国企业债券主要是以固定利率担保普通企业债券为主，期限有 3 年、5 年、7 年、10 年、15 年、20 年，其中固定利率担保债券占总量的 90%，可转换债券、无担保债券、信用债券和浮动利率债券等发行量很少，尚未有资产抵押债券。整个中国企业债券，从期限结构上，比较接近于美国公司债券中的中期债券。以 2007 年发行的企业债的期限分布来看，10 年期和 15 年期这一类中长期的企业债券居多，10 年期以下和 15 年期以上的企业债券较少。10 年期的企业债券有 59 只，15 年期的企业债券有 18 只，这两个期限的企业债券占全年发行企业债券数量的 88.5%。相比美国繁多的企业债务工具，中国企业进行债务融资的工具十分有限。

从发行后的交易上看，我国债券还没有形成类似美国的二级市场。2005 年以前，我国企业债券的交易流通仅限于交易所，并存在诸多限制性条款。而且这几年，投资债券的受益低于同期投资股票收益，相对投资价值不高。因此，大多数企业债券无法在交易所上市转让，流动性较差。而 2005 年后，虽允许将企业债券的交易扩展到银行间市场，但仍未能彻底改变企业债券市场交投不活跃的局面。

14.4.2 公司债券评级

我们以美国的公司债券市场为例来分析公司债券评级的相关内容。美国债券市场上各种公司债券的质量、风险等级是由穆迪公司(Moody's)和标准普尔公司(Standard & Poor's)来评估的。

表 14-2 列出了穆迪公司和标准普尔公司评估公司债券的等级体系。前四类(从 Aaa 到 Bbb，或 AAA 到 BBB)属于投资级债券。一般金融机构只能购买投资级债券；后三类属于投机级债券，违约风险极大。

表 14-2 公司债券的评级体系

Moody's	Standard & Poor's	评 价	违约风险
Aaa	AAA	该类债券具有最高的质量、最小的风险	最小
Aa1 Aa2 Aa3	AA+ AA AA−	债券属于高质量，但比最高等级有稍大的长期风险	很小 很小 很小
A1 A2 A3	A+ A A−	中上等质量，但此类企业在未来可能出问题，实力较弱	较小 较小 较小

续表

Moody's	Standard & Poor's	评　　价	违约风险
Baa1 Baa2 Baa3	BBB+ BBB BBB−	中等质量，此类债券没有特殊的投资潜力	较小 较小 较小
Ba1 Ba2 Ba3	BB+ BB BB−	债券具有投机性，投资者的资本仅有中等程度的保护	较大 较大 较大
B1 B2 B3	B+ B B−	具有非常大的投机性，不能保证利息和本金的支付	较大 较大 较大
Caa Ca C	CCC CC C D	有违约的劣迹，投机性极高，质量最低，投资不能收回的可能性极大	很大 很大 很大 最大

资料来源：Kidwell，Peterson 和 Blackwell 著. 金融机构、市场和货币. 1993：164。

公司债券的评级主要是根据下列因素：①一个公司预期的现金收入（销售收入等）；②该公司已承诺的现金支出，如利息、本金支付等；③该公司盈利的时间长短；④该公司收入的变化幅度。一般的，一个公司被评估的等级低，就说明人们认为该公司违约的风险极大，因而它就不得不以较高的利息率来吸引投资者，因此融资成本就高。比如 1983 年 1 月，国际收割机公司的债券被评为 Caa 级——具有很高的投机性，有很大的违约可能性。其结果，该公司 20 年期债券的利息率达 30%，而当时 A 级公司债券利息率仅为 14%。

14.5　可转换债券

可转换债券是指其持有者可以在一定时期内按一定比例或价格将之转换成一定可转换债券数量的另一种证券的证券。

可转换债券(convertible bond)是可转换公司债券的简称，又简称可转债。它是一种可以在特定时间、按特定条件转换为普通股票的特殊企业债券。公司发行的含有转换特征的债券。在招募说明中发行人承诺根据转换价格在一定时间内可将债券转换为公司普通股。转换特征为公司所发行债券的一项义务。可转换债券的优点为普通股所不具备的固定收益和一般债券不具备的升值潜力。

可转换债券属于无担保债券，持有人可以选择将其转换为发行公司的股票。因为发行公司已经做出承诺，这种债券的持有人有权转换债券，所以这些债券的地位通常低于一般的公司债券，息票率也通常低于不可转换的公司债券。对于发行公司来说意味着提供了一种融资成本相对较低的融资手段。投资者之所以会接受这种债券的原因是，这种债券实际上还提供了一种股票的期权，也就是说如果股票价格上涨，这种债券的市场价值将上升。因此，这些投资者也就是将债券的质量和利息交换为可能获得的资本收益。

可转换债券是一种长期债券，它具有所有债券都具有的共同特征。通常可转换债券每半年发行一次利息，并且具有固定的到期日。但是，如果这些债券被转换成股票，到期日就不再起作用了，因为当这些债券被转换成股票时可转换债券就被回收了。

可转换债券总是可赎回的。发行公司利用这些赎回特性迫使持有人将这些债券转换为普通股。一旦债券被赎回，债券的所有者必须转换这些债券，否则任何由股票价值增加所产生的债券的升值都会被错过。这种强迫性的转换对发行公司来说极其重要，因为它就不必再支付利息或回收债券了。

可转换债券之所以对投资者有吸引力，是因为它可以提供债券所具有的安全性。发行公司必须履行契约规定的条款，并且如果这些债券没有被转换成股票，那么它们必须被收回。通常利息收入会超过该公司股票提供的股息收益，而且，因为这些债券可以转换为股票，所以这些债券的持有者可以分享公司成长的收益。如果公司股票价格上涨，那么该债券的价值也会增长。正是这种债券的安全性和获得资本收益的潜在可能性相结合，使得可转换债券成为一种颇具吸引力的投资工具。

和其他金融资产一样，可转换债券也会有投资风险。如果发行公司倒闭，那么债券的持有人就会损失投资于这些债券的资金。可转换债券尤其可能发生这种情况，因为可转换债券比一般公司债券具有更大的风险。在公司违约或破产的情况下，可转换债券的持有人最多只能收回投入的一部分。但是，可转换债券的持有人对资产的要求权仍然优于股票持有人。

违约并不是投资者面临的唯一的潜在风险来源。它们的价格是在变动的，正如后面内容所解释的那样，可转换债券的价格部分取决于这些债券转换成的股票的价值。股票价值的变动将导致可转换债券价格的变动。它是除了利率变化所引起的债券价格变化之外的另一种变动。

专栏14-3

为什么要发行债券？[①]

债券并不是发行者的唯一融资途径。所有选择出售债券的公司与政府主体应该都已经向银行借过款了，并且许多已经从客户、供应商或专门的金融公司那里融通了资金。发行债券的主要目的是使资金来源多样化。任何银行对某一借款者的贷款额都是有限的。通过基数巨大的债券市场投资者，发行者可以不必耗尽银行的信贷额度，便可以筹集到更多的资金。

债券也可以协助发行者实施特定的财务管理策略，包括：

(1)融资成本最小化。通过借款的杠杆作用，有盈利能力的公司可以扩大经营规模，比只利用股东投入的资金经营赚取更多的利润。相对于其他形式的杠杠工具，比如银行借款，企业通常更偏爱债券，因为它的成本较低并且偿还期限较长。发行债券能否增加发行者的财务杠杆，要依赖于债券是增加了公司的筹资总量还是仅仅替换了其他

① ［英］马克·莱文森.金融市场指南.北京：中信出版社，2005：72—73.

形式的筹资。

(2)协调收入与支出。许多基本建设投资,比如收费桥梁或炼钢炉,需要耗时数年来完成,然后才能在长时期内产生收入。债券提供了一种融资方式,把这种项目所筹资金的偿还与预期的收入联系在一起。

(3)促进代际公平。政府经常从事一些能够带来长期收益的项目,比如修建公路或购买公园用地。发行债券可以使未来的纳税人为他们从中获得的好处承担费用,而不必完全由现在的纳税人来承担。

(4)控制风险。赎回债权的业务可以限制在一个特定项目或某一政府机构的范围内,当债券无法按规定偿还时,它可以使母公司或政府免于偿还的责任。

(5)避免短期财务困境。政府和企业可以在现金短缺时求助于债券市场,而不必采取令人难以接受的措施,比如增加税收、裁员或降薪等。

【本章小结】

债券是一种有价证券,是社会各类经济主体为筹措资金向债券投资者出具的并且承诺以一定的利率定期支付利息和到期偿还本金的债权债务凭证。债券要素包括:债券面值、期限、票面利率、抵押与担保及选择权等。

债券根据筹资主体的不同,可分为政府债券、地方(政府)债券、金融债券、公司债券、国际债券等几大类;按债券是否记名可分为记名债券和无记名债券;

按利息支付方式,可分为附息债券、零息债券和永久性公债;按照本金偿还方式,可分为到期偿还债券和分期偿还债券;按票面利率的类型,可分为固定利率债券和浮动利率债券;按债券是否含有相应的选择权,可分为含权债券和不含权债券;按债券发行价格与面值的关系,可分为平价发行债券、溢价发行债券和折价发行债券。

可转换债券是指其持有者可以在一定时期内按一定比例或价格将之转换成一定可转换债券数量的另一种证券的证券。可转换债券既有债券的属性又有股票的属性,它是一种带有期权特征的债券。

第15章　债券估价与收益

【学习要点】

1. 掌握债券收益率的类型及其计算原理；
2. 掌握债券价值分析原理；
3. 掌握债券定价方法与定价原理；
4. 掌握利率期限结构理论。
5. 掌握可转换债券的定价。

对于债券投资者来说，债券价值与风险有着非常重要的意义。从理论上说，任何金融资产的内在价值都是其所带来的未来收入的贴现值。因此，债券价值评估的重要因素有二：一是现金流量；二是投资者要求的必要收益率。本章在假设债券收益率已经给定，并将这一收益率作为贴现率的前提下，介绍了债券价值的评估方法。知道了债券价值或价格，就可利用债券价值评估的逆过程分析债券收益率。债券的到期收益率与到期期限之间的关系，称为收益率曲线，又称为利率期限结构，旨在解释为什么期限不同的债券所提供的收益率会有差异。相对股票来说，债券的收益比较确定。但这不等于说债券没有风险。债券风险也有系统性风险与非系统性风险之分，其中系统性风险最主要表现为利率风险，其大小可由债券价格对利率变化的敏感程度来衡量；而非系统性风险最主要表现为违约风险，需要依靠债券评级来确定。本章主要内容有五：一是债券价值评估；二是债券收益率；三是债券定价理论；四是利率期限结构；五是可转换债券的定价。

15.1　利率及其分类

15.1.1　利率及其影响因素

利率是资金的价格。利率水平及其未来价值的预测是投资决策诸多考虑因素中最为重要的一个因素。例如，某投资者存款账户上有10000元，该投资者对该笔资金的投向随利率的变动方向而有所不同。如果他认为利率将会上升，他购买长期储蓄存单的计划就是不明智的；如果该投资者认为利率将会下降，那么他通过购买长期储蓄存单就能够将未来收益锁定在一个固定的利率水平上。

尽管在实际中要准确地预测利率的走向是十分困难的，但我们还是可以列举一些影响利率变动趋势的重要因素。

(1)居民储蓄存款的供给变动状况；

(2)企业由于购置厂房设备和存货所引发的资金需求；

(3)政府通过中央银行所进行的宏观调控而产生的资金净供给或净需求。

15.1.2 利率分类

(一)名义利率和实际利率

假定一年前某投资者在银行存入了1000元,期限一年,年利率为10%。现在将得到100元现金收入。现在的问题是:这100元的收益是该投资者的真实收入吗?要回答这个问题,我们必须首先分析现在1100元的购买力与一年前1000元的购买力。消费价格指数(CPI)就是用来测度居民家庭购买力的平均价格指标。

假定上一年的通货膨胀率(CPI的变化百分率,记作i)为6%,也就是说,消费者手中的货币购买力在过去的一年中已经贬值了6%,即一元钱所能购买的商品一年中减少了6%。前述投资者所得100元利息收入的一部分将首先用于弥补由于通货膨胀率上涨6%而导致的购买力下降部分。10%的利率扣除6%的购买力损失,该投资者仅能得到4%的购买力净增加。因此,在投资领域我们有必要区分名义利率(nominal interest rate)和实际利率(real interest rate)。前者是指货币增长率;后者是指购买力增长率。设名义利率为R,实际利率为r,通货膨胀率为i,则有近似成立:

$$r \approx R - i$$

即实际利率r等于名义利率R减去通货膨胀率i。

严格地讲,名义利率R和实际利率r之间的关系如下:

$$1 + r = \frac{1 + R}{1 + i}$$

由上式可得:

$$r = \frac{R - i}{1 + i} \tag{15.1.1}$$

显然,$r \approx R - i$近似值高估了实际利率的$(1+r)$倍。

例如,如果一年期储蓄存款的利率为8%,预期下一年的通胀率为5%,利用近似公式可得到$r=8\%-5\%=3\%$,利用精确公式可以计算出实际利率为$r=\frac{8\%-5\%}{1+5\%}=2.86\%$。由此可以看到,近似公式得出的实际利率高估了14个基点(0.14%)。通货膨胀率较小或连续复利情形时,近似公式较为准确。

(二)固定利率与浮动利率

根据在借贷期内利率是否被调整,利率可分为固定利率(fixed interest rate)与浮动利率(floating rate)。

固定利率是指在借贷其内不做调整的利率。实行固定利率,对于借贷双方准确计算成本与收益十分方便。浮动利率是指在借贷期内可定期调整的利率。根据借贷双方的协定,由一方在规定的时间依据某种市场利率进行调整,一般调整期为半年。浮动利率因手续繁杂、计算依据多样而增加费用开支,因此,多用于3年以上的借贷以及国际金融市场上的借贷。

我国人民币借贷传统上均实行固定利率。近年来,也有浮动利率债券的发行。在我国,浮动利率还有另一种用法,即商业银行以及某些金融机构可以在中央银行统一规定的基准利率基础上,在一定幅度内上浮或下浮利率的情况。

（三）即期利率与远期利率

即期利率(spot interest rate)是指对不同期限的债权债务所标示的利率。如 1996 年我国实行的 1 年期、2 年期、3 年期、5 年期的定期储蓄利率分别为 2.25%、2.40%、2.63%和 2.73%。远期利率(forward interest rate)则是指隐含在给定的即期利率中从未来某一时点到另一时点的利率。

以 2 年期、储蓄利率 2.40%为例进行说明：

10000 元本金储蓄，两年到期的本利和为：

$10000\times(1+2.4\%)^2=10485.76$(元)

其中第一年的结果与储蓄一年定期没有差别。在第一年期末，存款 10000 元的本利和为：

$10000\times(1+2.25\%)=10225$(元)

如果是存款一年，到期后投资者就可以自由处理其资金(本利和)。假如再储存一年定期，到第二年年末的本利和为：

$10225\times(1+2.25\%)=10455.06$(元)

较之两年期储蓄的本利和 10485.76 少 30.7 元。

存两年定期储蓄，之所以可多得 30.7 元，就是因为放弃了在第二年期间对第一年本利和 10225 元的自由处置权。这就是说，较大的收益产生于第二年，则按第二年的实际收益计算的第二年的利率为：

$$\frac{10485.76-10225}{10225}=0.0255=2.55\%$$

这个 2.55%就是第二年的远期利率。

第三年，第四年，…，第 n 年的远期利率可以用同样的方法计算。

如以 f_n 代表第 n 年的远期利率，r 代表即期利率，远期利率的一般计算公式为：

$$f_n=\frac{(1+r_n)^n}{(1+r_n)^{n-1}}-1 \qquad (15.1.2)$$

由于远期利率是推算出来的，所以也常常称之为隐含的远期利率。

这里是以储蓄利率为例说明远期利率的计算原理的。债券等金融工具的即期利率与远期利率的关系也是如此。

15.2 债券定价

收入的资本化定价方法认为任何资产的内在价值都是在投资者预期的资产可获得的现金收入的基础上进行贴现决定的。运用到债券上，债券的价格就等于债券预期货币收入的现值。在确定债券价格时，需要掌握以下信息：①预计的现金流入量；②投资者所要求的投资收益率。也称必要收益率。

债券的预期现金流入量不外乎两个来源：票面利息和面值偿还额。债券的必要收益率一般是参照具有相同风险水平和偿还期限的债券的收益率确定的。

在最简单的债券价格决定中，也就是对于一次性还本付息的债券来说，其预期现金流入是期末一次性支付的利息和本金，必要收益率可参照同类债券得出。如果债券按复利计息，则其价格决定公式为：

债券价格＝息票利息值的现值＋票面值的现值

如果令到期日为 T，必要收益率为 r，票面利率为 i，则债券价格 P 则为：

$$P=\sum_{t=1}^{T}\frac{\text{息票利息}}{(1+r)^{t}}+\frac{\text{面值}}{(1+r)^{T}}$$

$$=\sum_{t=1}^{T}\frac{M\cdot i}{(1+r)^{t}}+\frac{M}{(1+r)^{T}} \tag{15.2.1}$$

【例 15-1】 债券票面利率为 8%，30 年到期，面值为 1000 元，每半年付息一次，共支付 60 次，每次 40 元。假设必要年报酬率为 8%或半年的收益率为 4%。则该债券的价格为：

$$P=\sum_{t=1}^{T}\frac{M\cdot i}{(1+r)^{t}}+\frac{M}{(1+r)^{T}}=\sum_{t=1}^{60}\frac{40}{(1+4\%)^{t}}+\frac{1000}{(1+4\%)^{60}}$$

$$=904.94+95.06=1000(\text{元})$$

在此例中，票面利率等于投资者要求的必要收益率，因此债券的价格等于票面价值。但是如果市场利率不等于债券的票面利率，债券就不会以面值出售。

例如，如果市场利率提高到 10%(半年为 5%)，则债券的价格就为：

$$P=\sum_{t=1}^{60}\frac{40}{(1+5\%)^{t}}+\frac{1000}{(1+5\%)^{60}}$$

$$=757.17+53.54=810.71(\text{元})$$

市场利率越高，则债券投资者所得的现值支付就越低。因此，债券价格在市场利率上升时会下跌。这说明了债券价值变化的一个重要规律。因为债券支付的现值是通过在更高的利率下贴现而得到的，因此利率上升，债券价格一定会下跌。

债券作为固定收入证券吸引了许多投资者，这是因为债券能提供给投资者稳定的利息收入和到期时的本金返还。因此，在进行债券分析时，首先要计算债券的价值和测定债券的收益。

证券的价值是由基本经济变量决定的，如现在(或未来)的盈利、风险和现时市价等。要确定证券的价格，就要估计它的固有值。固有值是证券所产生的预期现金流的现值。这些现金流可能是周期性的，如利息和股息；或只是最终价格或赎回值，或者它们的一个组合。因为这些现金流是预计的未来值，所以它们必须以适当的利率折为现值。用公式表示就是：

$$V=\sum_{t=1}^{n}\frac{C_t}{(1+k)^{t}} \tag{15.2.2}$$

其中，V 为证券现值；

C_t 为在 t 时期的预期现金流；

k 为投资者要求的回报率或折现率；

n 为预期的时期数。

从式(15.2.2)可以看出，为得到证券固有值的现值，需要确定预期现金流、时间以及折现率。折现率或投资者要求的回报率反映货币的时间价值以及该证券的风险。它是机会成本，即投资者在相同期限和相同信用程度的类似投资中所能赚取的收益率，它代表同时期同类投资的市场回报率水平。因此，市场利率直接体现在折现率当中。

在使用固有值模型(15.2.2)评估债券价值时，公式可以改写为：

$$V=\sum_{t=1}^{n}\frac{C_t}{(1+k)^t}+\frac{MV}{(1+k)^n} \tag{15.2.3}$$

其中，MV 为债券的面值或到期值。

【例 15-2】 假设某 3 年期债券的面值为 1000 元，每半年付息 50 元，当时的市场收益率为 10%，该债券的现值是多少？

$$V=\sum_{t=1}^{6}\frac{50}{\left(1+\frac{10\%}{2}\right)^t}+\frac{1000}{\left(1+\frac{10\%}{2}\right)^6}=1000(\text{元})$$

因此，这种债券以面值出售。如果每年息票低于 100 元，而其他条件不变，债券的现值就低于 1000 元。那么，投资者就不会付 1000 元购买这种债券。

从式(15.2.3)可以看出，债券的现值受三个因素的影响：到期日、利率和折现率。表 15-1 给出了相同票面利率、不同到期日和不同折现率的债券价格；表 15-2 给出了相同到期日、不同利率和折现率的债券价格。通过对比我们来分析三个因素对债券价格的影响。

表 15-1 10%的息票，面值 1000 元债券的价格

到期时间(年)	年市场收益(元)				
	6%	8%	10%	12%	14%
1	1038.27	1018.86	1000	981.67	963.84
5	1170.60	1081.11	1000	926.40	859.53
10	1297.55	1135.90	1000	885.30	788.12
15	1392.01	1172.92	1000	862.35	751.82
20	1462.30	1197.93	1000	849.54	733.37
25	1514.60	1214.82	1000	842.38	723.99
30	1553.51	1226.23	1000	838.39	719.22

资料来源：杨海明，王燕．投资学．上海：上海人民出版社，1998：183.

从表 15-1 我们可以看出：

(1)债券价格与市场利率呈反向变化。在到期日相同的条件下，比如 15 年期债券，如果市场利率由 10%下降到 8%，债券价格上升 17.92%；市场利率由 10%上升到 12%，债券价格下降 13.77%。市场利率下降和上升同样的百分点，引起债券价格上升的百分点大于下降的百分点。

(2)债券价格与到期日有关。在其他条件相同时，如果市场利率发生变化，长期债券价格比短期债券价格变化大。比如在表 15-1 中，如果市场利率由 10%下降到 8%，15 年期债券价格上升为 1172.92 元，30 年期债券价格上升为 1226.23 元。然而债券价格的百分数变化(15 年期为 17.92%；30 年期为 22.62%)并不因为到期日增长一倍也增加一倍。因此，债券价格随到期日增加而增长的百分数是递减的。

表 15-2 面值 1000 元,5 年期债券的价格

年息票率(%)	年市场收益(元)				
	6%	8%	10%	12%	14%
6	1000.00	919.33	845.66	778.80	718.72
8	1085.20	1000.00	922.88	852.40	788.96
10	1170.60	1081.11	1000.00	926.00	869.53
12	1255.80	1162.66	1077.22	1000.00	929.77
14	1331.10	1243.77	1154.44	1073.60	1000.00

资料来源:杨海明,王燕.投资学.上海:上海人民出版社,1998:184.

(3)债券价格与票面利率有关。从表 15-2 可以看出,当市场利率发生变化时,低息票债券价格(到期日相同)比高息票债券价格的相对变化要大。比如,市场利率从 10%下降到 8%,年票面利率 6%的债券价格增加 73.67 元(919.33－845.66),上涨了 8.71%;年票面利率 8%的债券价格增加 77.12 元,上涨了 8.36%;相应的,10%、12%和 14%的债券价格分别上涨 8.11%、7.93%和 7.73%。由此可以看出,在市场利率变化时低票面利率债券的价格波动相对较大。

从上面的讨论我们可以得到一个重要结论:市场利率上升(下降)使得债券价格下降(上升);长期债券和低票面利率债券的价格变化相对较大。因此,投资者预期市场利率下降可购买低票面利率的长期债券,充分利用到期日和票面利率对债券价格的影响;相反的,如果预期市场利率上升,投资者可购买高息票短期债券。

15.3 债券的收益率

在投资领域中,度量收益有两种相互区别而又相互联系的方法。对大多数投资者而言,最为自然的莫过于用利润额来衡量投资回报。投资利润额就是投资的资金回报与投资期初的投资支出之间的差额;第二种度量方法是把利润收益转换为投资收益率。用利润额度量收益容易忽略为赚取收益而进行的投资规模以及为取得该收益所经历的投资期长短。因此,采用收益的百分比形式来度量投资收益是比较科学的方法。

在投资领域中,度量债券收益的常用方法有以下几种。

15.3.1 到期收益率(yield to maturity)

在度量债券收益时,投资者希望能采用这样一种指标,它既可以解释当前的收益,又可说明债券在整个寿命期内的价格涨跌。到期收益率就是理想的指标。到期收益率被定义为:债券的支付现值与债券价格相等时的报酬率。这一回报率通常被看作是债券自购买日至到期日为止所获得的平均报酬率,是债券在整个生命周期内平均回报水平的一个测度。到期收益率通常被用于衡量固定收益证券的投资回报。

计算到期收益率有以下几个假设：

(1)持有债券直至到期日；

(2)全部的现金流量(利息和本金)都按债券的规定实现(发行者如期如数履约)；

(3)在债券到期日到来之前，发行者不能回购其债券；

(4)利息所得将用于再投资，收益率等于到期收益率。

【例 15-3】 假定某面值为 1000 元债券的票面利率为 8%，期限为 30 年。该债券半年付息一次。试计算投资者在售价为 1276.76 元时购入该债券的平均回报率是多少？

解：根据到期收益率的定义，我们有：

$$1276.76=\sum_{t=1}^{60}\frac{40}{(1+r)^t}+\frac{1000}{(1+r)^{60}}$$

使用试错法，可以计算出 $r=3\%$。

3%就是该债券的到期收益率。即如果该债券在它的整个生命期内的平均市场回报率为每半年 3%，则 1276.76 元就是合理的债券定价。

值得注意的是，我们计算出来的平均收益率 3%是半年期的回报率，而投资领域中考虑的投资收益率通常是以年为单位的，因此这里有必要将半年期收益率换算为年收益率。半年期收益率换算为年收益率的简单方法是对 3%加倍，即 6%。但实际中还要考虑复利因素，此时的换算公式为：

$$R=(1+r)^m-1=(1+3\%)^2-1=6.09\%$$

其中，R 为年收益率；r 为半年期收益率；m 为一年内的付息期间数。

债券的到期收益率又被称为债券投资的内涵报酬率。到期收益率可以解释为假定债券在其生命期内所获得的所有利息收入在投资利率等于到期收益率情况下再投资所得到的复利回报。

15.3.2 当期收益率(current yield)

债券的当前收益率(current yield)，又称本期收益率、直接收益率，与到期收益率不同，指债券的年利息收入与买入债券的实际价格之比率。当前收益率反映了投资者的投资成本带来的收益。其计算公式为：

$$R_c=\frac{C}{P_0} \tag{15.3.1}$$

式中，R_c 为债券当前收益率；C 为年利息；P_0 为市场价格。

例 15-3 中债券的现行收益率为：

$$\frac{1000\times 8\%}{1276.76}=\frac{80}{1276.76}=6.27\%$$

与到期年收益率 6.09%相比，对这一债券来说，溢价出售(1276.76>1000)使得票面利率高于现行收益率(8%>6.27%)，现行收益率高于到期收益率(6.27%>6.09%)。票面利率高于现行收益率的原因是票面利率为利息收入除以面值而不是除以市场价格，而现行收益率高于到期收益率是因为到期收益率考虑了债券的资本损失(债券现在的市场价格为 1276.76 元，到期日则降为 1000 元)。

不难理解，上述确定债券当前收益率的方法类似于股票投资收益率的计算方法，显然不尽合理。因为它没有充分考虑债券投资与股票投资的不同特点。债券虽然与股票一样都属于有价证券，但是股票是无期限的，而债券是有期限和具体要求的(即债券需要按期付息或到期一次性付息，且到期必须还本)；股票的年收益率是变动的，而债券的年收益率是固定的。因此，直接收益率只是部分地反映了债券的收益。这是因为：第一，债券的价格随着到期日的到来将逐渐接近其面值。例如，实际收益率 R 或者高于 R_C 或者低于 R_C，这取决于债券是否是折价购买或溢价发行等。第二，债券价格因市场条件的变化而在不同的持有期是不一样的，对于不打算持有到偿还期的投资者来说，当前收益率没有考虑到价格变动所引起的资本收益和资本损失。

15.3.3 赎回收益率(yield-to-call)

到期收益率是在假定债券被持有至到期日的情况下得出的回报率。但现实中的投资者未必都将所购买的债券持有到期满，这时如何衡量投资的回报水平呢？可赎回债券便是这样的债券。如果债券发行者能在到期日前以被称为赎回价格(call price)的确定价格赎回债券，则债券的到期回报率就未必是债券收益率的准确度量了。在这种情况下，我们假设债券在到期前被赎回，并付给持有者赎回价格。依此价格计算的内部收益率就被称为该债券的赎回报酬率。

现在考虑一种具有与例 15-1 中相同票面利率、相同到期日但是为可赎回的债券。赎回价格为面值的 110%，即 1100 元。当市场利率下降时，按承诺应付利息的现值支付上升，但赎回条款允许债券发行人以赎回价格赎回债券。所以如果赎回价格低于应付利息的现值，发行人将牺牲债券持有人的利益而实施赎回权。

15.3.4 持有期收益率(holding period return, HPR)

持有期收益率(holding period return, HPR)衡量的是持有至到期日的债券的平均收益率。在现实生活中，投资者通常关心的是在某一特定持有期内的债券收益率，即持有期收益率，它等于某个期间的收入(包括资本收益和资本损失)与期初债券价格的比值。对于付息债券，HPR 的计算公式为：

$$HPR_t = \frac{P_{t+1} - P_t + I_{t+1}}{P_t} \tag{15.3.2}$$

式中，HPR_t 为 t 期持有收益率；P_t 为债券发行或购买价格；P_{t+1} 为债券到期日或卖出价格；I_{t+1} 为 t 期获得的利息。

【例 15-4】 某投资者于 1 月 1 日购买了一种债券，价格为 800 元，面值为 1000 元，利息率为 12%，每半年支付一次，分别是 1 月 1 日和 7 月 1 日。该投资者于 7 月 1 日将这一债券售出，出售价格为 850 元。试计算 HPR。

$$HPR_t = \frac{P_{t+1} - P_t + I_{t+1}}{P_t} = \frac{850 - 800 + \dfrac{0.12 \times 1000}{2}}{800} = 13.75\%$$

15.4 债券的定价原理

15.4.1 影响债券定价的内部因素

影响债券定价的因素有六个方面:①期限的长短;②息票利率;③提前赎回条款;④税收待遇;⑤流动性;⑥拖欠的可能性。

(1)期限。一般来说,债券的期限越长,其市场变动的可能性就越大,其价格的易变性也就越大。

(2)息票利率。债券的息票利率越低,债券价格的易变性也就越大。在市场利率增加的时候,息票利率较低的债券的价格下降最快,并且在市场利率很高的时候,其价格会下降到很低的水平。但是,当市场利率下降时,它们增值的潜力也最大。

(3)提前赎回条款。提前赎回条款是债券发行人所拥有的一种选择权,它允许债券发行人在债券发行一段时间后,按约定的赎回价格在债券到期前部分或全部偿还债务。这种规定在财务上对发行人是有利的,因为发行人可以发行较低利率的债券取代这些利率较高的被赎回的债券,从而减少融资成本。而对于投资者来说,他的再投资机会受到限制,再投资利率也较低,这种风险是要补偿的。因此,具有较高提前赎回可能性的债券应具有较高的息票利率,也应具有较高的到期收益率,其内在价值也就较低。

(4)税收待遇。一般来说,免税债券的到期收益率比类似的应纳税债券的到期收益率低。此外,税收还以其他方式影响着债券的价格和收益率。例如,任何一种按折扣方式出售的低利率附息债券提供的收益有两种形式:息票利息和资本收益。在美国,这两种收入都被当作普通收入征税,但对于后者的征税可以推迟到债券出售或到期时才进行。这种推迟就表明大额折价债券具有一定的税收利益。在其他条件相同的情况下,这种债券的税前收益率必然略低于高利附息债券,也就是说,低利附息债券比高利附息债券的内在价值要高。

(5)流动性。是指债券可以迅速出售而不会发生实际价格损失的能力。如果某种债券按市价卖出很困难,持有者会因该债券的流动性差而遭受损失,这种损失包括较高的交易成本以及资本损失,这种风险也必须在债券的定价中得到补偿。因此,流动性好的债券与流动性差的债券相比,具有较低的到期收益率和较高的内在价值。

(6)违约风险。违约风险是指债券发行人不能按期履行合约规定的义务,无力支付利息和本金的潜在可能性。一般来说,除政府债券以外,一般债券都是有违约风险的,只不过风险大小有所不同而已。违约风险越大的债券,到期收益率就越高,其内在价值也就越低。

15.4.2 影响债券定价的外部因素

(1)银行利率。银行利率是债券定价过程中必须考虑的一个重要因素,银行作为一种正规的金融机构具有极高的信用度,因此银行存款具有较低的风险。所以,债券的收益率可以参照银行存款的利率来确定。一般来说,政府债券由于没有风险,其收益率要低于银行存款利率,而一般公司债券由于风险较高,其收益率要高于银行存款利率。

(2)市场利率。利率风险是各种债券都要面临的风险。在市场总体利率水平上升时,债券的收益率水平也应上升，从而使债券的内在价值降低；反之，在市场总体利率水平下降时，债券的收益率水平也应下降，从而使债券的内在价值增加。并且，市场利率风险与债券的期限相关，债券的期限越长，其价格的利率敏感度也就越大。

(3)其他因素。影响债券定价的外部因素还有通货膨胀水平以及外汇汇率风险等。通货膨胀的存在可能会使投资者从债券投资中实现的收益不足以抵补由于通货膨胀而造成的购买力损失。当投资者投资于某种外币债券时，汇率的变化会使投资者的未来本币收入受到贬值损失。这些损失的可能性也都必须在债券的定价中得到体现，从而使债券的到期收益率增加，债券的内在价值降低。

15.4.3 债券的定价原理

1962年马尔基尔(Malkiel)在对债券价格、债券利息率、到期年限以及到期收益率之间进行了研究后，提出了债券定价的五条属性。这五条属性主要的内容如下：

(1)债券的市场价格与到期收益率呈反比关系。即到期收益率上升时，债券价格会下降；反之，到期收益率下降时，债券价格会上升。

【例15-5】 假设票面价值为1000元、期限为5年、每年付息一次、票面利率为8%的债券，当该债券的市场价格分别为1000元、1100元和900元时，它的到期收益率分别是多少？

$y_1=8\%$，因为是平价发行；

$$1100=\sum_{t=1}^{5}\frac{80}{(1+y_2)^t}+\frac{1000}{(1+y_2)^5}\Rightarrow y_2=5.76\%$$

$$900=\sum_{t=1}^{5}\frac{80}{(1+y_3)^t}+\frac{1000}{(1+y_3)^5}\Rightarrow y_3=10.68\%$$

(2)对于期限既定的债券，由收益率下降导致的债券价格上升的幅度大于同等幅度的收益率上升导致的债券价格下降的幅度。即对于同等幅度的收益率变动，收益率下降给投资者带来的利润大于收益率上升给投资者带来的损失。

【例15-6】 假设票面价值为1000元、期限为5年、每年付息一次、票面利率为7%的债券，现以面值发售，到期收益率为7%。如果到期收益率下降至6%，那么它的价格是多少？如果到期收益率上升为8%，那么它的价格又是多少？

$y_1=7\%,P_1=1000$，因为是平价发行；

$$y_2=6\%,P_2=\sum_{t=1}^{5}\frac{70}{(1+0.06)^t}+\frac{1000}{(1+0.06)^5}=1042.65(\text{元})$$

$$\Delta_1=1042.65-1000=42.65(\text{元})$$

$$y_3=8\%,P_3=\sum_{t=1}^{5}\frac{70}{(1+0.08)^t}+\frac{1000}{(1+0.08)^5}=959.45$$

$$\Delta_2=1000-959.45=40.55(\text{元})$$

$$\Delta_1>\Delta_2$$

(3)当债券的收益率不变，即债券的息票率与收益率之间的差额固定不变时，债券的到期时间与债券价格的波动幅度之间成正比关系。即到期时间越长，价格波动幅度越大；反之，到期时间越短，价格波动幅度越小。

【例 15-7】 假设票面价值为 1000 元、期限为 5 年、每年付息一次、票面利率为 6%的债券，当前该债券的市场价格是 881.31 元，即它的到期收益率是 9%。1 年以后，它的到期收益率依然是 9%，也就是说此时债券的市场价格应该是 901.06 元，那么债券折扣发生了什么变化？

1 年前，该债券的折扣是：116.69(元)

1 年后，该债券的折扣是：97.19(元)

债券存续期缩短 1 年，债券的折扣变小了，

116.69－97.19＝19.50(元)

(4)随着债券到期时间的临近，债券价格的波动幅度减少，并且是以递增的速度减少；反之，到期时间越长，债券价格波动幅度增加，并且是以递减的速度增加。

【例 15-8】 假设票面价值为 1000 元、期限为 5 年、每年付息一次、票面利率为 6%的债券，当前该债券的市场价格是 881.31 元，即它的到期收益率是 9%。1 年以后，它的到期收益率依然是 9%，也就是说此时债券的市场价格应该是 901.06 元。2 年后该债券的到期收益率还是 9%，即此时该债券的市场价格是 922.63 元，那么该债券的折扣发生了什么变化？

1 年前：该债券的折扣是：1000－881.31＝116.69(元)

1 年后：该债券的折扣是：1000－901.06＝97.19(元)

2 年后：该债券的折扣是：1000－922.63＝75.94(元)

债券存续期缩短 1 年(从 5 年到 4 年)，债券的折扣变小了，即 116.69－97.19＝19.50(元)，变化率为 1.95%；

债券存续期同样缩短 1 年(从 4 年到 3 年)，债券的折扣同样变小了，但变化更大：即 97.19－75.94＝21.25(元)，变化率为 2.125%。

(5)对于给定的收益率变动幅度，债券的息票率与债券价格的波动幅度之间成反比关系。即息票率越高，债券价格对利率的敏感性越低。

【例 15-9】 假设债券 A 与债券 B 的票面价值均为 1000 元、期限为 5 年、每年付息一次，但两者的票面利率不相同，债券 A 的票面利率为 7%，债券 B 的票面利率为 9%。假定两者的到期收益率均为 7%，即债券 A 的现行市场价格是 1000 元，债券 B 的市场价格是 1083.17 元。当两者的到期收益率同时由 7%上升为 8%时，两者的价格变化率存在什么差异？

$$y_A = 8\%, P_A = \sum_{t=1}^{5} \frac{70}{(1+0.08)^t} + \frac{1000}{(1+0.08)^5} = 959.45(\text{元})$$

$$\Delta_A = 1000 - 959.45 = 40.55(\text{元})$$

$$\text{债券 } A \text{ 的价格变化率} = \Delta_A \div 1000 = 4.055\%$$

$$y_B = 8\%, P_B = \sum_{t=1}^{5} \frac{90}{(1+0.08)^t} + \frac{1000}{(1+0.08)^5} = 1040.55(\text{元})$$

$$\Delta_B = 1082 - 1040.55 = 41.45(\text{元})$$

$$\text{债券 } B \text{ 的价格变化率} = \Delta_B \div 1082 = 3.889\%$$

15.5 利率期限结构理论

15.5.1 收益率曲线

一般说来，债券到期期限不同，利息率也不同。为了更好地了解债券的收益率，我们引进收益率曲线这一概念。在某一时点，品质相同而期限不同的债券的到期收益率与到期期限之间的关系，称为收益率曲线（yield curve），又称为利率期限结构（term structure of interest rates）。在一般场合下，收益率曲线或利率期限结构是对国库券而言的。图 15-1 给出了四种常见的收益率曲线的类型。收益率曲线反映的是在一定时点不同期限债券的收益率与到期期限之间的关系。这种关系反映在以期限为横轴，以到期收益率为纵轴的坐标平面上。

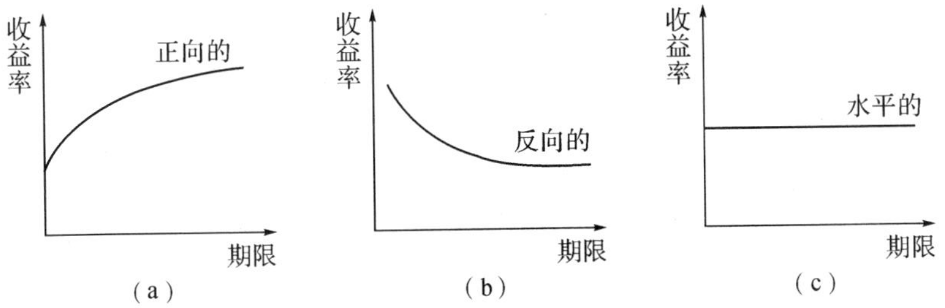

图 15-1　债券的收益率曲线

在图 15-1 中，我们提出了三种类型的收益率曲线，图 15-1(a)显示的是一条向上倾斜的收益曲线，即当到期期限增大时其收益上升，这种曲线被称为“正向”的收益曲线；图 15-1(b)显示的是一条向下倾斜的收益曲线，即当到期期限增大时其收益降低，这种曲线被称为“反向”的收益曲线；图 15-1(c)显示的是一条水平的收益曲线，即当到期期限变化时其收益保持不变。从历史观点来看，在经济周期的不同时期可以观察到所有这三种类型的收益曲线。那么，如何解释收益率曲线的形状呢？

15.5.2 利率期限结构理论——对收益率曲线形状的解释

实际上，在每一时点上，有三种因素影响收益率曲线的形状：第一，对未来利率变动方向的预期；第二，债券预期收益中可能存在的流动性溢价；第三，市场效率低下或者资金从长期（或短期）市场向短期（或长期）市场流动可能存在的障碍。以下三种利率期限结构理论就是分别基于这三种因素。

1. 市场预期理论

市场预期理论又称为“无偏预期理论”，这一理论认为，远期利率等于市场整体对未来相应时期即期利率的预期。换句话说，利率期限结构完全取决于对未来利率的市场预期。如果预期未来利率上升，则收益率曲线会呈上升趋势；如果预期未来利率下降，则收益率曲线会呈下降趋势；如果预期未来利率不变，则收益率曲线会保持水平趋势。这就是收益率曲线的预期假说（expectations hypothesis）这一概念的本质。也就是说，长期债券的收益率较高，是因为预期未来其利率会上升。同理，长期债券的收益率较低，是因为预期未来其利率会下跌。

如果我们定义第2年期望的短期利率为 $E_{(r2)}$，第2年的远期利率为 f_2，就有 $f_2=E_{(r2)}$。未来期望的短期利率与远期利率之间不存在流动性溢价的差异，流动溢价为0。所谓，实际就是说这个市场非常有效率，利率传导机制非常完善，如果短期利率有很小的变化，马上就会导致长期利率的相应变化；同时长期利率有很小的变化，也会很快导致短期利率的相应变化。根据这个理论，我们可以将长期债券收益率与远期利率的预期相联系，还可以从远期利率推算出未来的短期利率。比如：

$$(1+r_2)^2=(1+r_1)(1+f_2)$$

我们可以根据当前的短期利率推算出远期利率 f_2；由于远期利率等于市场整体对未来短期利率的预期，我们可以得到：

$$(1+r_2)^2=(1+r_1)(1+E_{(r2)})$$

可以认为 $E_{(r2)}$ 就等于 f_2，也就是说，长期债券的收益率（如 r_2）变化的原因取决于对未来利率的市场预期。

在实际的操作当中，当人们对远期的利率预期上升时，当前的长期（指待偿期长）债券的利率相比之下就偏低了，投资者开始沽出手头的长期债券，买入短期债券过渡，等待市场利率的上升。沽出长期债券的行为，使得长期债券价格下跌，收益率上升；而买入短期债券，又使得短期债券价格上升，收益率下降。最后，形成向上的收益率曲线。而对于向下的收益率曲线的形成来说，则正好有着相反的预期。

2.流动性偏好理论

该理论的基本观点是：投资者并不认为长期债券是短期债券的理想代替品。这一方面是由于投资者意识到他们对资金的需求会比预期的要早，因此他们有可能在债券到期日前出售债券；另一方面，如果投资于长期债券，由于债券未来收益的不确定性，投资者要承担较高的价格风险。因此投资者在接受长期债券时就会要求对其承担的风险予以补偿，这便导致了流动性溢价的存在。在这种情况下，即使没有未来利率上升的预期，收益率曲线也会向上倾斜，原因就在于，投资者对风险较大的长期债券所要求的预期收益率也较高。

这种观点就被称为期限结构的流动性偏好理论（liquidity preference theory）。由于短期债券的价格确定性较大，因此，它比长期债券的流动性更好，这也是这个理论名称的由来。即使短期债券的预期收益不如长期债券，但投资者的流动性偏好使得他们更愿意选择短期债券。

持有长期债券的投资者所要求的风险溢价被称作流动性溢价。这是投资者为了弥补长期债券较低的流动性而要求的额外收益。所以说，我们将流动性溢价表示为远期利率和预期短期利率之差。

3.市场分割理论

市场分割理论将资金市场划分为两大部分：一是短期资金市场；二是长期资金市场。于是，在该理论下，利率期限结构便取决于短期资金市场供求状况与长期资金市场供求状况的对比。如果短期资金供需曲线交叉点的利率高于长期资金供需曲线交叉点的利率，利率期限结构则呈向下倾斜的趋势；如果短期资金供需曲线交叉点的利率低于长期资金供需曲线交叉点的利率，利率期限结构则呈向上倾斜的趋势。

无偏预期理论与流动偏好理论都暗含着这样一个假定，不同期限的债券相互可以替代，长、短期债券利率是由共同的市场均衡决定的。而市场分割理论认为，由于存在着法律、信息、习惯等因素的限制，不同期限的债券市场之间存在一定程度的隔离，从而阻碍了资金在不同期限债券市场之间的无成本自由转移。因此，不同期限的债券各有自己独立的均衡价格。短期债券的供求关系决定了短期债券的均衡利率水平；长期债券的供求关系决定了长期债券的均衡利率水平。因此，收益曲线的形状是由不同期限市场的均衡利率决定的。也就是说，当长期市场的均衡利率高于短期市场的均衡利率时，收益曲线就呈上升形；反之，当短期市场的均衡利率高于长期市场的均衡利率时，收益曲线就呈下降形。

市场分割理论受到了较多的批评，认为这不是市场的主流，也与实际不符合。在现代金融社会中，人们在长、短期资金和债券市场之间的选择具有相当大的自由性，市场的隔离程度越来越低。经验证据表明，无偏预期理论和流动偏好理论比市场分割理论更具有说服力。

总而言之，从上述三种理论来看，一般认为：期限结构的形状主要是由对未来利率变化方向的预期所决定的。有时，市场的不完善和资本流向市场的形式也可能起一定的作用，促使期限结构的形状暂时偏离根据利率变化趋势所预计的形状，但这种暂时的偏离也给投资者提供了套利机会。

15.6 可转换债券定价

可转换债券的价值取决于两个方面：转换成股票的价值；作为一种债券的价值。这两种因素都会影响债券的市场价格，但每种因素影响的权重会随着证券市场环境的变化而变化。

这部分内容分为以下三个部分：第一部分只将可转换债券当作股票来考虑其价值；第二部分只将可转换债券作为一种债券来考虑它的价值；而最后一部分则将两种影响因素结合起来考虑它的价值。为了区分这种债券作为股票的价值和作为债券的价值，我们在使用的符号上加注了下标。S 表示股票，D 表示债券。

15.6.1 可转换债券作为股票的转换价值

可转换债券作为股票的价值称为可转换债券的转换价值 (C_S)，它取决于：① 债券的面值或本金的金额(FV)；② 债券的转换价格(P_e)；③ 普通股的市场价格(P_S)。将可转换债券的面值除以债券的转换价格就可以得到这种债券转换成股票的股份数。例如，如果一张价值为 1000 元的可转换债券按照每股 25 元转换，那么该债券就可以转换成 40 股股票。股份数再乘以股票的市场价格就等于可转换债券作为股票的价值。如果可转换债券转换成 40 股股票，并且股票的售价为每股 15 元，那么可转换债券作为股票的价值就是 600 元。债券转换成股票的股份数被称为转换率，即

$$转化率 = \frac{FV}{P_e}$$

债券的转换价值就是转化率与股票价格的乘积。即

$$C_S = \frac{FV}{P_e} \times P_S \tag{15.6.1}$$

并且从表 15-3 中所看到的那样，可转换债券作为股票的价值随着股票价格的上涨而增加。

表 15-3　股票价格与可转换债券作为股票价值之间的关系　（单位：元）

股票价格	一份债券被转换为股票的股份数	债券作为股票的价值
0	40	0
5	40	200
10	40	400
15	40	600
20	40	800
25	40	1000
30	40	1200

股票价格与可转换债券的转换价值之间的这种关系如图 15-2 所示。随着股票价格的上涨，可转换债券的转换价值也在增加。如果股票的价值为零，那么可转换债券作为股票的价值也为零。如果可转换债券的执行价格和股票的市场价格相等(在本例中为 25 元)，那么可转换债券作为股票的价值为本金。当股票价值超过可转换债券的执行价格时，该债券作为股票的价值就会增加到债券的本金额以上。

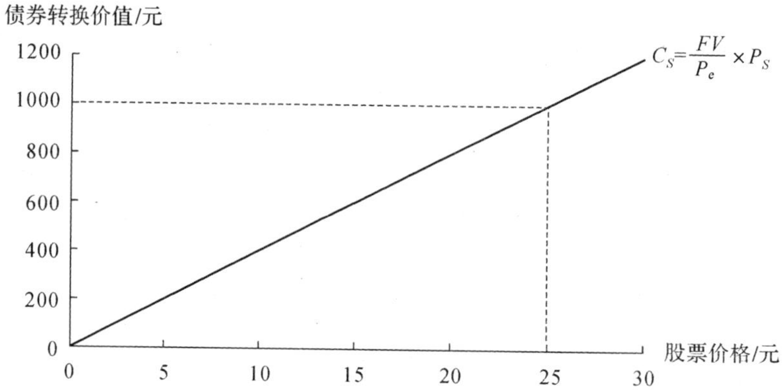

图 15-2　股票价格与可转换债券的转换价值之间的关系

可转换债券的市场价格不会低于该债券的转换价值。如果该债券的价格低于它作为股票的价值，那么就存在一个套利机会。套利者将以空头方式出售股票，然后购买可转换债券，以实现该债券的可转换特性，并利用转换来的股票填补空头销售。这样，这些套利者获得的利润就等于可转换债券的价格与该债券的转换价值之间的价差。例如，如果在前面的例子中债券的售价为 800 元，而股票的售价是每股 25 元，那么就会有套利者进入该市场。在每股 25 元的价格水平下，可转换债券作为股票的价值为 1000 元。套利者将以 1000 元的价格空头出售 40 股股票。同时，用 800 元购进这种可转换债券，并将该债券转换为股票。通过该债券的转换，套利者获得了股票之后，就会填补空头出售的股票并获得 200 元的利润。

随着套利者越来越多地购买可转换债券，他们会提高可转换债券的价格。这种价格的上升会一直持续到不存在套利机会为止。当可转换债券的价格等于或高于这种债券作为股票的价值时，就不存在套利机会了。因此，可转换债券作为股票的转换价值确定了这种债券的最低价格。由于存在套利，可转换债券的市场价格至少等于它的转换价值。

但是，可转换债券的市场价格很少等于该债券的转换价值。可转换债券在出售时通常都存在一个高于其转换价值的溢价，因为可转换债券还具有其作为债券的价值。作为纯债券（即不可转换债券），这种债券要与其他不可转换债券进行竞争。和转换特性一样，债券的这个要素也会影响该债券的价格。而且这种影响十分重要，因为它也规定了可转换债券的最低价格。正是这个最低价格给予可转换债券的投资者一种股票所欠缺的安全因素。

15.6.2 可转换债券作为债券的投资价值

可转换债券的投资价值（C_D）取决于：① 债券支付的年利息收入；② 不可转换债券所支付的可比现行利率；③ 如果该债券没有转换为股票，那么在该债券的到期日债券被回收时所要求支付的本金额（FV）。假定表 15-3 中的可转换债券在 10 年后到期，每年支付的利率为 5%。具有相同风险等级的不可转换债券的必要收益率为 8%。将这些数据代入 15.2.1 的计算公式：

$$P = \sum_{t=1}^{T} \frac{\text{息票利息}}{(1+r)^t} + \frac{\text{面值}}{(1+r)^T}$$

$$= \sum_{t=1}^{10} \frac{1000 \cdot 5\%}{(1+0.08)^t} + \frac{1000}{(1+0.08)^{10}} = 798.5$$

普通股的价格与这种债券作为不可转换债券的价值之间的关系在图 15-3 中做了说明。债券不能转换为股票的情况下，该债券的价格水平独立于股票的价值。

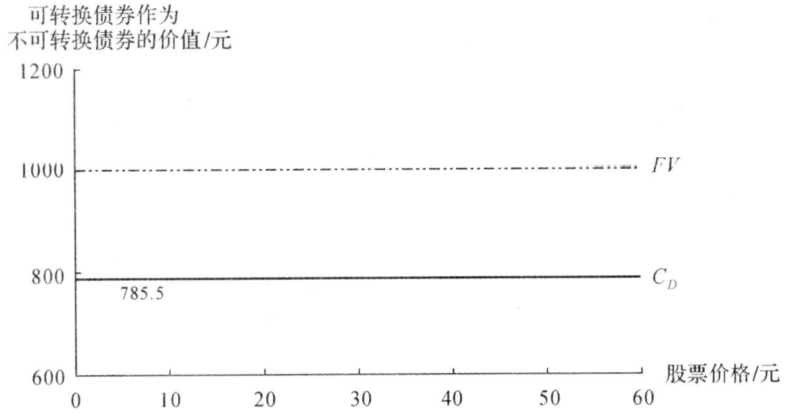

图 15-3 普通股价格与可转换债券作为不可转换债券的价值之间的关系

可转换债券作为不可转换债券的投资价值随着市场利率的变化而变化，这与前面普通债券的定价内容是一样的，所以不再赘述。

可转换债券作为不可转换债券的投资价值是很重要的，因为它为这种债券在市场上的报价规定了另一个最低价。在这个价格水平上，可转换债券可以与具有相同到期日和相同风险程度的不可转换债券竞争。如果这种债券的售价低于这一价格，那么这种债券相当于不可转换债券将提供一个更有吸引力的（更高）收益率。投资者可能会试图购买这种债券并获得更高的收益率。那么这些投资者就会抬高可转换债券的价格直到该债券的收益率与不可转换债券的收益率相等。因此，这种债券作为不可转换债券的价值就成为可转换债券价值的一个底价。即使该债券可以转换成的股票价值下降，该底价也会阻止可转换债券的价格进一步下跌。

一种可转换债券的实际最低价格将该债券作为股票的价值和作为债券的价值结合了起来。该债券的价格总是高于或等于两个价值中较高的那个价值。如果可转换债券的价格位于普通股价值以下，那么套利者将抬高其价格。如果该债券的售价低于它作为债券的价值，那么投资于债券的投资者也会抬高它的价格。

可转换债券的最低价或者是其作为股票的价值，或者是其作为不可转换债券的价值，但是这些决定因素的重要性是变化的。对于较低的股票价格，可转换债券的最低价格是由债券作为债券的价值决定的。但是，当股票价格较高时，可转换债券的最低价格则是由该债券作为股票的价值决定的。

15.6.3 可转换债券作为混合债券的债券价值

可转换债券的市场价格（P_m）结合了该债券的转换价值和其作为不可转换债券的投资价值。如果股票的价格下跌到显著地低于债券的执行价格，那么可转换债券的市场价格将主要受债券作为不可转换债券价值的影响事实上，该债券就会像纯债券一样定价。随着股票价格的上涨，可转换债券的转换价格也会增加，并逐渐在可转换债券的价格决定过程中发挥越来越重要的作用。当股票价格足够高时，该债券的市场价格就与其转换价值相等。

如图 15-4 所示，当普通股的价格低于 P_{S1} 时，该债券的市场价格就等于纯债券的价值；当普通股的价格高于 P_{S2} 时，该债券的价格等于其作为普通股的价值。在这些极端的股票价格水平下，对可转换债券的分析既可以像纯债券一样，也可以和对股票的分析相同。对于所有介于两个极端值之间的价格，可转换债券的市场价值受到该债券作为不可转换债券以及作为股票价值的共同影响。这种双重影响使得对可转换债券的分析十分困难，因为投资者为这种债券支付的价格中存在一个高于该债券作为股票和作为债券价值的溢价。

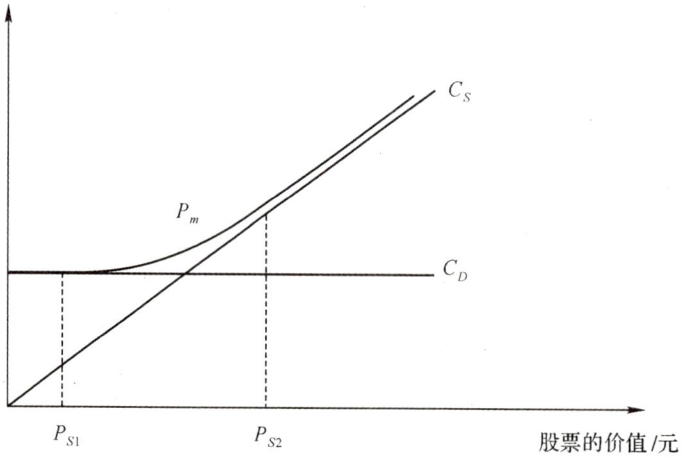

图 15-4　可转换债券的市场价格

分析可转换债券的一个方法就是衡量该债券高于其作为债券或是作为股票价值的溢价。例如，如果一个特定的可转换债券要求的溢价高于类似的可转换债券所支付的溢价，那么也许这种债券应该被出售。相反，如果溢价相对较低，那么这种债券可以作为一种很好的投资工具。

表 15-4 说明了为一种可转换债券所支付的溢价。投资者为可转换债券所支付的溢价可以是下列两种方式之一：①超出可转换债券作为股票价值的溢价；②超出可转换债券作为债券价值的溢价。第 6 栏给出了以股票为基础的溢价。该溢价就是这种债券的市场价格与它作为股票的转换价值之间的价差（也就是第 5 栏中的数值减去第 3 栏中的数值）。随着股票价格的上涨并在可转换债券价格的决定中起到越来越重要的作用，溢价逐渐减小。第 7 栏给出了以不可转换债券为基础的溢价。这个溢价就是该债券的市场价值与其作为债券的投资价值之间的价差（也就是第 5 栏中的数值减去第 4 栏中的数值）。随着股票价格的上涨，溢价越来越高，因为可转换债券中的负债因素逐渐不重要了。

表 15-4 为可转换债券支付的溢价 （单位：元）

股票价格	一份债券被转换为股票的股份数	债券作为股票的价值	债券作为不可转换债券的投资价值	可转换债券的假定市场价格	以股票为基础的溢价	以不可转换债券为基础的溢价
0	40	0	798.5	798.5	798.5	0
5	40	200	798.5	798.5	598.5	0
10	40	400	798.5	798.5	398.5	0
15	40	600	798.5	798.5	198.5	0
20	40	800	798.5	950	150	151.5
25	40	1000	798.5	1100	100	301.5
30	40	1200	798.5	1200	0	401.5

两种溢价之间的反向关系也在图 15-5 中进行了说明。两种溢价可以分别用代表市场价格（P_m）的曲线与代表该债券作为股票价值（C_S）的直线之间的间距，以及与代表该债券作为不可转换债券的价值（C_D）的直线之间的间距表示。

当股票的价格很低并且可转换债券的售价接近其作为债券的价值时，该债券作为股票的内在价值的溢价相当大，但是该债券作为债券的溢价却很小。例如，在 P_{S1} 时股票价格为 10 元，该债券作为股票的价值是 600 元，并且溢价为 198.5 元。但是，该债券是按照其作为不可转换债券的价值（798.5 元）出售的，所以其作为债券价值的溢价为零。当股票价格为 25 元，可转换债券按照 1100 元出售时，以股票为基础的溢价只有 100 元。但是，该债券作为不可转换债券的溢价却为 301.5 元。

正如这些例子所说明的那样，为可转换债券所支付的超过其作为股票价值的溢价，随着股票价格的上升而降低。这个溢价的减小是由于转换价值对该债券市场价格的影响越来越大，而负债因素对该债券价格的影响越来越小。

随着股票价格的上升，可转换债券的安全性越来越弱。如果普通股的价格不再上升并且开始下降，那么可转换债券的价格也会产生相当大幅度的下降直到该债券的价格下降到了由不可转换债券所确定的底价。

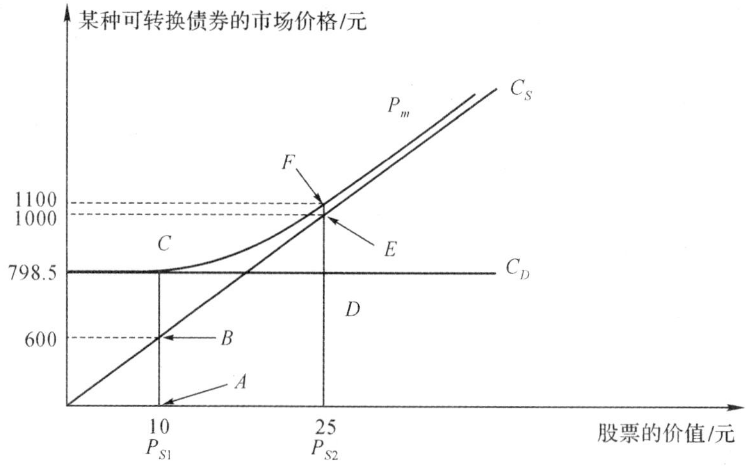

图 15-5　为可转换债券支付的溢价

另外，随着股票价格的上升，该债券被赎回的可能性也将增加。当债券被赎回时，其价值就只有作为股票的价值。这种赎回性迫使该债券的持有人将可转换债券转换为股票。例如，当股票价格为 30 元时，可转换债券作为股票的价值为 1200 元。如果发行公司赎回该债券，并且该公司提出按照面值 1000 元回收债券，那么没有人会接受这个报价。相反，这些债券的持有人都会将债券转换成价值 1200 元的股票。如果投资者支付了超过债券的转换价值的溢价并且债券被赎回，那么投资者就会遭受损失。因此，随着可转换债券被赎回的可能性增加，投资者会越来越不愿意为可转换债券支付超过其作为股票价值的溢价，并且可转换债券的价格最终会达到该债券作为股票的价值。

这种溢价的减少也意味着股票的价格将比债券的价格以更快的速度上升。例如，当股票价格从 20 元上涨到 25 元时（上升了 25%），可转换债券价格从 950 元涨到 1100 元（上升了 15.8%）。这种增长速度的不同是由于为可转换债券支付的溢价下降了。

一些投资者会认为可转换债券在收益性和安全性方面都是做得最好的。然而，在很多情况下，也不一定是很好的投资工具。当股价迅速上涨时，股票的资本收益更高，因为投资者如果购买这类股票的可转换债券还要支付溢价。当股价没涨时，相同情况下，不可转换债券提供的利率更高。如果股价下降的同时利率上升，那么可转换债券将在两方面受损：股价下降会降低可转换债券的价值；利率上升会使可转换债券作为一项债券证券所具有的安全性削弱。

这些风险表明，投资者应该谨慎地处理可转换债券。但是，可转换债券确实将潜在的资本收益、利息收入和债券具有的安全性结合起来提供给投资者。如果股票价格上涨，那么可转换债券的价格也必定上涨，而投资者获得的利息收入也会增加。如果股票的价格没有上涨，那么可转换债券最终一定会被回收，因为它属于发行公司的债券。因此，可转换债券确实向投资者提供了股票投资无法具有的安全性，同时还向投资者提供了投资于不可转换债券时无法具有的一定的增长潜力。

案例15-1

投资可转换债券的赞成者和反对者[①]

你与许多客户都有小型或中型业务。其中一个客户老杨，正计划为他 10 岁和 12 岁的两个孩子的上学费用而制订理财计划。当前，两个孩子都没有资产，所以老杨正在考虑将适量的资金以两个孩子的名义购买可转换债券，并指定他的夫人老齐为管理人。老齐很不放心，因为她认为将他们辛苦赚来的钱用于风险性投资是不明智的。但老杨却认为调用的资金很少，不会有什么风险。而且，他痴迷于某公司发行的可转换债券。这家公司是一家大型公司，信用等级即便不是最好的也是不错的。

现在，该公司的债券以面值(1000 元)交易，息票率为 8%。10 年后到期，并且可以按照每股 10 元的价格转换成股票(每 1000 元的债券可转换成 100 股)。该公司发行的其他债券支付 10%的利率；它的股票售价为 8.5 元，而且不支付股息。虽然老杨认为该公司的债券是一项很好的投资，但老齐却十分怀疑并且提出了一些问题，希望你能够回答。

(1)如果这种债券是不可转换债券，那么该债券的价值是多少？

(2)因为这种债券是可转换债券，那么这种债券可以转换成的股票的价值是多少？

(3)如果股票的价值上升到 15 元，那么这种债券的价值将发生怎样的变化？

(4)如果股票的价值下降到 5 元，那么这种债券的价值将发生怎样的变化？

(5)如果将资金投资于不可转换债券而且股票的价格发生了变化，那么不可转换债券的价值将发生什么变化？

(6)如果股票的价格上涨，那么老杨夫妇是否必须将债券转换为股票？

(7)如果老杨夫妇改变了想法，那么他们可以拿回本金吗？

(8)如果该公司倒闭，那么债券会发生什么变化？

(9)购买可转换债券是否优于用这笔资金购买该公司的股票？

考虑到老齐提出的问题的性质，你是否认为这笔资金应该投资于可转换债券？

【本章小结】

利率是资金的价格。利率水平及其未来价值的预测是投资者诸多考虑因素中最为重要的一个因素。

债券的利率期限结构就是描述债券的到期收益率与到期期限之间的关系。该结构可通过收益率曲线表示；或者说，收益率曲线表示的就是债券的利率期限结构。

债券的到期收益率又被称为债券投资的内涵报酬率。到期收益率可以解释为假定债券在其生命期内所获得的所有利息收入在投资利率等于到期收益率情况下再投资所得到的复利回报。

假设债券在到期前被赎回，并付给持有者赎回价格，依次价格计算的内部收益率就是该

① 资料来源：赫伯特.B.梅奥.投资学导论.北京：中国人民大学出版，2004：699—700.

债券的赎回报酬率。

现行收益率是指债券每年的利息收入除以当时债券市场价格的比率。

持有期收益率等于某个期间的收入(包括资本收益和资本损失)与期初债券价格的比值。

债券的现值受三个因素的影响:到期日、利率和贴现率。

影响债券定价的因素有六个方面:期限的长短、息票利率、提前赎回条款、税收待遇、流动性以及违约风险。

债券定价原理包括五个属性。

可转换债券是一种可以转换成股票的债券。这种债券的价值取决于它可以转换成的股票的价格以及它作为债券的价值。

随着股票价值的上涨,可转换债券的转换价值也会增加。如果股票价格下跌,那么可转换债券的转换价值也会下降。但是,股票价格的下降速度会更快,因为可转换债券作为债券的投资价值将会阻止这种债券价格的进一步下降。

第 16 章　债券投资风险管理

【学习要点】

1. 债券投资风险的类型；
2. 债券风险与久期的关系；
3. 债券风险的防范与投资策略。

16.1　债券投资风险的类型

16.1.1　债券投资风险的产生

一般来说，债券投资因为有固定的利息收入而被投资者认为是一种比较安全的投资方式。但正如我们上一章所介绍的，债券的投资收益包括利息收益和买卖价差所产生的资本收益，这就使得利息的再投资收益和资本收益常因市场利率和债券价格等因素的变化而发生变化。同时，由于债券发行者的信用、经营状况等因素的变化，使债券发行者能否按约定足额、按时支付利息存在着诸多变数。基于上述分析，债券投资者的收益具有一定的不确定性。这种不确定性就是债券投资的风险来源。因此，债券投资风险就是指由于受各种不确定因素的影响而使债券投资者在投资期内不能获得预期收益甚至遭受损失的可能性。

16.1.2　债券投资风险的类型

按照不确定因素来源的不同，债券投资风险可分为利率风险、再投资风险、汇率风险、购买力风险、违约风险、赎回风险和流动性风险等。

(一)利率风险

是指由于市场利率的变化引起债券价格变化，进而引起债券投资者实际收益率低于预期收益率的风险。这种因市场利率变化而引起的债券价格变化，被称为“利率风险”或“价格风险”。

一般的，债券价格与市场利率存在如下变动规律：

(1)债券价格与市场利率呈反向变动关系，即市场利率走低，债券价格上涨；反之，市场利率上升，债券价格则下跌；

(2)市场利率变动幅度一定时，持有期越长，债券价格变动的幅度越大；

(3)市场利率变动幅度一定时，票面利率较低的债券价格变动幅度较大；

(4)对于同一债券，市场利率下降一定幅度所引起的债券价格的上升幅度，要高于市场利率上升同一幅度而引起的债券价格下跌的幅度。

（二）再投资风险

债券投资者在债券持有期内所获得的利息收益，再投资于其他资产所能获得的报酬也是债券投资收益的组成部分。再投资收益率也会受到市场利率变化的影响。换句话说，市场利率的变化将引起债券利息再投资收益率的变化，债券利息的再投资收益率不再等于购买债券时所确定的到期收益率，从而就产生了再投资风险。市场利率走低，利息收益的再投资报酬也会随之减少；反之，市场利率上升，再投资报酬率也会跟着上升。比如，在市场利率上涨时购买新债券，债券利息的再投资收益率将高于原债券的到期收益率；在市场利率下跌时，债券利息的再投资收益率将低于原债券的到期收益率。我们将这种风险称之为“再投资风险”。但并非每种债券都有再投资风险，如零息债券，投资人在到期期间内不会产生利息收益，因此也就不会产生再投资风险。

（三）违约风险

违约风险又称为信用风险。是指债券发行者因自身原因不能向债券投资者按约定利率和期限足额支付利息、偿还本金，而导致投资者利益受损的风险。如果发行公司不能依约支付利息，将影响投资者的利息收入及其再投资收益；如果不能偿还本金，投资者就无法收回投资成本。

一般的，政府债券由于有政府财政收入作后盾，其发行的政府债券不存在违约风险或违约风险很小。违约风险主要来自公司债券，尤其是当发行公司经营管理不善、财务状况不佳时，违约风险就会上升，一些信用等级比较低的公司债券更是如此。为了降低投资者因违约风险而造成的损失，许多信用评级公司运用而生，它们会针对债券发行公司或债券本身进行信用评级，帮助投资者了解债券违约风险的高低。如美国的穆迪（Moody's）或史坦普（Standard & Poor）等。

违约风险愈高，投资人所要求的票面利率也会愈高，如 20 世纪流行于美国的垃圾债券。

（四）购买力风险

购买力风险又称通货膨胀风险，是由于通货膨胀、货币贬值造成投资者实际收益水平下降的风险。前文我们曾阐述过，证券的收益率有实际收益率和名义收益率之分，债券上标明的收益率通常是名义收益率。名义收益率等于实际收益率与通货膨胀率之和。投资者在计算实际收益率时，需要将通货膨胀率从名义收益率之中扣除。因为只有实际收益率的变动才能反映债券收益的真实变动。当名义收益率高于通货膨胀率时，实际收益率为正。表明债券资产的购买力增强；当名义收益率低于通货膨胀率时，实际收益率为负。表明债券资产的购买力减弱。两者差距越大，投资者的损失越严重。

（五）赎回风险

赎回风险是对可赎回债券而言的。可赎回债券的发行带有可赎回条款，发行公司经常在市场利率下降、债券价格上升时赎回已发行的债券，从而使投资者的债券投资收益中断，此时就会产生强制赎回的风险（call risk）。对发行者而言，设立赎回条款（call provision），可以在有利于自己的市场条件下，收回原来发行在外的高票面利率债券，重新以较低的利率举借新债，以达到节省利息成本的目的；但对投资者而言，赎回条款的设计提高了投资债券的现金流量的不确定性，加大了投资的风险。若真的实施赎回权，提前收回的本金将会面临再投资的风险。

（六）流动性风险

流动性风险又称变现能力风险，是指投资者在紧急需要资金时无法以合理的价格出售债券，或者以低于合理价格出售而造成损失的风险。在不完善的资本市场中，流动性风险尤其突出。因此，如果是在交易效率不高的市场中从事交易，投资人一定要关注债券的流动性风险；即使是交易效率较高的市场中，在行情不佳时，有些债券也几乎无人问津，债券投资人甚至连抛售债券的机会都没有，流动性风险之高可见一斑。

（七）汇率风险

汇率风险是针对用外国货币购买债券的投资者而言的。汇率是国与国之间的货币兑换比率，它是由两国之间的相对购买力来决定的；同时受一国的国际收支状况、利率水平、金融政策以及国际政治经济等因素的影响。当投资者购买外国债券时，利息收入与本金经常以外币支付。在将外币收入转换为本国货币时，外汇汇率的变动可能产生兑换损失，使实际的收益率低于预期的收益率，汇率风险由此产生。

在上述风险中，利率风险、再投资风险、购买力风险和汇率风险是投资者购买任何一种债券时都要面对的，因此它们又被称为系统性风险，或不可分散风险；违约风险、赎回风险、流动性风险是投资者购买某种特定债券时才会发生的，因此它们又被称为非系统性风险，或可分散风险，投资者可对其采取有效措施加以规避或防范。

16.2 利率风险

债券投资风险是债券投资者在购买债券时必须考虑的重要因素。对于市场上多种可供选择的债券，在收益水平大体相同时，投资者总是希望购买风险较小的债券；若风险程度相当，投资者当然愿意购买收益水平较高的债券。债券投资风险的度量就是采用一定的指标计算分析投资者债券投资收益遭受损失的可能性，其目的在于为投资者进行债券投资决策提供依据。

随着利率的涨落，债券持有人将面临资本利得收益或损失，即便持有的债券是国债，且本息的支付都有保障。在这样的情况下利率的波动仍然使固定收益的投资面临风险。

16.2.1 非系统性风险的度量

（一）久期的概念

久期的概念最初是由美国的 F. R. Macaulay 于 1938 年提出的，用以代替当时用期满日计算回收现金流的平均时间的传统做法。由于大多数债券是定期支付利息的，因此，投资者在债券到期之前就可得到利息收益。既然每笔现金流收回的时间不同，仅仅用最后一笔现金流的回收时间来测定所有现金流的回收时间就显得很不合理。债券的久期是债券各期现金流的加权平均年份，权数是每一现金流的现值占总现金流现值的比例。为了衡量债券持续期对债券价值及其风险的影响，我们把久期定义为：用未来每期现金流量现值占总现金流量现值的比重作为权重，计算出的债券投资的平均回收年限。

久期又被称为债券的持续期，也就是债券的平均到期期间。它是用来反映债券利率风险程度的主要指标。债券的存续期间越长，不确定性因素就越多，债券价格对市场利率变动的敏感程度也就越高，进而债券投资的利率风险也就越高。

实际中，久期有三种计算方法，即麦考利久期（Macaulay Duration）、费歇尔—威尔久期（Fisher-Weil Duration）以及考克斯—英格索尔—罗斯久期（Cox-Ingsoll-Ross Duration）。这里仅简要介绍麦考利久期。

附息债券久期的计算公式为：

$$D_m = 1\times\frac{C_1/(1+k)}{P_0}+2\times\frac{C_2/(1+k)^2}{P_0}+\cdots+n\times\frac{(C_n+M)/(1+k)^n}{P_0}$$

$$=\sum_{t=1}^{n}t\times\frac{C_t/(1+k)^t}{P_0}+n\times\frac{M/(1+k)^n}{P_0} \tag{16.2.1}$$

式中，C_t 为债券第 t 期的利息支付额（一年付息一次）；k 为债券到期年收益率；n 为交易日至到期日的年限；M 为债券到期价格（面值）；P_0 为债券的市场现行价格。

$$P_0=\sum_{t=1}^{n}\frac{C_t}{(1+k)^t}+\frac{M}{(1+k)^t} \tag{16.2.2}$$

由式（16.2.2）可以看出，久期 D_m 是利息支付期的加权平均数，即获取未来现金流量（利息及本金）的平均时间。在 n、P_0、M 一定时，D_m 的长短取决于各期现金流量现值的大小。如果近期现金流量现值大，则久期短，债券投资平均回收期短；如果未来远期现金流量现值大，则久期长，债券投资平均回收期长。同时还可以看出，附息债券的久期小于其到期期限，即 $D_m<n$。

特别的，当各期的利息支付为 0 时，附息债券转化为零息债券，此时 $D_m=n$，即零息债券的久期等于其到期期限。

【例 16-1】 现有 A、B 两种附息债券，面值均为 100 元，剩余期限均为 4 年，必要收益率均为 10%。A 债券的票面利率为 8%，B 债券的票面利率为 4%，试计算两种债券的久期。

解：债券 A 的市价为：

$$P_A=\sum_{t=1}^{4}\frac{100\times 8\%}{(1+10\%)^t}+\frac{100}{(1+10\%)^4}=93.66(\text{元})$$

债券 B 的市价为：

$$P_B=\sum_{t=1}^{4}\frac{100\times 4\%}{(1+10\%)^t}+\frac{100}{(1+4\%)^4}=80.98(\text{元})$$

债券 A 的久期为：

$$D_{mA}=\sum_{t=1}^{4}t\times\frac{100\times 8\%/(1+10\%)^t}{93.66}+4\times\frac{100/(1+10\%)^4}{93.66}=3.56(\text{年})$$

债券 B 的久期为：

$$D_{mB}=\sum_{t=1}^{4}t\times\frac{100\times 4\%/(1+10\%)^t}{80.98}+4\times\frac{100/(1+10\%)^4}{80.98}=3.75(\text{年})$$

从这个例子可以看出，在其他条件相同时，票面利率越低，持续期越长；反之，票面利率越高，持续期越短。

由以上计算可以看出：

(1)债券收益率的变动引起债券价格的变动，但两者的变动方向相反。即收益率上升，债券价格下跌；反之，收益率下降，债券价格上升。

(2)债券的久期越长，因市场利率上升所造成的债券价格下降的幅度越大；因市场利率下降所造成的债券价格上升的幅度越大。

(3)债券的久期越短，因市场利率上升所造成的债券价格下降的幅度越小；因市场利率下降所造成的债券价格上升的幅度越小。

(4)久期对债券价格相对于市场利率的变化具有杠杆作用，它反映债券价格依市场利率变化的敏感度。并且对于不同的债券，在收益率变化相同时，债券的久期越长，其价格变动率的绝对值越大。债券价格变动率的绝对值与其久期成正比。

因此，可以利用久期指标衡量债券价格对利率变动的敏感度。一般来讲，债券的久期越长，债券价格对市场利率变动的敏感度越高，因而对其投资所承担的风险越大。注意，在市场利率变动较小时，久期可以较好地反映债券价格依利率变动的敏感度；否则使用此指标则具有一定的局限性。因在市场利率变动较大时，利用久期计算的债券价格变化的结果与实际变化存在较大误差。

久期之所以是固定收益组合管理中的关键概念，至少有三个原因：首先，它是资产组合有效平均期限的一个简单测度指标；其次，它被看作是使资产组合免于利率风险的一个重要工具；最后，久期是债券组合利率敏感性的测度。我们将在后面几节研究它的应用。

(二)久期与债券价格变动的关系

因为：$P_0=\sum_{t=1}^{n}\frac{C_t}{(1+K)^t}$

两边关于 K 求导，得：

$$\frac{dP_0}{dK}=(-1)\times\frac{C_1}{(1+K)^2}+(-2)\times\frac{C_2}{(1+K)^3}+\cdots+(-n)\times\frac{C_n}{(1+K)^n}$$

两边各乘以$(1+K)$，得：

$$\frac{dP_0}{dK}\times(1+K)=(-1)\times\frac{C_1}{1+K}+(-2)\times\frac{C_2}{(1+K)^2}+\cdots+(-n)\times\frac{C_n}{(1+K)^n}=-P_0D$$

则：

$$\frac{dP_0}{P_0}=(-D)\times\frac{dK}{1+K}$$

可见，当利率变化时，债券价格变化的比率与到期收益率的变化相关，即

$$\frac{\Delta P}{P}=-D\times\frac{\Delta K}{1+K}$$

习惯上人们常将久期与 $1+K$ 的比率称作“修正久期”，用 D_m 表示。也就是：

$$\frac{\Delta P}{P_0}=(-D)\times\frac{\Delta K}{1+K}$$

$$\frac{\Delta P}{P_0}=\left(-\frac{D}{1+K}\right)\times\Delta K$$

$$\frac{\Delta P}{P_0}=-D_m\times\Delta K$$

修正的债券久期：

$$D_m=\frac{D}{1+K}\tag{16.2.3}$$

债券价格变化的百分比恰好等于修正久期与债券到期收益率变化的乘积。由于债券价格变化的百分比同修正久期成比例,因此修正久期可用用来测度债券在收益率变化时的风险暴露程度。

【例 16-2】 某债券的久期为 4.16 年,现价为 830 元。假设到期收益率从 12%上升到 14%,债券价格会发生什么样的变化?

$$\Delta P = - D_m \times \Delta K \times P = \frac{4.16}{1+0.12} \times 0.02 \times 830 = -61.66$$

(三)久期法则

债券价格对市场利率变动的敏感性主要受到三个因素的影响:到期时间、息票利率和到期收益率。这些决定价格敏感性的因素对于固定收益组合管理非常重要。以下五个法则能帮助我们加深对久期的理解。

法则 1:零息票债券的久期等于它的到期时间。

法则 2:若到期时间和到期收益率不变,债券的久期随着息票率的降低而延长,而利率敏感性将增加。

这一法则对应了马尔凯尔债券定价关系中的第二点,即利率风险与债券的息票利率呈反向关系。息票利率越低,较早支付的利息在债券所有支付的平均期限中所占的比重就越小。息票利率越高,较早支付的利息在债券所有支付流的平均期限中所占的权重就越大,从而加权平均期限就越短。

法则 3:当息票利率不变时,债券的久期通常随着债券到期时间的增长而增长。

这一法则对应了马尔凯尔债券定价关系中的第四点,即给定债券收益率的波动幅度,偿还期越长,债券价格波动的幅度越大。必须指出,久期并不总是随着到期时间的增长而增长。对于贴现率很高的债券而言,久期可能会随着到期时间的增长而下降。

法则 4:假设他因素不变,当债券的到期收益率较低时,息票债券的久期和利率敏感性较高。

这是因为较低的到期收益率使得债券的再投资收益率低,从而影响债券现金流回收期限。

法则 5:永久债券的久期为 $(1+K)/K$。

例如,当收益率为 15%,每年支付 100 美元的无限期债券的久期为 1.15/0.15=7.67 年;当收益率为 9%时,它的久期为 1.09/0.09=12.11 年。

16.2.2 凸性

(一)凸性的含义

久期用来计算收益率微小变动时债券价格的变动幅度是可行的,但当收益率有较大变动时,久期在计算价格变动幅度时误差就会很大。这是因为债券的价格收益曲线是一条有凸性(convexity)的曲线,而久期公式实际上构成了该曲线上某一点的切线。是债券价格在市场收益率为 y_0 时的导数,也是在 Q 点上债券与价格曲线的切线斜率,如图 16-1 所示。

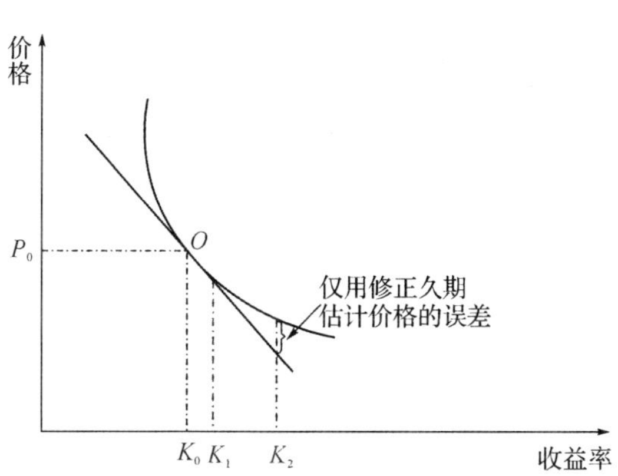

图 16-1　关于久期与凸性的几何解释

由图 16-1 可知，随着市场收益率偏离 K_0，用切线估计的债券价格与用债券价格理论公式估计的价格理论公式估计的价格间的距离会逐渐扩大。对于较小的收益率变动（从 K_0 到 K_1），该切线给出了实际价格变动的较好估计。相反，对于较大的收益率变动（从 K_1 到 K_2），用直线估计出的债券新价格将比价格收益率曲线显示出的实际价格小。该错误的估计是源于修正久期直线是对曲线关系的线性估计。具体地说，仅通过修正久期来估计的话，将会低估由收益率下降导致的实际价格的上升，而高估由收益率上升导致的实际价格的下降。图 16-1 也说明了当收益率上升或下降时，价格变动是不对称的。如图 16-1 所示，利率下降比利率上升产生的价格误差更大，因为当收益率下降时价格以递增的速度上升，反之，价格则以递减的速度下降。

凸性就是指价格—收益曲线的弯曲程度，曲线越弯曲，凸性越大。前已述及，按久期估计的债券价格与实际价格的误差是由于凸性造成的，凸性越大，价格误差就越大。

(二)凸性的度量

根据泰勒扩展序列公式，债券价格变化能近似地表达如下：

$$P = P_0 + \frac{dP_0}{dK} \times \Delta K + \frac{1}{2}\frac{d^2 P_0}{dK^2} \times (\Delta K)^2 + e$$

$$P_0 = \sum_{t=1}^{n} \frac{C_t}{(1+K)^t}$$

这里的 e 为及其以上的各阶无穷小的量的和，其中：

$$\frac{d^2 P_0}{dK^2} = \sum_{t=1}^{n} \frac{t(1+t)C_t}{(1+K)^t} \times \frac{1}{(1+K)^2}$$

$$P - P_0 = \frac{dP_0}{dK} \times \Delta K + \frac{1}{2}\frac{d^2 P_0}{dK^2} \times (\Delta K)^2 + e$$

由此：

$$\frac{\Delta P}{P_0} = \frac{P - P_0}{P_0} = - D_m \times \Delta K + \frac{1}{2} \times \frac{d^2 P_0}{dK^2} \times \frac{1}{P} \times (\Delta K)^2 \qquad (16.2.4)$$

其中，

$$D_m = \left[\sum_{t=1}^{n}\left(\frac{\frac{C_t}{(1+K)^t}}{P_0}\right) \times t\right] = D \times \frac{1}{1+K}$$

$$凸性=\frac{d^2P_0}{dK^2}\times\frac{1}{P}=\frac{1}{P}\times\sum_{t=1}^{n}\frac{t(1+t)C_t}{(1+K)^t}\times\frac{1}{(1+K)^2}$$

在建立了凸性概念之后，我们可以通过久期和凸性来更好地估计债券的价格变动率。

【例 16-3】 当前债券 A 的到期收益率为 9%，面值为 1000 元，票面利率为 6%，每年付息一次，偿还期 10 年，假设到期收益率提高到 11%，试计算债券价格的变动幅度。

按照债券价格评估计算的结果，债券理论价格下降 12.62%：

$$P_0=\sum_{t=1}^{T}\frac{60}{(1+9\%)^t}+\frac{1000}{(1+9\%)^T}=807.47\text{ 元}$$

$$P_1=\sum_{t=1}^{T}\frac{60}{(1+11\%)^t}+\frac{1000}{(1+11\%)^T}=705.53$$

我们可以用久期的方式来近似估计债券价格变动幅度。久期按式(16.2.1)可以算出来等于 7.52 年，则按照修正久期公式(16.2.3)的计算结果，债券的价格 P 下降 13.80%，计算过程如下：

$$\frac{\Delta P}{P_0}=-D_m\times\Delta K=-\frac{7.52}{1+9\%}\times(11\%-9\%)=13.80\%$$

这一结果与实际的债券价格变动 12.62%相差 1.18 个百分点，所以为了提高使用久期方式估计的债券价格的准确性，我们用凸性来进行分析：

$$凸性=\frac{d^2P_0}{dK^2}\times\frac{1}{\mathrm{P}}=\frac{1}{\mathrm{P}}\times\sum_{t=1}^{n}\frac{t(1+t)C_t}{(1+K)^t}\times\frac{1}{(1+K)^2}=62.78$$

因此，因久期和凸性的共同作用，式(16.2.4)计算出来的债券价格下降的幅度为：

$$\frac{\Delta P}{P_0}=-D_m\times\Delta K+\frac{1}{2}\times\frac{d^2P_0}{dK^2}\times\frac{1}{P}\times(\Delta K)^2=-13.8\%+1.26\%$$
$$=12.54\%$$

这一变动幅度与债券理论价格下跌 12.62%已经非常接近了。

(三)凸性与债券要素之间的关系

凸性是衡量债券—收益率曲线的指标。如前所述，从数学上看，凸性是价格对收益率的二价导数再除以价格。具体来讲，凸性就是收益率发生一定变化后 dP/dK 变化的百分比。

$$凸性=\frac{d^2P_0}{dK^2}\times\frac{1}{P}=\frac{1}{P}\times\sum_{t=1}^{n}\frac{t(1+t)C_t}{(1+K)^t}\times\frac{1}{(1+K)^2}$$

凸性衡量了债券的价格收益率曲线在多大程度上偏离了其线性估计。

图 16-2 给出了三种息票和到期日有很大不同的债券的价格—收益率曲线(收益率和价格在表 16-1 中给出)。

表 16-1 不同债券的价格—收益率关系 (单位:元)

不同债券的价格—收益率关系			
到期收益率	12%息票利率 20 年期债券	12%息票利率 3 年期债券	零息票利率 30 年期债券
0.01	2985.01	1323.51	741.92
0.02	2635.14	1288.39	552.07
0.03	2338.97	1254.58	411.99
0.04	2087.23	1222.01	308.32

续表

不同债券的价格—收益率关系			
到期收益率	12%息票利率 20 年期债券	12%息票利率 3 年期债券	零息票利率 30 年期债券
0.05	1872.35	1190.63	231.38
0.06	1688.20	1160.38	174.11
0.07	1529.70	1131.22	131.37
0.08	1392.73	1103.08	99.38
0.09	1273.86	1075.94	75.37
0.10	1170.27	1049.74	57.31
0.11	1079.63	1024.44	43.68
0.12	1000.00	1000.00	33.38

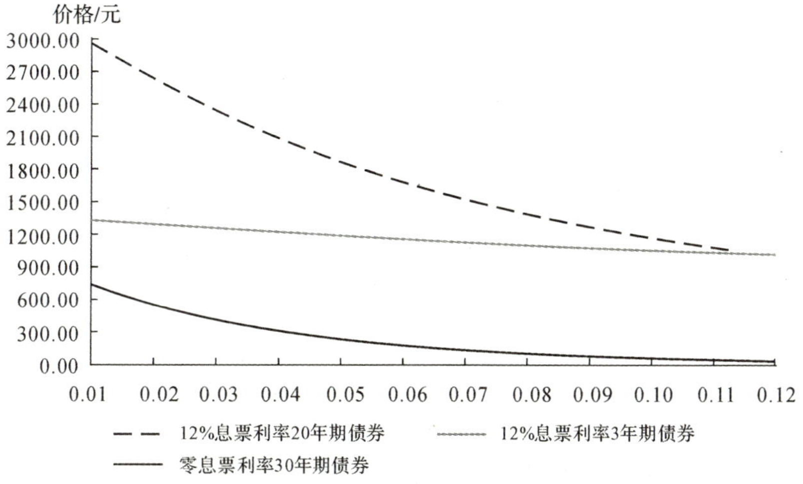

图 16-2　三种债券的价格收益率曲线

图 16-2 和表 16-1 说明了债券要素与凸性间存在着以下关系：

- 息票和凸性之间呈负相关(收益率和到期日相同)。
- 到期日和凸性之间呈正相关(收益率和息票相同)。
- 收益率和凸性之间呈负相关(息票和到期日相同)。这意味着价格收益率曲线在低收益率(左上)部分的凸性更强。

(四)凸性的投资含义

前面我们介绍了凸性可以改进在给定的收益变化下债券价格变化的近似值。凸性还具有另一个重要的投资含义，即在其他方面相同的情况下，投资者应选择凸性大的债券。这一点可借助图 16-3 来加以说明。

图 16-3 中显示的两种债券除了凸性不同外，其他方面均相同。不难发现，债券 B 的凸性比债券 A 大，且不管收益率是上升还是下降，债券 B 都会有比债券 A 更高的价格。换句话说，如果收益率上升，债券 B 的资本损失较小；如果收益率下降，债券 B 的资本收益较大。因此，在持续期限、收益相同的情况下，凸性较大的债券的利率风险较小。

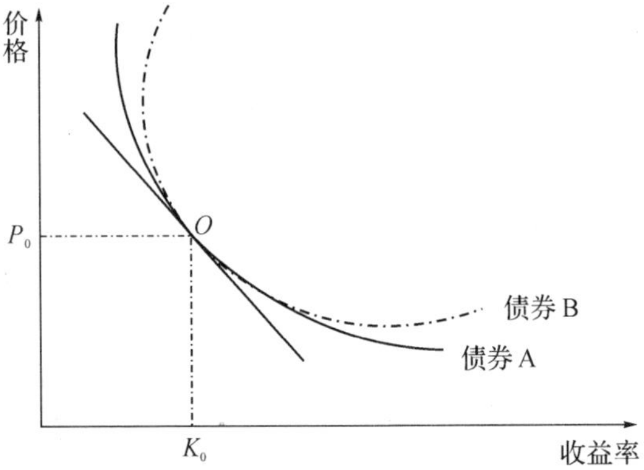

图 16-3　债券 A 和债券 B 的凸性比较

(五)可转换债券的久期和凸性

到现在为止,关于麦考利久期和修正久期及凸性的讨论和说明涉及的都是纯债券。可转换债券之所以不同,是因为它提供给发行者有一定的赎回选择权,这会给债券的期限和久期造成很大的变化。对这类债券的久期和凸性的全面讨论已经超出了本书的范畴。

16.3　债券投资风险的防范与投资策略选择

债券投资风险是债券投资者在购买债券时必须考虑的重要因素。对于市场上多种可供选择的债券,在收益水平大体相同时,投资者总是希望购买风险较小的债券;若风险程度相当,投资者当然愿意购买收益水平较高的债券。债券投资风险的度量就是采用一定的指标计算分析投资者债券投资收益遭受损失的可能性,其目的在于为投资者进行债券投资决策提供依据。

16.3.1　债券投资风险的防范

在债券投资活动中,收益和风险是一对孪生兄弟。一般的,风险大的债券其收益也高,风险小的债券其收益也低。如何在风险和收益之间进行取舍,取决于投资者的风险偏好,但也和债券投资的风险管理水平和防范意识有极大的关系。如何防范和降低债券投资风险,获取较高的投资收益,是投资者在债券投资决策时必须重视和需要解决的问题。在处理风险与收益的矛盾时,投资者一般应遵循以下原则:

(1)在风险一定时,尽可能使投资收益最大;在收益一定时,尽可能使投资风险减少到最低。

(2)投资者应根据自己的投资目的和资金实力等因素选择不同的投资策略。

16.3.2　债券投资策略

(一)消极型债券管理策略

消极的投资者一般会认为债券的市场价格已经比较公平,因而他们只把目光集中于控制股东收益组合的风险。作为消极型债券管理策略一般采取的是购入并持有策略。该策略是指购买债券后将其持有到期的投资策略。采用此投资策略的目的在于获得定期支付的利息收益和到期归还的本金。该策略一般多为退休老年人和较为缺乏投资知识的投资者所采用。采用购入并持有策略时,可以选择的债券主要有高信用级别债券、高税后利息收入债券、抵押债券、担保债券和偿债基金债券等,这些债券的每期收益较为固定,且风险很小。采用买入并持有策略的投资者,因为不准备在到期前出售,因而不承担价格风险。但如若购买的是长期债券,则还要承担通货膨胀风险。所以,投资者在采用买入并持有策略购买长期债券时,要对未来的通货膨胀进行合理预期。采取该种策略,投资者无法享有债券低买高卖价差所产生的资本收益,且由于其风险程度较低,风险报酬小,因而债券的总收益率较低。

(二)债券投资的免疫管理

消极型债券投资管理仍然会存在着风险。而利用债券久期的知识,通过调整债权资产组合的久期可以更好地避免利率变动的风险,这种避免利率风险的技术被称为免疫(immunization)技术。债券免疫的概念和策略最早由瑞丁顿(Redington,1995)提出。免疫策略能有效规避债券组合的利率风险(包括价格风险和再投资风险),采取适当的债券组合免疫策略使公司的资产和负债久期匹配,以避免由于利率的波动造成的流动性风险。免疫概念背后的实质是资产和负债久期的匹配使得公司的资产组合与负债在不管利率如何变动的情况下都能匹配。最早运用这一技术的是商业银行和储蓄机构,它们利用这一技术进行资产负债管理,以消除资产负债净值的利率风险。后来各类投资基金也开始将这一技术应用于基金的投资管理,以保障基金支付时的资产价值。

免疫策略的基本假设是债券市场是半强势有效的市场,债券的现时价格能准确地反映所有能公开获得的信息。免疫策略能够保护债券组合避免遭受利率风险变动造成的损失。建立免疫债券投资组合的目的是找到一个麦考利久期等于负债的到期期限的债券组合,其核心问题是确定债券投资组合中各种债券的投资比重。

静态免疫策略是使得投资债券的久期与债务的久期相等;动态免疫策略是使得投资债券和债务不仅在久期上相等而且凸性上也相等。由于资产和负债不可能在任何利率水平下的久期和凸性相等,因此不能达到完全免疫目的;反之如果能够有效地预测利率,可以采用更加积极的债券组合投资策略,使得债券投资不仅免疫而且能套利。

采用此策略,要求所选债券的市场价格等于负债的现值,所选购债券的久期等于负债的久期,只有这样才可以保证在市场利率变化时,债券价值的升降幅度与负债价值的升降幅度相同。即在未来市场利率上升时,债券价值下降的幅度与负债价值下降的幅度相同;在未来市场利率下降时,债券价值上升的幅度与负债价值上升的幅度相同。

【例16-4】 一家保险公司在7年后须支付19478元。市场利率为10%,所以债务的现值为10000元。公司资产组合管理者希望通过持有3年期零息债券和年付息一次的永续债券对其负债的支付进行利率免疫(这里用零息债券和永续债券时为了计算简便)。那么管理者应该如何进行免疫?

免疫要求资产组合的久期等于负债的久期。我们可以通过4个步骤进行计算:

步骤1:计算负债的久期。题目中负债的久期很容易计算出来,因为它是单一支付流的债务,所以久期为7年。

步骤2:计算资产组合的久期。每一种资产的久期进行加权平均,得到组合的久期,权重为每一种资产在资产组合中的比重。零息债券的久期等于其 3 年的到期期限。永续债券的久期为 1.10/0.10＝11 年。因此，如果组合投资中零息债券的比重为 W，则投资于永续债券的比重为 $1-W$，所以组合的久期为：

资产的久期＝$3W+11(1-W)$

步骤 3：令资产的久期等于负债的 7 年期久期，从而计算出资产组合中的各项债券所占的比例，即：

$3W+11(1-W)=7$

解得 $W=0.5$ 年。所以管理者应该把一半的资金投资于零息债券，另一半的资金投资于永续债券，使得资产组合的久期也等于 7 年。

步骤 4：债券的收入能完全满足债务的资金需求。由于债务现值为 10000 元，资金必须等额地投资于零息债券和永续债券，因而管理者必须购买 5000 元的零息债券和 5000 元的永续债券。

即使头寸已经得到免疫，管理者仍然不能有任何的放松，因为还存着这根据利率变动进行不断平衡的需要。即便利率没有变动，时间的消逝也会影响债券的久期，从而要求再平衡。我们继续以例 16-3 作为例子，看看债券组合的管理者如何进行调整以保持免疫头寸。

假定一年过去了，利率仍然保持在 10％的水平。这个时候例 16-3 中的组合管理者需要重新检查其头寸，看看原来的债务头寸还能不能得到完全的偿付？是不是实现了完全的免疫？如果没有的话，需要采取什么样的调整措施？

第一步，检查债务情况。由于距离到期日又近了一年，债务的现值增加至 11000 元。管理者需要的投资收入也增加至 11000 元。随着时间的流逝，零息债券的价值也从 5000 元增至 5500 元，而永续债券已支付 500 元的年息，仍然值 5000 元。因此，债务还是可以被全部偿付的。

但是资产组合的构成比例则必须做出调整。零息债券现在的久期为 2 年，而用永续债券的久期仍旧为 11 年，债务还要 6 年才到期。新的权重必须满足下面的等式：

$2W+11(1-W)=6$

这意味着 $W=5/9$。为了使组合再平衡并且保持久期的匹配，管理者必须将 611.11 元投资于零息债券，这需要将年息票利息 500 元全部投资于零息债券，再通过出售部分永续债券以获得 111.11 元的资金投资于零息债券。

当然，资产组合的再调整与平衡会带来买卖资产的交易成本，所以管理者不可能不断地进行资产组合的再平衡。实际上，在需要不断进行再平衡以获得免疫功能和尽可能低地控制交易成本之间寻求一个比较恰当的方案，是资产组合的管理者的主要任务。

（三）债券的积极管理

购入并持有策略和利率免疫策略都属于被动型或保守型的投资策略，因为采用这两种策略，投资者都没有根据市场利率及其引起的债券价格变化及时调整所持有的债券，以提高债券或债券组合的总收益率。

利率调整策略，就是在对未来市场利率变动正确预期的基础上，及时调整所持有的债券以提高债券或债券组合总收益率的一种投资策略。采取这种策略，要求投资者具有较强的预期能力，能够正确预期和把握未来市场利率的变动趋势。采用此策略的具体做法是：①在预期市场利率将上升、债券价格将下跌时，应及时卖出所持有的债券；在预期市场利率将下降、债券价格将上升时，应及时买入债券。②在预期市场利率将下降时，应投资于期限较长的、票面利率较低的债券，或将期限较短的、票面利率较高的债券调整为期限较长的、票面利率较低的债券。因为在市场利率下降幅度相同时，后者比前者的价格上升幅度更大；在预期市场利率将上升时，应投资于期限较短的、票面利率较高的债券，或将期限较长的、票面利率较低的债券调整为期限较短的、票面利率较高的债券。因为在市场利率上升幅度相同时，后者比前者的价格下降幅度更小，所承担的投资风险相对较小。③在预期市场利率将下降时，对于期限相同的债券，应投资于票面利率较低的债券，或将票面利率较高的债券调整为票面利率较低的债券，因为在市场利率下降幅度相同且债券期限也相同时，低利率债券的价格上升幅度更大。

利率调整策略是一种主动型或积极型的投资策略，它着眼于债券的资本收益和总收益，要求投资者对市场利率和债券价格变动趋势有较高的科学预测能力和丰富的市场操作经验。这方面能力和经验欠缺的投资者不适宜采用此策略，否则，将会承受很大的投资风险。

专栏16-1

台湾学者谈债券交易税与债券市场的发展[①]

1999年，台湾1‰的债券交易税终于被取消了。此后，专家预料公司债市场与金融债券的交易将更加活跃；企业也会更多地在债券市场融资。至于对投资人，则应更加关切公司债与金融债券发行者的信用风险，才能确保债券投资稳赚不赔。

周添城：债券的价格机制该如何建立？

林家生：目前债券市场因为成交量小，因此尚无法建立一套价格机制。不过，最近由于我国台湾地区“中央银行”大幅调低存款准备金率，无形中将债券市场由发行市场引进到交易市场阶段。以1993年发行的7年期公债为例，当时的发行利率等于一年期定期存款利率8%(年息)，现在(1999)，一年期定期存款利率为5.2%；而1993年7年期公债的利率为4.85%，两者之间的价差已拉开到0.4个百分点左右。

预料公司债与金融债券在取消债券交易税后，也可望由发行市场进入交易市场的阶段；而且以台湾地区存款金额十几亿台币的规模来看，未来将有机会转往债券市场投资，将有利于企业取得廉价资金。

王振能：以往，由于公司债的资信、流动性皆不如公债，而交易成本(1‰的交易税)也比公债高，因此对于有担保的公司债的价格，通常是同天期公债利率加上80～100个基点；至于无担保公司债，则是同天期公债利率加上150个基点。现在，证券交易税取消后，则加码的幅度须向下调整，至于调整多少，最终要由市场来作出判断。

黄信昌：目前债券市场亟须解决的问题，是要建立一套完整的指标公债利率，才能提供给市场一个合理的价格参照体系。对于指标公债利率可以采用“公债再发行”机制，让指标公债出现。在指标公债利率确定后，则由独立的专业信用评级机构，对各公司信用风险进行评级。根据这个评级标准，可以给予债券承销商与投资人一个定价的标准，届时，债券市场的定价功能将随之显现。

---

① 资料来源：谢剑平.现代投资学：分析与管理.北京：中国人民大学出版社，2004：200—201.

周添城：目前债券市场缺乏指标利率的原因在哪里？

黄信昌：债券指标利率一直无法形成，最主要的原因是债券市场上缺乏避险的工具。在国际金融市场上，相关避险工具如期货、利率交换等相当普遍。由于避险工具的普及，因此国外投资者进场意愿高，愿意进入债券市场承担交易风险。另外，现行清算交割制度不完善，例如银行对于债券买断交易还有额度限制，以及1‰债券交易税的问题。这些都是债券市场无法形成指标利率的原因。

王振能：债券市场的业务性质牵涉我国台湾地区“中央银行”、台湾地区“财政部”与台湾地区“证期会”。现在由于三个主管机关各自为政，造成证券市场运作受阻；若要市场运作顺畅，有必要成立一个跨部门的权威机构，才能有效协调债券市场的发展。在交易实务上，对于清算、交割等流程，尽可能通过无实体债券的模式；而店头与电话联络的交易方式，也可以更改为电子交易系统；一旦我国台湾地区债券市场交易速度加快，即可普及大众，甚至吸引海外投资者加入。

林家生：目前全球第一大债券市场美国其市场规模是我国台湾地区的100倍；第二大市场日本则为我国台湾地区的10倍。如今，我国台湾地区若要扩大债券市场规模可以搭配现货、期货与选择权等商品，尤其需要与利率期货配套使用，才能促成市场利率曲线的早日形成，以促进价格形成机制。

【本章小结】

债券投资风险可分为利率风险、再投资风险、汇率风险、购买力风险、违约风险、赎回风险和流动性风险等。

久期是用未来每期现金流量现值占总现金流量现值的比重作为权重，计算出的债券投资的平均回收年限。

久期有三种计算方法，即麦考利久期(Macaulay Duration)、费歇尔—威尔久期(Fisher-Weil Duration)以及考克斯—英格索尔—罗斯久期(Cox-Ingsoll-Ross Duration)。

修正久期与债券价格变化的百分比成比例，因此修正久期可用用来测度债券在收益率变化时的风险暴露程度。

债券凸性则是对债券价格利率敏感性的二阶估计，或是对债券久期利率敏感性的测度，它可以对债券久期估计的误差进行有效的校正。

债券的投资管理策略包括消极型的管理、免疫管理和积极型管理。

Section 6

其他投资工具

其他投资工具

第17章　证券投资基金

【学习要点】

1. 了解证券投资基金的类型；
2. 了解证券投资基金的运作模式；
3. 掌握基金投资损益的计算。

17.1　证券投资基金概述

一般来说，证券投资基金是一种利益共享、风险共担的集合证券投资方式，即通过发行基金单位，集中投资者的资金，由基金托管人托管，由基金管理人管理和运用资金、从事股票、债券等金融工具投资。

17.1.1　证券投资基金的概念与特点

（一）证券投资基金的概念

证券投资基金（简称"基金"）是指通过发售基金份额，将众多投资者的资金集中起来，形成独立财产，由基金托管人托管，基金管理人管理，以投资组合的方式进行证券投资的一种利益共享、风险共担的集合投资方式。

证券投资基金通过发行基金份额的方式募集资金，个人投资者或机构投资者通过购买一定数量的基金份额参与基金投资。基金所募集的资金在法律上具有独立性，由选定的基金托管人保管，并委托基金管理人进行股票、债券等分散化组合投资。基金投资者是基金的所有者。基金投资收益在扣除由基金承担的费用后的盈余全部归基金投资者所有，并依据各个投资者所购买的基金份额的多少在投资者之间进行分配。

每只基金都会订立基金合同，基金管理人、基金托管人和基金投资者的权利义务在基金合同中有详细约定。基金公司在发售基金份额时都会向投资者提供一份招募说明书。有关基金运作的各个方面，如基金的投资目标与理念、投资范围与对象、投资策略与限制、基金的发售与买卖、基金费用与收益分配等，都会在招募说明书中详细说明。基金合同与招募说明书是基金设立的两个重要法律文件。

与直接投资股票或债券不同，证券投资基金是一种间接投资工具。一方面，证券投资基金以股票、债券等金融证券为投资对象；另一方面，基金投资者通过购买基金份额的方式间接进行证券投资。

世界上不同国家和地区对证券投资基金的称谓有所不同。证券投资基金在美国被称为共同基金，在英国和中国香港特别行政区被称为单位信托基金，在欧洲一些国家被称为集合投资基金或集合投资计划，在日本和中国台湾地区则被称为证券投资信托基金。

(二)证券投资基金的特点

1.集合理财、专业管理

基金将众多投资者的资金集中起来，委托基金管理人进行共同投资，表现出一种集合理财的特点。通过汇集众多投资者的资金，积少成多，有利于发挥资金的规模优势，降低投资成本。基金由基金管理人进行投资管理和运作。基金管理人一般拥有大量的专业投资研究人员和强大的信息网络，能够更好地对证券市场进行全方位的动态跟踪与深入分析。将资金交给基金管理人管理，使中小投资者也能享受到专业化的投资管理服务。

2.组合投资、分散风险

为降低投资风险，一些国家的法律通常规定基金必须以组合投资的方式进行基金的投资运作，从而使"组合投资、分散风险"成为基金的一大特色。中小投资者由于资金量小，一般无法通过购买数量众多的股票分散投资风险。基金通常会购买几十种甚至上百种股票，投资者购买基金就相当于用很少的资金购买了一篮子股票。在多数情况下，某些股票价格下跌造成的损失可以用其他股票价格上涨产生的盈利来弥补，因此可以充分享受到组合投资、分散风险的好处。

3.利益共享、风险共担

证券投资基金实行利益共享、风险共担的原则。基金投资者是基金的所有者。基金投资收益在扣除由基金承担的费用后的盈余全部归基金投资者所有，并依据各投资者所持有的基金份额比例进行分配。为基金提供服务的基金托管人、基金管理人只能按规定收取一定比例的托管费、管理费，并不参与基金收益的分配。

4.严格监管、信息透明

为切实保护投资者的利益，增强投资者对基金投资的信心，各国(地区)基金监管机构都对基金业实行严格的监管，对各种有损于投资者利益的行为进行严厉的打击，并强制基金进行及时、准确、充分的信息披露。在这种情况下，严格监管与信息透明也就成为基金的另一个显著特点。

5.独立托管、保障安全

基金管理人负责基金的投资操作，本身并不参与基金财产的保管，基金财产的保管由独立于基金管理人的基金托管人负责，这种相互制约、相互监督的制衡机制对投资者的利益提供了重要的保障。

(三)证券投资基金与其他金融工具的比较

1.基金与股票、债券的差异

(1)反映的经济关系不同。股票反映的是一种所有权关系，是一种所有权凭证，投资者购买股票后就成为公司的股东；债券反映的是债权债务关系，是一种债权凭证，投资者购买债券后就成为公司的债权人；基金反映的则是一种信托关系，是一种受益凭证，投资者购买基金份额就成为基金的受益人。

(2)所筹资金的投向不同。股票和债券是直接投资工具，所筹集的资金主要投向实业领域；基金是一种间接投资工具，所筹集的资金主要投向有价证券等金融工具或产品。

(3)投资收益与风险大小不同。通常情况下，股票价格的波动性较大，是一种高风险、高收益的投资品种；债券可以给投资者带来较为确定的利息收入，波动性也较股票要小，是一种低风险、低收益的投资品种；基金投资于众多金融工具或产品，能有效分散风险，是一种风险相对适中、收益相对稳健的投资品种。

2. 基金与银行储蓄存款的差异

截至目前，由于开放式基金主要通过银行代销，许多投资者误认为基金是银行发行的金融产品，与银行储蓄存款没有太大区别。实际上，两者有着本质的不同，主要表现在以下几个方面：

(1)性质不同。基金是一种受益凭证，基金财产独立于基金管理人；基金管理人只是受托管理投资者资金，并不承担投资损失的风险。银行储蓄存款表现为银行的负债，是一种信用凭证；银行对存款者负有法定的保本付息责任。

(2)收益与风险特性不同。基金收益具有一定的波动性，投资风险较大；银行存款利率相对固定，投资者损失本金的可能性很小，投资相对比较安全。

(3)信息披露程度不同。基金管理人必须定期向投资者公布基金的投资运作情况；银行吸收存款之后，不需要向存款人披露资金的运用情况。

17.1.2 证券投资基金的运作与参与主体

(一)证券投资基金的运作

基金的运作包括基金的市场营销、基金的募集、基金的投资管理、基金资产的托管、基金份额的登记、基金的估值与会计核算、基金的信息披露以及其他基金运作活动在内的所有相关环节。

基金的运作活动从基金管理人的角度看，可以分为基金的市场营销、基金的投资管理与基金的后台管理三大部分。基金的市场营销主要涉及基金份额的募集与客户服务，基金的投资管理体现了基金管理人的服务价值，而包括基金份额的注册登记、基金资产的估值、会计核算、信息披露等后台管理服务则对保障基金的安全运作起着重要的作用。

(二)基金的参与主体

在基金市场上，存在许多不同的参与主体。依据所承担的职责与作用的不同，可以将基金市场的参与主体分为基金当事人、基金市场服务机构、基金监管机构和自律机构三大类。

1. 基金当事人

我国的证券投资基金依据基金合同设立，基金份额持有人、基金管理人与基金托管人是基金合同的当事人，简称基金当事人。

(1)基金份额持有人。基金份额持有人即基金投资者，是基金的出资人、基金资产的所有者和基金投资回报的受益人。按照《中华人民共和国证券投资基金法》(简称《证券投资基金法》)的规定，我国基金份额持有人享有以下权利：分享基金财产收益，参与分配清算后的剩余基金财产，依法转让或者申请赎回其持有的基金份额，按照规定要求召开基金份额持有人大会，对基金份额持有人大会审议事项行使表决权，查阅或者复制公开披露的基金信息资料，对基金管理人、基金托管人、基金销售机构损害其合法权益的行为依法提出诉讼，基金合同约定的其他权利。

(2)基金管理人。基金管理人是基金产品的募集者和管理者，其最主要的职责就是按照基金合同的约定，负责基金资产的投资运作，在有效控制风险的基础上为基金投资者争取最大的投资收益。基金管理人在基金运作中具有核心作用，基金产品的设计、基金份额的销售与注册登记、基金资产的管理等重要职能多半由基金管理人或基金管理人选定的其他服务机构承担。在我国，基金管理人只能由依法设立的基金管理公司担任。

(3)基金托管人。为了保证基金资产的安全，《证券投资基金法》规定，基金资产必须由独立于基金管理人的基金托管人保管，从而使得基金托管人成为基金的当事人之一。基金托管人的职责主要体现在基金资产保管、基金资金清算、会计复核以及对基金投资运作的监督等方面。在我国，基金托管人只能由依法设立并取得基金托管资格的商业银行担任。

2.基金市场服务机构

基金管理人、基金托管人既是基金的当事人，又是基金的主要服务机构。除基金管理人与基金托管人外，基金市场上还有许多面向基金提供各类服务的其他机构。这些机构主要包括基金销售机构、注册登记机构、律师事务所、会计师事务所、基金投资咨询公司、基金评级公司等。

(1)基金销售机构。基金销售机构是受基金管理公司委托从事基金代理销售的机构。通常，只有机构客户或资金规模较大的投资者才直接通过基金管理公司进行基金份额的直接买卖，一般资金规模较小的普通投资者通常经过基金代销机构进行基金的申(认)购与赎回或买卖。在我国，只有中国证券监督管理委员会(简称“中国证监会”)认定的机构才能从事基金的代理销售。目前，商业银行、证券公司、证券投资咨询机构、专业基金销售机构以及中国证监会规定的其他机构，均可以向中国证监会申请基金代销业务资格，从事基金的代销业务。

(2)注册登记机构。基金注册登记机构是指负责基金登记、存管、清算和交收业务的机构。其具体业务包括投资者基金账户管理、基金份额注册登记、清算及基金交易确认、红利发放、基金份额持有人名册的建立与保管等。目前，在我国承担基金份额注册登记工作的主要是基金管理公司自身和中国证券登记结算有限责任公司(简称“中国结算公司”)。

(3)律师事务所和会计师事务所。律师事务所和会计师事务所作为专业、独立的中介服务机构，为基金提供法律、会计服务。

(4)基金投资咨询机构和基金评级机构。基金投资咨询机构是向基金投资者提供基金投资咨询建议的中介机构；基金评级机构则是向投资者以及其他市场参与主体提供基金评价业务、基金资料与数据服务的机构。

3.基金监管机构和自律组织

(1)基金监管机构。为了保护基金投资者的利益，世界上不同国家和地区都对基金活动进行严格的监督管理。基金监管机构通过依法行使审批或核准权，依法办理基金备案，对基金管理人、基金托管人以及其他从事基金活动的中介机构进行监督管理，对违法违规行为进行查处，因此其在基金的运作过程中起着重要的作用。

(2)基金自律组织。证券交易所是基金的自律管理机构之一。我国的证券交易所是依法设立的，不以营利为目的，为证券的集中和有组织的交易提供场所和设施，履行国家有关法律法规、规章、政策规定的职责，实行自律性管理的法人。一方面，封闭式基金、上市开放式基金和交易型开放式指数基金等都需要通过证券交易所募集和交易，而且还必须遵守证券交易所的规则；另一方面，经中国证监会授权，证券交易所对基金的投资交易行为还承担着重要的一线监控职责。

基金行业自律组织是由基金管理人、基金托管人或基金销售机构等行业组织成立的同业协会。同业协会在促进同业交流、提高从业人员素质、加强行业自律管理、促进行业规范发展等方面具有重要的作用。

17.1.3 证券投资基金的法律形式

依据法律形式的不同，基金可分为契约型基金与公司型基金。目前，我国的基金均为契约型基金，公司型基金则以美国的投资公司为代表。

（一）契约型基金

契约型基金是依据基金合同而设立的一类基金。基金合同是规定基金当事人之间权利义务的基本法律文件。在我国，契约型基金依据基金管理人、基金托管人之间所签署的基金合同设立；基金投资者自取得基金份额后即成为基金份额持有人和基金合同的当事人，依法享受权利并承担义务。

（二）公司型基金

公司型基金在法律上是具有独立法人地位的股份投资公司。公司型基金依据基金公司章程设立，基金投资者是基金公司的股东，享有股东权，按所持有的股份承担有限责任，分享投资收益。公司型基金公司设有董事会，代表投资者的利益行使职权。虽然公司型基金在形式上类似于一般股份公司，但不同于一般股份公司的是，它委托基金管理公司作为专业的财务顾问来经营与管理基金资产。

（三）契约型基金与公司型基金的区别

1. 法律主体资格不同

契约型基金不具有法人资格；公司型基金具有法人资格。

2. 投资者的地位不同

契约型基金依据基金合同成立。基金投资者尽管也可以通过持有人大会表达意见，但与公司型基金的股东大会相比，契约型基金持有人大会赋予基金持有者的权利相对较小。

3. 基金营运依据不同

契约型基金依据基金合同营运基金；公司型基金依据基金公司章程营运基金。

公司型基金的优点是法律关系明确清晰，监督约束机制较为完善；但契约型基金在设立上更为简单易行。两者之间的区别主要表现在法律形式的不同，并无优劣之分。

17.1.4 证券投资基金的运作方式

依据运作方式的不同，可以将基金分为封闭式基金与开放式基金。

封闭式基金是指基金份额在基金合同期限内固定不变，基金份额可以在依法设立的证券交易所交易，但基金份额持有人不得申请赎回的一种基金运作方式。

开放式基金是指基金份额不固定，基金份额可以在基金合同约定的时间和场所进行申购或者赎回的一种基金运作方式。这里所指的开放式基金特指传统的开放式基金，不包括交易型开放式指数基金和上市开放式基金等新型开放式基金。

封闭式基金与开放式基金主要有以下不同：

（1）期限不同。封闭式基金一般有一个固定的存续期；而开放式基金一般是无期限的。我国《证券投资基金法》规定，封闭式基金的存续期应在 5 年以上，封闭式基金期满后可以通过一定的法定程序延期。目前，我国封闭式基金的存续期大多在 15 年左右。

(2)份额限制不同。封闭式基金的基金份额是固定的,在封闭期限内未经法定程序认可不能增减;开放式基金规模不固定,投资者可随时提出申购或赎回申请,基金份额会随之增加或减少。

(3)交易场所不同。封闭式基金份额固定,在完成募集后,基金份额在证券交易所上市交易。投资者买卖封闭式基金份额,只能委托证券公司在证券交易所按市价买卖,交易在投资者之间完成。开放式基金份额不固定,投资者可以按照基金管理人确定的时间和地点向基金管理人或其销售代理人提出申购、赎回申请,交易在投资者与基金管理人之间完成。

(4)价格形成方式不同。封闭式基金的交易价格主要受二级市场供求关系的影响。当需求旺盛时,封闭式基金二级市场的交易价格会超过基金份额净值而出现溢价交易现象;反之,当需求低迷时,交易价格会低于基金份额净值而出现折价交易现象。开放式基金的买卖价格以基金份额净值为基础,不受市场供求关系的影响。

(5)激励约束机制与投资策略不同。封闭式基金份额固定,即使基金表现好其扩展能力也受到较大的限制。如果表现不尽如人意,由于投资者无法赎回投资,基金经理也不会在经营与流动性管理上面临直接的压力。与此不同,如果开放式基金的业绩表现好,就会吸引到新的投资,基金管理人的管理费收入也会随之增加;如果基金表现差,开放式基金则面临来自投资者要求赎回投资的压力。因此,与封闭式基金相比,一般开放式基金向基金管理人提供了更好的激励约束机制。

但从另一方面看,由于开放式基金的份额不固定,投资操作常常会受到不可预测的资金流入、流出的影响与干扰,特别是为满足基金赎回的需要,开放式基金必须保留一定的现金资产,并高度重视基金资产的流动性.这在一定程度上会给基金的长期经营业绩带来不利影响。相对而言,由于封闭式基金份额固定,没有赎回压力,基金投资管理人员完全可以根据预先设定的投资计划进行长期投资和全额投资,并将基金资产投资于流动性相对较弱的证券上,这在一定程度上有利于基金长期业绩的提高。

17.1.5 证券投资基金的起源与发展

(一)证券投资基金的起源与早期发展

证券投资基金是证券市场发展的必然产物,在发达国家已有上百年的历史。最早的基金究竟诞生于何时目前并没有一致性的看法。一些人认为,1822 年由荷兰国王威廉姆一世所创立的私人信托投资基金可能是世界上最早的基金。但另一些人则认为,将不同投资者的资金汇集起来进行分散投资的思想早在 1774 年就由一位名叫凯特威士(Ketwich)的荷兰商人付诸实践,其所创办的一只信托基金名称中就包含着“团结就是力量”的含义。但无论如何,封闭式的投资信托基金是在后来的英国生根发芽、发扬光大的,因此目前人们更多地倾向于将 1868 年英国成立的“海外及殖民地政府信托基金”(The Foreign and Colonial Government Trust)看作是最早的基金。

基金作为一种社会化的理财工具能够在英国落地生根和发扬光大与英国工业革命的发展密不可分。19 世纪中叶时的英国经过第一次产业革命之后,工商业发展速度很快,殖民地和贸易遍及世界各地,社会和个人财富迅速增长,国内投资成本提高,于是许多商人便将私人财产和资金纷纷转移到劳动力价格低廉的海外市场进行投资,以谋求资本的最大增值。但由于投资者缺乏国际投资经验,对海外的投资环境缺乏应有的了解,加上地域限制和语言不通，无力自行管理。在经历了投资失败、被欺诈等惨痛教训之后，集合投资者的资金、委托专人经营和管理、分散投资的封闭式信托投资基金应运而生，并受到人们的欢迎。

早期的基金基本上是封闭式基金。1924 年 3 月 21 日诞生于美国的“马萨诸塞投资信托基金”成为世界上第一个开放式基金。此后，美国逐渐取代英国成为全球基金业发展的中心。

1929 年美国只有 10 多只开放式基金，而封闭式基金的数量则有 700 多只。但 1929 年的经济大危机与股市崩盘，使普遍进行杠杆操作的美国封闭式基金几乎全军覆没，而开放式基金则顽强地生存了下来。

美国基金投资者在经济大危机中损失惨重，而且基金在操作中的投机行为也极大地影响了投资者的信心。为此，美国监管部门开始对基金加强监管，其中 1940 年出台的《投资公司法》与《投资顾问法》不但对美国基金业的发展具有基石性作用，也对基金在全球的普及性发展影响深远。

(二)证券投资基金在全球的普及性发展

美国是世界上基金业最为发达的国家，下面我们主要以美国基金业的发展情况为主对证券投资基金在全球的普及性发展作简要介绍。

20 世纪 30 年代美国基金业的发展遭受重创后，在接下来的四五十年代，美国基金业的发展非常缓慢。60 年代尽管出现了短暂的股票基金发展热，但由于 1969 年股票市场大熊市的到来，使投资者对基金的兴趣再次减退。

1971 年货币市场基金的推出为美国基金业的发展注入了新的活力，基金开始受到越来越多的普通投资者的青睐。而 20 世纪 80 年代随着养老基金制度改革以及随后 90 年代股票市场的持续大牛市使美国基金业的发展真正迎来了大发展的时代。截止到 2008 年年末，美国共同基金的资产有 9.6 万亿美元，有 9300 万名基金投资者，基金数量超过 1 万只。

从全球基金业的发展看，20 世纪 80 年代以后，随着世界经济的高速增长和全球经济一体化的迅速发展，受美国与其他发达国家基金业的发展对促进资本市场的健康发展经验的启示，一些发展中国家也认识到基金的重要性，对基金业的发展普遍持积极的态度，相继制定了一系列法律、法规，使基金在世界范围内得到了普及发展。根据美国投资公司协会(ICI)的统计，截至 2008 年年末，全球共同基金的资产规模已达到 18.97 万亿美元，我国已成为全球第十大基金市场。

(三)全球基金业发展的趋势与特点

1. 美国占据主导地位，其他国家和地区发展迅猛

目前，美国的证券投资基金资产总值占世界半数以上，对全球证券投资基金的发展有着重要的示范性影响。除欧洲、美国、日本外，澳大利亚、拉丁美洲、亚洲新兴国家和地区，如中国香港、中国台湾等地区以及新加坡、韩国等国家的证券投资基金发展也很快。随着数量、品种、规模的大幅度增长，证券投资基金日益成为各国或各地区资本市场的重要力量，市场地位和影响不断提高。

2. 开放式基金成为证券投资基金的主流产品

20 世纪 80 年代以来，开放式基金的数量和规模增加幅度最大，目前已成为证券投资基金中的主流产品。探究其中的原因，开放式基金更加市场化的运作机制和制度安排是非常重要的因素之一，其独特灵活的赎回机制适应了市场竞争的客观需要，是金融创新顺应市场

发展潮流的集中体现和必然结果。事实证明,开放式基金更加全面的客户服务和更加充分的信息披露,已经获得了基金投资者的广泛青睐。

3. 基金市场竞争加剧,行业集中趋势突出

在证券投资基金的发展过程中,基金市场行业集中趋势明显,资产规模位居前列的少数最大的基金管理公司所占的市场份额不断扩大。随着市场竞争的加剧,许多基金管理公司不得不走上兼并、收购的道路,这反过来进一步加剧了基金市场的集中趋势。

4. 基金资产的资金来源发生了重大变化

个人投资者一直是传统上的证券投资基金的主要投资者,但目前已有越来越多的机构投资者,特别是退休基金成为基金的重要资金来源。比如,美国允许雇主发起的养老金计划和个人税收优惠储蓄计划,以共同基金为投资对象。在近 10 年中,美国共同基金业的迅速发展壮大与退休养老金快速增加紧密相关。

17.1.6 我国基金业的发展概况

我国基金业的发展可以分为三个历史阶段:20 世纪 80 年代末至 1997 年 11 月 14 日《证券投资基金管理暂行办法》(简称《暂行办法》)颁布之前的早期探索阶段、《暂行办法》颁布实施以后至 2004 年 6 月 1 日《证券投资基金法》实施前的试点发展阶段与《证券投资基金法》实施以来的快速发展阶段。

(一)早期探索阶段

始于 20 世纪 70 年代末的中国经济体制改革,在推动中国经济快速发展的同时,也引发了社会对资金的巨大需求。在这种背景下,基金作为一种筹资手段开始受到一些中国驻外金融机构的注意。1987 年,中国新技术创业投资公司(中创公司)与汇丰集团、渣打集团在中国香港联合设立了中国置业基金,首期筹资 3900 万元人民币,直接投资于以珠江三角洲为中心的周边乡镇企业,并随即在香港联合交易所上市。这标志着中资金融机构开始正式涉足投资基金业务。其后,一批由中资金融机构与外资金融机构在境外设立的中国概念基金相继推出。

中国经济的快速发展也催生了中国证券市场的发展。上海证券交易所与深圳证券交易所相继于 1990 年 12 月、1991 年 7 月开业,标志着中国证券市场正式形成。

在境外中国概念基金与中国证券市场初步发展的影响下,中国境内第一家较为规范的投资基金——淄博乡镇企业投资基金(简称"淄博基金"),于 1992 年 11 月经中国人民银行总行批准正式设立。该基金为公司型封闭式基金,募集规模 1 亿元人民币,60%投向淄博乡镇企业,40%投向上市公司,并于 1993 年 8 月在上海证券交易所最早挂牌上市。

淄博基金的设立揭开了投资基金业在内地发展的序幕,并在 1993 年上半年引发了短暂的中国投资基金发展的热潮。1993 年下半年,经济发展过热引发了通货膨胀,政府加强了宏观调控。在这种情况下,投资基金的审批受到限制。1994 年后,我国进入经济金融治理整顿阶段。随着经济的逐步降温,基金发展过程中的不规范问题和积累的其他问题逐步暴露出来,多数基金的资产状况趋于恶化,在经营上步履维艰。中国基金业的发展因此陷于停滞状态。

相对于 1998 年《暂行办法》实施以后发展起来的新的证券投资基金(简称"新基金"),人们习惯上将 1997 年以前设立的基金称为"老基金"。截至 1997 年年底,老基金的数量共有

75只，筹资规模在58亿元人民币左右。

老基金存在的问题主要表现在以下三个方面：一是缺乏基本的法律规范，普遍存在法律关系不清、无法可依、监管不力的问题；二是受地方政府要求服务地方经济需要的引导以及当时境内证券市场规模狭小的限制，老基金并不以上市证券为基本投资方向，而是大量投向了房地产企业等产业部门，因此它们实际上是一种直接投资基金，而非严格意义上的证券投资基金；三是这些老基金深受房地产市场降温、实业投资无法变现以及贷款资产无法回收的困扰，资产质量普遍不高。总体而言，这一阶段中国基金业的发展带有很大的探索性与自发性。

(二)试点发展阶段

在对老基金发展过程加以反思的基础上，经国务院批准，国务院证券监督管理委员会于1997年11月14日颁布了《证券投资基金管理暂行办法》。这是我国首次颁布的规范证券投资基金运作的行政法规，为我国基金业的规范发展奠定了规制基础。由此，中国基金业的发展进入规范化的试点发展阶段。

在试点发展阶段，我国基金业在发展上主要表现出以下几个方面的特点。

1.基金在规范化运作方面得到很大的提高

在这一阶段，为确保试点的成功，监管部门首先在基金管理公司和基金的设立上实行严格的审批制。《证券投资基金管理暂行办法》对基金管理公司的设立规定了较高的准入条件：基金管理公司的主要发起人必须是证券公司或信托投资公司，每个发起人的实收资本不少于3亿元人民币。较高的准入门槛和严格的审批制度尽管不利于竞争，但在保证基金的规范化运作上起到了良好的作用，在很大程度上确保了基金的社会公信力。其次是明确基金托管人在基金运作中的作用。最后就是建立较为严格的信息披露制度。这些措施的实行，有力地促进了我国基金业的规范化运作。

2.在封闭式基金成功试点的基础上成功地推出开放式基金，使我国的基金运作水平实现历史性跨越

1998年3月27日，经中国证监会批准，新成立的南方基金管理公司和国泰基金管理公司分别发起设立了两只规模均为20亿元的封闭式基金——基金开元和基金金泰，由此拉开了中国证券投资基金试点的序幕。在试点的第一年——1998年，我国共设立了5家基金管理公司，管理封闭式基金数量5只，募集资金100亿元人民币，年末基金资产净值合计107.4亿元人民币。1999年，基金管理公司的数量增加到10家，全年共有14只新的封闭式基金发行。

在封闭式基金成功试点的基础上，2000年10月8日中国证监会发布了《开放式证券投资基金试点办法》。2001年9月，我国第一只开放式基金——华安创新诞生，使我国基金业发展实现了从封闭式基金到开放式基金的历史性跨越。此后，开放式基金逐渐取代封闭式基金成为中国基金市场发展的方向。

3.对老基金进行了全面规范清理，绝大多数老基金通过资产置换、合并等方式被改造成为新的证券投资基金

在新基金成功试点的基础上，中国证监会开始着手对原有投资基金进行清理规范。1999年10月下旬，10只老基金最先经资产置换后合并改制成4只证券投资基金，随后其他老基金也被陆续改制为新基金。老基金的全面清理规范，解决了基金业发展的历史遗留问题。

4. 监管部门出台了一系列鼓励基金业发展的政策措施，对基金业的发展起到了重要的促进作用

鼓励基金业发展的政策措施包括向基金进行新股配售、允许保险公司通过购买基金间接进行股票投资等。对基金进行新股配售，提高了基金的收益水平，增强了基金对投资者的吸引力，对基金业的发展起到了重要的促进作用。允许保险公司通过购买基金间接进行股票投资，使保险公司成为基金的最大机构投资者，也有力地支持了基金业在试点时期的规模扩张。

5. 开放式基金的发展为基金产品的创新开辟了新的天地

在开放式基金推出之前，我国共有 47 只封闭式基金。2002 年 8 月，我国封闭式基金的数量增加到 54 只。其后由于封闭式基金一直处于高折价交易状态，封闭式基金的发展因此陷入停滞状态。与此相反，开放式基金的推出为我国基金业的产品创新开辟了新的天地，我国的基金品种日益丰富。这一阶段具有代表性的基金创新品种有：2002 年 8 月推出的第一只以债券投资为主的债券基金——南方宝元债券基金，2003 年 3 月推出的我国第一只系列基金——招商安泰系列基金，2003 年 5 月推出的我国第一只具有保本特色的基金——南方避险增值基金，2003 年 12 月推出的我国第一只货币型市场基金——华安现金富利基金等。

(三)快速发展阶段

2004 年 6 月 1 日开始实施的《证券投资基金法》，为我国基金业的发展奠定了重要的法律基础，标志着我国基金业的发展进入了一个新的发展阶段。

自《证券投资基金法》实施以来，我国基金业在发展上出现了以下一些新的变化。

1. 基金业监管的法律体系日益完善

为配合《证券投资基金法》的实施，中国证监会相继出台了《证券投资基金管理公司管理办法》、《证券投资基金运作管理办法》、《证券投资基金销售管理办法》、《证券投资基金信息披露管理办法》、《证券投资基金托管管理办法》、《证券投资基金行业高级管理人员任职管理办法》等法规，使我国基金业监管的法律体系日趋完备。

2. 基金品种日益丰富，开放式基金取代封闭式基金成为市场发展的主流

《证券投资基金法》实施以来，我国基金市场产品创新活动日趋活跃，具有代表性的基金创新产品包括：2004 年 10 月成立的国内第一只上市开放式基金(LOF)——南方积极配置基金，2004 年年底推出的国内首只交易型开放式指数基金(ETF)——华夏上证 50ETF，2006 年 5 月推出的国内首只生命周期基金——汇丰晋信 2016 基金，2007 年 7 月推出的国内首只结构化基金——国投瑞银瑞福基金，2007 年 9 月推出的首只 QDII 基金——南方全球精选基金 QDII 基金，2008 年 4 月推出的国内首只社会责任基金——兴业社会责任基金，2009 年 5 月推出 ETF 联接基金等。层出不穷的基金产品创新极大地推动了我国基金业的发展。

2007 年，我国基金业的资产规模到达了前所未有的 3.28 万亿元人民币。

自 2006 年起，随着一些封闭式基金陆续到期转为开放式基金，我国封闭式基金的数量不断减少。到 2009 年年末，我国封闭式基金的数量从高峰时的 54 只下降到了 31 只，资产净值为 1 238.8 亿元。与此形成鲜明对比的是，自 2003 年我国开放式基金的数量首次超过封闭式基金的数量。2004 年开放式基金的资产规模首次超过封闭式基金的资产规模后，开放式基金取代封闭式基金成为市场发展的主流。2009 年年末我国的基金数量达到了 556

只。其中，开放式基金的数量达到了 525 只（包括 ETF、QDII 基金），开放式基金数量占基金全部数量的比例达到了 94.3%。2009 年年末，我国基金资产净值为 2.68 万亿元，其中，开放式基金的资产净值占到全部资产净值的 95.4%。

3. 基金公司业务开始走向多元化，出现了一批规模较大的基金管理公司

目前，我国的基金管理公司除了募集、管理公募基金外，已被允许开展社保基金管理、企业年金管理、QDII 基金管理以及特定客户资产管理等其他委托理财业务，基金管理公司的业务正日益走向多元化。随着市场的发展，市场上也涌现出一批管理资产规模较大的基金管理公司。截至 2009 年年末，我国基金管理公司有 60 家，共有 7 家基金管理公司的基金管理资产超过了 1000 亿元。

4. 基金行业对外开放程度不断提高

基金行业的对外开放主要体现在三个方面：一是合资基金管理公司数量不断增加。我国第一家中外合资基金公司诞生于 2002 年年末。截止到 2009 年年末我国共有 34 家合资基金公司。合资基金管理公司占到基金管理公司总数的 57%。合资基金公司带来的国际投资理念、风险控制技术和营销体系等，推动了国内基金业的发展和成熟。二是合格境内机构投资者（QDII）的推出，使我国基金行业开始进入国际投资市场。自 2007 年我国首批推出 4 只 QDII 基金后，至 2009 年年末共有 9 只 QDII 基金成功募集运作。三是自 2008 年 4 月起，部分基金管理公司开始到香港设立分公司，从事资产管理相关业务。

5. 基金业市场营销和服务创新日益活跃

基金业市场化程度的提高直接推动了基金管理人营销和服务意识的增强。如在申购费用模式上，客户可以选择前端收费模式或后端收费模式；在交易方式上，可以采用电话委托、ATM、网上委托等。定期定额投资计划、红利再投资这些在成熟市场较为普遍的服务项目，也越来越多地被我国基金管理公司所采用。

6. 基金投资者队伍迅速壮大，个人投资者取代机构投资者成为基金的主要持有者

2006 年之前，机构投资者持有开放式基金的比例在 50%左右。2006 年以来，开放式基金愈来愈受到普通投资者的青睐。2009 年年末，我国开放式基金的账户数达到了 7788.7 万户，基金资产约 80%以上由个人投资者持有，标志着我国证券投资基金的投资者结构发生了质的变化。

17.2 证券投资基金的类型

证券投资基金的一大特色就是数量众多、品种丰富，可以较好地满足广大投资者的投资需要。科学合理的基金分类，无论是对投资者正确选择基金，还是对维护基金业的公平竞争，都有重要的意义。掌握各种不同类型基金的概念，认识主要基金类型的风险收益特征与分析方法，是对从业人员的基本要求。本节在对不同类型基金进行介绍的基础上，对股票基金、债券基金、混合基金、货币市场基金以及保本基金、交易型开放式指数基金等特殊类型的基金品种进行了重点分析。

17.2.1 证券投资基金分类概述

(一)证券投资基金分类的意义

随着基金数量、品种的不断增多,对基金进行科学合理的分类,无论是对投资者、基金管理公司,还是对基金研究评价机构、监管部门来说,都具有重要意义。

对基金投资者而言,基金数量越来越多,投资者需要在众多的基金中选择适合自己风险收益偏好的基金。科学合理的基金分类将有助于投资者加深对各种基金的认识及对风险收益特征的把握,有助于投资者作出正确的投资选择与比较。

对基金管理公司而言,基金业绩的比较应该在同一类别中进行才公平合理。

对基金研究评价机构而言,基金的分类则是进行基金评级的基础。

对监管部门而言,明确基金的类别特征将有利于针对不同基金的特点实施更有效的分类监管。

(二)基金分类的困难性

科学合理的基金分类至关重要,但在实际工作中对基金进行统一的分类并非易事。作为金融服务行业,基金产业为不断满足投资者的需要,基金产品创新的步伐从未停止,没有一种分类方法能够满足所有的需要,各种分类方法之间不可避免地存在重合与交叉。

为统一基金分类标准,一些国家常常由监管部门或行业协会出面制定基金分类的统一标准。如美国投资公司协会依据基金投资目标和投资策略的不同,将美国的基金分为33类。不过监管部门或行业协会的分类标准往往不够精细,无法满足投资者的实际投资需要。因此,尽管存在不同的分类标准,投资者仍会借助一些基金评级公司的基金分类进行实际的投资操作。

随着我国基金品种的日益丰富,在原先简单的封闭式基金与开放式基金划分的基础上,2004年7月1日开始施行的《证券投资基金运作管理办法》,首次将我国的基金类别分为股票基金、债券基金、货币市场基金、混合基金等基本类型。

(三)基金分类

构成基金的要素有多种,因此可以依据不同的标准对基金进行分类。

1.根据运作方式的不同,可以将基金分为封闭式基金、开放式基金

封闭式基金是指基金份额在基金合同期限内固定不变,基金份额可以在依法设立的证券交易所交易,但基金份额持有人不得申请赎回的一种基金运作方式。

开放式基金是指基金份额不固定,基金份额可以在基金合同约定的时间和场所进行申购或者赎回的一种基金运作方式。

2.根据法律形式的不同,可以将基金分为契约型基金、公司型基金等

不同的国家(地区)具有不同的法律环境,基金能够采用的法律形式也会有所不同。目前我国的基金全部是契约型基金,而美国的绝大多数基金则是公司型基金。组织形式的不同赋予了基金不同的法律地位,基金投资者所受到的法律保护也因此有所不同。

3.依据投资对象的不同,可以将基金分为股票基金、债券基金、货币市场基金、混合基金等

股票基金是指以股票为主要投资对象的基金。股票基金在各类基金中历史最为悠久,也是各国(地区)广泛采用的一种基金类型。根据中国证监会对基金类别的分类标准,基金

资产60%以上投资于股票的为股票基金。

债券基金主要以债券为投资对象。根据中国证监会对基金类别的分类标准，基金资产80%以上投资于债券的为债券基金。

货币市场基金以货币市场工具为投资对象。根据中国证监会对基金类别的分类标准，仅投资于货币市场工具的为货币市场基金。

混合基金同时以股票、债券等为投资对象，以期通过在不同资产类别上的投资实现收益与风险之间的平衡。根据中国证监会对基金类别的分类标准，投资于股票、债券和货币市场工具，但股票投资和债券投资的比例不符合股票基金、债券基金规定的为混合基金。

依据投资对象对基金进行分类，简单明确，对投资者具有直接的参考价值。

4.根据投资目标的不同，可以将基金分为增长型基金、收入型基金和平衡型基金

增长型基金是指以追求资本增值为基本目标，较少考虑当期收入的基金，主要以具有良好增长潜力的股票为投资对象。

收入型基金是指以追求稳定的经常性收入为基本目标的基金，主要以大盘蓝筹股、公司债、政府债券等稳定收益证券为投资对象。

平衡型基金则是既注重资本增值又注重当期收入的一类基金。

一般而言，增长型基金的风险大、收益高；收入型基金的风险小、收益较低；平衡型基金的风险、收益则介于增长型基金与收入型基金之间。根据投资目标的不同，既有以追求资本增值为基本目标的增长型基金，也有以获取稳定的经常性收入为基本目标的收入型基金和兼具增长与收入双重目标的平衡型基金。不同的投资目标决定了基金的基本投向与基本的投资策略，以适应不同投资者的投资需要。

5.依据投资理念的不同，可以将基金分为主动型基金与被动(指数)型基金

主动型基金是一类力图取得超越基准组合表现的基金。

与主动型基金不同，被动型基金并不主动寻求取得超越市场的表现，而是试图复制指数的表现。被动型基金一般选取特定的指数作为跟踪的对象，因此通常又被称为指数型基金。

6.根据募集方式的不同，可以将基金分为公募基金和私募基金

公募基金是指可以面向社会公众公开发售的一类基金。

私募基金则是只能采取非公开方式，面向特定投资者募集发售的基金。

公募基金主要有如下特征：可以面向社会公众公开发售基金份额和宣传推广，基金募集对象不固定；投资金额要求低，适宜中小投资者参与；必须遵守基金法律和法规的约束，并接受监管部门的严格监管。

与公募基金相比，私募基金不能进行公开的发售和宣传推广，投资金额要求高，投资者的资格和人数常常受到严格的限制。如美国相关法律要求，私募基金的投资者人数不得超过100人，每个投资者的净资产必须在100万美元以上。与公募基金必须遵守基金法律和法规的约束并接受监管部门的严格监管相比，私募基金在运作上具有较大的灵活性，所受到的限制和约束也较少。它既可以投资于衍生金融产品进行买空卖空交易，也可以进行汇率、商品期货投机交易等。私募基金的投资风险较高，主要以具有较强风险承受能力的富裕阶层为目标客户。

7.根据基金的资金来源和用途的不同，可以将基金分为在岸基金和离岸基金

在岸基金是指在本国募集资金并投资于本国证券市场的证券投资基金。由于在岸基金

的投资者、基金组织、基金管理人、基金托管人及其他当事人和基金的投资市场均在本国境内，所以基金的监管部门比较容易运用本国法律法规及相关技术手段对证券投资基金的投资运作行为进行监管。

离岸基金是指一国的证券投资基金组织在他国发售证券投资基金份额，并将募集的资金投资于本国或第三国证券市场的证券投资基金。

8. 特殊类型基金

(1)系列基金。系列基金又称为伞型基金，是指多个基金共用一个基金合同，子基金独立运作，子基金之间可以进行相互转换的一种基金结构形式。

(2)基金中的基金。基金中的基金是指以其他证券投资基金为投资对象的基金，其投资组合由其他基金组成。我国目前尚无此类基金存在。

(3)保本基金。保本基金是指通过采用投资组合保险技术，保证投资者在投资到期时至少能够获得投资本金或一定回报的证券投资基金。保本基金的投资目标是在锁定下跌风险的同时力争有机会获得潜在的高回报。目前，我国已有多只保本基金。

(4)交易型开放式指数基金(ETF)与 ETF 联接基金。交易型开放式指数基金通常又称为交易所交易基金(Exchange Traded Funds，ETF)，是一种在交易所上市交易的、基金份额可变的一种开放式基金。ETF 最早产生于加拿大，但其发展与成熟主要是在美国。ETF 一般采用被动式投资策略跟踪某一标的市场指数，因此具有指数基金的特点。

ETF 结合了封闭式基金与开放式基金的运作特点。投资者既可以像封闭式基金那样在交易所二级市场买卖，又可以像开放式基金那样申购、赎回。不同的是，它的申购是用一篮子股票换取 ETF 份额，赎回时则是换回一篮子股票而不是现金。这种交易制度使该类基金存在一级和二级市场之间的套利机制，可有效防止类似封闭式基金的大幅折价。

1990 年，加拿大多伦多证券交易所(TSE)推出了世界上第一只 ETF——指数参与份额(TIPs)。1993 年，美国的第一只 ETF——标准普尔存托凭证(SPDRs)诞生，其后 ETF 在美国开始获得迅速发展。根据美国投资公司协会的统计，截至 2007 年年末，美国共有 629 只 ETF 产品，资产总值达到 6084 亿美元。ETF 已成为美国基金市场上成长速度最快的基金品种之一。

我国第一只 ETF 成立于 2004 年年底的上证 50ETF。截至 2009 年年末我国共有 8 只 ETF。

普通投资者尽管可以像买卖封闭式基金一样在交易所买卖 ETF，但对未参与股票二级市场交易的投资者而言仍无法参与 ETF 投资。在这种情况下，一种将其绝大部分基金财产投资于跟踪同一标的指数的 ETF(简称目标 ETF)、密切跟踪标的指数表现、采用开放式运作方式、可以在场外申购或赎回的、被称为“ETF 联接基金”的基金应运而生。

根据中国证监会的相关指引，ETF 联接基金投资于目标 ETF 的资产不得低于基金资产净值的 90%，其余部分应投资于标的指数的成分股和备选成分股以及中国证监会规定的其他证券品种。从性质上看，可以将 ETF 联接基金看作是一种指数型的基金中的基金。

(5)上市开放式基金(LOF)。上市开放式基金(Listed Open-ended Funds，LOF)是一种既可以在场外市场进行基金份额申购、赎回，又可以在交易所(场内市场)进行基金份额交易和基金份额申购或赎回的开放式基金。它是我国对证券投资基金的一种本土化创新。

LOF 结合了银行等代销机构和交易所交易网络两者的销售优势，为开放式基金销售开辟了新的渠道。LOF通过场外市场与场内市场获得的基金份额分别被注册登记在场外系统与场内系统，但基金份额可以通过跨系统转托管(即跨系统转登记)实现在场外市场与场内市场的转换。LOF获准交易后，投资者既可以通过银行等场外销售渠道申购和赎回基金份额，也可以在挂牌的交易所买卖该基金或进行基金份额的申购与赎回。

LOF所具有的转托管机制与可以在交易所进行申购、赎回的制度安排，使LOF不会出现封闭式基金的大幅折价交易现象。

ETF与LOF都具备开放式基金可以申购、赎回和场内交易的特点，但两者存在本质区别，主要表现在：

一是申购、赎回的标的不同。ETF与投资者交换的是基金份额与一篮子股票；而LOF的申购、赎回是基金份额与现金的对价。

二是申购、赎回的场所不同。ETF的申购、赎回通过交易所进行；LOF的申购、赎回既可以在代销网点进行也可以在交易所进行。

三是对申购、赎回限制不同。只有资金在一定规模以上的投资者(基金份额通常要求在50万份以上)才能参与ETF的申购、赎回交易；而LOF在申购、赎回上没有特别要求。

四是基金投资策略不同。ETF通常采用完全被动式管理方法，以拟合某一指数为目标；而LOF则是普通的开放式基金增加了交易所的交易方式，它可以是指数型基金，也可以是主动管理型基金。

五是在二级市场的净值报价上，ETF每15秒提供一个基金参考净值报价；而LOF的净值报价频率要比ETF低，通常1天只提供1次或几次基金净值报价。

(6)QDII基金。QDII是Qualified Domestic Institutional Investors(合格的境内机构投资者)的首字缩写。QDII基金是指在一国境内设立，经该国有关部门批准从事境外证券市场的股票、债券等有价证券投资的基金。它为国内投资者参与国际市场投资提供了便利。2007年我国推出了首批QDII基金。

(7)分级基金。分级基金又称为“结构型基金”、“可分离交易基金”，是指在一只基金内部通过结构化的设计或安排，将普通基金份额拆分为具有不同预期收益与风险的两类(级)或多类(级)份额并可分离上市交易的一种基金产品。

17.2.2 股票基金

(一)股票基金在投资组合中的作用

股票基金以追求长期的资本增值为目标，比较适合长期投资。与其他类型的基金相比，股票基金的风险较高，但预期收益也较高。股票基金提供了一种长期的投资增值性，可供投资者用来满足教育支出、退休支出等远期支出的需要。与房地产一样，股票基金是应对通货膨胀最有效的手段。

(二)股票基金与股票的不同

作为一篮子股票组合的股票基金，与单一股票之间存在许多不同：

(1)股票价格在每一交易日内始终处于变动之中；股票基金净值的计算每天只进行1次，因此每一交易日股票基金只有1个价格。

(2)股票价格会由于投资者买卖股票数量的大小和强弱的对比而受到影响；股票基金份额净值不会由于买卖数量或申购、赎回数量的多少而受到影响。

(3)人们在投资股票时,一般会根据上市公司的基本面,如财务状况、产品的市场竞争力、盈利预期等方面的信息对股票价格高低的合理性作出判断,但却不能对股票基金份额净值进行合理与否的评判。换而言之,对基金份额净值高低进行合理与否的判断是没有意义的,因为基金份额净值是由其持有的证券价格复合而成的。

(4)单一股票的投资风险较为集中,投资风险较大;股票基金由于进行分散投资,投资风险低于单一股票的投资风险。但从风险来源看,股票基金增加了基金经理投资的委托代理风险。

(三)股票基金的投资风险

股票基金所面临的投资风险主要包括系统性风险、非系统性风险以及管理运作风险。

系统性风险即市场风险,是指由整体政治、经济、社会等环境因素对证券价格所造成的影响。系统性风险包括政策风险、经济周期性波动风险、利率风险、购买力风险、汇率风险等。这种风险不能通过分散投资加以消除,因此又称为不可分散风险。

非系统性风险是指个别证券特有的风险,包括企业的信用风险、经营风险、财务风险等。非系统性风险可以通过分散投资加以规避,因此又称为可分散风险。

管理运作风险是指由于基金经理对基金的主动性操作行为而导致的风险,如基金经理不适当地对某一行业或个股的集中投资给基金带来的风险。

股票基金通过分散投资可以大大降低个股投资的非系统性风险,但却不能回避系统性投资风险,而管理运作风险则因基金而异。

不同类型的股票基金所面临的风险会有所不同。如单一行业投资基金会存在行业投资风险,而以整个市场为投资对象的基金则不会存在行业风险;单一国家型股票基金将会面临较高的单一国家投资风险,而全球股票基金则会较好地回避此类风险。

(四)股票基金的分析

在投资股票时,投资者通常可以借助每股收益、市盈率等分析指标对股票投资价值进行分析。同样,对股票基金的分析也有一些常用的分析指标,如反映基金经营业绩的指标、反映基金风险大小的指标、反映基金组合特点的指标、反映基金运作成本的指标、反映基金操作策略的指标,等等。

1.反映基金经营业绩的指标

反映基金经营业绩的主要指标包括基金分红、已实现收益、净值增长率等指标。其中,净值增长率是最主要的分析指标,最能全面反映基金的经营成果。基金分红是基金对基金投资收益的派现,其大小会受到基金分红政策、已实现收益、留存收益的影响,不能全面反映基金的实际表现。如果基金只卖出有盈利的股票,保留被套的股票,已实现收益可能很高,但基金的浮动亏损可能更大,基金最终可能是亏损的。因此,用已实现收益不能很好地反映基金的经营成果。

最简单的净值增长率指标可以计算如下:

$$\text{净值增长率}=\frac{\text{期末份额净值}-\text{期初份额净值}+\text{每份期间分红}}{\text{期初份额净值}}\times 100\%$$

净值增长率对基金的分红、已实现收益、未实现收益都加以考虑,因此是最能有效反映基金经营成果的指标。

净值增长率越高,说明基金的投资效果越好。但如果单纯考察一只基金本身的净值增长率说明不了什么问题，通常还应该将该基金的净值增长率与比较基准、同类基金的净值增长率比较才能对基金的投资效果进行全面评价。

2. 反映基金风险大小的指标

常用来反映股票基金风险大小的指标有标准差、贝塔值、持股集中度、行业投资集中度、持股数量等指标。

有的股票基金每年的净值增长率可能相差很大，有的基金每年的净值增长率之间的差异可能较小。净值增长率波动程度越大，基金的风险就越高。基金净值增长率的波动程度可以用标准差来计量，并通常按月计算。在净值增长率服从正态分布时，可以期望 2/3（约 67%）的情况下，净值增长率会落入平均值正负 1 个标准差的范围内，95%的情况下基金净值增长率会落在正负 2 个标准差的范围内。

例如，一只基金的月平均净值增长率为 3%，标准差为 4%。在正态分布下，该基金月度净值增长率处于 7%～－1%之间的可能性是 67%，月度净值增长率在 11%～－5%之间的可能性是 95%。

股票基金以股票市场为活动母体，其净值变动不能不受到证券市场系统风险的影响。通常可以用贝塔值（β）的大小衡量一只股票基金面临的市场风险的大小。贝塔值将一只股票基金的净值增长率与股票市场某个指数联系起来，以反映基金净值变动对市场指数变动的敏感程度。

$$\beta=\frac{\text{基金净值增长率}}{\text{股票指数增长率}}$$

如果股票指数上涨或下跌 1%，某基金的净值增长率上涨或下跌 1%，那么该基金的贝塔值为 1，说明该基金净值的变化与指数的变化幅度相当。如果某基金的贝塔值大于 1，说明该基金是一只活跃或激进型基金。如果某基金的贝塔值小于 1，说明该基金是一只稳定或防御型的基金。

$$\text{持股集中度}=\frac{\text{前十大重仓股投资市值}}{\text{基金股票投资总市值}}\times 100\%$$

持股集中度越高，说明基金在前十大重仓股的投资越多，基金的风险越高。类似的，可以计算基金在前三大行业或前五大行业上的行业投资集中度。持股数量越多，基金的投资风险越分散，风险越低。但持股过分分散，也不利于基金业绩的提高。

3. 反映股票基金组合特点的指标

依据股票基金所持有的全部股票的平均市值、平均市盈率、平均市净率等指标，可以对股票基金的投资风格进行分析。

基金持股平均市值的计算有不同的方法，既可以用算术平均法，也可以用加权平均法或其他较为复杂的方法。算术平均市值等于基金所持有全部股票的总市值除以其所持有的股票的全部数量。加权平均市值则根据基金所持股票的比例进行股票市值的加权平均。通过对平均市值的分析，可以看出基金是偏好大盘股的投资、中盘股的投资，还是偏好小盘股的投资。

同理，可以用基金所持有的全部股票的平均市盈率、平均市净率的大小，判断股票基金是倾向于投资价值型股票还是成长型股票。如果基金的平均市盈率、平均市净率小于市场指数的市盈率和市净率，可以认为该股票基金属于价值型基金；反之，该股票基金则可以归为成长型基金。

4.反映基金运作成本的指标

费用率是评价基金运作效率和运作成本的一个重要统计指标。

$$费用率=\frac{基金运作费用}{基金平均净资产}\times 100\%$$

费用率越低，说明基金的运作成本越低，运作效率越高。基金运作费用主要包括基金管理费、托管费、基于基金资产计提的营销服务费等项目，但不包括前端或后端申购费、赎回费，也不包括投资利息费用、交易佣金等费用。相对于其他类型的基金，股票基金的费用率较高；相对于大型基金，小型基金的费用率通常较高；相对于国内股票基金，国外股票基金的费用率较高。

5.反映基金操作策略的指标

基金股票周转率通过对基金买卖股票频率的衡量，可以反映基金的操作策略。通常它可以用基金股票交易量的一半与基金平均净资产之比来衡量。用基金股票交易量的一半作分子的原因在于，"一买一卖"才构成一次完整的周转。周转率的倒数为基金持股的平均时间。

如果一个股票基金的年周转率为100%，意味着该基金持有股票的平均时间为1年。低周转率的基金倾向于对股票的长期持有，高周转率的基金则倾向于对股票的频繁买入与卖出。周转率高的基金，所付出的交易佣金与印花税也较高，会加重投资者的负担，对基金业绩造成一定的负面影响。

17.2.3 债券基金

（一）债券基金在投资组合中的作用

债券基金主要以债券为投资对象，因此对追求稳定收入的投资者具有较强的吸引力。债券基金的波动性通常要小于股票基金，因此常常被投资者认为是收益、风险适中的投资工具。此外，当债券基金与股票基金进行适当的组合投资时，常常能较好地分散投资风险，因此债券基金常常也被视为组合投资中不可或缺的重要组成部分。

（二）债券基金与债券的不同

作为投资于一篮子债券的组合投资工具，债券基金与单一债券存在重大的区别。

1.债券基金的收益不如债券的利息固定

投资者购买固定利率性质的债券，在购买后会定期得到固定的利息收入，并可在债券到期时收回本金。债券基金作为不同债券的组合，尽管也会定期将收益分配给投资者，但债券基金分配的收益有升有降，不如债券的利息固定。

2.债券基金没有确定的到期日

与一般债券会有一个确定的到期日不同，债券基金由一组具有不同到期日的债券组成，因此并没有一个确定的到期日。不过为分析债券基金的特性，我们仍可以对债券基金所持有的所有债券计算出一个平均到期日。

3.债券基金的收益率比买入并持有到期的单个债券的收益率更难以预测

单一债券的收益率可以根据购买价格、现金流以及到期收回的本金计算其投资收益率；但债券基金由一组不同的债券组成，收益率较难计算和预测。

4. 投资风险不同

单一债券随着到期日的临近，所承担的利率风险会下降。债券基金没有固定到期日，所承担的利率风险将取决于所持有的债券的平均到期日。债券基金的平均到期日常常会相对固定，债券基金所承受的利率风险通常也会保持在一定的水平。单一债券的信用风险比较集中，而债券基金通过分散投资则可以有效避免单一债券可能面临的较高的信用风险。

(三)债券基金的分析

分析股票基金的许多指标可以很好地用于对债券基金的分析，如净值增长率、标准差、费用率、周转率等概念都是较为通用的分析指标。但由于债券基金的风险来源与股票基金有所不同，债券基金的表现与风险主要受久期与债券信用等级的影响，因此对债券基金的分析也主要集中于对债券基金久期与基金所持债券信用等级的分析。

一只债券基金的平均到期日只对债券平均偿还本金的时间进行考察，因此并不能很好地衡量利率变动对基金净值变动的影响。久期是指一只债券贴现现金流的加权平均到期时间。它综合考虑了到期时间、债券现金流以及市场利率对债券价格的影响，可以用以反映利率的微小变动对债券价格的影响，因此是一个较好的债券利率风险衡量指标。债券基金的久期等于基金组合中各个债券的投资比例与对应债券久期的加权平均。与单个债券的久期一样，债券基金的久期越长，净值的波动幅度就越大，所承担的利率风险就越高。久期在计算上比较复杂，但其应用却很简单。要衡量利率变动对债券基金净值的影响，只要用久期乘以利率变化即可。例如，如果某债券基金的久期是 5 年，那么，当市场利率下降 1%时，该债券基金的资产净值约增加 5%；而当市场利率上升 1%时，该债券基金的资产净值约减少 5%。因此，一个厌恶风险的投资者应选择久期较短的债券基金，而一个愿意接受较高风险的投资者则应选择久期较长的债券基金。

久期可以较准确地衡量利率的微小变动对债券价格的影响，但当利率变动幅度较大时，则会产生较大的误差，这主要是由债券所具有的凸性引起的。债券价格与利率之间的反向关系并不是直线型关系，而是一种凸线型关系。这样当利率变动幅度较大时，以久期为代表的直线型关系就不能准确衡量债券价格的真实变动，必须用凸性对其进行修正。

尽管久期是一个有用的分析工具，但也应注重对债券基金所持有的债券的平均信用等级加以考察。在其他条件相同的情况下，信用等级较高的债券，收益率较低；信用等级较低的债券，收益率较高。

17.2.4 货币市场基金

(一)货币市场基金在投资组合中的作用

与其他类型基金相比，货币市场基金具有风险低、流动性好的特点。货币市场基金是厌恶风险、对资产流动性和安全性要求较高的投资者进行短期投资的理想工具，或暂时存放现金的理想场所。但需要注意的是，货币市场基金的长期收益率较低，并不适合进行长期投资。

(二)货币市场工具

货币市场工具通常指到期日不足 1 年的短期金融工具。由于货币市场工具到期日非常短，因此也称为现金投资工具。货币市场工具通常由政府、金融机构以及信誉卓著的大型工商企业发行。货币市场工具流动性好、安全性高，但其收益率与其他证券相比则非常低。货币市场与股票市场的一个主要区别是:货币市场进入门槛通常很高,在很大程度上限制了一般投资者的进入。此外,货币市场属于场外交易市场,交易主要由买卖双方通过电话或电子交易系统以协商价格完成。货币市场基金的投资门槛极低,因此,货币市场基金为普通投资者进入货币市场提供了重要通道。

(三)货币市场基金的投资对象

按照《货币市场基金管理暂行规定》以及其他有关规定,目前我国货币市场基金能够进行投资的金融工具主要包括:①现金;②1 年以内(含 1 年)的银行定期存款、大额存单;③剩余期限在 397 天以内(含 397 天)的债券;④期限在 1 年以内(含 1 年)的债券回购;⑤期限在 1 年以内(含 1 年)的中央银行票据;⑥剩余期限在 397 天以内(含 397 天)的资产支持证券。

货币市场基金不得投资于以下金融工具:①股票;②可转换债券;③剩余期限超过 397 天的债券;④信用等级在 AAA 级以下的企业债券;⑤国内信用评级机构评定的 A-1 级或相当于 A-1 级的短期信用级别及该标准以下的短期融资券;⑥流通受限的证券。

(四)货币市场基金的投资风险

货币市场基金同样会面临利率风险、购买力风险、信用风险、流动性风险。但由于我国货币市场基金不得投资于剩余期限高于 397 天的债券,投资组合的平均剩余期限不得超过 180 天,实际上货币市场基金的风险是较低的。与银行存款不同,货币市场基金并不保证收益水平。因此,尽管货币市场基金的风险较低,但并不意味着货币市场基金没有投资风险。

17.2.5 混合基金

(一)混合基金在投资组合中的作用

混合基金的风险低于股票基金,预期收益则要高于债券基金。它为投资者提供了一种在不同资产类别之间进行分散投资的工具,比较适合较为保守的投资者。

(二)混合基金的类型

混合基金尽管会同时投资于股票、债券等,但常常会依据基金投资目标的不同而进行股票与债券的不同配比。因此,通常可以依据资产配置的不同将混合基金分为偏股型基金、偏债型基金、股债平衡型基金、灵活配置型基金等。

偏股型基金中股票的配置比例较高,债券的配置比例相对较低。通常,股票的配置比例在 50%～70%,债券的配置比例在 20%～40%。

偏债型基金与偏股型基金正好相反,债券的配置比例较高,股票的配置比例则相对较低。

股债平衡型基金股票与债券的配置比例较为均衡,比例在 40%～60%。

灵活配置型基金在股票、债券上的配置比例则会根据市场状况进行调整,有时股票的比例较高,有时债券的比例较高。

(三)混合基金的投资风险

混合基金的投资风险主要取决于股票与债券配置的比例大小。一般而言,偏股型基金、灵活配置型基金的风险较高,但预期收益率也较高;偏债型基金的风险较低,预期收益率也较低;股债平衡型基金的风险与收益则较为适中。

混合基金尽管提供了一种“一站式”的资产配置投资方式,但如果购买多只混合基金,投资者在各种大类资产上的配置可能变得模糊不清,这将不利于投资者根据市场状况进行有效的资产配置。

17.2.6 保本基金

(一)保本基金的特点

保本基金的最大特点是其招募说明书中明确规定了相关的担保条款,即在满足一定的持有期限后,为投资者提供本金或收益的保障。为能够保证本金安全或实现最低回报,保本基金通常会将大部分资金投资于与基金到期日一致的债券;同时,为提高收益水平,保本基金会将其余部分投资于股票、衍生工具等高风险资产上,使得市场不论是上涨还是下跌,该基金于投资期限到期时,都能保障其本金不遭受损失。保本基金的投资目标是在锁定风险的同时力争有机会获得潜在的高回报。

保本基金从本质上讲是一种混合基金。此类基金锁定了投资亏损的风险,产品风险较低,也并不放弃追求超额收益的空间,因此比较适合那些不能忍受投资亏损、比较稳健和保守的投资者。

(二)保本基金的保本策略

保本基金于20世纪80年代中期起源于美国,其核心是运用投资组合保险策略进行基金的操作。国际上比较流行的投资组合保险策略主要有对冲保险策略与固定比例投资组合保险策略(Constant Proportion Portfolio Insurance,CPPI)。

对冲保险策略主要依赖金融衍生产品,如股票期权、股指期货等,实现投资组合价值的保本与增值。国际成熟市场的保本投资策略较多采用衍生金融工具进行操作。目前,国内尚缺乏这些金融工具,所以国内保本基金为实现保本的目的,主要选择固定比例投资组合保险策略作为投资中的保本策略。

CPPI是一种通过比较投资组合现时净值与投资组合价值底线,从而动态调整投资组合中风险资产与保本资产的比例,以兼顾保本与增值目标的保本策略。CPPI投资策略的投资步骤可分为以下三步:

第一步,根据投资组合期末最低目标价值(基金的本金)和合理的折现率设定当前应持有的保本资产的价值,即投资组合的价值底线。

第二步,计算投资组合现时净值超过价值底线的数额。该值通常称为安全垫,是风险投资(如股票投资)可承受的最高损失限额。

第三步,按安全垫的一定倍数确定风险资产投资的比例,并将其余资产投资于保本资产(如债券投资),从而在确保实现保本目标的同时,实现投资组合的增值。

通常,保本资产和风险资产的比例并不是经常发生变动的,必须在一定时间内维持恒定比例,以避免出现过激投资行为。基金管理人一般只在市场可能发生剧烈变化时,才对基金安全垫的中长期放大倍数进行调整。在放大倍数一定的情况下,随着安全垫价值的上升,风险资产投资比例将随之上升。一旦投资组合现时净值向下接近价值底线,系统将自动降低风险资产的投资比例。

(三)保本基金的类型

境外的保本基金形式多样。其中,基金提供的保证有本金保证、收益保证和红利保证,具体比例由基金公司自行规定。一般本金保证比例为100%,但也有低于100%或高于100%的情况。至于是否提供收益保证和红利保证,则各基金情况各不相同。通常,保本基金若有担保人,则可为投资者提供到期后获得本金和收益的保障。

(四)保本基金的投资风险

(1)保本基金有一个保本期,投资者只有持有到期后才获得本金保证或收益保证。如果投资者在到期前急需资金,提前赎回,则不享有保证承诺,投资可能发生亏损。保本基金的保本期通常在3～5年,但也有长至7～10年的。基金持有人在认购期结束后申购的基金份额不适用保本条款。

(2)保本的性质在一定程度上限制了基金收益的上升空间。为了保证到期能够向投资者兑现保本承诺,保本基金通常会将大部分资金投资在期限与保本期一致的债券上。保本基金中债券的比例越高,其投资于高回报上的资产比例就越少,收益上升空间就会受到一定限制。

(3)尽管投资保本基金亏本的风险几乎等于零,但投资者仍必须考虑投资的机会成本与通货膨胀损失。如果到期后不能取得比银行存款利率和通货膨胀率高的收益率,保本将变得毫无意义。投资时间的长短,决定投资机会成本的高低。投资期限愈长,投资的机会成本愈高。

保本基金在投资到期后,当基金份额累计净值低于投资者的投入资本金时,基金管理人或基金担保人应向投资者支付其中的差额部分。

17.2.7 交易型开放式指数基金(ETF)

(一)ETF的特点

ETF具有下列三大特点。

1.被动操作的指数基金

ETF是以某一选定的指数所包含的成分证券为投资对象,依据构成指数的股票种类和比例,采取完全复制或抽样复制,进行被动投资的指数基金。ETF不但具有传统指数基金的全部特色,而且是更为纯粹的指数基金。

2.独特的实物申购、赎回机制

所谓实物申购、赎回机制,是指投资者向基金管理公司申购ETF,需要拿这只ETF指定的一篮子股票来换取;赎回时得到的不是现金,而是相应的一篮子股票;如果想变现,需要再卖出这些股票。实物申购、赎回机制是ETF最大的特色,省却了用现金购买股票以及为应付赎回卖出股票的环节。此外,ETF有"最小申购、赎回份额"的规定,只有资金达到一定规模的投资者才能参与ETF一级市场的实物申购、赎回。

3.实行一级市场与二级市场并存的交易制度

ETF实行一级市场与二级市场并存的交易制度。在一级市场上,只有资金达到一定规模的投资者(基金份额通常要求在50万份以上)在交易时间内可以随时进行以股票换份额(申购)、以份额换股票(赎回)的交易,中小投资者被排斥在一级市场之外。在二级市场上,ETF与普通股票一样在市场挂牌交易。无论是资金在一定规模以上的投资者还是中小投资者,均可按市场价格进行ETF份额的交易。一级市场的存在使二级市场交易价格不可能偏离基金份额净值很多,否则两个市场的差价会引发套利交易。套利交易会最终使套利机会消失,使二级市场价格回复到基金份额净值附近。因此,正常情况下,ETF二级市场交易价格与基金份额净值总是比较接近。

ETF 本质上是一种指数基金，因此对 ETF 的需求主要体现为对指数产品的需求上。由一级和二级市场的差价所引致的套利交易则属于一种派生需求。与传统的指数基金相比，ETF 的复制效果更好，成本更低，买卖更为方便(可以在交易日随时进行买卖)，并可以进行套利交易，因此对投资者具有独特的吸引力。

(二)ETF 的套利交易

当同一商品在不同市场上价格不一致时就会存在套利交易。传统上，数量固定的证券会在供求关系的作用下，形成二级市场价格独立于自身净值的交易特色，如股票、封闭式基金即是如此。而数量不固定的证券，如开放式基金则不能形成二级市场价格，只能按净值进行交易。ETF 的独特之处在于实行一级市场与二级市场交易同步进行的制度安排，因此，投资者可以在 ETF 二级市场交易价格与基金份额净值两者之间存在差价时进行套利交易。

具体而言，当二级市场 ETF 交易价格低于其份额净值，即发生折价交易时，大的投资者可以通过在二级市场低价买进 ETF，然后在一级市场赎回(高价卖出)份额，再于二级市场上卖掉股票而实现套利交易。相反，当二级市场 ETF 交易价格高于其份额净值，即发生溢价交易时，大的投资者可以在二级市场买进一篮子股票，于一级市场按份额净值转换为 ETF(相当于低价买入 ETF)份额，再于二级市场上高价卖掉 ETF 而实现套利交易。套利机制的存在将会迫使 ETF 二级市场价格与份额净值趋于一致，使 ETF 既不会出现类似封闭式基金二级市场大幅折价交易、股票大幅溢价交易现象，也克服了开放式基金不能进行盘中交易的弱点。

折价套利会导致 ETF 总份额的减少，溢价套利会导致 ETF 总份额的扩大。但正常情况下，套利活动会使套利机会消失，因此套利机会并不多，通过套利活动引致的 ETF 规模的变动也就不会很大。ETF 规模的变动最终取决于市场对 ETF 的真正需求。

(三)ETF 的类型

根据 ETF 跟踪某一标的市场指数的不同，可以将 ETF 分为股票型 ETF、债券型 ETF 等。而在股票型 ETF 与债券型 ETF 中，又可以根据 ETF 跟踪的具体指数的不同对股票型 ETF 与债券型 ETF 进行进一步细分。如股票型 ETF 可以进一步被分为全球指数 ETF、综合指数 ETF、行业指数 ETF、风格指数 ETF(如成长型、价值型等)等。

根据复制方法的不同，可以将 ETF 分为完全复制型 ETF 与抽样复制型 ETF。完全复制型 ETF 是依据构成指数的全部成分股在指数中所占的权重，进行 ETF 的构建。我国首只 ETF——上证 50ETF 采用的就是完全复制。在标的指数成分股数量较多、个别成分股流动性不足的情况下，抽样复制的效果可能更好。抽样复制就是通过选取指数中部分有代表性的成分股，参照指数成分股在指数中的比重设计样本股的组合比例进行 ETF 的构建，目的是以最低的交易成本构建样本组合，使 ETF 能较好地跟踪指数。

(四)ETF 的风险

首先，与其他指数基金一样，ETF 会不可避免地承担所跟踪指数面临的系统性风险。其次，尽管套利交易的存在使二级市场交易价格不会偏离基金份额净值太大，但由于受供求关系的影响，二级市场价格常常会高于或低于基金份额净值。此外，ETF 的收益率与所跟踪指数的收益率之间往往会存在跟踪误差。抽样复制、现金留存、基金分红以及基金费用等都会导致跟踪误差。

17.2.8 QDII 基金

(一)QDII 基金

2007 年 6 月 18 日,中国证监会颁布的《合格境内机构投资者境外证券投资管理试行办法》规定,符合条件的境内基金管理公司和证券公司,经中国证监会批准,可在境内募集资金进行境外证券投资管理。这种经中国证监会批准可以在境内募集资金进行境外证券投资的机构称为合格境内机构投资者(Qualifed Domestic Institutional Investor,QDII)。QDII 是在我国人民币没有实现可自由兑换、资本项目尚未开放的情况下,有限度地允许境内投资者投资境外证券市场的一项过渡性的制度安排。目前,除了基金管理公司和证券公司外,商业银行等其他金融机构也可以发行代客境外理财产品,但我们这里主要涉及的是由基金管理公司发行的 QDII 产品,即 QDII 基金。QDII 基金可以人民币、美元或其他主要外汇货币为计价货币募集。

(二)QDII 基金在投资组合中的作用

不同于只能投资于国内市场的公募基金,QDII 基金可以进行国际市场投资。通过 QDII 基金进行国际市场投资,不但为投资者提供了新的投资机会,而且由于国际证券市场常常与国内证券市场具有较低的相关性,也为投资者降低组合投资风险提供了新的途径。

(三)QDII 基金的投资对象

1. QDII 基金可投资的金融产品或工具

根据有关规定,除中国证监会另有规定外,QDII 基金可投资于下列金融产品或工具:

一是银行存款、可转让存单、银行承兑汇票、银行票据、商业票据、回购协议、短期政府债券等货币市场工具。

二是政府债券、公司债券、可转换债券、住房按揭支持证券、资产支持证券等及经中国证监会认可的国际金融组织发行的证券。

三是与中国证监会签署双边监管合作谅解备忘录的国家或地区证券市场挂牌交易的普通股、优先股、全球存托凭证和美国存托凭证、房地产信托凭证。

四是在已与中国证监会签署双边监管合作谅解备忘录的国家或地区证券监管机构登记注册的公募基金。

五是与固定收益、股权、信用、商品指数、基金等标的物挂钩的结构性投资产品。

六是远期合约、互换及经中国证监会认可的境外交易所上市交易的权证、期权、期货等金融衍生产品。

2. QDII 基金不得有的行为

除中国证监会另有规定外,QDII 基金不得有下列行为:购买不动产;购买房地产抵押按揭;购买贵重金属或代表贵重金属的凭证;购买实物商品;除应付赎回、交易清算等临时用途以外,借入现金。该临时用途借入现金的比例不得超过基金、集合计划资产净值的 10%;利用融资购买证券,但投资金融衍生产品除外;参与未持有基础资产的卖空交易;从事证券承销业务;中国证监会禁止的其他行为。

(四)QDII 基金的投资风险

(1)国际市场投资会面临国内基金所没有的汇率风险。

(2)国际市场将会面临国别风险、新兴市场风险等特别投资风险。

(3)尽管进行国际市场投资有可能降低组合投资风险,但并不能排除市场风险。

(4)QDII 基金的流动性风险也需注意。由于 QDII 基金涉及跨境交易,基金申购、赎回的时间要长于国内其他基金。

17.3 基金的募集、交易与登记

基金的募集是证券投资基金投资的起点,基金的交易与申购和赎回为基金投资提供了流动性,份额的注册登记则在确保基金募集与交易活动的安全性上起着重要作用。运作方式不同的基金在募集、交易、申购和赎回等环节上也存在较大的差异。本节分别就基金的募集与认购、基金的交易与申购和赎回、开放式基金的登记与资金清算进行了介绍。

17.3.1 基金的募集与认购

(一)基金的募集程序

基金的募集是指基金管理公司根据有关规定向中国证监会提交募集申请文件、发售基金份额、募集基金的行为。基金的募集一般要经过申请、核准、发售、基金合同生效四个步骤。

1. 基金募集申请

我国基金管理人进行基金的募集,必须根据《证券投资基金法》的有关规定,向中国证监会提交相关文件。申请募集基金应提交的主要文件包括:募集基金的申请报告、基金合同草案、基金托管协议草案和招募说明书草案等。

2. 基金募集申请的核准

根据《证券投资基金法》的规定,中国证监会应当自受理基金募集申请之日起 6 个月内做出核准或不予核准的决定。基金募集申请经中国证监会核准后方可发售基金份额。

3. 基金份额的发售

基金管理人应当自收到核准文件之日起 6 个月内进行基金份额的发售。基金的募集期限自基金份额发售日开始计算,募集期限不得超过 3 个月。

基金管理人应当在基金份额发售的 3 日前公布招募说明书、基金合同及其他有关文件。

基金募集期间募集的资金应当存入专门账户,在基金募集行为结束前任何人不得动用。

4. 基金合同生效

(1)基金募集期限届满,封闭式基金需满足募集的基金份额总额达到核准规模的 80% 以上、基金份额持有人不少于 200 人的要求;开放式基金需满足募集份额总额不少于 2 亿份、基金募集金额不少于 2 亿元人民币、基金份额持有人不少于 200 人的要求。基金管理人应当自募集期限届满之日起 10 日内聘请法定验资机构验资,并自收到验资报告起 10 日内,向中国证监会提交备案申请和验资报告,办理基金的备案手续。

中国证监会自收到基金管理人验资报告和基金备案材料之日起 3 个工作日内予以书面确认;自中国证监会书面确认之日起,基金备案手续办理完毕,基金合同生效。基金管理人应当在收到中国证监会确认文件的次日发布基金合同生效公告。

(2)基金募集期限届满，基金不满足有关募集要求的基金募集失败，基金管理人应承担以下责任：一是以固有财产承担因募集行为而产生的债务和费用；二是在基金募集期限届满后30日内返还投资者已缴纳的款项，并加计银行同期存款利息。

(二)基金的认购

在基金募集期内购买基金份额的行为通常被称为“基金的认购”。

1.开放式基金的认购

(1)开放式基金的认购步骤。投资人认购开放式基金，一般通过基金管理人或管理人委托的商业银行、证券公司等经国务院证券监督管理机构认定的其他机构办理。

认购开放式基金通常分开户、认购和确认三个步骤。①开户。拟进行基金投资的投资人，必须先开立基金账户和资金账户。基金账户是基金注册登记机构为基金投资人开立的、用于记录其持有的基金份额及其变动情况的账户；资金账户是投资人在基金代销银行、证券公司开立的用于基金业务的资金结算账户。②认购。投资人在办理基金认购申请时，须填写认购申请表，并需按销售机构规定的方式全额缴款。投资者在募集期内可以多次认购基金份额。一般情况下，已经正式受理的认购申请不得撤销。③确认。销售机构对认购申请的受理并不代表该申请一定成功，而仅代表销售机构接受了认购申请，申请的成功与否应以注册登记机构的确认结果为准。投资者T日提交认购申请后，可于T+2日起到办理认购的网点查询认购申请的受理情况。认购申请无效的，认购资金将退回投资人资金账户。认购的最终结果要待基金募集期结束后才能确认。

(2)开放式基金的认购方式。开放式基金的认购采取金额认购的方式，即投资者在办理认购时，认购申请上不是直接填写需要认购多少份基金份额，而是填写需要认购多少金额的基金份额。基金注册登记机构在基金认购结束后，再按基金份额的认购价格，将申请认购基金的金额换算成投资人应得的基金份额。

(3)开放式基金的认购费率和收费模式。《证券投资基金销售管理办法》规定，开放式基金的认购费率不得超过认购金额的5%。在具体实践中，基金管理人会针对不同的基金类型、不同的认购金额设置不同的认购费率。我国股票基金的认购费率大多在1%～1.5%，债券基金的认购费率通常在1%以下，货币市场基金一般不收取认购费。

基金份额的认购通常采用前端收费和后端收费两种模式。前端收费是指在认购基金份额时就支付认购费用的付费模式；后端收费是指在认购基金份额时不收费，在赎回基金份额时才支付认购费用的收费模式。后端收费模式设计的目的是为了鼓励投资者能长期持有基金，所以后端收费的认购费率一般设计为随着基金份额持有时间的延长而递减，持有至一定时间后费率可降为零。

(4)开放式基金认购份额的计算。为统一规范基金认购费用及认购份额的计算方法，更好地保护基金投资者的合法权益，中国证监会于2007年3月对认购费用及认购份额计算方法进行了统一规定。根据规定，基金认购费率将统一以净认购金额为基础收取，计算公式为：

净认购金额＝认购金额/(1＋认购费率)

认购费用＝净认购金额×认购费率

认购份额＝(净认购金额＋认购利息)/基金份额面值

其中，“认购金额”是指投资人在认购申请中填写的认购金额总额；“认购费率”是指与投资人认购金额对应的认购费率;"认购利息"是指认购款项在基金合同生效前产生的利息。

【例17-1】 某投资人投资1万元认购基金,认购资金在募集期产生的利息为3元,其对应的认购费率为1.2%,基金份额面值为1元,则其认购费用及认购份额为:

净认购金额=10000÷(1+1.2%)=9881.42(元)

认购费用=9881.42×1.2%=118.58(元)

认购份额=(9881.42+3)÷1=9884.42(份)

投资人投资10000元认购基金,认购费用为118.58元,可得到基金份额9884.42份。

2.封闭式基金的认购

封闭式基金发售方式主要有网上发售和网下发售两种。网上发售是指通过与证券交易所的交易系统联网的全国各地的证券营业部,向公众发售基金份额的发售方式。网下发售是指通过基金管理人指定的营业网点和承销商的指定账户,向机构或者个人投资者发售基金份额的发售方式。

封闭式基金的认购价格一般采用1元基金份额面值加计0.01元发售费用的方式加以确定。拟认购封闭式基金份额的投资人必须开立深、沪证券账户或深、沪基金账户及资金账户,根据自己计划的认购量,在资金账户中存入足够的资金,并以"份额"为单位提交认购申请。认购申请一经受理就不能撤单。

3.ETF与LOF份额的认购

(1)ETF份额的认购。与普通的开放式基金不同,ETF份额可以用现金认购,也可用证券认购。现金认购是投资者使用现金认购ETF份额的行为;证券认购是投资者使用指定的证券换购ETF份额的行为。

我国投资者一般可选择场内现金认购、场外现金认购以及证券认购等方式认购ETF份额。场内现金认购是指投资者通过基金管理人指定的发售代理机构以现金方式参与证券交易所上网定价发售;场外现金认购是指投资者通过基金管理人及其指定的发售代理机构以现金进行的认购;证券认购是指投资者通过基金管理人及其指定的发售代理机构以指定的证券进行的认购。

投资者进行场内现金认购时需具有沪、深证券账户。投资者进行场外现金认购时需具有开放式基金账户或沪、深证券账户。投资者进行证券认购时需具有沪、深A股账户。

(2)LOF份额的认购。目前,我国只有深圳证券交易所开办LOF业务,因此,本部分有关LOF的介绍主要以深圳证券交易所LOF的相关规则为准。

LOF份额的认购分场外认购和场内认购两种方式。场外认购的基金份额注册登记在中国结算公司的开放式基金注册登记系统;场内认购的基金份额登记在中国结算公司的证券登记结算系统。

基金募集期内,投资者可通过具有基金代销业务资格的证券经营机构营业部场内认购LOF份额,也可通过基金管理人及其代销机构的营业网点场外认购LOF份额。

场内认购LOF份额,应持深圳证券交易所人民币普通股证券账户或证券投资基金账户;场外认购LOF份额,应使用中国结算公司深圳开放式基金账户。

4. QDII 基金份额的认购

QDII 基金份额的认购程序与一般开放式基金的认购程序基本相同，主要包括开户、认购、确认三个步骤。

QDII 基金份额的认购渠道与一般开放式基金类似。在募集期间内，投资者应当在基金管理人、代销机构办理基金发售业务的营业场所或按基金管理人、代销机构提供的其他方式办理基金的认购。

由于 QDII 基金主要投资于境外市场，与仅投资于境内证券市场的其他开放式基金相比，在募集认购的具体规定上有如下特点：

(1)发售 QDII 基金的基金管理人必须具备合格境内机构投资者资格和经营外汇业务资格。

(2)基金管理人可以根据产品特点确定 QDII 基金份额面值的大小。

(3)QDII 基金份额除可以用人民币认购外，也可以用美元或其他外汇货币为计价货币认购。

17.3.2 基金的交易、申购和赎回

(一)封闭式基金的交易

1. 上市交易条件

封闭式基金的基金份额，经基金管理人申请，中国证监会核准，可以在证券交易所上市交易。中国证监会可以授权证券交易所依照法定条件和程序核准基金份额上市交易。基金份额上市交易应符合下列条件：①基金的募集符合《证券投资基金法》的规定；②基金合同期限为 5 年以上；③基金募集金额不低于 2 亿元人民币；④基金份额持有人不少于 1000 人；⑤基金份额上市交易规则规定的其他条件。

2. 交易规则

投资者买卖封闭式基金必须开立深、沪证券账户或深、沪基金账户及资金账户。基金账户只能用于基金、国债及其他债券的认购及交易。

个人投资者开立基金账户，需持本人身份证到证券注册登记机构办理开户手续。办理资金账户需持本人身份证和已经办理的证券账户卡或基金账户卡，到证券经营机构办理。每个有效证件只允许开设 1 个基金账户，已开设证券账户的不能再重复开设基金账户。每位投资者只能开设和使用 1 个证券账户或基金账户。

封闭式基金的交易时间是每周一至周五(法定公众节假日除外)9:30—11:30、13:00—15:00。封闭式基金的交易遵从“价格优先、时间优先”的原则。价格优先是指较高价格买进申报优先于较低价格买进申报，较低价格的卖出申报优先于较高价格的卖出申报。时间优先是指买卖方向相同、申报价格相同的，先申报者优先于后申报者，先后顺序按照交易主机接受申报的时间确定。

封闭式基金的报价单位为每份基金价格。基金的申报价格最小变动单位为 0.001 元人民币，买入与卖出封闭式基金份额申报数量应当为 100 份或其整数倍，单笔最大数量应低于 100 万份。

沪、深证券交易所对封闭式基金交易实行与对 A 股交易同样的 10%的涨跌幅限制；同时，与 A 股一样实行 T+1 日交割、交收，即达成交易后，相应的基金交割与资金交收在交易

日的下一个营业日(T+1日)完成。

3. 交易费用

按照沪、深证券交易所公布的收费标准，我国基金交易佣金不得高于成交金额的0.3%(深圳证券交易所特别规定该佣金水平不得低于代收的证券交易监管费和证券交易经手费，上海证券交易所无此规定)，起点5元，由证券公司向投资者收取。目前，封闭式基金交易不收取印花税。

4. 折(溢)价率

投资者常常使用折(溢)价率反映封闭式基金份额净值与其二级市场价格之间的关系。折(溢)价率的计算公式为：

折(溢)价率=(二级市场价格－基金份额净值)/基金份额净值×100%

=(二级市场价格/基金份额净值－1)×100%

当基金二级市场价格高于基金份额净值时，为溢价交易，对应的是溢价率；当二级市场价格低于基金份额净值时，为折价交易，对应的是折价率。当折价率较高时常常被认为是购买封闭式基金的好时机。但实际上并不尽然，有时折价率会继续攀升，在弱市时更有可能出现价格与份额净值同步下降的情形。

(二)开放式基金的申购与赎回

1. 申购、赎回的概念

投资者在开放式基金合同生效后，申请购买基金份额的行为通常被称为基金的申购。

开放式基金的赎回是指基金份额持有人要求基金管理人购回其所持有的开放式基金份额的行为。

开放式基金的申购和赎回与认购一样，可以通过基金管理人的直销中心与基金销售代理人的代销网点办理。

2. 申购和认购的区别

认购是指在基金设立募集期内，投资者申请购买基金份额的行为。申购是指在基金合同生效后，投资者申请购买基金份额的行为。

一般情况下，认购期购买基金的费率要比申购期优惠。认购期购买的基金份额一般要经过封闭期才能赎回，申购的基金份额要在申购成功后的第二个工作日才能赎回。

在认购期内产生的利息以注册登记中心的记录为准，在基金合同生效时，自动转换为投资者的基金份额，即利息收入增加了投资者的认购份额。

在购买过程中，无论是认购还是申购，在交易时间内投资者可以多次提交认购/申购申请，注册登记机构对投资者认购/申购费用按单个交易账户单笔分别计算。不过，一般来说，投资者在份额发售期内已经正式受理的认购申请不得撤销。对于在当日基金业务办理时间内提交的申购申请，投资者可以在当日15:00前提交撤销申请，予以撤销；15:00后则无法撤销申请。

3. 申购、赎回的原则

目前，开放式基金所遵循的申购、赎回主要原则为：

(1)“未知价”交易原则。投资者在申购、赎回基金份额时并不能即时获知买卖的成交价格。申购、赎回价格只能以申购、赎回日交易时间结束后基金管理人公布的基金份额净值为基准进行计算，这一点与股票、封闭式基金等金融产品的“已知价”原则进行买卖不同。

(2)“金额申购、份额赎回”原则，即申购以金额申请，赎回以份额申请。

基金管理人可根据基金运作的实际情况依法对上述原则进行调整。在新规则开始实施前，基金管理人必须依照《证券投资基金信息披露管理办法》的有关规定在指定媒体上公告。

基金管理人不得在基金合同约定之外的日期或者时间办理基金份额的申购、赎回或者转换。投资人在基金合同约定之外的日期和时间提出申购、赎回或者转换申请的，其基金份额申购、赎回价格为下次办理基金份额申购、赎回时间所在开放日的价格。

4.申购、赎回的费用及销售服务费

投资者在办理开放式基金申购时，一般需要缴纳申购费，但申购费率不得超过申购金额的5%。和认购费一样，申购费可以采用在基金份额申购时收取的前端收费方式，也可以采用在赎回时从赎回金额中扣除的后端收费方式。基金产品同时设置前端收费模式和后端收费模式的，其前端收费的最高档申购费率应低于对应的后端收费的最高档申购费率。基金管理人可以对选择前端收费方式的投资人根据其申购金额适用不同的前端申购费率标准。基金管理人可以对选择后端收费方式的投资人根据其持有期限适用不同的后端申购费率标准。对于持有期低于3年的投资人，基金管理人不得免收其后端申购费用。基金销售机构通过互联网、电话、移动通信等非现场方式实现自助交易业务的，经与基金管理人协商一致，可以对自助交易前端申购费用实行一定的优惠，货币市场基金及中国证监会规定的其他品种除外。

投资者在办理开放式基金赎回时，一般需要缴纳赎回费，货币市场基金及中国证监会规定的其他品种除外。赎回费率不得超过基金份额赎回金额的5%，赎回费总额的25%归入基金财产。对于短期交易的投资人，基金管理人可以在基金合同、招募说明书中约定按以下费用标准收取赎回费：①对于持续持有期少于7日的投资人，收取不低于赎回金额1.5%的赎回费；②对于持续持有期少于30日的投资人，收取不低于赎回金额0.75%的赎回费。按上述标准收取的基金赎回费应全额计入基金财产。基金管理人可以根据基金份额持有人持有基金份额的期限适用不同的赎回费标准。通常，持有时间越长，适用的赎回费率越低。

基金管理人可以从开放式基金财产中计提销售服务费。例如，对于不收取申购费(认购费)、赎回费的货币市场基金，基金管理人可以依照相关规定从基金财产中持续计提一定比例的销售服务费。

5.申购份额、赎回金额的计算

(1)申购费用及申购份额的计算。按中国证监会2007年3月《关于统一规范证券投资基金认(申)购费用及认(申)购份额计算方法有关问题的通知》规定，基金申购费用与申购份额的计算公式如下：

净申购金额＝申购金额/(1＋申购费率)

申购费用＝净申购金额×申购费率

申购份额＝净申购金额/申购当日基金份额净值

当申购费用为固定金额时，申购份额的计算方法如下：

净申购金额＝申购金额－固定金额

申购份额＝净申购金额/T日基金份额净值

【例 17-2】 某基金申购费率如表 17-1 所示：

表 17-1 某基金申购费率

申购金额(含申购费)	前端申购费率
100 万元以下	1.2%
100 万元以上(含 100 万元)至 500 万元以下	0.9%
500 万元以上(含 500 万元)至 1000 万元以下	0.6%
1000 万元以上(含 1000 万元)	每笔 1000 元

假定 T 日的基金份额净值为 1.250 元。两笔申购金额分别为 100 万元和 1000 万元，则各笔申购负担的前端申购费用和获得的基金份额计算如下：

申购 1：申购金额 100 万元，对应费率 0.9%。

净申购金额＝1000000÷(1＋0.9%)＝991080.28(元)

申购费用＝991080.28×0.9%＝8919.72(元)

申购份额＝991080.28÷1.250＝792864.22(份)

申购 2：申购金额 1000 万元，对应费用 1000 元。

净申购金额＝10000000－1000＝9999000.00(元)

申购份额＝9999000÷1.250＝7999200.00(份)

(2)赎回金额的计算。赎回金额的计算公式为：

赎回总金额＝赎回份额×赎回日基金份额净值

赎回费用＝赎回总金额×赎回费率

赎回金额＝赎回总金额－赎回费用

【例 17-3】 假定某投资者在 T 日赎回 10000 份基金份额，持有期限半年，对应赎回费率为 0.5%，该日基金份额净值为 1.250 元，则其获得的赎回金额为：

赎回总金额＝10000.00×1.250－12500.00(元)

赎回费用＝12500.00×0.5%＝62.50(元)

赎回金额＝12500.00－62.50＝12437.50(元)

即该投资人的赎回金额为 12437.50 元。

6. 申购、赎回的登记与款项的支付

投资者申购基金成功后，注册登记机构一般在 T＋1 日为投资者办理增加权益的登记手续，投资者在 T＋2 日起有权赎回该部分的基金份额。投资者赎回基金份额成功后，注册登记机构一般在 T＋1 日为投资者办理扣除权益的登记手续。

基金管理人可以在法律法规允许的范围内，对登记办理时间进行调整，并最迟于开始实施前 3 个工作日内在至少一种中国证监会指定的信息披露媒体公告。

基金申购采用全额缴款方式。若资金在规定的时间内未全部到账，则申购不成功。申购不成功或无效，款项将退回投资者资金账户。

投资者提交赎回申请成交后，基金管理人应通过销售机构按规定向投资者支付赎回款项。对一般基金而言，基金管理人应当自受理基金投资者有效赎回申请之日起 7 个工作日内支付赎回款项。

7.巨额赎回的认定及处理方式

单个开放日基金净赎回申请超过基金总份额的10%时，为巨额赎回。单个开放日的净赎回申请，是指该基金的赎回申请加上基金转换中该基金的转出申请之和，扣除当日发生的该基金申购申请及基金转换中该基金的转入申请之和后得到的余额。

出现巨额赎回申请时，基金管理人可以根据基金当时的资产组合状况，决定接受全额赎回或者部分延迟赎回。

(1)接受全额赎回。当基金管理人认为有能力兑付投资者的全额赎回申请时，按正常赎回程序执行。

(2)部分延期赎回。当基金管理人认为兑付投资者的赎回申请有困难，或认为兑付投资者的赎回申请进行的资产变现可能使基金份额净值发生较大波动时，基金管理人可以在当日接受赎回比例不低于上一日基金总份额10%的前提下，对其余赎回申请延期办理。对单个基金份额持有人的赎回申请，应当按照其申请赎回份额占申请赎回总份额的比例确定该单个基金份额持有人当日办理的赎回份额。未受理部分，除投资者在提交赎回申请时选择将当日未获受理部分予以撤销外，延迟至下一开放日办理。转入下一开放日的赎回申请不享有赎回优先权，并将以下一个开放日的基金份额净值为基准计算赎回金额。以此类推，直到全部赎回为止。

当发生巨额赎回及部分延期赎回时，基金管理人应立即向中国证监会备案，在3个工作日内在至少一种中国证监会指定的信息披露媒体公告，并说明有关处理方法。

基金连续2个开放日以上发生巨额赎回，如基金管理人认为有必要，可暂停接受赎回申请；已经接受的赎回申请可以延缓支付赎回款项，但不得超过正常支付时间20个工作日，并应当在至少一种中国证监会指定的信息披露媒体公告。

(三)基金份额的转换、非交易过户、转托管与冻结

1.开放式基金份额的转换

开放式基金份额转换是指投资者将其所持有的某一只基金份额转换为另一只基金份额的行为。基金转换业务所涉及的基金，必须是由同一基金管理人管理的、在同一注册登记机构处注册登记的基金。

基金的转换业务可视为从一只基金赎回份额，我们称之为“转出”；同时申购另外一只基金的基金份额，我们称之为“转入”。基金转换转入的基金份额可赎回的时间为T+2日。

投资者采用“份额转换”的原则提交申请，即在销售机构处以“份额”为单位提交转换申请，以转出和转入基金申请当日的份额净值为基础计算转入份额。

由于不同基金的申购费率、赎回费率不同，基金份额持有人进行基金份额转换的，基金管理人应当按照转出基金的赎回费用加上转出与转入基金申购费用补差的标准收取费用。当转出基金申购费率低于转入基金申购费率时，费用补差为按照转出基金金额计算的申购费用差额；当转出基金申购费率高于转入基金申购费率时，不收取费用补差。

此外，基金份额的转换常常还会收取一定的转换费用。基金转换业务相比较赎回基金份额后再进行基金申购而言，时间成本和交易费用都较低。

2.开放式基金的非交易过户

开放式基金的非交易过户是指不采用申购、赎回等交易方式，将一定数量的基金份额按照一定规则从某一投资者基金账户转移到另一投资者基金账户的行为，主要包括继承、捐

赠、司法强制执行和经注册登记机构认可的其他情况下的非交易过户。

继承是指基金份额持有人死亡，其持有的基金份额由其合法的继承人继承。捐赠是指基金份额持有人将其合法持有的基金份额捐赠给福利性质的基金会或社会团体的情形。司法强制执行是指司法机构依据生效司法文书，将基金份额持有人持有的基金份额强制划转给其他自然人、法人、社会团体或其他组织。无论在上述何种情况下，接受划转的主体应符合相关法律法规和基金合同规定的可持有本基金份额的投资者的条件。

办理非交易过户必须提供基金注册登记机构要求提供的相关资料。对于符合条件的非交易过户申请按基金注册登记机构的规定办理，并按基金注册登记机构规定的标准收费。

3. 开放式基金份额的转托管

开放式基金份额转托管是指基金份额持有人申请将其托管在某一交易账户中的全部或部分基金份额转出并转入另一交易账户的行为。投资人可通过办理转托管业务，实现其变更办理基金业务销售渠道(或网点)的需要。

目前，国内开放式基金转托管业务的办理有两步转托管和一步转托管两种方式。两步转托管为基金持有人在原销售机构办理转出手续后，还需到转入机构办理转入手续。一步转托管为基金持有人在原销售机构同时办理转出、转入手续，投资人在转出方进行申报，基金份额转托管一次完成。具体办理方法参照基金管理公司的有关业务规则以及基金代销机构的业务规则。

4. 基金份额的冻结

基金份额的冻结是指基金份额被设定为不能交易的状态。基金份额一旦被冻结，投资人就不能再对冻结份额进行任何操作，直至份额解冻。

通常，基金注册登记机构只受理国家有权机关依法要求的基金份额的冻结与解冻，以及注册登记机构认可的其他情况下的冻结与解冻。基金份额被冻结的，被冻结部分产生的权益一并冻结。

17.3.3 基金份额的登记

(一)开放式基金份额登记的概念

开放式基金份额的登记，是指基金注册登记机构通过设立和维护基金份额持有人名册，确认基金份额持有人持有基金份额的事实的行为。基金份额登记具有确定和变更基金份额持有人及其权利的法律效力，是保障基金份额持有人合法权益的重要环节。

(二)我国开放式基金注册登记机构及其职责

我国《证券投资基金法》规定，开放式基金的注册登记业务可以由基金管理人办理，也可以委托中国证监会认定的其他机构办理。

1. 我国开放式基金的注册登记体系的模式

(1)基金管理人自建注册登记系统的“内置”模式。

(2)委托中国结算公司作为注册登记机构的“外置”模式。

(3)以上两种情况兼有的“混合”模式。

2. 注册登记机构的主要职责

(1)建立并管理投资者基金份额账户。

(2)负责基金份额登记，确认基金交易。

(3)发放红利。

(4)建立并保管基金投资者名册。

(5)基金合同或者登记代理协议规定的其他职责。

(三)基金份额登记流程

基金份额登记过程实际上是注册登记机构通过注册登记系统对基金投资者所投资基金份额及其变动的确认、记账的过程。这个过程与基金的申购、赎回过程是一致的,具体流程如下:

T 日,投资者的申购、赎回申请信息通过代销机构网点传送至代销机构总部,由代销机构总部将本代销机构的申购、赎回申请信息汇总后统一传送至注册登记机构。

T+1 日,注册登记机构根据 T 日各代销机构的申购、赎回申请数据及 T 日的基金份额净值统一进行确认处理,并将确认的基金份额登记至投资者的账户,然后将确认后的申购、赎回数据信息下发至各代销机构,各代销机构再下发至各所属网点。同时,注册登记机构也将登记数据发送至基金托管人。至此,注册登记机构完成对基金份额持有人的基金份额登记。如果投资者提交的信息不符合注册登记的有关规定,最后的确认信息将是投资者申购、赎回失败。

(四)申购、赎回的资金结算

资金结算分清算和交收两个环节。清算是按照确定的规则计算出基金当事各方应收应付资金数额的行为。交收是基金当事各方根据确定的清算结果进行资金的收付,从而完成整个交易过程。

基金份额申购、赎回的资金清算是由注册登记机构根据确认的投资者申购、赎回数据信息进行的。按照清算结果,投资者的申购、赎回资金将会从投资者的资金账户转移至基金在托管银行开立的银行存款账户或从基金的银行存款账户转移至投资者的资金账户。资金交收流程如图 17-1 所示。

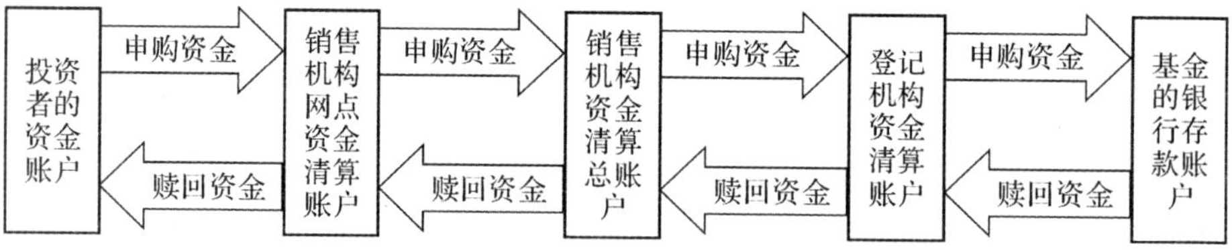

图 17-1　资金交收流程

由于基金申购、赎回的资金清算依据注册登记机构的确认数据进行,为保护基金投资人的利益,有关法规明确规定,基金管理人应当自收到投资者的申购(认购)、赎回申请之日起 3 个工作日内,对该申购(认购)、赎回申请的有效性进行确认。

目前,我国境内基金申购款一般能在 T+2 日内到达基金的银行存款账户;赎回款一般于 T+3 日内从基金的银行存款账户划出。货币市场基金的赎回资金划付更快一些,一般 T+1 日即可从基金的银行存款账户划出,最快可在划出当天到达投资者资金账户。

【本章小结】

证券投资基金的主要特点：一是集合理财、专业管理；二是组合投资、分散风险；三是利益共享、风险共担；四是严格监管、信息透明；五是独立托管、保障安全。

依据法律形式的不同，基金可分为契约型基金与公司型基金。依据运作方式的不同，基金可分为封闭式基金与开放式基金。

证券投资基金的类型包括股票基金、债券基金、混合基金、货币市场基金以及保本基金、交易型开放式指数基金等特殊类型的基金品种。

基金的募集是证券投资基金投资的起点，基金的交易与申购和赎回为基金投资提供了流动性，份额的注册登记则在确保基金募集与交易活动的安全性上起着重要作用。运作方式不同的基金在募集、交易、申购和赎回等环节上也存在较大的差异。

第18章　金融衍生品

【学习要点】

1. 了解金融衍生品的概念和类型；
2. 了解期货与期权合约的细则；
3. 掌握期货保证金与期权保证金的计算方法；
4. 掌握最简单的期货与期权交易策略。

18.1　金融衍生品概述

关于衍生品，并没有一个统一的定义。国际互换和衍生品协会(International Swaps and Derivatives Association, ISDA)在1994年的一份报告中对衍生品做了如下描述："衍生品是有关互换先进流量和旨在为交易者转移风险的双边合约。合约到期时，交易者所欠对方的金额由基础商品、证券或指数的价格决定。"衍生产品的形式多种多样，通常可将衍生产品分为远期、期货、期权和互换四类。

18.1.1　金融衍生品概念

金融衍生品(Financial Derivatives)是20世纪七八十年代全球金融创新的重要组成部分，由于其品种数量庞大，又正处于发展中，迄今为止，还没有一个公认的定义。巴塞尔委员会的定义是：一种合约，该合约的价值取决于一项或多项背景资产或指数价值。简单地说，金融衍生品是从传统的金融产品衍生出来的新型的金融产品。传统的金融产品或"基础性金融产品"(Underlying Goods)主要有三种形式：

(1)利率或债务工具的价格；

(2)外汇汇率；

(3)股票价格或股票指数。

18.1.2　衍生品的主要类型

(一)远期合约

远期合约(Forward)是指交易双方达成的，在未来某一特定日期，以特定方式以及预先商定的价格(如利率、汇率、股票或债券价格等)买卖、交割某种(或一揽子)金融资产的协议或合约。

远期合约是一种场外交易(OTC)的金融工具，交易双方通过直接协商(通常是电话)确定某一特定的交易金额和交割日期。与其他标准化产品相比，远期合约存在着更多的信用风险，合约双方都要承担对方不履约的风险，因此远期合约通常是机构与机构之间的协议。

(二)期货合约

期货合约(Future)是一个在将来某个特定日期购买或出售特定数量某种资产的法律承诺。期货交易是指在交易所进行期货合约买卖的行为。

期货交易是在远期合约交易的基础上发展起来的。两者最大的共同点是均采用先成交后交割的交易方式，但两者也有很大的差别。

1.指定交易所

期货与远期交易的第一项差别在于期货必须在指定的交易所内交易，交易所必须提供一个特定的集中的场地。交易所也必须能规范客户的订单在公平合理的交易价格下完成。期货合约在交易厅内公开交易，交易所还必须保证让当时的买卖价格能及时并广泛传播出去，使得期货从交易的透明化中享受到交易的优点。而远期市场组织较为松散，没有交易所，也没有集中交易地点，交易方式也不是集中的。

2.合约标准化

金融期货合约是符合交易所规定的标准化合约，对于交易的金融商品的品质、数量及到期日、交易时间、交易等级都有严格而详细的规定。而远期合约对于交易商品的品质、数量、交割日期等，均由交易双方自行决定，没有固定的规格和标准。

3.保证金与逐日结算

远期合约交易通常不缴纳保证金，合约到期后才结算盈亏。期货交易则不同，必须在交易前缴纳合约金额一定比例的保证金，并由清算公司进行逐日结算，如有盈余，可以支取，如有损失且账面保证金低于维持保证金水平时，必须及时补足，这是避免交易所信用危机的一项极为重要的安全措施。

4.头寸的结束

结束期货头寸的方法有三种：①由对冲或反向操作结束原有头寸，即买卖与原头寸数量相等、方向相反的期货合约；②采用现金或现货交割；③实行期货转现货交易。在期货转现货交易中，两位交易人承诺彼此交换现货与以该现货为标的的期货合约。远期交易由于是交易双方依各自的需要而达成的协议，因此价格、数量、期限均无规定，倘若一方中途违约，通常不易找到第三者能无条件接替承受该权利义务。因此，违约一方只有提供额外的优惠条件要求解约或找到第三者接替承受原有的权利义务。

5.交易的参与者

远期合约的参与者大多数是专业化生产商、贸易商和金融机构，而期货合约则更具有大众意义，市场的流动性和效率都很高。参与交易的可以是银行、公司、财务机构及个人等。

(三)期权

期权(option)是一种合约，授予买方一个权利，在指定日期或指定日期之前以一定价格向期权的卖方购买或出售某一标的资产。标的资产通常是股票、利率、货币、期货以及商品等。

(四)互换

互换(swap)是一种合约。在这个合约中，交易双方同意定期交换现金流。在每个支付日，两笔现金流之间只是交换净额(balance)。互换合约类似于背对背贷款的安排，但是它被组合成单一的合约，而不是两笔独立的贷款。

互换主要有三种类型：货币互换(currency swap)、利率互换(interest swap)和货币—利率互换(currency-interest rate swap)。

18.1.3 交易者的类型

无论是远期、期货还是期权市场，其发展态势都非常好，其中一个主要原因是它们可以吸引到许多不同类型的交易者并具有充分的流动性。当一个投资者愿意成为合约中的一方时，他总能很容易地找到交易对手。

交易者可以被分为三个大类：套期保值者、投机者和套利者。

套期保值者(hedger)利用期货、远期和期权合约来降低由于未来市场变化而可能引起的风险。

投机者(speculator)则利用这些金融工具对市场的未来走势下赌注。

而套利者(arbitrageur)则通过两个或更多的工具来获取无风险收益，其自身所持有的头寸则会相互抵消。

专栏18-1

衍生品的灾难和教训[①]

虽然大多数金融衍生品在产生之初的主要用途是套期保值，但随着衍生产品市场的发展，投机与套利已经成为衍生品市场的重要交易行为，给金融机构和非金融机构带来了巨额的损失。主要有：

爱尔兰联合银行(Allied Irish Bank)

由于一名外汇交易员多年的投机行为，该银行损失了约7亿美元。

巴林银行(Barings)

由于新加坡一名交易员尼克李森在日经225指数的期货与期权合约给该银行造成了近10亿美元的损失。1995年，拥有200年历史的巴林银行倒闭。

长期资本管理公司(Long-Term Capital Management)

1998年收敛套利活动的失败，使该对冲基金损失了约40亿美元。

壳牌(Shell)

在未被授权的货币期货交易中，该公司日本分公司的一名雇员造成了10亿美元的损失。

住友(Sumitomo)

在20世纪90年代，这家日本公司的一名交易员在铜的现货、期货和期权市场上给公司造成了约20亿美元的损失。

中航油(China Aviation Oil Ltd.)

由于纽约原油期货价格飙升，中航油石油期货交易出现巨额亏损，总损失达5.5亿美元。

---

① 资料来源：[美]戴维·K.艾特曼.跨国公司金融.北京：北京大学出版社，2005.

18.1.4 金融衍生品的发展历程

衍生品的产生可以追溯到 17 世纪初。当时的荷兰就有郁金香远期交易，日本也有较为标准的大米远期合约记载。1848 年 3 月，82 位商人在芝加哥成立了贸易委员会(the Board of Trade of the City of Chicago)，即芝加哥期货交易所(CBOT)的前身。1851 年，远期合约开始出现，随着合约的标准化，大约在 1865 年出现了期货交易，19 世纪后期和 20 世纪初，随着市场规则相继制定，商品期货进入高速发展时期。

20 世纪 70 年代是金融衍生品发展的重要历史阶段，其基本发展历程如表 18-1 所示。

表 18-1 主要金融衍生品及其产生年份

年份	金融衍生品名称
1972	货币期货
1973	股票期货
1975	抵押债券期货、国库券期货
1977	长期政府债券期货
1979	场外货币期权
1980	货币互换
1981	股票指数期货、中期政府债券期货、银行存款单期货、欧洲美元期货、利率互换、长期政府债券期货期权
1983	利率上限和下限期权、中期政府债券期货期权、货币期货期权、股指期货期权
1985	欧洲美元期权、互换期权、美元及市政债券指数期货
1987	平均期权、商品互换、长期债券期货和期权、复合期权
1989	三个月期欧洲马克期货、上限期权、欧洲货币单位利率期货、利率互换期货
1990	股指互换
1991	证券投资互换
1992	特护互换

资料来源：周立.金融衍生工具发展与监管.北京：中国发展出版社，1997：15.

18.2 期 货

18.2.1 期货市场的历史

关于期货市场的起源可以追溯到中世纪。最初的期货是为满足商人和农民的需要而出现的。考虑下面这种情况：一个农民在某年的 4 月已经知道他在 6 月将收获多少谷物，但他出售谷物的价格是不确定的。在歉收的这个年份，这个价格可能会很高，尤其是当他不急于出售的时候；相反，在丰收的年份，谷物的价格可能会相当低。这样，这个农民及他的家庭就会面临很大的风险。

当然，作为收购商来说，他同样也面临着价格风险。丰收的年份价格会比较低，而到了歉收的年份，谷物的价格就会非常高，因此，对于这个农民和这个收购商而言，在4月份的时候（或者更早的时候）如果能达成协议，确定在6月时农民出售其所生产的谷物的价格，是十分有意义的。这份合约可以消除双方由于未来谷物价格的不确定性而面临的风险。

18.2.2 期货合约的交易

期货合约是在将来某个时刻以某一确定价格购买或出售某项资产的协议。大多数投资者都会在交割期到来之前选择平仓(closing out a position)。因为按照期货合约的条款进行交割往往很不便利，有的时候成本很高。甚至对于那些真正想买卖标的资产的套期保值者而言，成本也是十分高的。这种套期保值者往往选择先平仓，然后再按平常的方式买卖资产。

平仓就是进入一个与初始交易头寸相反的头寸。例如，在5月16日买入5份7月玉米期货的投资者可以通过在6月25日卖出（即做空）5份7月玉米期货来平仓。而在5月16日卖出（即做空）5份7月期货的投资者可以通过在6月25日买入5份7月合约来平仓。在每种情况下，投资者的总损益都由5月16日和6月25日间期货价格的变化决定。

18.2.3 期货合约的细则

（一）资产

当标的资产为商品时，市场中该商品的质量可能有很大差别。因此当指定标的资产时，交易所对允许交割的资产等级作出规定是非常重要的。当然，只有标准化的商品才能形成期货合约的主体，因为买卖双方必须完全确定他们各自要买卖的东西，因此，在期货合约中进行交易的商品，一般都规定了商品的基本等级，例如黄玉米No. 2。“黄玉米”表示标的商品，“No. 2”表明商品的基本等级。

（二）合约的规模

合约的规模是期货合约标准化的基本特征。它是指每份合约交易的商品的数量。例如，一份CBOT玉米期货合约是购买5000蒲式耳玉米。同样，期货合约不能被拆分开来进行交易，也就是说，当你购买或出售玉米期货的时候，只能以5000蒲式耳的倍数进行买卖。

合约的规模规定了每一合约中交割的资产数量。对交易所来说，这是一项重要的决策。如果合约的规模过大，许多希望对冲较小风险头寸的投资者或是希望持有较小头寸的投机者就不可能利用该交易所进行交易；而另一方面，由于每一份合约都会带来相应的成本，如果合约规模过小，交易成本就会很高。

显然，某一合约的适当规模取决于潜在客户。某个农产品期货合约中交割资产的价值可能在10000美元到20000美元之间，而一些金融期货的交割资产价值会高得多。例如，在CBOT中交易的长期国债期货，其交割标的资产的面值为10万美元。

一些交易所推出了“超小”合约来吸引小投资者。例如，CME推出的超小纳斯达克100指数(Mini Nasdaq 100)期货就是以20倍的纳斯达克100指数作为标的，而正常合约是以100倍的纳斯达克100指数作为标的。

(三)交割安排

交易所必须指定商品交割的地点,这对商品期货尤其重要。因为商品期货可能涉及较多的运输费用。

(四)交割月份

期货合约按交割月份来划分。交易所必须指定在交割月份中可以进行交割的确切时期。对于许多期货合约而言,交割时期是整个交割月。

交割月份随合约的不同而不同,由交易所根据客户的需要进行选择。例如,CBOT 交易的玉米期货的交割月份有 3 月、5 月、7 月、9 月和 12 月。在任何给定的时间,交易的合约包括最近交割月的合约和一系列随后交割月的合约。由交易所指定特定月份合约开始交易的时间,同时也规定合约的最后交易日。一般来说,最后交易日在最后交割日的前几天。

(五)期货报价

期货报价即所交易商品的价格。

(六)每日价格变动限额和头寸限额

对大多数合约而言,交易所都会规定其每日价格变动限额(daily price movement limit)。如果价格下降的金额等于每日价格限额,则称该合约达到跌停板(limit down);如果价格上升的金额等于每日价格限额,则称该合约达到涨停板(limit up)。通常情况下,价格一旦达到当天的涨停板或跌停板,该合约当天的交易就会被停止,但在某些情况下,交易所有权进行干涉并改变每日价格变动的限额。

指定每日价格变动限额的目的是在于防止由于过度投机造成的价格巨幅波动。然而,当标的商品的价格迅速上升或是迅速下降时,这些限制将成为交易的人为阻碍,在总体上价格限额是否对期货市场有利,仍然是一个有争议的问题。

头寸限额(position limit)是指一个投机者最多可以持有的合约数量。头寸限额的目的在于防止投机者的过分炒作而对市场造成不利影响。

大多数情况下,期货市场都在有效地运行并符合公众的利益。然而,有时市场中确实会发生违规交易或异常交易(trading irregularities)。例如,当某个投资者集团企图去操纵市场(corner the market)时,违规现象就发生了。该投资者集团持有巨额的期货合约多头头寸并企图对标的商品的供应施加某种影响。随着期货合约到期日的临近,该集团并不平仓,此时流通在外的期货合约的量很可能超过了可用于交割的商品数量。而空头头寸的持有者意识到他们难以交割,只能平仓。结果期货和现货的价格都大幅度上涨。监管者处理市场中这种行为的措施通常包括增加保证金要求,施加更加严格的头寸限额,禁止增加投机者未平仓头寸的交易以及强迫市场参与者平仓等。

专栏 18-2

国债 327 事件[①]

327 是国债期货合约的代号,对应 1992 年发行、1995 年 6 月到期兑付的 3 年期国库券,该券发行总量是 240 亿元人民币。

---

① 资料来源:罗孝玲.期货投资案例.北京:经济科学出版社,2005.

1994年10月以后，中国人民银行提高了3年期以上储蓄存款利率和恢复存款保值贴补，国库券利率也同样保值贴补。而保值贴补率的不确定性为炒作国债期货提供了空间，国债期货市场日渐火爆，与当时低迷的股票市场形成鲜明对照。

1995年2月，327合约的价格一直在147.80元至148.30元之间徘徊。

2月23日，提高327国债利率的传言得到证实，百元面值的327国债将按148.50元兑付。327国债在1分钟内竟上涨了2元，10分钟后共涨了3.77元。327国债每上涨1元，万国证券就要赔进十几亿元。

2月23日16时22分13秒，上海万国证券公司铤而走险，最后8分钟内砸出1056万口卖单，面值达2112亿元国债。把327国债价位从151.30元打到147.50元，使当日开仓的多头全线爆仓。

夜里11点，上交所正式下令宣布2月23日16时22分13秒之后的所有327品种的交易异常，是无效的，该部分不计入当日结算价、成交量和持仓量的范围。经过此次调整，当日国债成交额为5400亿元，当日327品种的收盘价为违规前最后签订的一笔交易价格151.30元。这意味着万国证券的损失高达60亿元人民币。

鉴于327国债违规事件的恶劣影响，5月17日，中国证监会发出《关于暂停全国范围内国债期货交易试点的紧急通知》，开市仅两年零六个月的国债期货无奈地画上了句号。中国第一个金融期货品种宣告夭折。

18.2.4 保证金的操作

如果两个投资者直接接触并达成协议，在未来某一时刻按某一特定的价格交易一项资产，这就明显存在风险。一方投资者可能会后悔该项交易，极力想毁约；或者，该投资者没有足够财力来保证该协议的实施。由交易所来组织交易的一个重要作用就在于它最大限度地减少了违约的情况，这就是保证金的由来。

(一)盯市

为了说明保证金如何运作，我们来考虑一个投资者的情况。他在6月5日(星期三)联系其经纪人，打算买入两份纽约商品期货交易所(New York Commodity Exchange, COMEX)12月份的黄金期货。假定当前期货价格为300美元/盎司。由于合约的规模为100盎司，所以投资者约定以这一价格购买总额为200盎司的黄金。经纪人要求投资者将一定款项存入保证金账户(margin account)中。投资者在最初开仓交易时必须存入的资金数额被称为初始保证金(initial margin)。假定每一份合约的初始保证金为1500美元，即初始保证金总额为3000美元，在每天交易结束时，保证金账户将进行调整，以反映该投资者的盈利或损失。这就是所谓的盯市(marking to market)。

假定在6月5日交易结束时，黄金期货价格从300美元跌到297美元，投资者就损失了600美元。这是由于该投资者约定要以300美元的价格购买的200盎司12月份的黄金现在仅能按297美元的价格出售。因此，保证金账户的余额要减少600美元，即减少到2400美元。同理，如果12月份黄金期货的价格在第一个交易日结束时上升到303美元，那么保证金账户的余额就增加600美元，即增加到3600美元。一笔交易的首次盯市结算是在该交易发生日结束时进行的。随后，在每个交易日结束时，都对其进行盯市结算。

投资者有权提走保证金账户中超过初始保证金的部分。为了确保保证金账户的资金余额在任何情况下都不为负值，交易所设置了维持保证金（maintenance margin）制度。维持保证金的金额通常略低于初始保证金。如果保证金账户的余额低于维持保证金，投资者就会收到保证金催付通知，要求其在第二天将保证金账户内的资金补足到初始保证金的水平。我们将这一追加的保证金称为变动保证金（variation margin）。如果投资者不能提供变动保证金，经纪人将出售合约来平仓。

（二）交易清算所和结算保证金

交易清算所（exchange clearinghouse）是交易所的附属机构，它是期货交易的中间人。它保证每笔交易的双方履行合约。交易清算所拥有一定数量的会员，会员会在清算所内存放一定资金。那些不是清算所会员的人必须通过清算所的会员来开展业务。清算所的主要任务是对每日发生的所有交易进行记录，以便计算每一会员的净头寸。

与经纪人要求投资者开设保证金账户一样，清算所也要求其会员在清算所开设保证金账户，称为结算保证金（clearing margin）。与投资者保证金账户的操作方式类似，清算所也会按照其盈亏在每一交易日结束时对会员的保证金账户余额进行调整。但对清算所会员而言，只有初始保证金，没有维持保证金。每一天每一种合约的保证金账户必须保持一定的余额，即必须等于初始保证金乘以流通在外的合约数。因此，清算所会员在每个交易日结束时，根据这天发生的交易和价格变动，可能不得不向其结算保证金账户中追加资金。另一方面，他也可能发现他可以从其保证金账户中提出资金。经纪人如果本身不是清算所的会员，则必须在清算所会员那里开设保证金账户。

交易清算所有两种计算结算保证金的方式：基于总值或基于净值来计算流通在外的合约数。基于总值（gross basis）方式是将客户开仓的多头总数与客户开仓的空头总数相加。基于净值（net basis）方式是允许多头和空头相互抵消。假定某清算所会员有两个客户，一方持有约 20 份合约的多头，另一方持有约 15 份合约的空头。基于总值方式将以 35 份合约为基础来计算结算保证金，基于净值方式将以 5 份合约为基础来计算结算保证金。大多数交易所运用的是净值方式来计算合约数以及结算保证金。

18.2.5 交易商和交易指令

在交易所内，有两种主要的交易商在进行交易：佣金经纪人和期货自营商。佣金经纪人（commission broker）执行客户的指令并收取一定的佣金。期货自营商（local）则为自己交易。

无论是场内交易商还是佣金经纪人的客户，凡是持有期货头寸的个体都可以被分为三类：套期保值者、投机者和套利者。投机者可以分为小投机者、当日交易者和头寸交易者。小投机者（scalper）利用非常短期的趋势，试图通过价格的微小波动获利，他们持有头寸的时间一般只有几分钟。当日交易者（day trader）持有头寸的时间一般不超过一个交易日，他们不愿承担一夜之间出现的负面消息带来的风险。头寸交易者（position trader）持有头寸的时间比较长，他们往往希望通过市场的大浮动、大波动而获取较多的利润。

（一）交易指令

比较常见的交易指令有以下几种。

1. 限价交易指令

限价交易指令（limit order）限定了交易的价格，这个指令是用来限定经纪人不要支付

比所指示的限定价格高的价格或不要卖出比指示的限定价格低的价格。比如,买入限价交易指令的书面形式一般是这样的:

以 0.6479 的限定价格购买 10 份 NYMEX2 月供热油。

只有当达到这一价格或是更优的价格时指令才被执行。

因此,如果当一个想要持有多头头寸的投资者的限价为 30 美元的时候,交易指令只能在价格达到 30 美元或是更低的时候才能被执行。当然由于给定的限价有可能永远不会出现,那么交易指令就无法执行。

2. 止损交易指令

止损交易指令(stop order)同样会限定价格,它要求一旦出现了以这一限定价格或是以更不利的价格成交的交易,就以可以获得的最优价格执行交易指令。

假设现在有一个止损交易指令要求以 30 美元的价格出售,当时的市场价格为 35 美元。当价格下降到 30 美元时,这一指令就变成一个卖出指令。事实上,当限制价格达到时,止损交易指令马上就变成了一个市场交易指令(market order)。止损交易指令的目的在于当不利价格变化出现时马上平仓,这样就可以限制可能出现的损失。

3. 止损限价交易指令

止损限价交易指令(stop-limit order)是止损交易指令和限价交易指令的结合。一旦市场价格达到了止损价格或是变得比止损价格更不利的时候,这一交易指令就变成了限价交易指令。在止损限价交易指令中需要确定两个价格:止损价格(stop price)和限价(limit price)。假设现在的市场价格为 35 美元,一个买入的止损限价交易指令要求的止损价格为 40 美元,要求的限价为 41 美元。一旦市场中出现了 40 美元的报价,止损限价交易指令就转化为限价为 41 美元的限价交易指令。如果两个价格是相同的,那么这个交易指令也叫作止损并限价交易指令(stop-and-limit order)。

4. 触及生效指令

触及生效指令(market-if-touched order,MIT)要求当以某一限定价格或是更优价格成交的交易发生后,以所能获得最优价格进行交易。实际上,当限定的价格达到时,MIT 就成了一个市场交易指令。MIT 也叫作面板指令(board order)。现在假设一个持有期货合约多头的投资者,他发出指令要求平仓。止损交易指令是为了限制价格发生不利变化时的损失,而 MIT 则是为了确保价格向有利方向变动时能赚取到相应的利润。

5. 任意指令

任意指令(discretionary order)是一个市场交易指令,只是当基于自身的判断,经纪人认为有可能获得一个更有利的价格时,经纪人可以推迟指令的执行。

(二)其他指令

一些指令会限定时间条件。除非具体指明,交易指令都是当日交易指令,在交易日结束时就终止了。限时指令(time-of-day order)会限定在交易日内可以执行指令的时间段。对开放指令(open order)或撤销终止指令(good-till-canceled order)而言,直到被执行或是所要交易的合约到期时指令才失效。立刻执行指令(fill-or-kill order)要求指令立刻被执行,否则就永不执行。

18.2.6 期货套期保值策略

当个人或企业利用期货市场套期保值时，其目的在于通过与现货市场的反向运作从而对冲风险。这样操作的结果是，如果在现货市场上遭受损失，则期货市场会产生收益从而弥补现货市场的损失；如果期货市场产生损失，则其损失也会被现货市场的利润所抵消。

（一）多头套期保值

涉及持有期货多头头寸的套期保值被称为多头套期保值(long hedge)。多头套期保值适用于企业知道其在未来要买入某一资产并希望锁定价格的情况。

【例18-1】 假设现在是1月15日，一家铜加工商知道其在5月15日将需要10万磅的铜来履行某一合约，铜的现货价格为140美分/磅，5月份的期货价格为120美分/磅。该加工商可以通过持有4份纽约商品期货交易所(COMEX)5月的期货合约多头头寸，并在5月15日平仓来对冲风险，每份合约的规模为25000磅。该策略可以将该加工商所需要的铜的价格锁定在120美分/磅左右。

该加工商的套期保值策略：

1月15日：买入4份5月份的铜的期货合约。

5月15日：将期货头寸平仓。

那么，该加工商在5月15日的损益基本上可以分为以下两种情况：

(1)假设5月15日时，铜的价格为125美分/磅，则该加工商从期货合约中获得的利润近似于：

$100000\times(1.25-1.20)=5000$(美元)

其为购买铜而支付了$100000\times1.25=125000$(美元)

因此，该加工商总成本近似于$125000-5000=120000$(美元)

(2)假设在5月15日期货价格为105美分/磅，则该加工商因为持有期货合约而发生的损失近似于：

$100000\times(1.20-1.05)=15000$(美元)

其为购买铜而支付的成本为：

$100000\times1.05=105000$(美元)

总成本仍旧为120000美元。

总结：

通过多头期货保值，该加工商将其成本固定在120000美元。

（二）空头套期保值

空头套期保值(short hedge)适用于套期保值者拥有某一资产并期望在未来某一时刻出售该资产的情形。例如，种植玉米的农户知道这些玉米在2个月后就可以上市，为了避免价格风险，可采取套期保值策略。空头套期保值同样适用于现在虽然不持有资产但在将来某一个时刻会持有资产的情形。例如一个出口商在3个月后将收到一笔外币货款，若外币贬值会导致其遭受损失，因此，同样可以利用外汇期货的空头合约来进行套期保值。

我们可以通过一个例子来简单了解一下空头套期保值策略的操作。

【例18-2】 假设在5月15日一石油生产商签订了一份卖出100万桶原油的合约，销售合约中的价格为8月15日的现货价格。报价为：原油现货价格：19.00美元/桶；8月的原油期货价格:18.75 美元/桶。

该石油商的套期保值策略:5 月 15 日:卖出 1000 份 8 月份的原油期货合约。

8 月 15 日:将期货头寸平仓。

第一种情况:8 月 15 日现货价格下跌

假设 8 月 15 日现货价格为 17.50 美元/桶。该生产商履行合约,获得收入 1750 万美元。

同时,由于拥有期货空头头寸,平仓后,每桶可以获得的近似利润为:

18.75－17.50＝1.25(美元)

计算可得利润为 125 万美元,因此,从销售合同和期货头寸获得的总收入为 1875 万美元。

第二种情况:假设 8 月 15 日油价上涨到 19.50 美元/桶

则生产商通过销售原油每桶获得 19.50 美元的收入,总收入 1950 万美元。

而由于拥有期货空头头寸每桶损失近似等于:

19.50－18.75＝0.75(美元)

共损失 75 万美元。

但是总收入仍然在 1875 万美元。

总结:在任何情况下,该生产商最终的总收入都将在 1875 万美元左右。

(三)保值的效果:基差风险

如果套期保值者知道其在未来买入或卖出资产的具体日期,则其可利用期货合约消除那一天的资产价格变动所带来的所有风险。但在现实情况下,部分原因影响套期保值效果:

(1)需要对冲风险的资产与期货的标的资产很可能不完全一样;

(2)套期保值者可能不确定将要购买或出售资产的确切日期;

(3)套期保值可能要求期货在到期日前就平仓。

这些问题带来了所谓的基差风险(basis risk)。

基差(basis)可以定义为:

基差＝计划进行套期保值资产的现货价格－所使用合约的期货价格

在到期之前,基差可能为正也可能为负,如果要进行套期保值的资产与期货的标的资产一致,则在期货到期日基差应为零。图 18-1 表明了在期货合约到期前基差为正值时,基差是怎样随着时间而变化的。

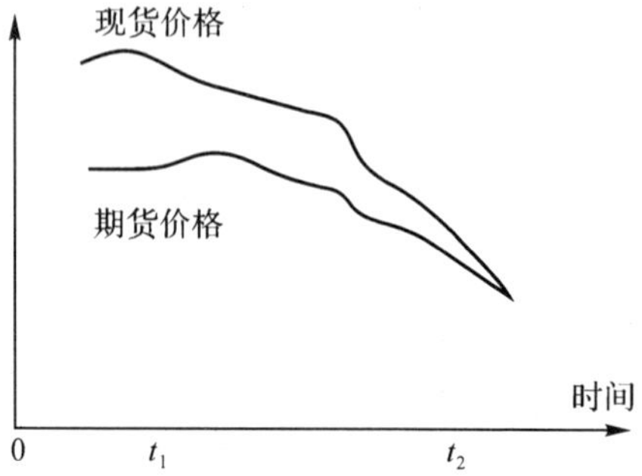

图 18-1　基差随时间而发生的变化

我们用下列符号来讨论基差：

S_1：在 t_1 时刻的现货价格；

S_2：在 t_2 时刻的现货价格；

F_1：在 t_1 时刻的期货价格；

F_2：在 t_2 时刻的期货价格；

b_1：在 t_1 时刻的基差；

b_2：在 t_2 时刻的基差。

假定在 t_1 时刻进行套期保值，并在 t_2 时刻进行平仓，在开始套期保值时，现货和期货价格分别为 2.50 美元和 2.20 美元，在平仓时现货和期货价格分别为 2.00 美元和 1.90 美元。

$b_1=S_1-F_1, b_2=S_2-F_2$

上例可得：

$b_1=0.30, b_2=0.10$

如果是持有期货空头头寸：

则期货合约的盈利为 F_1-F_2，而套期保值资产的有效价格为

$S_2+F_1-F_2=F_1+b_2$

由此可得：

因为 F_1 的值是已知的，所以套期保值的风险和 b_2 密切相关，称为基差风险（basis risk）。

如果是持有期货多头头寸：

同样在 t_1 时刻进行套期保值，并在 t_2 时刻进行购买资产，价格为 S_2，期货头寸上的损益为 F_1-F_2，则为该资产支付的有效价格为：

$S_2+F_1-F_2=F_1+b_2$

由此可得：

在期货多头时，情况是一样的，因为 F_1 的值是已知的，所以套期保值的风险和 b_2 密切相关。

为了更形象地说明问题，我们来看下面两个例题：

【例 18-3】 空头套期保值的基差风险

3 月 1 日，一家美国公司预计其在 7 月底会收到 5000 万日元。9 月份的日元期货价格为 0.7800 美分/日元。

策略：

(1)在 3 月 1 日以 0.7800 美分/日元的期货价格卖出 4 份 9 月的日元期货合约。

(2)在 7 月底收到日元时将期货头寸平仓。

结果：

7 月底的现货价格＝0.7200(美分/日元)

7 月底时 9 月期货的价格＝0.7250(美分/日元)

7 月底时的基差＝－0.0050(美分/日元)

两种计算套期保值后净汇率的方法：

7 月的现货价格＋期货收益＝0.7200＋0.0550＝0.7750(美分/日元)

3 月的期货价格＋7 月的基差＝0.7800－0.0050＝0.7750(美分/日元)

【例 18-4】 多头套期保值的基差风险

现在是 6 月 8 日，一家公司知道在 10 月或是 11 月的某天它将需要购买 20000 桶原油，当时 12 月份的原油期货价格为 18.00 美元/桶。

策略：

(1)在 6 月 8 日以 18 美元/桶的期货价格买入 20 份 12 月份的原油期货合约。

(2)当准备购买原油时将期货头寸平仓。

结果：

在 11 月 10 日公司准备购买原油：

11 月 10 日的现货价格＝20(美元)

11 月 10 日的 12 月期货价格＝19.10(美元)

11 月 10 日的基差＝0.90(美元)

计算套期保值后原油净成本的方法：

11 月 10 日的现货价格＋期货收益＝20.00－1.10＝18.90(美元)

6 月 8 日的期货价格＋11 月 10 日的基差＝18.00＋0.90＝18.90(美元)

思考：

基差的变化对不同类型套期保值者的影响。

18.2.7 股票指数期货

(一)股票指数期货发展概况

股票指数期货合约和公开的股票指数有关。合约规模是某种股票指数乘以一定的数值。比如，在芝加哥商品交易所中交易的标准普尔 500 指数期货合约的美元规模就等于 250 乘以标准普尔 500 指数。

股票指数期货合约同其他的期货合约一样，投资者的损益取决于期货合约原生产品的价格波动，即收益(亏损)＝期货价格变化×合约价值乘数

假设悉尼综合普通股指 12 月份合约的价格是 2900 点。第二天，这份合约的价格变为 3000 点。这样持有一份悉尼综合股指期货合约的投资者就会得到收益：

(3000－2900)×25 澳元＝2500 澳元

在国际金融市场上，每天都会进行大量股票指数期货合约的交易(见表18-2)。股票指数期货流行的原因在于，和其他任何期货合约一样，股票指数期货合约为投资者提供了一种杠杆化的金融工具，投资者只需要用等于保证金的少量现金投资就可以对股票进行投机或者对冲。其特殊支出在于投资者可以在广泛的程度上直接对股票市场进行投资，从而避免了投资单一证券的特定风险。我们可以考虑这样一种情况：当一个投资者对经济形势有信心，但是不了解任何一家具体企业的发展前景或者对它们没有预期，同时，该投资者希望得到一个风险分散的证券投资组合。那么，该投资者有两种选择：一是购买指数基金，二是购买股票指数期货。

表 18-2 全球主要的股票指数(期货)合约

排名	合约名称	上市交易所	成交量(2006 年 1—6 月)单位:美元
1	E-Mini S&P 500	芝加哥商业交易所	129451013
2	DJ Euro Stoxx 50	欧洲期货交易所	108364090
3	E-mini Nasdaq-100	芝加哥商业交易所	41011615
4	NSE S&P CNX Nifty	印度国家证券交易所	38850982
5	Kospi 200	韩国交易所集团	25386479
6	DAX	欧洲期货交易所	21614162
7	E-mini Russell 2000	芝加哥商业交易所	19652232
8	CAC 40	伦敦国际金融期货交易所	16872099
9	Nikkei 225	大阪证券交易所	13600308
10	FTSE 100	伦敦国际金融期货交易所	13088130

数据来源:http://www.qqimg.cn.

(二)股票指数期货及特征

股票指数期货是一种以股票市场的股价指数为交易标的物,由交易双方订立的、约定在未来某一特定时间按约定价格进行股价指数交易的一种标准化金融期货合约,合约价值以一定的货币乘数与股票指数报价的乘积来表示。

与其他期货合约相比,股指期货除具有标准化合约、杠杆机制、集中交易、对冲机制、每日无负债结算等期货交易的一般特征外,还有如下特点:

(1)股指期货合约以股票价格指数为标的物。长期的实践使人们发现,股票价格指数和整个股票市场价格之间存在着正相关关系,股票价格指数基本上代表了全球市场股票价格变动的趋势和幅度。这样,股票指数就具备了成为金融期货的条件。当然,股票指数期货合约所代表的指数必须是具有代表性的权威性指数,以保证期货市场具有较强的流动性和广泛的参与性。如芝加哥商业交易所的 S&P500 指数期货合约是以标准·普尔公司公布的 500 种股票指数为基础的。

(2)股指期货合约以股票指数的"点"为报价单位。股票指数的点数是该指数期货合约的价格。以指数点乘以一个确定的金额数值就是合约的金额。例如,美国规定每份合约的价值为指数点数的 500 倍,即指数每升降一点,指数期货价格就增减 500 美元。

(3)股票指数期货合约采用现金交割。股票指数期货合约之所以采用现金交割,主要有两个方面的原因:第一,股票指数是一种特殊的股票资产,其变化非常频繁,而且是众多股票价格的平均变化,如果采用实物交割,势必涉及烦琐的计算和实物交接手续;第二,股指期货合约的交易者并不愿意交收该股指所代表的实际股票,他们的目的在于保值和投机,而采用现金交割和最终结算,既简单快捷,又节省费用。

(三)股票指数期货的功能

股票指数期货的功能可以概括如下:

1. 转移风险

股指期货的引入，为股票现货市场提供了对冲风险的途径，能满足市场参与者，特别是机构投资者回避股市系统风险的要求。股指期货交易实质上是投资者将其对整个股票市场价格指数的预期风险转移至期货市场的过程，通过对股票趋势持不同判断的投资者的买卖来对冲股票市场的风险。例如，当预期股票市场下跌时，投资者可通过卖出股指期货合约对冲股市整体下跌的系统性价格风险，在继续享有相应股东权益的同时维持所持股票资产的原有价值，减轻集中性抛售对股票市场造成的恐慌性影响。相反，如果投资者预计市场要上涨而来不及全面建仓，则可以通过买进一定数量的多头股指期货合约以避免踏空。此外，一些承销发行机构、上市公司的大股东，为规避股市总体下跌的风险，可通过预先卖出相应数量的股指期货合约以对冲风险、锁定利润。

2. 发现价格

发现价格是指在股指期货市场通过公开、公正、高效、竞争的交易机制，形成具有真实性、预期性、连续性和权威性股票价格的过程。期货市场形成的价格之所以为公众所承认，一是由于股指期货交易的参与者众多。成千上万的买家和卖家聚在一起进行竞争，可以代表供求双方的力量，有助于权威价格的形成。二是由于参与股指期货交易的人士大都具有丰富的证券、期货市场知识，广泛的信息渠道以及一套科学的分析、预测方法。他们对股指期货价格进行判断、分析和预测，并报出自己的理想价格与众多的对手竞争。在此基础上形成的股指期货价格实际上反映了大多数人的预测，因而能够比较直接地代表供求变动趋势。

3. 丰富投资策略

股指期货交易给市场引入了做空机制，使得投资者的投资策略从买入股票→等待股票价格上升→卖出股票的单向获利模式变为双向投资模式，让投资者在行情下跌过程中也能有所为而非被动等待。股指期货有利于投资者合理配置资产，投资者想增加或减少某一类股票或资产的持有量时，只需买进或卖出相应的股指期货合约即可；股指期货提高了资产配置的效率，股指期货市场的现金交割和保证金制度使投资者在买卖股指期货时只需少量的资金，大大降低了成本；股指期货交易完善了组合投资方式，有利于投资者根据自己的风险偏好构筑不同收益—风险水平的投资组合，为投资者提供了根据期货市场和现货市场价差进行指数套利的机会。

(四)我国的股票指数期货市场

1. 国内股指期货正式推出

中国证监会正式批复中国金融期货交易所沪深300股指期货合约和业务规则，股指期货市场的主要制度已全部发布。从2010年2月22日9时起，正式接受投资者开户申请。公布沪深300股指期货合约自2010年4月16日起正式上市交易。沪深300指数期货合约以沪深300指数为标的(见表18-3)。

表18-3 沪深300指数期货合约

合约标的	沪深300指数
合约乘数	每点300元
报价单位	指数点

续表

合约标的	沪深 300 指数
最小变动价位	0.2 点
合约月份	当月、下月及随后两个季月
交易时间	上午:9:15—11:30,下午:13:00—15:15
最后交易日交易时间	上午:9:15—11:30,下午:13:00—15:00
每日价格最大波动限制	上一个交易日结算价的±10%
最低交易保证金	合约价值的 12%
最后交易日	合约到期月份的第三个周五,遇国家法定假日顺延
交割日期	同最后交易日
交割方式	现金交割
交易代码	IF
上市交易所	中国金融期货交易所

2. 股指期货开户条件

(1)保证金账户可用余额不低于 50 万元;

(2)具备股指期货基础知识,通过相关测试(评分不低于 80 分);

(3)具有至少 10 个交易日、20 笔以上的股指仿真交易记录,或者是之后三年内具有 10 笔以上商品期货交易成交记录(两者是或者关系,满足其一即可);

(4)综合评估表评分不低于 70 分;

(5)中期协无不良诚信记录;不存在法律、行政法规、规章和交易所业务规则禁止或者限制从事股指期货交易的情形。

按照相关规定,有下列情况之一的,不得成为期货经纪公司客户:国家机关和事业单位;中国证监会及其派出机构、期货交易所、期货保证金安全存管监控机构和期货业协会的工作人员,证券、期货市场禁止进入者;未能提供开户证明文件的单位;中国证监会规定不得从事期货交易的其他单位和个人。

18.3 期　权

亚里士多德(Aristotle)在他的《政治学》中曾记载了这样一个故事:小亚细亚的哲学家泰勒斯(Thales)非常穷,周围的人常常取笑他。但实际上他是个天才和全才,作为一个优秀的星象学家,在某个冬日,他夜观天象,预见到来年秋季的天气有利于橄榄生长,橄榄收成会比往年好很多,于是他拿着一点微薄的积蓄,不动声色地造访当地每一家橄榄榨油坊,预付些许定金,言明秋天一到,他有优先使用榨油机的权利。他争取到的定金价格非常非常低,因为离收成期还有 9 个月的时间,谁知道下次收成到底是好是坏呢,这些油坊的主人想,何不先收下这立刻到手的金钱呢?来年秋天,橄榄喜获丰收,榨油机的需求量大增。泰勒斯执行了他的选择权,然后把手上的榨油机以更高的价码转租出去,这个穷人终于轻轻松松地赚了大钱。

18.3.1 期权的基本要素

(一)期权的标的

期权的标的即合约签订时确定的未来买卖的资产或现金交割时确定的结算依据。如股票期权的标的是股票,股指期权的标的是股票指数等。期权的标的非常广泛,常见的有股票、股指、外汇、利率、债券等。当然,期权也是一种标准化的合约。例如在美国,大多数股票期权交易是在交易所进行的,一份期权合约给予持有者以一定的执行价格买卖 100 股股票的权利,这种合约规模在设计上是非常便利的,因为,股票交易的本身,通常是以 100 股为单位进行的。

(二)期权的到期日

期权的到期日即期权最后有效的日期。一旦过了期权的到期日,没有执行的期权就失效了,期权买方就失去了要求执行的权利。场内的标准化期权的到期日一般按一定规则设置。以股票期权为例,股票期权在 1 月、2 月或 3 月的基础上循环。1 月循环包括 1 月、4 月、7 月和 10 月;2 月循环包括 2 月、5 月、8 月和 11 月;3 月循环包括 3 月、6 月、9 月和 12 月,如果当前月份的到期日还未到达,则交易的期权合约包括当前月到期的期权、下个月到期的期权和循环中的下两个月到期的期权。有些期权的到期日较长,长期限期权(longer-term option)被称为 LEAPS(long-term equity anticipation securities),在美国有 500 多种股票的 LEAPS 交易在进行,这类期权的到期日可以长达 3 年。股票 LEAPS 的到期日都是在 1 月。

(三)期权的执行价格

期权的执行价格(exercise price),即期权买方履约时间向买方买入或卖出标的资产的价格。一般来说,在交易所交易的期权的执行价格会有多个,从而形成一个系列。履约价格间距是指不同履约价格之间的差距。例如股票期权,交易所通常会选定期权的执行价格使其变动幅度为 2.50 美元、5 美元和 10 美元。通常当股票价格在 5～25 美元时,执行价格的变动幅度为 2.50 美元;当股票价格在 25～200 美元时,执行价格的变动幅度为 5 美元;当股票价格高于 200 美元时,执行价格的变动幅度为 10 美元。

(四)期权的执行方向

即期权的选择权是买入(call)标的还是卖出(put)标的。以事先确定的价格购买一种资产的期权成为看涨期权(call option)。看涨期权的买方有权按约定价格购买资产,而看涨期权的卖方则有义务出售该资产。以事先确定的价格出售一种资产的期权称为看跌期权(put option),看跌期权的买方有权利出售资产,而看跌期权的卖方有义务购买该资产。

(五)期权的执行方式

期权的执行方式是期权的执行时间选择。如果期权只能够在到期日执行,则称为欧式期权,在到期日和到期日之前任何一天都可以执行的期权则称为美式期权。

(六)期权价格,即权利金

权利金(premium)又称期权费、期权金,是期权的价格。权利金是期权合约中唯一的变量,是由买卖双方在期权市场上公开竞价形成的,是期权的买方为获取期权合约所赋予的权利而必须支付给卖方的费用。对于期权的买方来说,权利金是其损失的最高限度。对于期权卖方来说,卖出期权即可以得到一笔权利金收入,而不用立即交割。

18.3.2 期权的分类

与远期、期货和互换合约不同，期权合约买入方与卖出方之间的关系是权利义务关系，而远期、期货和互换合约中无论买方还是卖方，相对于对方而言都是义务。在一份期权合约中，一方赋予另外一方在未来一定时点、按规定价格购买或出售某种资产的权利。出让权利一方被称为期权的卖方，而拥有权利的一方被称为期权买方。

(一)看涨期权和看跌期权

以事先确定的价格购买一种资产的期权称为看涨期权(call option)。看涨期权的买方有权按约定价格购买资产，而看涨期权的卖方则有义务出售该资产。以事先确定的价格出售一种资产的期权称为看跌期权(put option)。看跌期权的买方有权利出售资产，而看跌期权的卖方有义务购买该资产。

(二)实值期权、平值期权和虚值期权

在任何给定的时间，对于任何给定的资产，市场中都有许多不同的期权合约在交易。如果某种股票具有5种到期日、4种执行价格的期权，同时，每个到期日和每一个执行价格都有看跌和看涨的期权在进行交易，那么一共就会有40种不同的期权合约。

如果期权买方按照执行价格立即执行期权后产生正收益，那么该期权被称为实值期权(in the money)，或者称该期权内在价值为正。对于看涨期权来说，执行价格低于标的资产价格的期权是实值期权。对于看跌期权来说，执行价格高于标的资产价格的期权是实值期权。

当标的市场价格与期权执行价格一样的时候，期权则被称为平值期权(at the money)。

如果期权买方按照执行价格立即执行期权后产生负收益，那么该期权称为虚值期权(out of the money)，或者称该期权内在价值为负。对于看涨期权来说，执行价格低于标的资产价格的期权是实值期权。对于看跌期权来说，执行价格高于标的资产价格的期权是实值期权。

(三)美式期权和欧式期权

期权有效的最后一天被称为到期日或截止日(expiration date)。只能够在到期日执行的期权称为欧式期权，在到期日和到期日之前任何一天都可以执行的期权则称为美式期权。

为了交易，这两种期权都要求期权必须是在实值状态，因为虚值状态的期权是一个交易价格比市场价格要"糟糕"的期权，在这种情况下，没有人会选择履行期权。同样，如果期权处于平值状态，也没有任何意义，因为对于期权买方来说，选择履行期权与放弃期权、在市场上进行交易的结果是一样的。

由于欧式期权仅仅能在处于实值状态的到期日那天进行交易。这种期权方式大多数适用于场外期权。它们没有连续风险，因为没有连续交易的可能性。

而美式期权，由于它是在实值状态下可以在任何时间交易的期权，因此存在更大的风险，它们的期权费要高于欧式期权。商品期货期权都是美式期权。

18.3.3 保证金

当购买看涨或看跌期权时，投资者必须支付全额期权费用。不允许投资者使用保证金购买期权，这是因为期权本身已经含有相当大的杠杆比例。使用保证金购买会使这一杠杆比例扩大到不可接受的水平。通常要求卖出期权的投资者在保证金账户中存有一定的金额，这是因为投资者的经纪人和交易所都希望期权被执行时投资者不会违约。要求存有的保证金的规模取决于具体情况。

(一)无保护的期权

无保护期权(naked option)，也称裸期权，是指期权头寸中没有包含冲销该期权头寸的标的股票头寸，出售无保护看涨期权的初始保证金是下面两个计算结果中较大的一个：

(1)出售期权的所有收入加上标的股票价值的20%减去期权处于虚值状态的数额(如果有这一项的话)；

(2)出售期权的所有收入加上标的股票价值的10%。

出售无保护看跌期权的初始保证金是下面两个计算结果中较大的一个：

(1)出售期权的所有收入加上标的股票价值的20%减去期权处于虚值状态的数额(如果有此项)；

(2)出售期权的所有收入加上执行价格的10%。

(二)有保护看涨期权

出售有保护看涨期权(covered option)是指出售股票看涨期权时已持有该股票，以备将来交割。有保护看涨期权的风险远远低于无保护看涨期权。这是因为前者最坏的情况是投资者以低于市场的价格出售其已经拥有的股票。如果期权处于虚值状态，则无须任何保证金，持有的股票可以使用前面描述过的保证金账户购买，其收取的期权费可用于满足部分保证金需求。如期权是实值期权，对于该期权而言没有保证金要求。但是，为了计算投资者的股权头寸，股票价格将减少期权的实值数额。如果股价上涨，这可能会限制投资者从保证金账户中提取资金的数量。

18.3.4 期权的价值

(一)内涵价值

内涵价值(intrinsic value)是指立即执行期权合约时可获得的收益。对于买权来说，内涵价值为执行价格低于股票市价的差额；对于卖权来说，内涵价值为执行价格高于股票市价的差额。内涵价值的计算公式如下：

如果 S 是股票价格，K 是执行价格

买权的内涵价值 $=\max[S-K,0]$

卖权的内涵价值 $=\max[K-S,0]$

很明显，只有当期权是实值期权的时候，它才会被执行。

因为根据上述公式，实值期权的内涵价值大于零，平值期权和虚值期权的内涵价值等于零。期权的内涵价值之所以不可能小于零，是因为在买权的执行价格高于股票市价或卖权的执行价格低于股票市价的时候，期权的买方可以选择不去执行期权，期权对于买方来说是单向的权利而非义务。

(二)时间价值

一般来说，期权在到期日之前是以高于内涵价值的价格来交易的。期权到期前，权利金超过内涵价值的部分，就是时间价值(time value)。时间价值反映了期权到期前股票价格变动带来的潜在收益。一般来说，在其他条件一定的情况下，到期时间越长，期权的时间价值

就越大，因为距离到期日所剩时间越多，期权合约的价格就越有机会朝有利于期权持有人的方向移动。很明显，决定期权价值的基本因素是期权接近到期日的可能性。随着期权到期日的临近，期权时间价值也逐渐衰减。在到期日，期权已经不再具有时间价值，期权的全部价值为内涵价值。因此，无论对于买权还是卖权，都有以下的关系式：

实值期权的权利金＝内涵价值＋时间价值

平值期权的权利金＝时间价值

虚值期权的权利金＝时间价值

对于具有相同标的股票，相同到期日的实值期权、平值期权和虚值期权，三者包含的时间价值是不等的。标的股票的市价和执行价格越接近，期权的时间价值越大。也就是说，平值期权的时间价值比实值期权或虚值期权的时间价值都要大。当期权处于平值时，期权向实值还是虚值转化，方向难以确定：转为实值则买方盈利，转为虚值则卖方盈利。因此，平值期权的投机性最强，交易也活跃，在不同的情况下，时间价值的衰减速度越快。

18.3.5 期权的交易策略

期权交易策略的分析基础是由一些重要的前提假设构成的。在本书中，我们将以股票期权交易为例来介绍期权交易策略。为了便于理解，我们做了若干假设：首先，我们假设股票不进行分红派息，因为分红派息会使期权交易策略变得更加复杂，因此为了使分析变得简单易懂，均不考虑股票分红派息的情况；其次，我们假设期权交易没有税收和交易成本；最后，除非特别说明，这里所说的期权都是欧式期权，且合约股数是 100 股。

股票期权的基本交易策略有两种：第一种是投资单个股票期权；第二种是投资单个股票期权与其标的股票的组合。下面，我们来介绍投资单个股票期权的交易策略。根据持有股票期权头寸的不同，该策略又可细分为以下四种：买入买权；卖出买权；买入卖权；卖出卖权。

（一）买入买权

1. 交易特点分析

期权买方之所以买入买权是因为他根据自己的分析判断，预测标的股票价格将会上涨。当期权合约到期时，若股票市价高于执行价格，期权买方可按合约规定的价格和数量从期权卖方买入股票，然后按市价出售，获取收益，股票价格上涨幅度越大，则买方盈利越大；同时，期权的买方还可以从其他途径获利，若在买权到期前，股票价格上涨，则相应的股票期权的价格也可能上涨，买权买方可以通过转让买权从权利金的上涨中获得收益。

到期时，当股票市价在执行价格与执行价格和权利金的和之间波动的时候，期权买方将遭受一定损失，因为此时，期权的买方虽然可以通过向卖方出售股票获取一定收益，但该收益不足以补偿他之前所支付的权利金，当股票的市场价格刚好等于执行价格与权利金之和的时候，期权买方的损益为零，该价格即为期权买方的收支平衡点；当股票市价低于执行价格时，期权买方将放弃执行期权，因为投资者不会以高于市价的价格从市场上买入股票。这时投资者损失了起初支付的权利金。因此，期权买方的最大损失是权利金，这在买入买权那一刻就已经确定了。买权多头的损益特点是：交易之时已经确定了最大损失。

2. 买入买权的动机

(1)降低购买成本。如果投资者计划在未来某一时间买入某只股票，但又担心在这段时间内股票价格上涨，影响买入成本，那么，在当前时刻，投资者可以买入以该股票为标的的股票期权，买入期权合约的数量以及合约的到期日由其计划在将来买入的股票数量及交易日确定。这样，当股票价格下跌，投资者可以直接从市场上买入股票；当股票价格上涨，投资者可以通过执行期权买入股票。因此，投资者在未来买入这只股票的价格不高于期权的执行价格，从而控制了成本。

(2)减少交易风险。如果投资者在早些时候已经卖空某只股票，但现在从各方面的信息预测到该股票价格将会上涨，投资者担心其之前卖空行为的风险越来越大，但现在又不方便了结头寸。为了规避风险，投资者可以买入已卖空股票的买权，这时，卖空股票的损益和买入买权的损益将会相互抵补。

我们可以将(1)、(2)两类的投资者称为保险性投资者。保险性投资者为了降低股票价格波动的风险，支付相应的权利金买进买权进行保值；而买权卖方愿意承担相应的风险而获得权利金。保险性投资者的投资行为以保值为目的，在买入合约之前，他要保值的股票数量已经决定了应持有的买权多头头寸，以及合约的到期日，因此他不须利用期权合约的杠杆作用，也不用考虑合约的时间价值。

我们知道，在期权市场上，对于同种股票的看涨合约，可能存在着许多不同的执行价格，相应合约所要求的权利金也各不相同。而买权执行价格的不同对股票的保值程度也不一样，执行价格较低时，保值程度要高。而执行价格不同，合约的权利金也不同：执行价格较低时，合约的权利金就高。因此，投资者对权利金与执行价格进行分析，选取最适合自己的合约进行保值。

(3)投机动机。如果投机者看好某只股票，对其有足够的信心，并预期其在未来的一段时间将会有较大的上涨空间，但当前的可用资金有限以至无法买入股票，投机者就可以考虑用较少的成本买入该只股票的买权，获取股票价格上涨带来的杠杆收益。

【例 18-5】 假设投机者 A 看好 L 公司的股票，决定买入以 L 公司股票为标的、期限为 90 天的股票买权合约。当前 L 公司的股票价格为 20 元/股，假设市场上存在着多种符合其要求的买权合约，合约的权利金与执行价格的关系如表 18-3 所示。

表 18-3 买权权利金与执行价格 （单位：元）

执行价格	权利金
24	0.189
22	0.526
20	1.247
18	2.481
16	4.170

根据表 18-3，我们可以看到，执行价格是 22 元的 90 天买权是虚值期权，内涵价值为零。买权的权利金是 0.256 元，合约到期时的收支平衡点是 22.526 元，比现价高出 2.526 元，即 ABC 价格要上涨较大的幅度才能达到收支平衡点，执行价格是 18 元的 90 天买权是内涵价值为正的实值期权，买权的权利金是 2.481 元，合约到期时的收支平衡点是 20.481 元，比现价仅高出 0.481 元，只要 ABC 价格有一个小幅度的上涨，就达到收支平衡点而开始盈利。

上述例子说明，虚值买权需要股票价格上涨更大的幅度才能达到收支平衡点，因此，它对股票看涨有更大的预期。当然，看涨程度较高的头寸风险就大，又因为风险较大，一般来说其要求的收益率也较大。因此，当股票价格朝着有利的方向运动时，虚值买权的收益率比实值买权的要大。执行价格是 22 元的虚值买权的权利金是 0.526 元，执行价格是 18 元的实值买权的权利金是 2.481 元，若到期时，股票价格上涨至 24 元，虚值买权的收益是 1.474 元，收益率是 1.474/0.526×100%＝280.2%；实值买权的收益是 3.519 元，收益率是 3.519/2.481×100%＝141.8%。因此，给定同样的初始金额，虚值买权潜在收益更大。

(二)买入卖权

1. 交易特点分析

买入卖权意味着卖权买方有权在到期日，按合约规定的价格向卖权卖方卖出一定数量的标的股票。一般来说，在证券市场上众多的交易方式中，只有当证券价格有跌落的趋势时，才有人愿意买入卖权。此外，如果标的股票价格在卖权合约有效期限内下跌，造成卖权权利金上涨，也可以直接卖掉卖权，这样不仅赚取了前后权利金的差价，而且还转移了标的股票行市突然回升的风险。但如果标的股票在合约规定的期限内没有下降，反而逐步上升时，投资者就要损失全部的权利金。

最大损失：期初支付的所有权利金；

最大盈利：股票价格下降的幅度越大，卖权买方的收益越大；

收支平衡点：执行价格与权利金的差。

到期时，若股票价格低于执行价格，卖权买方就会在市场上低价买进股票，再按合约规定的价格和数量把股票出售给卖权卖方，获取差额收益；若股票价格在收支平衡点与执行价格之间波动时，卖权买方将蒙受一定损失；若股票价格高于执行价格时，卖权只能无价值过期作废，因为不会有人高价买入股票再低价卖出的，这时，卖权买方将损失全部权利金。

2. 买入卖权的动机

(1)保险性投资

如果投资者计划在未来某一时间卖出某只股票，但又担心在这段时间股票价格会下跌。此时可以考虑买入以该股票为标的相应期限的卖权。这时，投资者在未来卖出这只股票的价格不低于卖权的执行价格，从而保护了股票多头的持仓利润。但是，持有卖权多头头寸需要成本，即期权的权利金。

为了保护股票多头的持仓利润，投资者花费一定成本买入卖权，卖权合约的数量一开始就由需要保值的股票数量决定，卖权合约的到期时间也由将来要卖出股票的时间决定。卖权的卖方因得到权利金而承担风险，卖权买方因支付权利金而得到保护。卖权执行价格越高，投资者得到的保护越大，而支付的权利金也随之变大。

(2)杠杆投机

如果投机者从多方面的信息预测某只股票价格在未来的一段时间将会下跌，则可以考虑买入相应的卖权，使其在股票价格下跌行情中能获取收益。

【例 18-6】 假设投机者 A 看跌 L 公司的股票，决定买入以 L 公司股票为标的、期限为 90 天的股票卖权合约。当前 L 公司的股票价格为 20 元/股，假设市场上存在着多种符合其要求的卖权合约，合约的权利金与执行价格的关系如表 18-4 所示。

表 18-4　卖权权利金与执行价格　(单位:元)

执行价格	权利金
24	4.040
22	2.390
20	1.123
18	0.370
16	0.071

通过分析,我们可以看出,执行价格是18元的90天卖权是一个内涵价值为零的虚值期权,权利金是0.37元,收支平衡点是17.63元,执行价格是22元的90天卖权是一个内涵价值为正的实值期权,权利金是2.39元,收支平衡点是19.61元。为了达到收支平衡,对于虚值卖权来说,ABC价格必须下跌2.37元才能实现盈利;对于实值卖权来说,ABC价格只要下跌0.39元就开始获得收益。也就是说,虚值卖权的标的股票价格要下跌更大的幅度才能达到收支平衡。当卖权的虚值部分越深,收支平衡点就会越低,股票价格要下跌更多才能达到收支平衡,同时,投机者失去全部权利金的机会也越大。因此,虚值卖权的投机性较强,但其潜在收益一般也会较大。其最直接的表现就是虚值卖权的权利金比实值卖权的权利金要低,以同样的初始金额可以买入更多数量的虚值卖权,获取更多的杠杆收益。

(三)卖出买权

1.交易特点

投资者卖出买权得到的是义务而不是权利。通过出售买权合约,卖方获得了最大的收益,即出售期权合约所获得的权利金。如果买权买方要求执行期权,那么买权卖方别无选择,只有履行义务。随着股票价格逐步上涨,损失不断增加,当标的股票价格远远高出买权的执行价格,买权卖方就要遭受巨大损失,这是在不持有标的股票的前提下单独卖出买权,所以这个投资策略又称为卖出无保护的买权(write naked call)。

但这并不是说卖出买权就是看空股票。出售买权的投资者可能存在两种预期:一是看空股票;二是认为股票价格的实际变动率要小于给自己带来损失所要求的价格变动率。因为到期时,股票价格只要跌到在执行价格与权利金的和以下就开始盈利,股票的价格不一定要下跌或者下跌很大幅度。

2.投资分析

买权卖方在达成交易时就知道到期时他可获取的最大收益,即全部权利金,但最大损失却是未知的,因此他承担了巨大的风险。卖出买权时要分析买权的价值,而买权价值由时间价值和内涵价值组成,我们就从这两方面分析卖出买权这种投资行为的特性。

在其他条件不变的情况下,买权随着到期日的到来,它的时间价值不断减少,从而买权权利金也不断减少,这时买权卖方可买入相应买权来了结头寸,消除风险并赚取权利金的利差。因此,买权买方从期权权利金减值中遭受损失,而买权卖方却从期权权利金减值中获得收益。

卖出买权时可卖出实值、平值或虚值的买权,它们对投资者投资策略的影响是各不相同的。

对于实值买权，一方面，卖出实值买权会获得较高的权利金，但是由于实值买权比平值、虚值买权具有更低的执行价格，实值买权对股票更加看空才能获得最大收益，因此，较高的权利金意味着较高的风险，并非哪个买权的权利金多，哪个买权就好。另一方面，在现实中，实值买权的收支平衡点不比当前股票价格高多少，因此，卖出实值买权是一种比较激进的策略。当股票价格稍微向上变动，就开始蒙受损失。假设 ABC 股票当前价格是 20 元，以 ABC 为标的，执行价格是 18 元，90 天的实值买权的理论价值是 2.481 元，收支平衡点是 20.481 元，比 ABC 当前价格仅仅高出 0.481 元。期权到期时，只要股票价格有一点点上涨，实值买权的卖方就要赔本了。

对于平值买权，平值买权的执行价格与期初股票价格相等，所以它的收支平衡点比期初的股票价格要高，也比相应的实值买权的收支平衡点要高。到期时，若股票价格下跌，就可获得收益，即使股票价格上涨一点，平值买权的卖方还是能获得收益，因此，它是一种中性的投资策略。假设 ABC 股票的当前价格是 20 元，以 ABC 为标的，执行价格为 20 元，90 天的平值买权的理论价值是 1.247 元，收支平衡点是 21.247 元，比 ABC 当前价格高 1.247 元，因此，ABC 股票还有一定的上涨空间才会出现损失。

对于虚值买权，它的权利金最少，收支平衡点最高，股票价格要上涨较大幅度才会发生损失，因此，投资者卖出虚值买权多数是想等待合约无价值的过期作废。他们通常的做法是：不断卖出虚值买权获取权利金，随后静待合约过期作废。但是，如果在到期日因为某些原因，比如突然的利好消息，或做市商的推动，使股票价格有大幅度上升。虚值买权的卖方期初微薄的权利金收入就会远远不足以抵消执行期权时所要支付的金额。

3. 卖出买权和买入卖权的区别

从投资者对交易的预期来看，卖出买权和买入卖权对标的股票价格都可能有一个看跌的预期，但是，这两种交易方式带来的结果却是不一样的。首先，当股票价格下跌时，卖出买权的收益锁定为期初的权利金，买入卖权的收益却随着股票价格的下跌而增加。其次，当股票价格上涨时，买入卖权的损失锁定为期初支付的权利金，但卖出买权的损失却随着股票价格的上升而增加，上升越高，损失约大。因此，一般说来，卖出无保护的买权的风险是比较大的。因为卖出买权意味着承担义务，当买权买方要求行权的时候，买权卖方不管形势多么不利也要按合约的要求去做，所以买权卖方需要交纳保证金以防范违约风险，保证金会随着标的股票价格的变化而变化。

(四) 卖出卖权

1. 交易特点

卖出卖权意味着将来要承担义务。期权到期时，如果卖权买方要求执行期权，卖权卖方就只能履行合约。随着股票价格下跌，损失增加，下跌的幅度越大，损失也越大。当到期时股票价格远远低于执行价格与权利金的差额时，卖权卖方蒙受巨大损失，但这并不意味着投资者看多某只股票，卖权卖方的态度是不看空这只股票，只要到期时股票价格不低于收支平衡点，就开始获得收益。当股票价格高于执行价格，就可获得最高收益。

卖出卖权有时是投机行为，即主动承担风险以获得潜在收益——期初的权利金；有时是倾向于保险性投资，即卖权卖方将来某个时刻可能要买进股票，所以在当前时刻卖出相应的卖权。但是投资者将来能否买入股票是未知的、不确定的。

2. 投资分析

卖出卖权也可以像卖出买权一样从期权时间价值和内涵价值这两方面进行分析。

卖权买方要遭受期权时间价值减值的风险。卖权卖方则从期权时间价值的减值中获取收益。对于实值卖权，卖出实值卖权能获得较高的权利金，但股票价格要有较大的上涨幅度才能获得最大收益。对于卖出平值卖权，股票当前价格比卖权的收支平衡点大，到期时股票价格上涨才能获得最大收益，即使股票价格略微下跌，投资者也不会发生损失。对于虚值卖权，权利金最少，收支平衡点最低，股票价格要下跌较大幅度才会发生损失。但如果股票价格真的大幅度下跌，这时数量较少的权利金是不足以支付执行卖权时遭受的损失。

3. 买入买权和卖出卖权的区别

买入买权和卖出卖权都是在预期某只股票价格在未来将会上涨时才采用的交易策略。它们之间的不同之处在于：买入买权期初需要支付权利金，而最大的损失额也只是权利金；卖出卖权期初获得权利金，但最大的盈利也锁定为权利金。

18.3.6 期权的定价

期权在金融市场上得以发展得益于 20 世纪 70 年代布莱克与斯科尔斯发明的第一个期权定价模型(Black-Scholes Model)。这一模型的出现，使得计算期权的公平价值成为可能，促进了金融期权市场的发展，所有后来的价格模型体系基本上都是以这一模型为基础的。

对于任何期权定价模型都需要大量数据输入，这样做是为了计算期权价格。除了期权的执行价格外，每一个输入的数据都是一个变量，并以一定的希腊字母来命名。

现在，已经有非常好的期权定价软件，因此，对普通投资者来说，只需要了解这些希腊字母代表的含义即可。

这些重要的希腊字母是 delta，gamma，theta 和 vega。

delta 是相对于每单位标的资产价格的变化所发生的期权价格的变化。这是商品风险管理中所使用的一个最重要的变量。

gamma 是对于每单位标的资产的价格变化，delta 的变化比率。随着标的资产价格的变化，期权的 delta 也将变化。gamma 正是反映了相对于每单位的资产价格的变化，delta 变化了多少。

theta 是相对于距期权到期日这一段时间内的既定变化所发生的期权价格的变化。这通常以 1 天作为单位进行测算。theta 准确地告诉我们每一天期权的时间价值失去了多少，因此它是用来测算时间对期权的影响的。

vega 是相对于市场波动每 1%的变化所发生的期权价格的变化。波动率上升直接导致期权价格上升。期权价格的变化与基础市场波动率变化的相互关系是线性的。

专栏18-3

中美股指期货市场交易特点比对[①]

沪深 300 股指期货上市三年半以来，运行平稳规范，机构有序入市，持仓稳步增加，

① 资料来源：证券日报，2014-01-23.

套期保值等市场功能逐步发挥。但基于种种因素，目前机构利用股指期货以空头套保为主。有观点就此认为，机构正借此做空期指，打压股市，将机构多空持仓结构的不均衡归罪为市场下跌的原因。我们选取具有代表性的美国股指期货市场，对其机构投资者套保持仓结构进行剖行，总结其多空结构特征和规律，并与我国股指期货市场相关情况进行对照，努力探究根源，说明情况。

一、美国股指期货市场套保持仓结构特征

股指期货最早于1982年诞生于美国。经过30多年的发展，目前，美国市场成为全球规模最大、交易最活跃、运行最成熟的股指期货市场，吸引了境内外各类投资者参与交易，成为全球典范。其中，1988年上市的E-mini-S&P500指数期货是全球交易量最大的股指期货品种，2012年交易量达到4.368亿手，是沪深300指数期货同期的4.16倍，占2012年全球股指期货交易量的19.06%。

1. 美国股指期货套保持仓多空大体均衡，但空头略大

2013年CFTC公布的COT报告数据显示，2013年全年，纳入统计、具有完整数据的12种美国股指期货品种的多头及空头套保持仓占比均值分别为61.5%和75.5%，空头占比大于多头，套保持仓体现为净空头，占比为14.0%。其中，E-MINI MSCI EAFE、DJIA Consolidated、E-MINI NASDAQ-100指数期货净空头状态显著，占比均值分别为26.1%、26.5%和27.9%；E-MINI S&P500与E-MINI罗素2000指数期货多空套保持仓较为均衡，净空头占比均值为5.9%、5.7%；仅有日经指数期货（日元标价）多空套保净持仓为多头，占比均值为15.9%。

进一步来看，以CFTC发布的2013年12月31日的统计数据为例，上述12种股指期货品种平均多空套保持仓占比分别为62.8%和73.6%，净空头占比为10.8%。其中，11只股指期货产品套保净持仓为空头，即空头套保持仓大于多头套保持仓，只有日经指数期货（日元标价）套保净持仓为多头；E-MINI NASDAQ-100指数期货、S&P500股票指数期货、E-MINI MSCI EAFE指数期货和E-MINI MSCI新兴市场指数期货都呈现出显著的净空头套保持仓，占比分别达到26.7%、25.5%、24.4%和20.1%；Emini-S&P500指数期货多空套保持仓相对均衡，净空头套保持仓占比为3.6%。

从以上数据可以看出，美国股指期货套保多空持仓结构特点相对稳定：一是多空持仓相对均衡，两者有所差别，但差别不大；二是净空头略大，大部分产品净空头持仓占比处于5%～15%区间之内，均值约为10.7%；三是持仓占比较高，多空套保占比均值在60%以上，显示出股指期货的避险功能为广大投资者所充分利用。

2. 交易商中介、资产管理机构、对冲基金套保持仓三足鼎立，其中交易商中介以空头套保为主

根据CFTC的COT报告，可以进一步详细分析交易商中介、资产管理机构、对冲基金等主要机构的套保持仓情况。E-mini-S&P500指数期货是美国最为活跃的期指产品，具有较好代表性，我们以其为对象，分析了不同业务类型机构的套保持仓数据。统计数据显示，2013年全年，机构套保持仓达到了全部套保持仓的90.8%，其中机构多头套保和空头套保持仓占比为89.6%和92.0%。具体来看，交易商中介多空套保持仓占比均值分别为8.7%与29.8%；资产管理机构多空套保持仓占比均值分别为52.5%与24.3%；对冲基金多空套保持仓占比均值分别为21.4%与31.4%。

以CFTC发布的2013年12月31日统计数据为例,机构套保持仓达到了全部套保持仓的91.3%,机构多头套保和空头套保持仓占比为91.5%和91.0%。其中,机构空头套保持仓中,对冲基金、资产管理机构和交易商中介三分天下,分别占到31.1%、19.9%和31.1%,各类主要机构都较为广泛地进行卖空期货操作。机构多头套保持仓分布相对集中,资产管理一类机构占比达到52.8%,对冲基金贡献了21.7%,交易商占比仅为9.0%。

可见,不同机构因业务性质、模式不同,从而对股指期货产生不同的交易需求,进而形成不同的持仓结构特点,这是市场选择的客观结果。具体来看,一是美国的交易商中介综合开展投资和客户经纪业务,倾向于以持有大量现货资产为基础,为规避股市下行风险,进行卖出套保交易。二是资产管理机构是持有头寸,承担风险,提供相应回报为基本特征,因此是最主要的多头持仓机构,利用股指期货进行资产配置、投资替代和综合风险管理。CME的产品专家John W. Labuszewski指出,美国股指期货市场上做多策略主要就是可转移α策略以及130/30等产品。这都是追求相对收益的资产管理机构的执行策略。三是对冲基金也是善于使用多空两种手段的机构,但也具有资产管理业务性质,因而总体倾向于做空,但净空比例要远小于交易商中介。四是E-mini-S&P500指数期货机构投资者多头套保持仓占比达到89.6%、空头套保持仓占比达到92.0%,多空套保持仓占比较高,这从侧面反映出其运行的成熟和功能发挥的充分。

3.个别品种套保持仓持续净多头,凸显机构差异需求

分析中所列举的12个美国主要股指期货品种中,其中11个都是空头套保持仓大于多头套保持仓,只有日经指数期货(日元标价)年内一直呈现净多头套保持仓的情况,平均来看年内多头套保持仓占比为45.0%,而空头套保持仓占比仅29.0%,多空套保持仓为净多头,占全部持仓的16.0%。回溯到2012年,结果也大体如此,当年CFTC公布的53组数据中,41组为净多头,12组为净空头,年内77.35%的时间为净多头持仓,年内套保持仓为净多头,净多头占比均值为16.68%。

其原因在于,投资者对不同产品有着不同的使用目的。美国投资者以持有美国股票为主,因而通常使用美国本土的股指期货产品对冲持股风险,呈现净空头套保特征。但美国投资者持有日本股票相对较少,因而在使用CME日经指数期货(日元标价)方面,并非以卖出期货对冲所持日本股票风险为主,更多是发挥指数期货低成本的指数复制功能,通过正向持有日经指数期货(日元标价),分享日本股市成长,进行全球资产配置。这就说明,股指期货套保持仓多空结构取决于产品本身的属性、投资者的使用目的,而并无一致定论。

二、我国沪深300股指期货套保持仓特征

沪深300股指期货上市以来,运行平稳,流动性好,风险管理功能明显得到发挥,机构客户有序入市。截至2013年11月15日,股指期货市场共有机构客户190家,机构产品账户1359个,开设交易编码1848个,具体包括证券公司77家,QFII机构15家,基金公司65家,信托公司7家,保险公司2家,期货公司24家,基本除银行外,各类机构客户均已入市。机构客户日均成交1.2万手,占全市场总成交量的1.4%;日均持仓3.5万手,全市场持仓占比27.6%。从交易方式上看,机构客户参与股指期货市场较为全面,套保、套利、投机各类交易均有参加,但以套保为主。

1. 证券公司以空头套保为主，与美国交易商行动方向一致

截至2013年11月15日，境内参与套保的证券公司达73家，与美国"交易商中介"机构倾向做空一致，我国证券公司也是以做空套保为主。2013年1月1日至11月19日，证券公司多空套保持仓占市场总持仓比例平均为0.74%和36.57%，期间多头套保持仓占比曾一度触及5%。与美国交易商中介9.0%的多头套保持仓占比和31.1%的空头套保持仓占比相较，证券公司空头套保持仓占比与之较为接近、多头套保持仓占比略有不及，但套保净持仓方向并没有差别。以上数据对照说明，我国证券公司与美国交易商中介多空套保持仓结构相近，单就此类机构的多空套保持仓结构而言，总体合理。

2. 沪深300股指期货套保主体过于单一，持仓以空头为主

沪深300股指期货自上市以来，多空套保持仓规模均显示出增长态势，其中空头套保规模增速较快，多头套保规模增长相对缓慢。这是因为尽管我国套保参与者涵盖了自然人、一般法人、证券公司、基金公司、信托公司等各类投资者，但主要的就是证券公司，套保主体单一。证券公司日均成交4924.13手、日均持仓28063.45万手，分别占到套保成交及持仓占比的85.92%和89.96%，分别占市场成交的0.57%以及市场持仓的21.89%。而其又以空头套保为主，这使得市场空头套保持仓总体相对较大。

3. 资产管理类机构参与乏力，限制多头持仓增长

股指期货是一个低成本、高效率的指数复制工具，投资者可借助其通过对冲等方式，来有效管理风险。在美国，大量资产管理机构持有期货多头，进行投资替代，将股指期货大量设计和应用于理财产品结构之中。资产管理机构是多头套保的主力军，持仓占比超过50%。而在我国，尽管机构账户类型较为丰富，机构产品账户包括证券自营72个，证券资管产品304个，QFII客户16个，基金产品540个，信托计划128个，保险产品9个，期货资管产品290个，但证券自营规模较大，资产管理机构参与不足，对市场多头套保持仓影响有限。

促使资产管理机构未能充分参与股指期货多头套保交易的原因很多，一是目前部分资产管理机构前期发的理财产品，其合同未将股指期货纳入投资标的。此类机构想要参与股指期货，必须召开持有人大会来修改合同。鉴于难度和成本考虑，修改合同的可能性很小，机构基本只有等到新发产品时，在合同里将股指期货纳入投资标的才会参与。二是公募基金类的资产管理机构受到"10%"限制，即买入股指期货合约价值不得超过基金资产净值的10%，这意味着公募基金只能利用股指期货多头套保功能进行部分现货替代，大大限制了机构的积极性。三是部分机构交易，如基金专户、证券及期货资管等，选择以投机账户但实际从事套保交易，客观上也降低了多头套保持仓量。四是部分资产管理机构对套保认识不足，习惯于空头套保以规避下行风险的思维，而对多头套保功能重视不够。五是相较证券公司，资产管理类机构人才储备与产品研发不足。国内证券公司较早就积极组建股指期货研发团队，培养领域人才，而资产管理机构在这方面起步较晚，人才的匮乏成为其参与多头套保业务的瓶颈。

4. 中金所套保制度全面容纳、支持甚至鼓励多头持仓，积极促进多空结构全面均衡发展

从商品期货到金融期货，从传统的套保方式到现代金融的多样化交易策略，套保涵义和认定标准也在逐步发展。随着金融期货的上市，套期保值在传统的"善意套保"基

础上，进一步拓展增加了“风险管理头寸”内容。1987年9月，CFTC发布了《金融期货套期保值条款扩展指引》，明确规定使用金融期货进行风险管理，可以申请和获得投机持仓限额豁免。

目前，中金所套保制度完全涵盖、积极支持多头套保交易。一是当前认定的套保交易策略类型涵盖投资替代、风险对冲、风险管理以及交易所认可的其他风险管理需求。其中，“投资替代”需求包括基金产品面对客户申购建仓，有明确配置策略的产品持有期货以替代现货持仓等；“风险对冲需求”包括客户持有现货时通过期货对冲市场风险，融券对冲需求，市场中性策略等；“风险管理需求”包括多空份额产品的风险管理需求，杠杆ETF风险管理需求，期权复制策略等。就目前情况来看，上述政策内容已经能够充分满足客户各类套保交易需求。二是在申报流程上，已提高套保申请的便利程度和加快审批速度，简化同一投资者多项套保业务的申请过程，实行灵活的申请程序。三是在兼顾风险防范与市场效率的同时，加强对套保已发放额度的持续、动态管理与跟踪服务，重点关注会员、客户的套保交易、额度使用等情况，并根据相关情况定期调整其可使用的套保额度，加强套保动态管理。

三、中美股指期货套保多空持仓对比研究总结

以上数据分析表明，美国主要股指期货产品套保持仓多空均衡的背后，是多样化的机构投资者群体及其对股指期货产品功能的深刻认识和充分运用。反观我国股指期货市场，参与套保交易的机构投资者类型单一，且对股指期货产品功能运用也局限在卖出套保的层面上，买入套保等功能运用不足，总体上反映出市场的成熟完善，投资者对产品的深刻认识，都还需要一个过程。

第一，在美国成熟的股指期货市场，套保持仓多空力量较均衡，但机构投资者卖出套保量还是要持续稳定地高于买入套保量，市场呈现出净空头套保持仓。这说明了两点，一是股指期货是一种低成本、高效率的指数复制工具，反向持有可以对冲避险、实现保值，正向持有可以配置资产、替代现货，因而有机构进行卖出套保，也有机构进行买入套保，多空力量较为均衡。二是美国成熟的股指期货市场上套保持仓仍是持续净空头，充分说明股指期货的主要功能，即正向持仓的有关功能尚属于“锦上添花”，而反向持仓的避险功能则是“第一无二”，投资者实际上普遍持有现货资产，因而客观产生更为强烈和明显的规避股指下行风险的需求，从而使得股指期货更容易体现为风险对冲工具。

第二，我国证券公司与美国交易商中介业务相近，类型大体一致，两者的股指期货多空持仓结构也比较接近。这说明，一是我国证券公司准备充分、介入较深，在股指期货上市初期就积极参与交易，通过长期的交易积累，其股指期货业务类型和交易模式已较为成熟。目前，参与股指期货业务的证券公司达到77家，其中参与套保业务的73家，行业内大部分证券公司，尤其是规模较大的证券公司都已经参与。二是证券公司(美国的交易商中介)参与股指期货市场的首要目的都是对冲现货风险，因此套保持仓以空头居多。这是市场客观条件及其套期保值为主的交易模式决定的，是保持资产价值稳定、防范股市下跌风险的保护措施，不存在恶意做空的问题，更不是股市下跌的原因。

第三，尽管交易所套保政策全面支持多空各类策略，但受限于其他种种因素，我国资产管理机构参与股指期货乏力，从而限制了多头套保持仓的增长。在美国，此类机构是开展多头套保业务的主力，其在市场上进行大量的买入套保，对多空套保持仓平衡发挥了重要作用。在我国证券公司参与已经相对比较充分的情况下，进一步拓展股指期货持仓规模、促进市场功能发挥，需要重点吸引和满足资产管理类机构参与。

市场不会自动存在。一个期货产品要获得成功，科学严谨的产品设计是前提，充分到位的宣传教育培训非常重要，交易所要勤吆喝，要“大声说、主动说、反复说”。股指期货上市仅三年半，成长、成熟的道路还很漫长。中金所将下大力气加强业务宣传教育，重点做好套保业务的宣传讲解工作，努力与各方一道不断加深对产品、业务及风险的认识和掌握。同时也将积极配合相关监管部门根据当前市场运行及机构参与情况，在条件成熟时有区别、有针对地调整机构参与政策，完善机构参与环境。值得欣慰的是，目前已有一些机构开始积极探索多头套保交易。相信随着更多各类投资者在相关政策的规范和引导下有序入市，机构投资者群体将更加多元化、更加均衡，我国股指期货市场的功能发挥将更加全面、更加充分。

【本章小结】

期货合约是标准化的合约，订立合约的细则是交易所一项重要的活动。任何合约的双方都必须知道可以用于交割的资产、交割的地点以及交割的时间，同时，他们也知道报价方式以及最大价格变动幅度等细节。

保证金是期货市场的一个重要组成部分。投资者在其经纪人处开设一个保证金账户。保证金账户每日都被调整，以反映投资者的盈亏。如果价格发生了对投资者不利的变动，经纪人可能随时要求投资者追加保证金。

公司通过持有期货合约头寸可以对冲资产的价格风险。如果资产价格上升时公司会获得收益，而价格下跌时公司会产生损失，那么空头套期保值策略比较适用；如果情况刚好相反，则适用多头保值策略。

基差是资产现货价格与期货价格间的差额。基差风险来自套期保值者对套期保值到期时基差数量的不确定。

股票指数期货可以用于为资产组合的系统风险进行套期保值。

根据操作的方向，期权可以分为两种类型：看涨期权和看跌期权。

期权市场中有四种类型的期权头寸：看涨期权多头头寸、看跌期权多头头寸、看涨期权空头头寸和看跌期权空头头寸。持有期权空头头寸被称为出售期权。

当前交易的期权包括股票期权、股票指数期权、货币期权、期货期权和以其他资产为标的的期权。

交易所需要规定其交易的期权合约的条款。具体包括：合约的规模、到期日和执行价格。

作为期权的出售者来说，通常会被要求在其经纪人处存入一定的保证金，以避免违约风险的产生。

股票期权的基本交易策略有两种：第一是投资单个股票期权；第二是投资单个股票期权与其标的股票的组合。根据持有股票期权头寸的不同，又可细分为以下四种：买入买权；卖出买权；买入卖权；卖出卖权。投资者可以根据自己对股票价格的预期来选择具体的操作方式。

第19章　国际投资

【学习要点】

1. 掌握国际投资的相关概念；
2. 了解国际直接投资环境的构成及作用；
3. 了解国际直接投资风险及其防范措施。

国际投资(International Investment)是各类投资主体将其拥有的货币资本或产业资本，经跨国界流动形成实物资产、无形资产或金融资产，并通过跨国经营以实现价值增值的行为。

随着经济全球化程度的日益加深，国际投资尤其是跨国公司海外直接投资在发达国家和发展中国家的经济增长和社会进步中发挥了不容忽视的作用，并且有力地促进了国际贸易、国际金融的进一步发展和生产的日益国际化，对世界经济产生了越来越深刻的影响。本章内容将主要围绕国际直接投资展开。

19.1　国际投资概述

19.1.1　相关概念

(一)国际直接投资与国际间接投资

国际直接投资(International Direct Investment)是一国投资者以有效控制企业经营管理权为核心，通过在海外设立独资企业、合资企业、合作企业等形式进行的一种特殊而复杂的投资行为。国际直接投资主要有两种形式：一种是新建投资，又称绿地投资(Greenfield Investment)，是指通过新建企业而形成的国际直接投资；另一种是跨国并购(M&A，即褐地投资)，是指不同国家企业之间的合并和收购。

国际间接投资(International Indirect Investment)是投资人将资本输出国外，并进行贷款和购买证券等活动。

(二)对外直接投资的界定

迄今为止，对外直接投资(Foreign Direct Investment)仍然没有一个统一的定义，但至少在本质上已经达成共识：如果一个外国人(自然人或法人)享有对东道国企业的控制权，则其投资属于直接投资。但究竟拥有多少国外企业股份才被视为拥有控制权，从而构成直接投资，仍存在较大的分歧。如国际货币基金组织(IMF)认为是25%，而OECD和美国商务部认为是10%，其他国家确定直接投资的标准线大致在10%～50%之间。

国际货币基金组织(IMF)认为：直接投资是投资者为了长期获利而对在投资国经济以

外的另一国经济中经营的一家企业进行的投资；投资者的意图在于取得对该企业管理的控制权；通常控制权是在所有权基础上决定的，当一个投资者或一个紧密结合的集体在所投资的企业内拥有 25%或者更多的投票股，可以作为控制所有权的合理标准。[①]

对外直接投资与证券投资(Indirect Investment 或 Portfolio Investment)的区别如下：

1. 有无本质控制权

直接投资最突出的特征就是投资者对所投资的企业具有有效的管理控制权。而间接投资虽然涉及所有权问题，但很少涉及对企业真正的管理和控制问题。

2. 对外直接投资转移的是一揽子资源

直接投资不是单纯货币形式的资本转移，而是货币资本、技术设备、经营管理知识和经验等各种经营资源在国际间的一揽子转移，从而保证投资的顺利进行。而间接投资的资本转移往往只是以单纯的货币形式体现出来。

3. 对外直接投资具有实体性

对外直接投资往往通过投资主体在国外建立独资、合资、合作等生产性经营企业，其投资具有实体性。而证券投资往往是通过购买金融资产的方式进行，其收益来源于股息、利息或买卖证券的差价。

4. 对外直接投资具有参与性

对外直接投资者往往直接参与企业的生产经营活动，其投资回报与企业经营状况密切相关，一般具有周期长、风险大的特点。而证券投资的主要目的是取得股息或者利息收入。

(三)东道国与母国

东道国(Host Country)是指允许和吸收外国资本在本国进行投资和接受外国资本贷款的国家，亦称资本流入国或资本接受国。

母国(Home Country)是指从事对外投资活动的经济主体所在的国家，亦称资本流出国或对外投资国。

19.1.2 国际投资的主体——跨国公司

跨国公司(Transnational Company，TNC)是指依赖雄厚的资本和先进的技术，通过对外直接投资在其他国家和地区设立子公司，从事国际化生产、销售活动的大型企业。跨国公司一般是由设立在母国的母公司(总公司)和设在国外的子公司构成。跨国公司的母公司是在本国注册的法人企业，子公司是在东道国注册的法人企业。

企业的跨国经营活动由来已久，最早可追溯到 19 世纪 60 年代。

1865 年，德国的拜耳化学公司(Bayer)在美国纽约州的奥尔班尼设立了一家制造苯胺的药厂。

1866 年，瑞典制造甘油炸药的诺贝尔公司(Nobel)在德国汉堡开设了生产炸药的分长。

1867 年，美国的胜家缝纫机公司(Singer)在英国的格拉斯哥建立了一家缝纫机装配厂。

西方通常把上述三家公司视为跨国公司的前驱。但是，直到 20 世纪 60 年代初，从事跨国生产经营活动的经济组织才开始被冠以“跨国公司”的名称。1960 年，美国发展和资源公司董事长 David E. Lilienthal 在卡耐基理工学院的一次演讲中首次提出“跨国公司”这一概念。

---

① 国际货币基金组织. 国际收支手册(第三版). 华盛顿哥伦比亚特区，1961.

跨国公司通常由设立在母国的母公司和其直接控制的海外子公司、分公司和避税港公司组成。

(一)母公司

母公司(Parent Company)是指以母国为基地,通过对外直接投资,并对接受投资的海外经济实体进行有效控制的总公司。母公司作为整个跨国公司的决策中心,是在母国政府机构登记注册的法人组织,负责组织和管理跨国公司在海内外的全部生产经营活动。

(二)子公司

子公司(Subsidiary Corporation)是指由母公司投入全部或部分股本,依法在世界各地设立的东道国法人企业。一般拥有自己独立的公司名称和章程,有自己的财产和资金,编制独立的资产负债表并形成一套完整的财务报表制度。在经营管理方面,具有较大的独立性和一定的灵活性。

(三)分公司

分公司(Branch)是指母公司为了扩大生产规模或经营范围在东道国依法设立的代表母公司在其所在国从事各项经营业务活动的非独立的经济实体。其与子公司最大的区别在于分公司本身不是一个独立的经济实体,没有自己独立的公司名称和章程,也不能单独承担法律义务和责任。

(四)避税港公司

避税港公司(Tax-heaven Corporation)是指跨国公司母公司为了获得优惠税率等财务上的利益,在国际避税港设立的国外基地公司(Foreign-base Corporation)。避税港公司一般不从事实际的生产经营活动,而只是根据跨国公司财务管理的需要,名义上将资金、商品或劳务的法律所有权归于避税港公司,在跨国系统内逃避税收、调拨资金和调剂利润,以获取财务和税收上的利益,因此又通常被称为"纸上公司"(Paper Corporation)。

避税港是指那些没有所得税和一般的财产税或所得税和一般财产税的税率大大低于国际一般水平的国家和地区。这些国家和地区一般都具有稳定的政局和健全的经济法规体系,基础设施良好,具有宽松的金融环境以及优越的地理位置等等。国际上知名的避税港主要分布在靠近美洲的大西洋和加勒比海地区,如巴哈马群岛、百慕大群岛、巴拿马、开曼群岛以及瑞士、中国香港等。

19.2 国际直接投资环境

19.2.1 国际投资环境的定义和作用

国际投资环境是指在一定时间内,东道国(地区)拥有的影响和决定国际直接投资进入并取得预期经济效益的各种因素的有机整体。它是开展国际直接投资活动所具有的外部条件,是国际直接投资赖以进行的前提。

由于国际直接投资是一种跨国投资,投资国与投资对象国在政治、社会、经济、文化和法律等方面存在着差异,投资者在做出投资决策之前,都要对东道国的投资环境进行国别比较,力求把安全度高、获利大的国家和地区确定为对外直接投资的地点。如果投资地点缺乏资本赖以生存和发展的各种必要的因素，即缺乏物质的、技术的、社会的、经济的条件，那么，一种投资项目意向会在可行性论证中被否决，即使勉强做出了投资决策，也必定在建设过程和生产经营活动中遇到种种困难，招致预期投资效果的落空。这就是说，跨国公司和企业直接面临着投资失败的巨大风险。因此，从事国际直接投资活动的公司和企业，总要通过种种途径和采取适当方式，对东道国投资环境的各因素进行调查和评估，并在不同的投资地点之间进行优选，以期确定具有最佳投资环境的地点，做出投资的正确决策。

19.2.2 国际投资环境系统

国际直接投资是一种非常复杂的跨国经济活动，而作为国际直接投资赖以进行的前提——国际投资环境系统，也必然是一个由多种复合因素构成的系统。它不仅包括经济因素，还包括不属于经济范畴的政治、法制、管理、物资技术、社会文化、自然地理等广泛因素，而每个因素又包含若干要素，自成系统，各个子系统之间又相互影响。因此，一项成功的国际直接投资活动，在前期最重要的工作就是对投资环境进行综合而全面的评价。

不同国家或地区之间的投资环境存在着明显的差异，而就同一国家或地区而言，其投资环境也在不断发生着变化，从而对投资起着促进或推动作用。不过，从总体上来看，国际直接投资环境系统基本上由六大要素构成，即政治因素、经济因素、基础设施因素、法律因素、社会文化因素以及自然地理环境因素（见表19-1）。

表19-1 国际直接投资环境系统

环境因素	具体内容
政治因素	社会制度、政治体制 政治局势稳定性 政策连续性 社会秩序安定度 政府及公众对外资的态度 对外关系、外交冲突、战争及其可能性
经济因素	经济制度及体制 社会经济发展水平及潜力 经济稳定性 市场条件 产业水平 涉外经济状况
基础设施因素	包括对内对外联系系统 能源及水资源供应设施 减灾与防灾设施 社会服务设施：住宅、商业、服务业、娱乐、学校、医院
法律因素	一般法律体系及其健全程度：立法、司法 外资引入的法律规定 外资奖励和限制政策 外资管理 国际法律保护

续表

环境因素	具体内容
社会文化因素	民族、语言文字、风俗习惯、宗教信仰、文化传统 道德准则、价值观念 教育水平、文化程度 人口素质、社会救济制度
自然地理环境因素	地形、地质、水文 气候条件、自然风光 物资资源:品种、储量、品位

19.3 国际直接投资风险管理

19.3.1 政治风险

国际投资活动必然要涉及的一类主要风险就是政治风险。投资期限越长,政治风险也就越大。与其他类型的风险相比,政治风险可以说是跨国公司所面临的最具威胁的风险。政治风险的共同特征是:风险难以识别,政府对经济活动的任何干预都会在不同程度上影响企业的价值。因此,跨国公司在进行投资决策时必须重视对政治风险的预测、评估和管理。

(一)政治风险类型

政治风险是指在国际经济往来中,由于未能预见到的政治因素变化而给国际投资活动可能带来经济损失的风险。例如国有化风险、战争风险、政策变动风险、资金移动风险等。

1.国有化风险

国有化风险是指东道国对外国资本实行国有化、征用或没收政策而给外国投资者造成的经济损失。国有化是东道国政府接管某个行业中的所有私有企业,征用是东道国政府对某个行业中的个别外国企业实行接管,没收是在没有任何补偿条件下东道国政府占有外国企业的全部资产。这种风险主要发生在政治不稳定和政策易变的国家和地区。

2.战争风险

战争风险是指东道国国内由于政府领导层变动、社会各阶层利益冲突、民族纠纷、宗教矛盾等情况,使东道国境内发生战争而给外国投资者造成的经济损失。在一些发展中国家,政府领导层的变动、国内各派系尖锐斗争、各阶层集团不同利益要求、不同民族间矛盾纠纷、复杂的宗教派别冲突等都可能会引起局势动荡,甚至造成动乱和内战,从而严重影响国际投资者的经济利益。

3.政策变动风险

政策变动风险是指由于东道国有意或无意变更政策而可能对外国投资者造成的经济损失。投资者进行对外投资活动必须遵循东道国的各项经济政策。东道国的土地、税收、市场、产业规划等方面具体政策的变化将影响投资者的决策。如土地政策中涉及土地的购买、拥有使用权时间的长短、土地税的内容,均会影响投资者的利益。东道国市场的开放程度以及在投资区域和行业等方面实行的限制或鼓励措施也会影响投资者的收益。

4.资金移动风险

资金移动风险是指在跨国经济往来中获得的经济收益,由于受东道国政府的外汇管制政策或歧视性行为无法汇到投资国而可能给外国投资者造成的经济损失。如外国投资者在进行投资活动中所得到的经营收入,包括正常营业收入、出售专利和商标收入、股权转让收入等,一般应转移回投资国,但这与东道国引进外资的目的有一定的矛盾,这样有的东道国对跨国企业的收入在政策上规定一个在东道国再投资的比例,这个比例的变化则被看作是对外投资的一个风险。

5.新型政治风险

随着经济全球化的不断发展,企业不仅面临着以往常见的传统政治风险,在新形势下,政治风险又有新动向,主要表现为恐怖袭击与歧视性干预。

恐怖袭击虽不一定是针对跨国经营的企业的,也不一定会使企业的正常运作中断,但它对和平的破坏,对跨国经营的企业赖以生存的环境的破坏,至少会使这些企业的经营成本大大提高,从而对其长期的现金流造成不利的影响。最具代表性的例子便是美国的"9·11事件"。

而歧视性干预是我国企业在从事对外直接投资中所面临的一个主要问题。目前我国参与海外并购的企业大多数是国有大中型企业,由于这种并购主体的不同,使我国企业在海外并购中遇到了比别的国家企业更多的困难,使并购的成功率大大降低。

专栏19-1

中海油并购尤尼科失败[①]

尤尼科是在美国证券交易所挂牌的石油公司,在美国排名第九。2004年4月4日,美国第二大石油巨头雪佛龙—德士古(Chevron Texaco)以现金及换股的形式,开出约170亿美元的总报价,先行与尤尼科公司签订了意向性合同。而后,中海油在进行磋商后,于2004年6月23日以传真的形式向尤尼科给出了185亿美元(加5亿美元的违约补偿金)的报价。

此举引起两位共和党议员上书美国总统,认为中海油作为国有企业对尤尼科的收购可能会影响到美国的能源安全,而美国国防部同样担心尤尼科在深海石油勘探中使用了一种"空洞"技术,如果被中国掌握,"可能被用来掩盖深海武器实验"。

针对种种质疑,中海油在2004年7月1日主动致函"外国在美投资委员会"(CFIUS),要求其启动对该收购案的审查程序。然而,在7月20日,美国参议院正式通过一项修正案,7月25日,美国参众两院决定在布什总统提出的《能源法案》中增加新条款,这些举措对中海油的收购行为设置了重重障碍,迫使中海油于同年8月2日正式发表声明宣布放弃对尤尼科公司的收购要约。

(二)政治风险管理措施

政治风险管理的目的是使风险损失最小化,一旦完成对一国政治环境分析及其对经营

① 资料来源:廖运凤.中国企业海外并购案例分析.北京:企业管理出版社,2007.

项目的影响的评估，就必须对投资做出决策。如果决定投资，就要对投资活动做出适当安排或采取保护性措施，使投资的政治风险最小化。政治风险管理措施可以分为两个方面：投资前的规划和投资决策后的运作。

1. 投资前的规划

跨国投资者在进行投资前，通常可采用三种方式来对政治风险进行管理。

第一种政治风险管理措施是回避。这是一种被许多跨国企业采用的简便易行的方法。回避的原则是，除非投资前该国或地区已经发生战争、暴乱、征用财产、国有化等极端状况，称为禁止投资风险，不应轻易停止投资计划的实施。对于其他的政治风险，则采取有限度的回避和容忍态度，设法从其他方面获得相应的补偿，以抵消部分政治风险带来的损失。

第二种政治风险管理措施是保险。这是一种目前较为有效的管理政治风险的方法。在许多工业化国家，如美国、英国、日本、德国、法国等，都设有专门的官方机构对私人的海外投资提供政治风险的保险。

美国投资保险和保障程序由国有的海外私人投资公司（Overseas Private Investment Corporation，即 OPIC）管理。OPIC 为四种不同种类的政治风险提供了保险：

"不可转换"风险即投资者不能把利润、专利税、专利费等其他收入和最初的资本投入转换成美元。

"征用（没收）"风险即东道国政府采取一定的措施，在一年之内剥夺投资者或国外子公司对财产的控制权。

"战争、革命、叛乱或民族纠纷"风险即由于战争财产被损坏、子公司不能偿还贷款等。

"商业"风险即由于政治暴乱的发生直接破坏外国公司的资产从而导致商业损失。

第三种方法是签订投资协议，通过投资协议明确规定外国公司和东道国政府各自的权利与义务，从而避免政治风险的产生。但是协议经常会由于条件的变化而发生变动。跨国公司或许会希望双方严格遵守最初的承诺，但实际情况却是东道国政府常常会根据当时的现实情况来重新解释协议。所以，跨国公司为了自身的利益也必须适应东道国环境的变化。

2. FDI 投资决策后的运作战略

对跨国公司而言，仅仅依靠事前的防范措施来管理政治风险是不够的，跨国公司必须要适应东道国环境的变化，而"适应"的本质就是要预测东道国可能发生的变化并采取相应的措施。这就需要通过组织投资来实现。

当地采购　东道国政府为了最大化附加值利益和提高当地的就业率，或许会要求外国公司从当地市场购买原材料和零部件。而外国公司也应尽量满足东道国的要求，毕竟当地采购能减少政治风险。但是，当地的罢工或其他动乱将会削减生产，并会使质量控制以及由于缺乏规模经济而导致的昂贵的当地价格和不及时的送货等问题变得十分突出。外国公司经常是在降低政治风险的同时却要面临更高的金融和商业风险。

工厂选址　为了最小化风险，应合理地安排工厂地点。在生产的不同阶段，工厂设置可以以资源为导向、以市场为导向或任意选择。例如，油田通常在波斯湾、俄罗斯、委内瑞拉和印度尼西亚附近开采。但精炼厂就可以随便选择。石油公司将会尽可能地把精炼厂设立在政治稳定的国家，虽然这比建在油田附近成本更高一些，但显然可以降低政治风险。不过公司需要负担更高的运输费用和精炼成本。

运输控制　运输控制是降低政治风险的重要手段。如果通过一个国家边境的油管、油箱、冷藏箱和铁路等不时地被控制，则将影响国家和公司的交易能力。

技术控制 控制专利技术和工艺也能有效地降低政治风险。如果东道国由于没有掌握技术或不能适应技术的不断更新来运行一个工厂，则东道国将不可能与外国公司解除投资协议。当外国公司稳步地改进技术时，控制技术是一个避免政治风险最好的办法。

市场控制 控制市场是提高公司讨价还价能力最有力的办法。在20世纪70年代，石油输出国家组织(OPEC)卡特尔通过控制市场从而有效地提高了成员国原油价格。同时，OPEC还成功地限制了成员国的业务范围，即限制了它们自作主张的能力。近年来，OPEC组织已经形成了自己一定的销售网点，例如在欧洲建立了科威特Q8加油站延长链。

品牌名称和商标控制 控制品牌名称和商标具有与控制技术几乎一样的功效。品牌和商标代表着公司的一种垄断权，即控制着消费者的消费倾向，如果一家公司能够生产出具有世界品牌和商标的产品，则公司将在市场上享有极高的讨价还价的能力。

多渠道融资及低所有者权益 国外子公司能够以低所有者权益和高负债进行运作的话，那么也可以从很大程度上降低政治风险。可以说，培养和发展当地个人和集团参与投资或控制跨国公司在当地投资的企业，是一个更为主动的策略，其所采取的形式通常是合资企业。由于当地合伙者包括广泛的领域，如顾客、供应商、子公司的当地雇员、当地银行及其他机构组织，在发生征用的情况下，会牵涉众多投资者个人和集团的既得利益而遭到反对或抵制。同时，如在当地举债还有助于加强当地银行与跨国公司的关系，一旦政府采取任何危及跨国公司子公司现金流的行动，势必会影响贷款的偿还，从而招致当地银行的反对，间接地为跨国公司投资提供了保护。

19.3.2 外汇风险

外汇风险是由于汇率变动引起企业未来收益、净现金流量和市场价值变化的可能性。作为企业管理者，一个重要任务就在于度量和管理外汇风险，以使企业的未来收益、净现金流量和市场价值最大化。

主要的外汇风险有：交易风险、营业风险和会计(核算)风险。

本节将重点介绍交易风险和营业风险。

(一)交易风险

交易风险是在汇率变动前发生的金融负债在汇率变动后进行结算时金融负债价值变化的风险。

交易风险的来源：

(1)价格以外币计价时，赊销或赊购商品和劳务；

(2)对外借入或借出必须以外币进行清偿的资金；

(3)作为未执行外汇远期合约的一方；

(4)获得以外币计价的资产或负债。

其中，最常见的交易风险来源于公司产生以外币计价的应收或应付账款。

【例19-1】 假如一家美国公司以赊销方式将商品卖给德国买方，该商品货款为1500000欧元，30天内支付。当时即期汇率为1.1200美元/欧元。

若汇率不发生变化，则美国卖方可将收到的欧元货款转换成美元，得到：

1500000欧元×1.1200美元/欧元＝1680000美元

由于汇率变化，产生两种可能：

若到时欧元贬值，汇率下跌到 1.0800 美元/欧元，则美国卖方只能得到 1500000 欧元×1.0800 美元/欧元＝1620000 美元，比预期少了 60000 美元。

若到时欧元升值，汇率上升到 1.1500 美元/欧元，则美国卖方将得到 1500000 欧元×1.1500 美元/欧元＝1725000 美元，比预期多了 45000 美元。

由此可见，交易风险对企业的影响是不确定的，它可能表现为亏损，也可能为企业带来额外的收益。作为美国的卖方，为了避免交易风险的产生，也许会通过要求德国买方支付美元来避免交易风险的产生，但是，这种支付条件的结果很可能使交易在一开始就不可能实现，即使德国买方同意支付美元，这种风险也不能消除，只是风险从美国卖方转移到了德国买方，因为此时，德国买方必须支付美元货款，而美元汇率的波动又将使它所支付的货款总额处于不确定的地位。

(二)交易风险的管理

为了规避外汇交易风险，可以采取合约套期、运作套期和金融套期三种办法。合约套期主要在远期、货币、期货和期权市场上进行，而运作套期和金融套期则主要使用提前或延期结汇法、平行贷款、互换等其他方法。我们将重点对合约套期方法进行介绍。

【例 19-2】 DAY 公司交易风险及管理

美国 DAY 公司刚与英国的 MOON 公司达成协议，准备以 1000000 英镑的价格销售一套发电设备给 MOON 公司，交易在 6 月份完成，货款将于 3 个月后即 9 月份支付。

相关市场信息如下：

即期汇率：1.7640 美元/英镑

3 个月远期汇率：1.7540 美元/英镑

DAY 公司的资本成本：12.0%

英国 3 个月期借款年利率：10.0%

英国 3 个月投资回报率：8.0%

美国 3 个月借款年利率：8.0%

美国 3 个月投资回报率：6.0%

场外交易市场 9 月份 1000000 英镑看跌期权的履约价格为 1.75 美元/英镑，期权费为 1.5%。

场外交易市场 9 月份 1000000 英镑卖出虚值期权的协定价格为 1.71 美元/英镑，期权费为 1.0%。

外汇咨询服务机构认为 3 个月后即期汇率将下跌到 1.76 美元/英镑。

像许多生产商一样，虽然 DAY 公司在英镑相对美元升值的时候会很高兴，但他们更关注的是英镑是否会贬值及其贬值的幅度。当该公司为合同做预算的时候，其所能接受的最低的销售价格为 1700000 美元，因此，该公司所能承受的最低英镑对美元的汇率为 1.70 美元/英镑。当实际汇率低于 1.70 美元/英镑时，履行该合同将会遭受损失。

为了规避外汇风险，DAY 公司可以选择以下几种方法：

(1)不进行套期保值；

(2)远期市场套期；

(3)货币市场套期；

(4)期权市场套期。

1. 不进行套期保值

作为DAY公司来说，选择是否进行合约保值的前提在于其对英镑汇率走势的判断，如果该公司认同外汇咨询机构对英镑汇率走势的预测，则其可能不会采取任何行动。因为如果机构对英镑汇率预测准确，汇率变动在其承受范围之内，该公司将在3个月后收到1000000英镑×1.76美元/英镑＝1760000美元，但是如果英镑汇率下跌到1.65美元/英镑，则该公司到期只能收到1650000美元。履行合同将使其遭受损失。

然而，外汇汇率的走势是不确定的，它会受到多种因素的影响。另外，它对DAY公司的影响同样是不确定的，如果到时英镑升值，汇率变为1.80美元/英镑，则该公司可收到更多地以美元表示的货款。

所以，作为DAY公司来说，如果其相信外汇咨询机构对英镑汇率走势的预测，或其对汇率走势做出反向判断的前提下，该公司可能会决定承担风险，而不采取任何套期保值的措施。

2. 远期市场套期

基本原则：针对每一笔以外币计价的应收或应付账款，根据收付的时间和金额，创造出相同币种、金额和交割时间的一笔远期外汇，从而避免汇率变动造成的损失。

即：DAY公司在当期以3个月远期汇率1.7540美元/英镑的汇率卖出其1000000英镑。

3个月后，DAY公司从MOON公司得到1000000英镑并以其履行到期的远期合约。

届时，无论外汇市场上英镑的汇率如何变化，DAY公司总能收到1754000美元。

3. 货币市场套期

与远期市场套期相同，货币市场套期也是通过对冲合约，通过将DAY公司手中持有的外汇头寸轧平，从而避免汇率波动的风险。其具体原则如下：

针对每一笔外币的应收或应付账款，通过借贷创造出相同币种、金额以及期限的应付或应收账款。

为了在货币市场上套期，DAY公司将从伦敦市场上借入英镑，然后把英镑兑换成美元，再于3个月后将其从MOON公司获得的销售收入用来偿还贷款。

那么，问题是，应该借入多少英镑呢？是刚好等于3个月后的货款1000000英镑吗？显然不是，因为这样一来，3个月后，这笔1000000英镑的贷款本金会产生相应的利息，而DAY公司从MOON公司获得的货款只能对冲这笔贷款的本金部分，贷款的利息部分仍然没有被冲销，DAY公司仍然需要面对外汇风险。因此，基本原则是：借入英镑的本金和其产生的利息刚好能用MOON公司的货款来偿还。

在借款年利率为10%的情况下，应借入的本金数量为：1000000英镑/(1＋0.025)＝975610英镑。

即DAY公司现在应借入975610英镑，然后在3个月后用MOON公司的货款偿还975610英镑的本金和24390英镑的利息。

然后，DAY公司将会以1.7640美元/英镑的即期汇率将975610英镑的贷款兑换成1720976美元。

为了比较远期市场套期和货币市场套期，从而做出选择，我们就必须分析DAY公司的贷款在3个月后所可能产生的收益。

由于远期合约收入和贷款收入都是一定的，所以只要知道哪一个能产生更高的美元收入，哪一个就是更好的选择。显然，判断的标准取决于假定贷款的投资回报率。

DAY公司有三种选择：

第一，将贷款投入美元货币市场，其3个月的投资回报率为6%；

第二，用贷款收入来替代美元借款，则3个月期投资回报率为8%；

第三，将所贷款项投入公司的运营中，适合的投资回报率就是公司的资本成本12%每年。

三种不同的运作会导致3个月后该笔贷款的价值分别如表19-2所示。

表19-2　三种不同运作的结果

贷　款	投　资	3月后价值
1720976美元	年利率6%	1746971美元
1720976美元	年利率8%	1755396美元
1720976美元	年利率12%	1772605美元

由于远期市场套期3个月后收入为1754000美元，所以通过比较，如果DAY公司利用贷款收入来替代美元借款或投入正常的公司运营，则货币市场套期比远期市场套期更有利。而如把贷款投入到美元货币市场中，则显然不如远期市场套期更划算。

4.期权市场套期

DAY公司也可以通过购买一个看跌期权来对冲1000000英镑的外汇风险。

如前所述，DAY公司从银行购入1000000英镑3个月看跌期权的报价为：

平价期权，履约价格为1.75美元/英镑，期权费为1.5%；

虚值期权，协定价格为1.71美元/英镑，期权费为1.0%。

思考与计算：

不同期权状态下其损益情况如何？

(三)营业风险

营业风险有时也叫经济风险、竞争风险，它所度量的是由于始料未及的外汇汇率变动引起公司未来营运现金流量变化从而导致公司净现值的变化。进行营业风险分析是为了估计未来数月甚至数年内汇率变动对公司本身的运作和在市场中竞争地位的影响，其最终目的是为公司选择策略或运作技术以期在不断变化的汇率中提高公司的价值。

对于经济风险的度量，基本上分为以下几个步骤：

第一步，确定营业风险度量的期限；

第二步，编制财务现金流量表，并计算财务净现值(FNPV)；

第三步，分析与度量汇率变动对财务净现值的影响程度。

【例19-3】　英国某跨国公司在美国设立一家子公司——D公司，产品内销和外销各占50%，以美元为记账本位币。假定某年年底D公司的有关资料为：年销售量为5万个单位的产品。内外销产品价格均为20美元/单位产品，单位产品的变动成本为10美元，单位产品固定成本2美元(其中，单位产品固定成本中包括折旧费、摊销费等，为0.6美元)；销售税率5%，所得税率为50%，基准折现率为10%，当时的汇率为1英镑=1.6美元，对经济汇率风险考察的期限为5年，为了便于计算，假设该公司每年的现金流均相同。可编制现金流量表如表19-3所示。

表19-3　财务现金流量表

序　号	项　目	1　2　3　4…
一	现金流入	
	销售收入	100
	流入小计	100
二	现金流出	
	经营成本	57
	销售税金	5
	所得税	17.5
	流出小计	79.5
三	净现金流量(美元)	20.5
	净现金流量(英镑)	12.81

年销售收入=20×5=100(万美元)

年销售税金=100×5%=5(万美元)

年总成本=(10+2)×5=60(万美元)

年经营成本(指扣除固定资产折旧、摊销费等后的剩余部分)

60−0.6×5=57(万美元)

年利润总额=100−60−5=35(万美元)

年所得税=35×50%=17.5(万美元)

并计算得到5年的财务净现值：

$FNPV=12.81(P/A,0.10,5)=12.81\times3.79=48.55$(万英镑)

假定年初美元突然宣布贬值，汇率由1英镑=1.6美元降到1英镑=1.8美元，且一直持续5年，这种变化必然会对企业未来的销售量、销售价格、产品成本，乃至现金流量产生影响。

1.假定销售量、销售价格和生产成本均保持不变(见表19-4)

表19-4　财务现金流量表

序　号	项　目	1　2　3　4…
一	现金流入	
	销售收入	100
	流入小计	100

续表

序号	项目	1 2 3 4…
二	现金流出	
	经营成本	57
	销售税金	5
	所得税	17.5
	流出小计	79.5
三	净现金流量(美元)	20.5
	净现金流量(英镑)	11.39

$FNPV1$＝11.39(P/A,0.10,5)＝43.17(万英镑)

损失额 48.55－43.17＝5.38(万英镑)

2.假定出口产品销售价格上升到22.5美元/单位,内销产品价格、销售量和全部成本均保持不变(见表19-5)

表19-5 财务现金流量表

序号	项目	1 2 3 4…
一	现金流入	
	销售收入	106.25
	流入小计	106.25
二	现金流出	
	经营成本	57
	销售税金	5.31
	所得税	20.47
	流出小计	82.78
三	净现金流量(美元)	23.47
	净现金流量(英镑)	13.04

$FNPV2$＝13.049(P/A,0.10,5)＝49.42(万英镑)

经济汇率风险给D公司带来收益,收益额为0.87万英镑。

进一步思考计算,在下列两种情况下,D公司的损失或收益究竟是多少?

(1)假定内外销产品价格均上升到22美元,其他条件不变;

(2)假定销售价格和变动成本同时上升10%,固定成本和销售量不变。

营业风险的管理可以采用多种方式。首先,跨国公司可以通过分散化经营将子公司分布在世界各个国家和地区,从而抵消汇率波动给企业带来的影响。其次,当汇率发生波动,例如子公司所在国货币贬值的时候,母公司可以指令子公司通过扩大销售额或提高产品定价的方式来增加销售收入,从而部分抵消由于子公司所在国货币贬值而使母公司业务现金流减少的损失。此外，母公司还可以用国内投入品代替成本上涨的国外投入品，从而降低成本，减少损失。

专栏19-2

中国资本加速跨进“海外投资时代”[①]

2014年4月10日，国务院总理李克强在博鳌亚洲论坛2014年年会开幕式上发表演讲时提出：“我们将积极创造条件，建立上海与香港股票市场交易互联互通机制，进一步促进中国内地与香港资本市场双向开放与健康发展。”标志着中国内地资本市场对外开放迈出重大一步，中国资本加速跨进“海外投资时代”，对于促进两地资本市场改革发展、加快人民币国际化、加速中国经济和金融融入国际化等，具有十分深远的意义和影响。

开展沪港股票市场交易互联互通机制试点（以下简称“沪港通”），上海证券交易所和香港联合交易所将允许两地投资者通过当地证券公司（或经纪商）买卖规定范围内的对方交易所上市的股票。通过两地制度和交易等方面的安排与准备，沪港通将在6个月之后正式启动。届时，这一重要的金融改革开放措施将逐渐地发挥其重要作用。沪港通首先是内地和香港资本市场双向开放的重要举措，有利于两地资本市场的改革、开放和发展，巩固上海和香港两个金融中心的地位。

通过沪股通的交易制度安排，香港和全球的投资者将可以委托香港经纪商，买卖规定范围内的上海证券交易所上市的股票。这不仅可增加上海证券交易所的投资者队伍，扩大投资资金来源，而且促使上交所尽快改革创新交易与结算制度，如像港交所一样实行“T＋0”交易制度。因为香港市场是一个高度国际化、自由化的资本市场，全球各地的投资者、证券中介机构等在此自愿、自由、平等地设立机构和开展投资服务，来自香港和全球的投资者将给上交所带来市场化、国际化、法制化改革开放的动力，促进上海国际金融中心建设。与此同时，通过沪港通的交易制度安排，中国内地的投资者将可以委托内地证券公司，买卖规定范围内的香港联合交易所上市的股票。这将为港交所带来源源不断的投资者和资金来源，使香港资本市场得以覆盖到广大的内地市场，不断拓展市场发展的基础，从而不断地巩固和提升香港的国际金融中心地位。

沪港通与6年前曾经拟开通的“港股直通车”相比较有了很大的改进，更加有利于中国资本加快进入“海外投资时代”。

2007年8月，香港市场受到美国次贷危机“第三波”的严重影响，正值香港股市即将形成股灾之势的危情时刻，8月20日，国家外汇管理局拟批准我国境内个人直接对外证券投资业务试点，居民个人可在试点地区通过相关渠道，以自有外汇或人民币购汇直接对外证券投资。是年8月下旬，计划在天津由中国银行等金融机构开展“港股直通车”的试点。后来，由于种种原因，此项试点被停止了。

此次即将开展的沪港通试点，吸取了原“港股直通车”的经验，在几个方面有了较大改进：

---

① 资料来源：365新闻网，2014-04-16.

一是“港股直通车”是香港向内地市场的单向开放，有将内地流动性的“高水位”引向香港的“低水位”的考虑，支持香港市场稳定发展；现在沪港通试点是内地和香港双向资本市场开放，有利于两地市场互动双赢的格局形成。

二是原计划开通的“港股直通车”试点开始只考虑由少数金融机构在个别地区开展试点，对其他多数金融机构和试点区域外的绝大多数投资者并不公平；而沪港通试点充分尊重两地所有投资者的公平意愿，将允许符合条件的所有投资者自愿平等地到对方市场进行投资，这也体现了资本市场突破时空界限的运行规律。

三是原计划开通的“港股直通车”试点对市场风险防范机制设计有所不足，事实上该试点还没有正式启动，香港恒生指数已被海外投资者炒高至30000多点，后来又大幅下跌，使参与其中的众多投资者受到巨大损失；而拟推进的沪港通试点，通过内地和香港金融监管部门和交易所等市场机构最近几年深入细致的研究探讨，对上交所和港交所开通此项交易制度安排之后可能出现的市场风险、交易风险等作了科学有效的机制设计，表现在适用的交易、结算及上市规定、结算方式、投资标的、投资额度及投资者审查等方面有详细规定，将保障两地投资者的资金投入、转出、交易和结算等环节在两个交易所严格控制的闭环循环系统中运行，防范人民币资本项目自由兑换规模失控、少数机构恶意洗钱等风险。

沪港通试点将为中国金融资本加快跨进海外投资新时代增加动力。从2005年人民币汇率形成机制改革开始，中国外汇储备进入快速积累时期，至2013年年末国家外汇储备余额为3.82万亿美元，在中国市场的流动性飞速增长的背后，已经积累了巨大的海外投资需求。2013年，我国货物进出口总额达4.16万亿美元，已跃居世界第一货物贸易大国。随着中国贸易和经济的快速发展，中国金融资本客观上已从国内短缺阶段进入到过剩阶段，需要随着中国企业“走出去”到国际市场上进行投资。同时，中国民间也已积累了巨额的资本，有到境外投资的强烈需求。现在，沪港通试点将为中国内地金融资本投资香港资本市场提供了一条高效的、安全的通道。而香港资本市场是一个高度国际化的市场，这里的上市公司来自全球，而港交所的投资品种甚至可覆盖到欧美发达国家的各类证券品种。因此，随着这项试点的扩大和深化，中国内地投资者将通过这一通道投资全球市场，无疑这将使中国内地金融资本进入到一个全新的海外投资时代。

沪港通既可方便内地投资者直接使用人民币投资香港市场，也可增加境外人民币资金的投资渠道，便利人民币在两地的有序流动。这项改革创新，有利于推动人民币国际化，支持香港发展成为离岸人民币业务中心。实际上，沪港通是人民币资本项目可自由兑换这项系统性金融改革的一个重要步骤，试点初期沪股通和港股通的规模才5500亿元人民币，因此风险是可控的。今后，在试点取得经验后通过这一制度安排开展的人民币资本项目可兑换的规模可以不断增加。

中国证监会新闻发言人日前表示，在沪港通试点经验的基础上，下一步，深、港两地市场可以具备更好的条件，在更高的起点上自主探索包括互联互通在内的各种合作形式。有专家分析预测，深圳证交所将在延迟一段时间后有望开展“深港通”试点。

推进内地和香港资本市场双向开放的改革试点，必将形成中国内地金融市场和香港金融市场良性互动双赢的全新格局，大大加快中国金融经济与国际金融经济一体化的进程。

【本章小结】

国际投资(International Investment)是各国官方机构、跨国公司、金融机构及居民个人等投资主体将其拥有的货币资本或产业资本，经跨国界流动形成实物资产、无形资产或金融资产，并通过跨国经营以实现价值增值的行为。

跨国公司是国际直接投资主要的承担者，通常由设立在母国的母公司和其直接控制的海外子公司、分公司和避税港公司组成。

国际投资环境是指在一定时间内，东道国(地区)拥有的影响和决定国际直接投资进入并取得预期经济效益的各种因素的有机整体。它是开展国际直接投资活动所具有的外部条件，是国际直接投资赖以进行的前提。

企业在从事国际直接投资过程中，将主要面临三类风险：政治风险、外汇风险以及营业风险。

政治风险可分为国有化风险、战争风险、政策变动风险、资金移动风险四种类型，对于政治风险的管理通常有两个步骤：投资前的规划和投资决策后的运作。

专业词汇中英文对照

1. 合格境外机构投资者(Qualified Foreign Institutional Investors,QFII)
2. "马车效应"(the bandwagon)
3. 投资银行垄断(investment bank monopoly)
4. 所有权分散(ownership dispersions)
5. 有效集定理(efficient set theorem)
6. 有效集(efficient set)
7. 可行集(feasible set)
8. 有效组合(efficient portfolio)
9. 无效组合(inefficient portfolio)
10. 最小方差集(minimum-variance set)
11. 有效边界或有效前沿(efficient frontier)
12. 非满足性(nonsatiation)
13. 收益方差界面(mean-variance frontier)
14. 无风险资产(riskfree asset)
15. 利率风险(interest-raterisk)
16. 再投资利率风险(reinvestment-rate risk)
17. 无风险贷出(riskfree lending)
18. 最小方差集(minimum-variance set)
19. 自回归条件异方差模型(Auto Regressive Conditional Heteroscedasticity,ARCH)
20. 非系统风险(unsystematic risk)
21. 系统风险(systematic risk)
22. 证券市场线(Security Market Line,SML)
23. 标准普尔500(Standard & Poor'500)指数
24. 资本资产定价模型(Capital Asset Pricing Model,CAPM)
25. 资本市场线(Capital Market Line,CML)
26. 因素模型(factor model)
27. 单因素模型(Single Factor Model ,SFM)
28. 单指数模型(single Index Model,SIM)
29. 多因素模型(multi-factor model)
30. 散点图(Scatter Diagram)
31. 回归方程(Regression Equation)
32. 残值(Residuals)
33. 证券特征线(Securities Characteristic Line,SCL)

34. E3 模型(E3 model)
35. 套利定价模型(Arbitrage Pricing Theory,APT)
36. 套利(Arbitrage)
37. 一价法则(the Law of One Price)
38. 充分分散化的投资组合(Well -diversified Portfolio)
39. 零 Beta 系数投资组合(Zero Beta Portfolio)
40. 套利定价线(Arbitrage Pricing Line, APL)
41. 因素组合(factor portfolio)
42. 多因素套利定价模型(Multi -factor APT Model)
43. 违约风险(default risk)
44. 利率期限结构(Term Structure of Interest Rate)
45. 随机漫步(random walk)
46. 有效市场假说(Efficient Market Hypothesis,EMH)
47. 布朗运动(brownian motion)
48.《股市价格的随机漫步》(*Random Walk in Stock Market Prices*)
49. 弱型有效假说 (weak form EMH)
50. 半强有效假说(semistrong -form EMH)
51. 强型有效假说 (strong-form EMH)
52. 公平博弈模型 (fair game model)
53. 均衡市场价格(equilibrium market price)
54. 超额收益(excess return)
55. "事件研究法"(event study method)
56. 期权定价模型(option pricing model)
57. "战胜市场"(beating the market)
58. 现金流量(cash flow)
59. 高估 (Over-valued)
60. 低估(Under-valued)
61. "思路开放式金融研究"(open-minded finance)
62. 情绪 (sentiment)
63. 有限理性 (bounded rationality)
64. "装扮"(windowdressing)
65. 前景理论(prospect theory)
66. 相似性启发(representativeness heuristic)
67. 趋势型模式 (trend)
68. 消息观察者 (news watcher)
69. 动量交易者(momentumn trader)
70. 过度自信(over confidence)
71. 有偏的自我归因(biased self-atribution)
72. 前导指数(leading index)

73. 同步指数(coincident index)
74. 滞后指数(lagging index)
75. 行业生命周期(industry life cycle)
76. 成长性行业(growth Industry)
77. 保护性行业(defensive)
78. 周期性行业(cyclical)
79. 利率敏感性行业(interest-sensitive)
80. 营业杠杆度(Degree of Operating Leverage)
81. 稀释(Dilution)
82. 本息剥离式国债(Separate trading of Registered Interest and Principal of Securities, STRIPS)
83. 短期国库券(T-bill)
84. 中期国库券(T-note)
85. 长期国库券(T-bond)
86. 息票债券(coupon bond)
87. 偿还基金债券(sinking fund bond)
88. 抵押债券(mortgage bond)
89. 设备信托债券(equipment trust certificates)
90. 担保信托债券(collateral trust bond)
91. 收益债券(income bond)
92. 垃圾债券(junk bond)
93. 高收益债券(high-yield bond)
94. 名义利率(nominal interest rate)
95. 实际利率(real interest rate)
96. 固定利率(fixed interest rate)
97. 浮动利率(floating rate)
98. 即期利率(spot interest rate)
99. 远期利率(forward interest rate)
100. 到期收益率(yield to maturity)
101. 赎回报酬率(yield-to-call)
102. 赎回价格(call price)
103. 现行收益率(current yield)
104. 久期(Duration)

参考文献

1.[美]威廉·F.夏普,戈登·J.亚力山大等.投资学.北京:中国人民大学出版社,1998
2.葛正良.证券投资学.上海:立信会计出版社,2001
3.朱宝宪.投资学.北京:清华大学出版社,2002
4.郎荣燊,何孝贵.投资学.北京:中国人民大学出版社,2004
5.史建平,杜惠芬.投资学.武汉:武汉大学出版社,2005
6.汪少华.应用投资学导论.北京:经济科学出版社,2004
7.陈菲琼.投资学案例.杭州:浙江大学出版社,2004
8.胡昌生,熊和平,蔡基栋.证券投资学.武汉:武汉大学出版社,2002
9.[英]班德.公司财务战略(第1版).北京:人民邮电出版社,2003
10.[美]威廉.L.麦金森.公司财务理论.大连:东北财经大学出版社,2002
11.[美]道格拉斯.R.爱默瑞.公司财务管理(第1版).北京:中国人民大学出版社,1999
12.[美]斯蒂芬·A.罗斯.公司理财基础(第五版).大连:东北财经大学出版社,2002
13.周利,高栓喜,白思俊.股价主要影响因素的统计分析.河南大学学报(自然科学版),2001(4)
14.任国彪,刘海军,罗俊明.证券投资的因素分析模型.郑州大学学报(自然科学版),2000(2)
15.仪垂林,黄兴旺,王能民,杨彤.中国证券市场的三因素模型分析.南京经济学院学报,2001(5)
16.陈信元,张田余,陈冬华.预期股票收益的横截面多因素分析:来自中国证券市场的证据.金融研究,2001(6)
17.杨炘,王小征.中国证券投资基金业绩评价因素模型实证研究.系统工程理论与实践,2003(10)
18.R. H. Thaler. *Advances in Behavioral Finance*. Princeton Vniversity Press. 1993
19.Hsee C. K. & Kanrenther H. C. The Affection Effect in Insurance Decisions. *Journal of Risk and On Certainty*. 2000(20):141-159
20.Chen Nai-Fu, R. Roll and S. Rose. Economic Force and the Stock Market:Testing the APT and Alternative Assert Pricing Theories. *Jouranl of Business*. July,1986
21.Elton Edwin. J. and Martin J. Gruber. Estinating the Dependence Structure of Shave Price-implications for Protfolio Selection. *Journal of Finance*. Dec. 1973
22.Fama Eugene F., Kenneth R. French. Multifactor Explanations of Asset Pricing an Omalies. *Journal of Finance*, 1996
23.Farrell James. Analyzing Covariation of Return to Determine Nornogenous Stock Grouping. *Journal of Business*,1974
24.Fertuck Leonard. A Test of Industry Indices Based on SIC Codes. *Journal of Fiuance*

and Quantitative Analysis, Dec,1975

25. Gray Gray Patrick J. Cusatis and J. Randall Woolridge. *Streetsmart Guide to Valuing a Stock ;the Savvy Investors Key to Beating the Market*. the MC Graw-Hill Companies Inc,2003